一个家族的六百年

——讲故事的云津杨氏支谱

杨新正　编著

湖南师范大学出版社（长沙）

图书在版编目（CIP）数据

一个家族的六百年——讲故事的云津杨氏支谱/杨新正编著． —长沙：湖南师范大学出版社，2024.7． ISBN 978-7-5648-5495-9

Ⅰ．K820.9

中国国家版本馆CIP数据核字第20240MH797号

YIGE JIAZU DE LIUBAI NIAN

一个家族的六百年
——讲故事的云津杨氏支谱

杨新正　编著

出　版　人 | 吴真文
责任编辑 | 吕超颖　周基东
责任校对 | 谢兰梅

出版发行 | 湖南师范大学出版社
　　　　　地址：长沙市岳麓区　邮编：410081
　　　　　电话：0731-88853867　88872751
　　　　　传真：0731-88872636
　　　　　网址：https：//press.hunnu.edu.cn/
经　　　销 | 湖南省新华书店
印　　　刷 | 长沙雅佳印刷有限公司

开　　本 | 787 mm×1092 mm　　1/16
印　　张 | 19.5
字　　数 | 380千字
版　　次 | 2024年7月第1版
印　　次 | 2024年7月第1次印刷
书　　号 | ISBN 978-7-5648-5495-9
定　　价 | 86.00元

▲湖南省一位原主要领导的赠言："珍贵史料，敬读珍藏。世人务必知史记祖，切勿数典忘祖。"湖南省文联主席、中国书法家协会副主席、湖南省书法家协会主席鄢福初书写。

序 一

寻霖

数年前，杨新正老先生来馆查阅资料，我由此得识先生。我见先生索阅清人杨基善（字乐庭）所著《杨氏先姊录存》，引起我对先生家世的极大兴趣。之前我因整理馆藏文献，得以阅读杨基善多种著作，由此稍了解其人及事迹。

清道光年间（1821—1850），黔阳寒儒段谔廷穷困潦倒，却以毕生精力从事经学研究，卒时留下手稿数百册。后由黔阳训导黄本骥（字虎痴，宁乡人）整理为《四书字诂》七十八卷、《群经字诂》七十二卷。然以本骥冷僻学官俸薪所入，根本无力承担刊印之资。正当本骥求募无果、焦头烂额之际，黔阳士绅杨积煦、杨基善父子挺身而出，承担全部刊印费用。

同治光绪年间（1862—1908），前江西布政使湘阴李桓编纂《国朝耆献类征》，辑录有清一代满汉臣工士庶一万多人传志，历时十五年乃成初稿，付刊之前，李桓曾"属（嘱）老友黔阳杨乐庭拔萃基善大为覆勘，通稽详考，期于章法有条不紊。拔萃笃好尚论，于明季及国朝人物尤为留意，凡门类之归并，人文之移接，提纲挈领，联属分明，更检所见纪载，依类增益，都为四百八十四卷。盖商定编次兼董校刊，又七年而书成。其目耕心耘，洵称始终不懈矣"。是书为清代最大的一部人物总传。李桓历时十五年乃成初稿，杨基善又历七年完成校勘、编纂及刊版。至今此书为研究清代人物不可或缺之巨著。我由此亦知杨基善不仅富于财，豪于义，且赡于学问。

如今《四书字诂》《群经字诂》及《国朝耆献类征》三书，煌煌百余巨册，完整收藏于本馆。人仅称本骥、李桓编纂之功，然若无杨氏父子助编、助刊之力，则此巨帙早湮没于人间矣。因此杨积煦、杨基善父子的懿德令行一直让我景仰，而其籍贯或黔阳、或长沙，也一直让我孜孜考索。

先生称，基善公乃新正伯曾祖，亦即本族十六世祖。我不禁肃然起敬，揖而赞曰：幸名族有后。

近日，先生又来，精神矍铄，神采奕然。出其所著《一个家族的六百年——讲故事的云津杨氏支谱》，曰："此十余年心血之所聚，请为我评写若干文字。"我受而读之，掩而叹曰：水源之浚者其流必远，木本之深者其枝必盛。祖德宣然，其后必昌。诚不虚言。其谱也，不徒记字号生卒葬向，而于先人佚闻遗事、令德美行多所推崇表彰，故其可读性、史料性也较他谱为优。

杨氏系出姬姓，发迹弘农。历代行仁积德者不无其人。有泽及黄雀而子孙贵显者，有昏夜辞金而家传清白者，有立雪程门而道获南来者，有儿时当道而能定国安邦者。其他文臣武将、节士名贤，史载昭然，难以枚举。即如云津一支，其一世祖辛公，原籍江西赣州府宁都县，明洪武初官百户，从黔宁王沐英开滇立功，世袭云南左卫左所千户，入官籍，居昆明云津，故称云津杨氏。该族历代簪缨勿替，家声显赫，在中国历史上亦享有相当声誉。清康熙初，十世大生公，博极群书，因遭吴三桂之乱，遂弃举业而隐于医，不计贫富，视人疾苦常如在己，必医痊而后安。生永斌、昶斌。永斌雍正七年（1729）官湖南布政使，之后累官广东、湖北、江苏巡抚，乾隆三年（1738）以吏部右侍郎致仕。在湖南期间，著有《楚南纪事》一卷，内容皆有关湖南史事，除载于族谱外，未见有单行本，故亦不为人知。十二世文赐公，为昶斌之子，乾隆十八年（1753）署湖南永绥厅（今花垣县）经历，三十年（1765）升安徽安庆府照磨，因为官清廉，竟无赴任之资，又无法归滇，便侨寓黔阳。由此创云津杨氏与湖南的二百余年渊源。文赐公生洪公，"托黄岐术以寿于世"，纪昀为著《杨映川先生及妻云孺人六十序》。又著《楚苗图序》，今图虽不见，而文仍载族谱。洪公生三子：兆杏、兆李、兆菜。兆李乾隆五十九年（1794）举人，嘉庆间官河南泌阳知县。其时县有杨某，与诸生陶某以悔婚涉讼，而杨氏女誓不改嫁，乘间自经未死。兆李断以杨陶联姻且助奁具为婚，豫人为作《不垂杨》传奇纪其事，至今传颂。子积煦，字育庵，一字和甫，喜读经世书，工绘事。道光间，杨积煦又侨寓长沙。至同治三年（1864），积煦子基善始纳资入籍善化县（今属长沙）。这也是道光间杨积煦、杨基善于黔阳资助黄本骥、同光间又于长沙襄助李桓之缘由。

今阅谱中，云津杨氏历代先人或宦或士或医或农，皆慈善为怀，其中修桥补路、济贫施药的记载不绝如缕，如杨基善，不仅成人之美，资助黄、李刻书，而且极为注重民众教育，编纂刊刻各种善书，如《吕书六种》《儒门指要》《孝烈遗芳》《简要格言》等，免费赠阅，以期移风易俗。我由此而知杨氏固为清廉之家、功勋之族，亦为积善之人。今新正先生哲嗣志勇，从事养老慈善事业，以个人之力创办"葆真堂健康养老公司"，这不仅是中华民族"老吾老以及人之老"优良传统的延续，也是杨氏历代积德行善家风的体现。

云津杨氏来湘前后不足三百年，仍世厚德，诗礼耕稼，立之家规，重之家禁。今生息繁衍，成就事业倍于前代，若非先人残膏剩馥沾丐后人，焉能及此。我为新正先生有令子贤孙能克继家声而幸，更为中华民族优良传统能发扬光大而幸。

2020 年元月
（作者系湖南图书馆研究馆员、文献研究所所长）

序二：新时代编修族谱的一种独创

钟镇藩

杨新正老先生花 10 余年心血所精心编撰的新著《一个家族的六百年——讲故事的云津杨氏支谱》即将付梓，可喜可贺。

我和新正兄相识、相交、相知近 50 年。他见我爱好文史，闲时常浏览谱牒并也收藏过一些族谱，便将他的书（谱）稿示我。我俯身拜读，感到本书（谱）有四个最显著的特点：人丁少，人才多，编法新，价值大。

据我统计，云津杨氏从一世祖辛公至目前的第二十二代，经 640 年的繁衍，上谱人丁只有 319 名。除去夭亡或者虽已成年但去世时仍无子嗣者，实现了正常代际传承的杨氏子孙只有 215 名，平均每代男丁仅有 10 人左右。这在我所看到的家谱中是极为罕见的。

不过，虽然云津杨氏人丁不多，但人才却很多。杨氏先人从政、从学、从军、从医者甚众，真正实现了"代有闻人"。名声最显赫的，当然首推十一世祖永斌公。他曾先后任广东、湖北、江苏巡抚，并署两广总督和湖广总督，曾接受过康熙、雍正、乾隆三位皇帝的单独召见。其次是曾任过浙江按察使的第十三世祖潼公和十四世祖中的兆杏公、兆李公兄弟等。我粗略统计，云津杨氏中任过知州、知府、兵备道、督粮道，以及军功五品以上的人员有 14 人；任过知县、府通判、国子监典簿、千总等官职，以及中过举人或入过国子监和具有军功六品职衔的有 19 人；任过县丞、主簿、县教谕、经历、巡检等职务和入过县学的有 31 人。再加上 1949 年后云津杨氏后人中的县处级干部、知名教授、知名企业家、知名新闻工作者及年轻的音乐才俊等，总人数已大大超过正常上谱人丁（215 人）的三分之一。这也是我在其他族谱中很难看到的。

值得注意的是，云津杨氏先贤的足迹，踏遍了除东三省、新疆、青海、西藏以外的几乎全部中国国土。其中十三世祖浩公，曾于乾隆二十六年（1761）左右任台湾嘉义县斗六门巡检。这一职务虽然不高，但毕竟也是朝廷正式任命的官员。尤其难能可贵的是，杨氏先贤在各地为官时，有的留下了"纪事"一类的书牍，有的留下了自己所写的一些公文和其他文稿、诗稿等遗著。由于先贤们所记的都是他们的亲历亲为和亲见亲闻，所以语言非常平实，没有官腔、套话，而多是生动的故事和有趣的细节。例如，明朝洪武、永乐年间的两次"南征"和正统年间的"麓川平叛"；明末的魏忠贤专权和"东林党事件"；清朝初年清廷与南明小朝廷的争斗；康熙早年的"三藩之乱"，特别是吴三桂的起兵叛清；康熙晚年的"西征""秋围""千叟宴"；雍正年间的贵州苗民等少数民族起事、"改土归流"、"垦荒"；雍乾年间广州的对外

益清堂

3

贸易和英、葡等外商对广州的袭扰；乾隆时期的"金川之战"、乾隆南巡；嘉道年间黄河的几次水灾、道光中期的河南蝗灾，以及道光末期的洞庭湖水灾、河南旱灾；咸同年间太平天国在湖南和浙江的战事；数百年前云南、贵州、广西、湖北，以及湘西等地少数民族风情和当时的生活、生存状况；等等。杨氏先人作为直接当事人、参与者和亲身经历者，都有着具体、真实的记载和形象细致的描绘。这些杨氏先人留下的手抄遗稿，在120多年前曾由杨氏十六世祖基善公在初刻《云津杨氏支谱》时，合编为《杨氏先媺录存》，共四卷。只因为是族谱，加上云津杨氏的人丁本来就不多，所以，这些极有价值的珍贵史料120多年来并不为社会共知。

　　正是基于这一情况，新正兄作为云津杨氏第十九代孙，在上次修编族谱120多年后，凭一人之力，勇敢地挑起了二修《云津杨氏支谱》的重任。他先是找齐族谱并给先人留下的原谱断句、标点、分段和适当作注，花几年时间完成了这一艰巨的基础性工作，体现了一位严肃学者的严谨学风（只要读者看完书谱，相信会与我有同感）。然后，新正兄从老谱，特别是从先人的遗著中，挑选一部分（不是全部）内容并查阅相关史、志加以考订，用讲故事的形式来编谱。这种以历史为"经"，以分代讲述族人故事为"纬"的做法，是新时代编修族谱的一种独创，不但给人以别开生面之感，而且让人读后兴味无穷。

　　我认为，本书（谱）对社会的贡献至少有三：一是宝贵的史料价值。读本谱（书）与其说是读谱，不如说是读史。它翔实地记述了明洪武十四年（1381）以来640年特别是清代以降的真实历史。这是对正史的有力佐证和有益补充，对研究当时的政治、经济、社会等具有重要的参考价值，可谓极为难得。二是深邃的思想价值。杨氏先人的道德修为、家训、家书等是对中国传统文化的传承和弘扬。如秉元公的"不以一钱自污"，寓乾公的为官"不可妄取一钱，屈罪一人"，潨公的"事长官敬而不阿，处同僚和而无党"，洪公的"忍得一番横逆，便增得一番气度"和"养疴莫善于养心，养心尤莫要于养德"，兆杏公的"凡事不可有成见，不可无定见，官须自己做"，等等，至今乃至今后也仍不失其思想光辉。三是较高的文学价值。杨氏先人留下的诗词不乏佳作，有的文学价值和审美价值都相当高；还有纪昀、张廷玉、王先谦等文史大家为杨氏先人所作的寿序、墓表、传略等也一并向社会公开，这就使清代的一些有较高文学价值的作品不至于被历史的长河所湮没。

　　读《云津杨氏支谱》，再次印证了我常说的"家族兴衰必与国势强弱同步"这一论断。目前，杨氏后人正好赶上了振兴中华的好时代。我作为本届杨氏支谱主修新正兄多年的挚友，衷心祝愿杨氏后人把握目前这一时代契机，发扬先人的好思想、好品德、好作风，砥砺奋进，人才济济，使云津杨氏家族越来越兴旺发达。

　　是为序。

　　　　　　　　　　　（作者系湖南省资深理论工作者、湖南广播电视台高级编辑）

自 序

"有国必有史,有家必有谱。"家谱,乃一家之史,是一个家族的生命史,一个家族的百科全书,一个家族的历史文化汇总和历史档案。它说世系,序长幼,辨亲疏,尊祖敬宗,睦族收族。它记录着家族的来源及迁徙的轨迹,还包罗了家族生息、繁衍、婚姻、文化、族规家约等内容。它是每一个家族先辈留给子孙的传家宝。

一般的家谱往往以表、谱的形式,记录一个以血缘关系为主体的家族的世系繁衍和重要人物的事迹,是中国历史上最具有平民特色的文献。它与国史、地方志一起,被称为中华民族的三大历史文献。

这部家谱,重在讲故事。这是一种尝试,意在记录较多的历史细节。

以讲故事的形式续修家谱,缘于儿子志勇的一句话。他在看了《一生伏首拜阳明——明朝心灵导师王阳明"心学"大传》一书后,见我正在续修家谱,便建议我像该书那样,着重讲故事。我觉得有道理,于是重新调整思路,考虑如何才能写得活一些,尽量不要那么干巴、呆板。正好我在翻阅家藏老谱时发现,老谱分为上下两函,下函名曰《杨氏先嬡录存》,其中收录了本族先辈的笔记、遗著与书牍,国史、通志、府厅县志中对有关本族先辈的记载,还有友人的记述、祭文及撰写的墓志铭、墓表,本族某公的家传等。以上各种记述中,有不少精彩的故事。将这些故事从老谱中找出来,加以整理,并编排在一起,不是很好吗?于是,我将工作重点放在这个方面,并努力收集、挖掘近现代族人的有关故事,精心编撰,终于写成了这样一本以讲故事为主的家谱。这也正是这部家谱与其他家谱的显著区别之所在。

这本家谱记述的年代,始自公元 1381 年,即明朝洪武十四年。迄今已六百四十余年,中间没有间断。

最初萌发续修家谱的想法是在 20 世纪 80 年代中后期。大约是在 1988 年,十四世兆李公在浏阳柏嘉山的墓被盗,当地一位杨姓女子知道我在湖南日报社当记者,便写信将此事告诉了我。我一查,其墓址与老谱的有关记载完全吻合。这使我进一步感到,家谱仍然有其存在的意义。

不久,族兄端裕将他家所藏一套不十分完整的老家谱给了我,而我手里也有一套父亲留下来的同样不十分完整的老家谱，两者合到一起，老谱基本上齐全了。这为续修家谱提供了底本。

从这以后，我便十分关心搜集有关家族的资料，查找有关家族成员的史料。在编写过程中，本人始终坚持忠于事实、忠于历史的原则，对事件的记述基本上是以原始记录为依据，不忌讳，不溢美，不攀附，不牵强。对于没有十足把握的事情，记叙时注意留有余地。力求尽可能做到可靠、可信。

编写这样一本书，既是旨在为族人留下一段记忆，也是想为社会存留一些资料，故不畏艰难，坚定向前。编著过程中所遇到的难题主要有三：一是资料难收集。这里包括两个方面，一方面是历史资料，我家和端裕兄家的老家谱合起来以后，老谱仍缺少一本，即《杨氏先嫚录存》卷一，而这是十分重要的一册，记载着从第一世至第十二世文锡公的主要事迹。后来终于在湖南图书馆找到，并承他们复制一个光盘相送。另一方面是近现代和当代的资料，由于人员分散，音讯不通，也费了不少功夫才基本弄齐。二是古文难辨析。本人只是中师毕业，也就是高中文化水平，而老谱基本上是文言文，还喜欢用典故及较生僻的字，更不用说全部是繁体字。繁体字难不倒我，因为我从小就是学的繁体字，但本人古文水平有限，老谱断句难，一些生僻字辨认难，析义更难。解决的办法除了向人请教外，主要是翻阅字典、词典。家中备有《康熙字典》《现代汉语词典》《辞海》《汉语大字典》《汉语成语词典》《万条典故分类词典》等十余种字典、词典，有弄不懂的地方就去翻阅、查找，这帮了我的大忙。特别是《辞海》和《现代汉语词典》，几乎被我翻烂。个别的则是通过上互联网查找解决的。三是技术难过关。主要是电脑打字与排版，特别是图表的制作。本人六十多岁才接触电脑，又因读书时学的是注音符号，没有学过拼音，使用电脑完全是靠自己摸索，没有专门去学习过一天，不能使用拼音输入法，只能使用五笔输入法，完全靠死记硬背，还不时请教别人，个别的请人帮个忙，难题总算解决。全书总计 30 多万字，全部由本人打字录入并不断补充、修改、完善。

家谱是一种传承，既是族人生命的传承，更是一种文化的传承。望这种传承能不断延续下去！

十九世嗣孙　新正谨撰　时年八十四周岁

2023 年 2 月

前　言

这是一部以讲故事为主的家谱，也是一部记述社会历史变迁的书。

该书从公元1381年写起，记述了一个家族六百余年的历史变迁。故书名为《一个家族的六百年——讲故事的云津杨氏支谱》。

本书重在讲故事，故事从哪里来？绝没有凭空捏造。主要从两个方面来，一方面是历史性的故事，从有凭有据的原始记录中来；另一方面是近现代的故事，从有关记述及当事人的口述中来。故事都是当时社会现象、现实生活的真实展示。

精彩的故事往往有关国家大事、政治生活。比如第三世忠公和敏公，先后于明朝永乐年间（1403—1424）和正统年间（1436—1449），跟从黔国公沐晟及沐昂、沐斌征安南和麓川，双双获授武略将军飞骑尉；六世秉元公，被授徽州歙县知县时，盟于神曰"不以一钱自污"；七世廷俊公，正值明代天启年间（1621—1627），宦官魏忠贤专断国政，他却"以不拜魏珰生祠投劾去"，即以不拜魏忠贤生祠为由，投呈弹劾自己、请求去职的状子，然后拂袖而去；十一世永斌公在任广西临桂县知县时，不畏豪强，在公堂上敢同曾受封于广西的线国安之子线成英斗法，最终"皇上知其欺诈，（将线成英）纽解回京，下刑部狱"，使得线成英巧夺民地的企图未能得逞；永斌公任河北大城县知县时，因王爷欲圈占数百顷民田为马场地一事，理直气壮，敢于顶撞王爷，王爷最后不得不晓谕百姓曰"不围汝地矣"；当朝廷议决对军田实行加税时，先后任职贵州按察使、湖南布政使的永斌公，如实向上级报告，致使加税之议最终停止执行，为黔、湘两地民众减轻了负担；十二世文赐公在任湖北随州出山镇巡检期间，当地春秋两季的祭祀活动，原来都要宰杀野生鹿，致使野生鹿越来越少，于是他写了"请免祭鹿详文"给上司，避免了野生鹿惨遭捕杀，也减轻了民众负担；十四世兆杏公任湖北建始县知县时，当地"民多溺女"，他"作文劝之，犯者以故杀律论，所活无算"；十四世兆李公任陕州直隶州知州时，示谕"蠲免红白布匹、枣茨多端"，民众立碑刻石怀念……

家谱记述更多的是相对平淡的故事。平淡的故事讲述的是日常生活、社会风情。行医治病、扶贫济困、忠直守节、文化娱乐、友情亲情……无不有所反映。比如第十世寓乾公，本来可以入仕为官，但遭吴三桂之乱，改而从医。他"视人疾苦常如在己，必医痊而后安"。遇到极贫困的病人，"辄以资杂药裹中，嘱病者亲自检点，病者得银而喜，疾以速瘳"。十三世洪公，对人总是一片仁心。他自己经济并不宽裕，而伯祖父永斌公六位后人的灵柩，滞留湖南黔阳二十余年，无力迁往祖籍云南安葬，他毅然择地代葬，并"立碑志远"。他还作《楚苗图序》，记录原始湘西风情。十四世兆李公在任河南泌阳县知县时，巧断杨贞女案，并据此创作剧本《不垂杨》传奇，不愧为戏剧家。十五世积煦公"工绘事，涉笔成趣。不书款识以自襮"，精于绘画，一动笔，画出来就往往很有趣味，而且他画画不署名，不以此来表露自己，不愧为画家。十六世基善公设立"杨益清堂"，刻版印书，在原杨氏宗祠中，就藏有六百九十五片书版。十八世仲簏公是真正的种田能手，当时的各种农活，无所不能，无所不精，可惜处于那个年代，一身好手艺，也只能到处为别人打工；仲簏公妻邓氏，长沙"文夕大火"后，六个月身孕仍到长沙"捡破烂"。十八世芹生公，解放战争时期担任保长时，去"抓壮丁"前，先叫儿子送个信，让其尽快躲藏。二十世天伦，主动辞去湖南医科大学党委委员和团委书记职务，专心从医，最终成为"湘雅名医"；天伦与妻子罗百灵，夫妻双教授，带出硕士、博士一百四十余名。二十世志勇，先是毛遂自荐，出任华泰保险公司湖南分公司总经理，后又自主创业，成立葆真堂健康养老运营管理有限公司……

　　无论是精彩的故事还是相对平淡的故事，讲述的都是细节。正是这些细节，历史才更真实，也更加丰满！

　　除了讲故事，还有"集锦　拾趣"，众多的名人撰述，先辈的文稿诗词，以及"宗祠　墓田　义庄""禀牍　示谕　国课"，都留下了历史的记忆，引发人们阅读的兴趣。

　　这是一部以讲家族故事为主的书，又是一部家谱。家谱离不开说世系，序长幼。本支谱关于世系的记述始自明洪武十四年（1381）始迁滇祖辛公，是为第一世，迄今已繁衍至第二十二世，这中间的世系延续，历经六百多年，脉络清晰，从未间断。至于辛公以前的情况，本谱不再往上追溯，因为缺乏确凿证据，不敢贸然牵强、攀附。

　　家谱是一种传承，不仅仅是家族世代的传承，更是家族文化的传承。族规、家训作为家族文化的重要组成部分之一，本支谱对此有较详细的记叙。家族先人留下诸多彝训，反复告诫后人"读书""学好""勤俭""积德""敬长上""懔王章""严家范""安清贫"……希望后人"勒诸心骨"。

　　支谱还记述了族人搬迁、流动的情况，从一个侧面反映了当时人口迁徙、流动的原因、管理及其状况。

　　家庭是社会的细胞，家族则是这种细胞的一个小小组合体。家谱里的记述，似可为人们打开一扇了解历史和社会的小小观察窗口。

一个家族的六百年——讲故事的云津杨氏支谱

益清堂

8

目 录

一个家族的六百年——讲故事的云津杨氏支谱

益清堂

丙 集锦 拾趣

目录

益清堂

一个家族的六百年——讲故事的云津杨氏支谱

益清堂

甲　历史　传统

杨姓由来与"续谱不溯姓源"

姓氏由来，考证不易。杨姓的由来，同样很难考证。

一般认为，杨姓出自姬姓。主要有两种说法：一说是以国为氏，说是西周宣王姬静的小儿子尚父，于周幽王时被封于杨（今山西洪洞县东南），建立杨国，为侯爵，春秋时为晋国所兼并，杨侯的子孙以国为氏，是为杨姓。一说是以封地为氏，说是晋国灭杨后，将杨地作为晋国公族羊舌氏的食邑，故以羊舌为姓，后来晋灭了羊舌等氏族，羊舌的后人复以祖宗封地为姓，是为杨姓。

除此之外，还有赐姓杨的、改姓杨的，等等。多种说法，均难以考证。少数民族中姓杨的也为数不少。

我们这一支人有确切的记载，是第一代迁滇始祖杨辛公克勤，于公元1381年从江西宁都迁往昆明，而后逐渐繁衍发展起来。《客家宁都》一书记载，宁都人大都是客家人，宁都杨姓是北宋末年迁入宁都的。因此，似乎基本可以认定，我们这一大支杨姓人是从北方而来，是北方汉族杨姓的后代。

原谱上函四最后一章"祠、墓、义庄、谱事核定续章"中，有这样一条："续谱不溯姓源"。文中是这样记载的：

> 三代以前姓与氏分，三代以后姓与氏合。汉姓刘氏至向歆父子，始创祁姓尧裔之说，唐祖西凉复惑讆（wèi 虚妄）言，封老子元元皇帝。吾杨系出姬姓，为晋宗伯，侨封杨侯，因氏。一云周宣王后，又云周景王后，疑以传疑，迄无定论。遥遥华胄，慎勿自夸博雅，或借重他谱，任意攀援。

年代久远的姓氏来源，事实上是无法弄清的。我族坚持实事求是，认为久远的事"疑以传疑，迄无定论"，"遥遥华胄，慎勿自夸博雅，或借重他谱，任意攀援"。我们谨守之。

虽然杨姓是个大姓，但就我们从云南昆明迁徙到湖南的云津杨氏这一小分支而言，则是族小丁稀。不过，能较详细地记述这一小分支的变迁，犹如观大海的一滴水，亦能窥一斑而见全豹。

◆ 附：赴江西赣州宁都县考察祖居地情形

2015年10月27日，新正与文勇、志勇二子从长沙出发，奔赴宁都，去寻根问祖。10月28日，通过熟人介绍，找到了两位对当地杨姓最为熟悉的杨氏族人，一位叫杨北华，一位叫杨小明。杨小明时任宁都县档案局局长。杨小明说，县档案馆没有保存杨氏老旧家谱。于是，他带我们到乡下，找到了最早的两部杨氏族谱，虽有些破旧，但关于世系部分尚清晰可辨。经反复查找，未见有辛公的记载。因此，无法找到真正意义上的族人。

新正分析认为，之所以宁都的族谱上没有辛公的记载，其主要原因是，那两部杨氏族谱均为清代雍正、乾隆年间修的。而辛公是在明初洪武十四年就随黔宁王沐英奔赴云南的。从明洪武到清雍正，时隔三百多年，数百年以前的事，当时修杨氏家谱的人肯定弄不太清楚，而前人又可能没有清晰明确地记录下来，加之辛公早已外出，漏记的可能性极大。

据杨北华、杨小明介绍，宁都杨氏只有两大支：一支为彩溪、洛溪支系，一支为下河支系。我们这一支，肯定是这两个支系中某一支系的后裔，至于究竟是哪一支系的后裔，没有确证。

弘农堂及郡望与堂号

我们这一支过去的祖宗牌位上写的是"弘农杨氏"。弘农，古为陕西之弘农县，今为陕西之华阴县。华阴在陕西东部，黄河以西，地处陕、豫、晋三省交界处，是杨姓肇姓始祖杼公发祥之地，故往往用此作为堂号。

所谓郡望，就是指某一姓氏在某一地区地位最高的家族。"郡望"，《辞海》的解释是："魏晋至隋唐时每郡显贵的世族，称为'郡望'，意即世居某郡为当地所仰望，如博陵清河崔氏、太原王氏等。"郡望不是一个姓氏的受姓之地，而是一个氏族在不断的生息繁衍、迁徙播散之中，某一支在一个地方形成了豪族著姓，为他族所"仰望"。后来演变成姓氏的一种标志。如我们这一支杨姓就称"弘农"，但杨家的郡望，除了弘农郡外，还有天水郡等。

堂号则是郡望的进一步分化和发展，是某一郡望中某一房支的称号，有时称为房号。堂号（房号）用来区分同一姓氏中不同血亲的关系，命名方式多样。我们这一支杨氏的堂号"弘农堂"是以郡望命名的。有的则以祖先的生平故事命名，如杨氏就有"四知堂""清白堂""三鳣堂"等，都是从东汉太守杨震的故事而衍生出来的。

杨震，东汉弘农华阴人，字伯起。他通晓经文，风雅清正，志存高远，人称"关西孔子"。历任荆州刺史、涿郡太守、司徒、太尉等职。一次，路过昌邑县，秀才县令王密，夜里怀揣十金以谢杨震知遇之恩。杨震拒而不受。王密急说："此时深夜，无人知矣。"杨震正声说："岂可暗室亏心，举头三尺有神明，此事天知、神知、我知、子知，何谓无知者？"一时传为美谈，名载史册。他为官清廉，清白传家，对子孙要求严格，子孙常常"蔬食步行"。故子孙发达，世代任大官，"弘农杨氏"成为东汉有名的世家大族。

《后汉书·杨震传》载"三鳝"之事："杨震明经博览，屡召不应，有鹳雀衔三鳝鱼飞集讲堂前，人谓蛇鳝为卿大夫服之象；数三，为三台之兆。后果位至太尉。"后每用以为典，指登公卿高位的吉兆。

修谱：非为张吾族之盛，重在垂训于子孙

十四世兆杏公在《杨氏宗谱·序》（武昌杨氏之家谱）中说：

然余以为家各有谱，岂惟是纪子姓之繁，严大小宗之辨，厘远近支之分，以张吾族之盛已哉？将使子孙览是谱者，追念高曾之岁月，则随时皆动孝思，夷考累世之德行，则继述期承先志。且葛藟犹庇其本根，斧斤勿伤及枝叶。聚族而居者，一本相关则嫌怨可以释，同谱相亲则争讼可以息。其贤者教其不能者，而劝诫寓焉，其富者周恤其贫者，而身家赖焉。福相庆也，忧相吊也，患相恤也。雍雍睦睦，蒸为和气，古所称仁里义门其在斯乎？

兆杏公在《徐氏家谱·序》中又说：

抑余犹有说焉，夫家之有谱，犹国之有史，史据事直书，故传信于后世，谱考世莫系，故垂训于子孙。

今通邑巨戴家各有谱，或数十年而一修，或十数年而一修，往往争同异于新旧之分，混莘兆于公私之辨，或指古冢为己祖，或引他族为本宗。余每怪夫雀角诗张、争墩凿塓之隙，讦告于公庭者，无岁无之，而每借谱为据。揆厥由来，多惑于海角之经，以致启安生之讼，敬宗收族之谓，何又因以为利？而斯谱其谁能信之？此风俗人心之敝，余所为随时厘剔，而亟思救正者也。

徐生读书明礼，切敦本睦族之念，于谱必昭其慎重，衍似续之真脉，去骫靡之陋习，其庶几可信而传乎？由是，子孙绳绳绵瓜瓞，而衍椒聊崇德，象贤正未有艾。余因以是为徐生序，且以是为修谱者劝。

在这两则序中，兆杏公一是强调修谱不是为了"张吾族之盛"，而是重在"垂训于子孙"；二是强调"于谱必昭其慎重，衍似续之真脉，去骫靡之陋习"，只有这样，"庶几可信而传"。

这次我们续修家谱，谨遵先人遗训，实事求是，不夸张，不攀附，不牵强附会，没有确凿证据的人和事，尽量不写，即使是写，也留有余地，但求能"可信而传"。

家族迁徙路线

第一次迁徙　我们这一杨氏分支，原籍江西赣州府宁都县。一位叫杨辛的人，于"明洪武十四年官百户，从黔宁王沐英开滇积功，诰授武略将军、飞骑尉，世袭云南左卫左所千户，入官籍，是为迁滇之祖"。就是说，我们这一杨氏分支的始祖是杨辛，他是我们这一支从江西迁入云南的第一人，而且正式入了云南官籍。杨辛是我们这一分支的第一世，他的后人往往称自己为云南昆明人。

第二次迁徙　杨辛公的子孙中，第十二世杨文赐，起初在湖北、湖南做过多年小官，乾隆十八年（1753）"署永绥厅经历"。永绥，就是现在的湘西花垣县。厅，在清代是与县平级的行政单位。经历，是清代掌管文书事务的官员，品级较低。乾隆三十年（1765），文赐公虽然"升授安徽安庆府照磨"（官职不大，但职位重要，相当于现代的秘书兼监察官员），但是，"十二世照磨公官楚，贫不克赴皖升任，又不克归滇，侨寓黔邑"。文赐公本来在湖南当官，后升任安徽安庆府照磨，因为贫穷，不能赴安徽升任，也不能回云南老家去，只好侨居湖南黔阳（今怀化洪江市）。数年后，他的子孙入了黔阳籍，成了黔阳人。这就是第二次迁徙。

有关具体定居黔阳的原因，十三世洪公写的"杨氏世系略"说得十分清楚：

> 初，永绥无学额（当时洪公父亲任永绥厅经历），乾隆二十一年（1756），司马张公请于台司，题请开学。时黔邑人危君，名开成，字济川，来应试。公重其才品，遂请司马执柯（做媒），以余姊字（许配）之。阅（越）五年，而余母高孺人即世，去滇既远，力难归榇。殡于黔阳县之麻缨潭。黔为南楚入滇孔道，冀他日归途便也。又二年，父子共计，势不能归，因罄囊中资，托济川就黔买宅一区，薄田三十亩。公引疾后挈家安焉。其一切经营，俱赖济川之力。

第三次迁徙　杨文赐的第五代孙即十六世基善公等，曾给长沙府知府写报告称："窃职原籍黔阳，于道光十四年（1834）随祖父侨寓长沙省城，置有田房产业，同治三年（1864），寄居历三十年……遵例呈请入善化县籍。"按照清代的有关规定，在一个地方侨居满三十年，即可申请入籍。善化，县名，当时长沙分为长沙、善化两县。1912年4月，善化、长沙两县合并，称为长沙县。知府同意了杨基善等人的报告。于是，这一支人又成了善化（今属长沙）人，主要分布在长沙及其周边地区。

云津杨氏分支源流

　　我们这一大支是从江西赣州府宁都县迁到云南昆明的，并不都称"云津杨氏"。那么"云津杨氏"是什么时候、从第几代起才分出来的？

　　原来，第一世杨辛公克勤的后人很多，到了第八世，有个叫"崇德"的。崇德公只是第八世众多兄弟中的一个。

　　崇德公一共有六个儿子，第五子和第六子未结婚即"御寇殉节"。他的第一、二、三、四子，分别为顺成公、顺昌公、顺发公和顺起公。上述四公后来发展为四个支派，即从第九世起，崇德公长子顺成公，为云津祖派；崇德公次子顺昌公，为小桥祖派；崇德公三子顺发公，为新街祖派；崇德公四子顺起公，为东门祖派。上述四公生活的年代为明末清初时期。

　　也就是说，云津杨氏是在明末清初时期，从昆明杨氏第九代起才分出来的，是从第八世崇德公长子顺成公发脉而来的。

　　为什么称"云津杨氏"？云津，原是昆明城郊的一个地方，叫云津铺。现在城市扩大后，云津已在昆明市内。新正于2018年4月，与子志勇一同到昆明寻祖，于25日访得云津铺，在今昆明市一环线以内，基本属于市中心位置。现在那一带名为"巡津街"。元代昆明白族诗人王子·曾作《滇池赋》："千艘蚁聚于云津，万船风屯于城垠；致川陆之百物，富昆明之众民。"诗中的云津即云津铺，位于云津码头附近，是盘龙江航运的一个重要贸易区。现在，这里仍有云津市场，盘龙江依然不停流淌。临近的盘龙江上，有座桥现名"得胜桥"，始建于元代大德元年（1297），当时叫"大德桥"，曾几度毁于战火，明代洪武年间重建，以其当云南之要冲,而改名为"云津桥"，清康熙时再次改名为"得胜桥"。

　　"云津杨氏"大概就是因为原来居住在昆明云津铺一带而命名。

　　我们这一次续修支谱，由于距上次修谱时间比较久，不少族人没有联系上，再加上上次修谱时，受当时的时空条件限制，同样有一些族人没有找到。因此，这一次修谱记录的并不是云津杨氏的全部族人。比如，第十一世永斌公在江浙一带的后裔，除上次族谱记述的以外，这次竟没有找到其他任何一人；又如第九世顺成公有三个儿子，在上一次修谱时，除其长子寓乾公一支记录得比较全面外，只记录了第二子寓坤公有三个儿子，第三子寓泰公有一个儿子。寓坤公的三个儿子，都随父迁云南大理府，"后失考"。寓泰公的一个儿子，也没有记述其后人，现在更是无法取得联系。所以说，我们尚无法将云津杨氏族人全部收录在这次修撰的家谱中。

一个家族的六百年——讲故事的云津杨氏支谱

益清堂

诰敕

诰命和敕命是皇帝颁发的一种文书，也就是所谓"圣旨"。官员受封，由朝廷发给文书。凡封赠五品及以上官员，发给诰命，封赠六品及以下官员，发给敕命。发给官员本身的，称"授"；发给父母、妻子等的，其生者曰"封"，殁者曰"赠"。

在清代，文武官员分正、从品十八个等级。正一品最高，从九品最低。如清代的知县是正七品，知府是从四品。

老家谱中的诰敕，记述了清代云津这一支所领的各轴。永斌公这一支的十七轴诰敕已全部被毁（其中十四轴"毁于浙江诸暨包村寇难"），昶斌公这一支的诰敕也是十七轴，均保留完整，在这里只抄录三道"诰敕"，以一睹其原貌。

奉

天承运

皇帝制曰：设官分职，昭器使之无遗，锡类施仁，嘉蒙恩于伊始。尔杨昶斌乃湖北德安府应山县平靖关巡检杨文赐之父，秉心醇朴，饬行端方，教诲怀式穀之勤，政事本贻谋之善。兹以覃恩赠尔为登仕佐郎，湖北德安府应山县平靖关巡检，锡之敕命。呜呼！一命得以逮亲，遂膺旷典。庶政期于称职，永荷荣光。

制曰：登皇路以驰驱，严必兼慈。入安府应山县平靖关巡检杨文赐之母李氏，性本和柔，饬衿鞶于闺内；教惟勤慎，纡章服于庭前。兹以覃恩赠尔为九品孺人。呜呼！所亲效靖共之谊，永播芳型。

制曰：澄叙官方，一得之长必录；祇承庭训，二人之慕惟均。尔湖北德安府应山县平靖关巡检杨文赐之继母张氏，秉性温恭，提躬淑慎。启迪恩深于顾复，显扬适逮夫荣光。兹以覃恩赐赠尔为九品孺人。呜呼！贲丝纶之涣汗，用奖母仪；祝翟茀之辉煌，勉思臣职。

雍正十三年九月初三日

▲杨昶斌暨妻李氏继妻张氏从九品敕命一道，子文赐领

奉

天承运

皇帝制曰：作牧重于专城，遂委一州之任。亲民莫于长吏，远逾百里之荣。尔河南汝州直隶州知州杨兆李，才谓素优，精勤尤著。厘剔吏胥之弊，人惮严明；勾稽案牍之烦，政无留滞。兹以覃恩授尔为奉政大夫，锡之诰命。呜呼！饬乃官方，既效能以奏绩；劳于王事，宜宠锡以酬庸。

制曰：良臣宣力于外，效厥勤劳；贤媛襄职于中，鹰兹宠锡。尔河南汝州直隶州知州杨兆李之妻罗氏，温且惠，既静而专。蘋藻主馈，爱流彤管；赞缡丝之节，克尽素丝之辉。兹以覃恩赠尔为宜人。呜呼！职思其内，垂淑慎之遗徽；敬尔有官，著肃雍而并美。

制曰：在公必敬，臣心每待助于闺间；齐体维均，国典必疏荣于继续。尔河南汝州直隶州知州杨兆李之继妻金氏，以顺为正，无成有终。柔嘉克踵乎前徽，珩璜流誉；庆泽因昭其嗣，翟祎增光。兹以覃恩封尔为宜人。呜呼！如纶如绋，勿忘象服之荣，允副鸾书之锡。宜室宜家，

道光十四年十月十九日

▲杨兆李暨妻罗氏继妻金氏正五品诰命一道，本身领

▲杨氏　貤赠外祖父母云彤暨妻孙氏正七品，敕命一轴，兆杏领

　　说明：这一道敕命比较罕见，是颁发给外祖父母的。因为诰命和敕命一般是颁发给官员本身与夫人，或其父母、祖父母的。

　　关于"浙江诸暨包村寇难"，湖南《快乐老人报》2014 年 7 月 24 日 16 版曾刊发《太平天国占领区曾爆发农民起义》一文（该文摘编自《东方早报》）。据该文载：咸丰十一年（1861）九月，太平天国侍王李世贤大军兵进浙江，破绍兴、诸暨。在太平军大兵压境之时，包村农家子包立身树旗起事，建号"东安义军"，村中垒土为外城，编篱为内城，广储军械，制造枪械，包村俨然一个独立王国。包立身起事后，屡屡杀戮太平军。并指令乡勇捣毁乡官局，公然对抗太平天国。当时，诸暨、绍兴、萧山、富阳、金华、义乌等邻近州县的乡绅豪富及普通民众，约有数万，扶老携幼，纷纷进入包村避难。太平军曾试图招降立身，但前来包村的说客均被斩首示众。于是，太平军对包村展开了数次大规模的军事行动。同治元年（1862）四月，太平天国东调宁波，西调杭州，南调金华，集合十余万太平军往征包村，截断包村粮道、水源。此时包村内部三个月滴雨未下，而且瘟疫流行，乡民渴死、饿死者不计其数。七月初一清晨，太平军穴地道而出，遇人即杀，血腥屠村。包立身与其妹最终被太平军杀死。据浙江巡抚蒋益澧奏称，包村之役"阵亡殉难官绅男女统计一万四千七十七名"。事后一年，幸存者才敢返回故里，于村中立忠义祠，掩埋尸首成五大坟，题曰"十万人墓"（1958 － 1960 年"大跃进"时期被毁除，改建公房）。

族规家法

老家谱中，诰敕之后的"律例"，实际上就是人们常说的族规家法，是对家族成员犯了错或罪如何处罚的有关规定。现摘录一小部分，原文如下：

律例
谨遵兆杏公彝训摘刊

律　凡子孙违犯祖父母、父母教令及奉养有缺者，杖一百。

律　凡骂缌麻兄姊，笞五十；小功兄姊，杖六十；大功兄姊，杖七十。尊属各加一等。若骂兄姊者，杖一百。伯叔父母、姑、外祖父母，各加一等。凡骂祖父母、父母，及妻妾骂夫之祖父母、父母者，并绞。凡妻妾骂夫之期亲以下缌麻以上尊长，与夫骂罪同。妾骂夫者，杖八十。妾骂妻者，罪亦如之。若骂妻之父母者，杖六十，并需亲告乃坐。

律　凡子孙告祖父母、父母，妻妾告夫及告夫之祖父母、父母者，杖一百，徒三年，但诬告者绞……

律　凡斗殴以手足伤人不成伤者，笞二十，成伤及以他物殴人不成伤者，笞三十，成伤者，笞四十。青赤肿者为伤……

例　凡卑幼殴期亲尊长，执有刀刃赶杀，情状凶恶者，虽未伤，依律发近边充军。

律　凡子孙殴祖父母、父母，及妻妾殴夫之祖父母、父母者，皆斩。过失伤者，杖一百，徒三年。

……

例　妻之子打庶母伤者，杖九十，徒二年半。一嫡孙众孙殴伤庶祖母者，照殴伤庶母例减一等。

律　凡妻殴夫者，杖一百，愿离者听，须夫自告乃坐……

律　凡殴受业师者，加凡人二等。

……

例　无子者，许令同宗昭穆相当之侄承继，先尽同父周亲，次及大功、小功、缌麻，如俱无，方许择立远房及同姓为嗣。若立嗣之后，却生子，其家产与原立子均分……

律　凡祖父母、父母在，子孙别立户籍分异财产者，杖一百。须祖父母、父母亲告乃坐。若居父母丧而兄弟别立户籍、分异财产者，杖八十。须期亲以上尊长亲告乃坐，或奉遗命不在此律。祖父母、父母在，子孙不得有私财，礼也……

律　凡闻父母及夫之丧，匿不举哀者，杖六十，徒一年。若丧制未终，释服从吉,忘哀作乐，及参与筵宴者,杖八十。若闻期亲尊长丧，匿不举哀者，亦杖八十。若丧制未终，释服从吉者，杖六十。若官吏父母死不丁忧者，杖一百，罢职役不叙。若丧制未终，冒哀从仕者，杖八十，罢职。其仕宦远方丁忧者，以闻丧月日为始。

例　凡文武生员及举贡监生，遇本生父母之丧期年内，不许应岁、科两考，及乡、会二试。其童生亦不许应府、州、县及院试。有隐匿不报蒙混干进者，事发照匿丧例治罪。

律　凡有丧之家，必须依礼安葬。若惑于风水及托故停枢在家，经年暴露不葬者，杖八十。其居丧之家，修斋设醮，若男女混杂，饮酒食肉者，家长杖八十。

……

律　凡以妻为妾者，杖一百。妻在以妾为妻者，杖九十，并改正。若有妻更娶妻者，亦杖九十，离异。

……

例　凡收伯叔兄弟妾者，杖一百，流三千里。

……

律　凡有官及军民之家，纵令妻女于寺观神庙烧香者，笞四十。

律　凡和奸（通奸），杖八十，有夫者，杖九十，刁奸者，杖一百。男女同罪。奸妇从夫嫁卖。

律　凡调戏弟妇，杖一百，流三千里。

……

律　凡妻无应出及义绝之状，而出之者（注：这句话的意思是，没有正当理由而将妻子赶出去的），杖八十……

律　凡窃盗已行，而不得财，笞五十……

例　凡盗牛一只，枷号一个月，杖八十；二只，枷号三十五日，杖九十……

例　凡窃盗，同居父兄伯叔与弟，知情而又分赃者，照本犯之罪减二等。虽经得财，而实系不知情者，减三等。父兄不能禁约子弟为窃盗者，笞四十……

律　凡白昼抢夺人财物者，杖一百，徒三年，计赃重者，加窃盗罪二等。

　　例　凡凶恶光棍、好斗之徒，生事行凶，无故扰害良人者，发极边足四千里安置……

　　例　坟茔：职官一品，茔地九十步，坟高一丈六尺；二品，茔地八十步，坟高一丈四尺；三品，茔地七十步，坟高一丈二尺；四品，茔地六十步，坟高一丈；五品，茔地五十步，坟高八尺。设石像生，二品以上用石人、石马、石虎、石羊、石望柱各二；三品减石人，四品减石人、石羊；五品减石人、石虎。六品，茔地四十步；七品以下二十步，坟皆六尺。以上发步皆从茔心各数至边。五品以上许用碑螭首龟趺（fū碑座）；六品以下许用碣圆首方趺。庶人茔地九步，穿心一十八步，坟高四尺，止用矿志。

集注：官员茔地自九十步至二十步，谓职有崇卑，地有广狭，虽有余地，不可逾制。非谓他人之地可以按步侵占也。今人辄称为禁步，断令他人之地不许营造，或勒令他人之地受价出卖者，此乃假公济私，非例意也。户部则例，凡垦荒值有古冢，周围四丈以内不得开垦。

　　例　子孙将公共祖坟山地朦胧投献官豪势要之家，私捏文契典卖者，投献之人，问发边远充军，地给还应得之人。凡子孙盗卖祖遗祀产至五十亩者，照投献捏卖祖坟山地例，发边远充军……

　　例　凡子孙将祖父坟茔树木私自砍卖者，一株至五株，杖一百，枷号一个月；六株至十株，杖一百，枷号两个月；十一株至二十株，杖一百，徒三年。计赃重者，准窃盗加一等，从其重者论。二十株以上者发边远充军。若系干枯树木，私自砍卖者，杖八十。看坟人等及奴仆盗卖者，罪同盗他人坟树者，杖一百，枷号一个月……

　　律　凡发掘坟冢见棺椁者，杖一百，流三千里。已开棺椁见尸者，绞。发而未见棺椁者，杖一百，徒三年。若冢先穿陷及未殡埋而盗尸柩者，杖九十，徒二年半；开棺椁见尸者，亦绞。其盗取器物砖石者，计赃准凡盗论……

　　例　毁弃祖宗神主，斩。

　　律　毁人坟茔内碑碣石兽者，杖八十，毁人神主者，杖九十。

示禁恶俗申明定例

刘坤一[1]

　　孀妇自愿守志，母家、夫家强夺抢嫁，以致孀妇不甘失节，因而自尽者，不论已未被污，祖父母、父母，夫之祖父母、父母，杖一百，徒三年。期亲尊长，杖一百，流二千里。功服杖一百，流二千五百里。缌麻杖一百，流三千里。缌麻卑幼发边远充军。功服发极边充军。期亲绞监候。娶主知

[1] 刘坤一：湖南新宁人，著名湘军将领，曾任两江总督。

情同抢，以为从论，各减亲属罪一等。

妇女令媳卖奸不从，折磨殴逼，致媳情急自尽者，绞监候。若抑媳同陷邪淫，致媳情急自尽者，改发各省驻防为奴。

尊长故杀卑幼，案内如有与人通奸，因媳碍眼，抑令同陷邪淫不从，商谋致死灭口者，诸照平人谋杀之例，分别首从，拟以绞监候。

本夫抑勒卖奸，故杀妻者，以凡论。照故杀人者斩监候律。

丧服制度——五服

老谱在律例之后，是服制图。由本宗九族五服之图、妻为夫族服图、妾为家长服图、出嫁女为本宗服图、外亲正服义服之图、为人后者为本生亲属降服图、五父十三母服制图、一子两祧服制、五服八等总图、妇女服制十图组成。

"本宗九族五服之图"中间一条主线，表示的是人们在家族中的辈分。以己身为基点，往上依次为父母、祖父母、曾祖父母、高祖父母，往下是子女、孙子女、曾孙子女、元孙子女，共九代。

所谓五服，是旧时的丧服制度，亦即旧时服丧的等级及服丧期间对服饰的具体要求。以亲疏为等差，由重至轻，有斩衰（cuī）、齐（zī）衰、大功、小功、缌麻五个等级，统称五服。五服的轻重主要体现父系宗亲之间亲疏不等的血缘关系。血缘愈亲的服制愈重，血缘愈疏的服制愈轻。

斩衰　其服用粗麻布做成，不缉边，使断处外露，以示无饰。为五服中最重的丧服，服期三年。如子为父母服丧，需着"斩衰"。

齐衰　其服用粗麻布做成，以其辑边，故称齐衰。次于斩衰，服期有一年的，为齐衰期，如孙为祖父母，夫为妻；有五个月的，如为曾祖父母；有三个月的，如为高祖父母。

大功　其服用熟麻布做成。服期九个月。

小功　其服用较细的熟麻布做成。服期为五个月。

缌麻　其服用细麻布做成。五服中最轻的一种，服期三个月。

另外，服期有杖期、不杖期两种。凡夫为妻服丧，如自己的父母还在，就不能持杖，称为不杖期。如期服用杖，称为杖期。还有"期服"一说，"期服"为齐衰，为期一年之服。

现在有人会说，我与某某是同宗，但出了"五服"。这是说，我是五代直系亲属以外的族人，以上五种丧服都不用穿了，因为旧时直系五代以内都是要穿丧服的。

下面再摘录服制图中的部分内容。

高祖父母：正服齐衰三月；曾祖父母：正服齐衰五月；祖父母：正服齐衰不杖期（时间为一年）；父母：正服斩衰三年；子：长子众子俱正服不杖期；孙：正服大功，嫡长孙加服不杖期，有嫡长子者不加；曾孙：正服缌麻；元孙：正服缌麻。

祖训家风

原谱中有"彝训"一节。彝训即"遗训"，乃先辈对后辈的训导。谨录于下：

彝训　三世（指十二世文赐公、十三世洪公、十四世兆杏公）皆十五世积焕公抄传，有文繁编入《杨氏先嫩录存》者当参观，均当聪听。

文赐公格言四则

读书者不贱，守田者不饥，积德者不倾，择交者不败。

此桐城相国张文端公英（张廷玉之父张英）语，终身可诵，欲免下四字，当服膺上八字。

原注：基善借得临桂三元陈莲史方伯（布政使的称呼）继昌墨迹，模作宗堂楹帖，并述公训语。

惜食惜衣，非为惜财原惜福；求名求利，但须求己莫求人。

此临桂相国陈文恭公宏谋语，中材可行，欲保上四字，当熟味下十四字。

原注：基善倩善化吕鞠仁明经（贡士的别称）家驹隶书，作宗祠前厅楹帖，并述公训语。

垂训一无欺，能安分者即是敬宗尊祖；守身三自反，会吃亏者便为孝子贤孙。

此铅山蒋新畬太史士铨语。象贤（旧时谓能效法先人之贤德）、绳武（继承祖先业绩）当着眼安分之"能"字，吃亏之"会"字。

原注：基善购得新城陈玉方侍御希祖砝拓遗迹，模作宗堂后便坐屏联。以上三联光绪庚寅长至日恭悬。

滇俗佞佛（迷信佛）。我六世祖考秉元公独违俗，戒作佛事。今阅七世遵守勿渝，人多迂吾族者。偶与潘六不先生士朴纵论及之，先生示以明儒陈几亭龙正语曰：居丧迎僧此最不肖子弟所为。或因妇女崇信，或因僮仆规利，或因无知亲友怂恿，迫胁子孙见义不确，恐有吝财忘亲之嫌，勉强从之。岂知哭泣祭葬之间，尽哀尽礼，奚忘奚吝？使其亲守正一生乃以邪道诬之于身后，事死如事生，固如是乎？倘父母生前有崇信之僻，正宜为之盖愆直断，以从治不从乱之义。廓而清之，此大孝也！所谓宜执礼以破俗者也。徐尚书乾学云：有谓父母遗命作佛事子从之无害者，虽曰顺承亲志，终以非礼事其亲，庸得为孝乎？必如陈氏盖愆之说为据，经而守正，诚孝子慈孙所当法也！此说能发明秉元公垂戒之义，蕴子孙世宝之。基善谨按：潘先生黔邑宿儒，临湘训导，晚以六事自饬，因自号六不翁。

洪公格言四则

凡横逆当前只顺以受之，不必动心，忍得一番横逆便增得一番气度。乾隆戊戌至庚子，公连遭横逆，书此以示训。

岳麓书院肄业，父母期望甚殷，自身切宜保重。于论孟中曾三省、颜四勿、唯其疾之忧、守身为大等语及程子四箴，务刻刻萦念，敬谨持躬。与朋友接，择善而从，其否者，敬而远之。勿谈人是非，勿论人闺阃（指妇女内室，亦借指妇女）。星沙（长沙）繁盛，无所不有，或有人以嫖赌诱之，当正言拒绝。设以为娱耳悦心与之攀谈，必渐入彀，倘坏名声，或丧旅费，或惹恶疮，将何颜面见人。此一条意味深长，熟筹细思，万勿稍犯，损德败身，其害宁堪指屈耶！凛之！

读方正学逊志斋集云：有君子而无禄位，族虽衰，盛也；禄位光荣而君子无闻，族虽盛，衰也。此不可不知，摘付汝曹，常目注之，勿以兄弟连弋科名自负。

归太仆云：为子孙者，必慎而言，顾而行，如持重宝焉，惟恐失之，斯善怀矣！苟徒出于一时感动，俄而忘之，注意于残楮败墨间，而失其所以重，非君子所谓孝思也。我昔作世系略，惜未见，而发挥及此。兹录寄。

兆杏公遗训

武进杨符苍孝廉方达，为先曾伯祖永斌公高足弟子，以所拟家训就正，公（永斌公）激赏其简洁精警。兹据吾家时局，略为损益，即世范昭垂，无劳词费也。道光丙申（1836）仲秋，识于仲弟梦莲临汝官廨之存古轩。计二十则。

孝父母 父子相爱，天性之恩乜，何至拂父母之意冒不孝之名？且父母生我之身，则当尽此身以事父母，不难卖身代死，况身所得为者哉？凡亲之所欲，无大害理者，曲意顺之，斯不为悖逆之子。悖逆必始于见父母有不是处，父母实不是。而人子实不见吾父母有不是处，则孝思过半矣。

敬长上 九族虽有亲疏，实联一气。平日必当尊卑严分，毋以少陵（凌）长，强陵（凌）弱。婚丧庆吊相扶助，主之以谦，将之以诚，达之以敬。毋暗相蟊贼，自破籓篱。

和兄弟 兄弟一气所分，幼则相扶携，长则同师友，和好出于天性。至各妻其妻，各子其子，隔越之势既形，尔我之情遂判，或以财，或以产，稍一厚薄遂成争竞，小则阋墙，大则构讼，煮豆燃萁，自相鱼肉，良可痛悼。慎勿以己私而伤一本之亲。

教子孙 教子必先导以孝弟忠信之言，律以揖逊进退之节。俾之就学，必择明师，清其音义，正其句读，严立课程，使知所向不在利达，而在修省。为父母者，毋徇情爱护，以启游惰骄悍之习。姿质过人，乃可进之经史。否则，俾习农以安其分，习工贾以谋其生，毋徒玩愒岁月，使之耕不能，读已晚，工无艺，贾无资，斯则父母之咎。养成游惰恣情骄悍，势必致仆隶优伶匪类，无所不为，而绝无愧耻。

立家业 家之兴废系乎勤与惰、俭与奢，积善与积恶而已。惟勤则业能精，惟俭则事可就，惟善则庆有余。若或甘惰以自弃，徇奢以自淫，稔恶以自殃，身且弗保，况于家乎？为子孙者，诗书耒耜无失其时，齑盐布素无厌其常，出入孝友言行谨信，庶几不坠家声。

懔王章 涓涓不息将为江河，箕帚樱锄，冠履倒置，小过自恕，五刑十恶所由肇端也。古者象魏县法（古时候在宫阙上悬挂法律条文），月吉读法，刑章居其一，岂专为一人一家设乎？顾君子求寡过，贵讼过，而怀刑……宜揭律例中有关亲疏差等者，宣示族人，俾知出乎礼即入乎律。微哉，危哉。懔之，慎之！

重祠谱 家世昆明，原无祠谱。我祖考去滇来楚，仅携草录。先赠公亦只作世系略，并于郎岱（县名，现改名为"六枝"）幕中寄谕，冀子孙发籍建立祠堂。今又四十余年矣。将来务合力共谋置基卜筑，预筹岁修，以安妥先灵，以联子姓，以慰我兄弟宦游垂老未遂之心，以酬先赠公谆切谕建之素志。兹辑草谱用备增订付刊。刊成，版存祠中，编号祗领，藏弆什袭（把物品一重重地包裹起来），世世宝之。毋使有虫伤、鼠啮、油渍、墨污、浥烂、抽换、改抹、假借、押钱、擅卖与遗失等情。岁届子午卯酉，携谱入祠，长至（冬至）祀事之次日，公同对验。如畏亏不呈，从重议罚，即饬祠丁追谱入祠，并罚给该丁工资，以为玩亵者戒。

明祭祀 家庙之制，礼止四代，各以子姓袝食，亲尽则祧，非嫡长不

益清堂

敢主祭，重宗子也……至粢盛丰腆、肴酒馨香、衣冠济楚，无力者，亦应布袍整洁，此事死如生，事亡如存之意，不可不慎。

省坟墓　先人坵垅，宜厚其封茔，茂其松柏，岁时祭扫，以省未备。旁支无力亦必劝其立石或代为树碣，曰某公某孺人之墓，则世代虽远，石碣尚存，侵陵之患免矣。

慎继立　无嗣而继立，所以承宗祧也。倘因一时之臆见，继异姓子为后，彼因年远，一旦去宗，仍废血食……当遵现行律例，于同宗伦序相当者，或依次、或择贤、或择爱，立所当立。切勿自贻伊戚。

重丧事　丧葬之礼，固所自尽，必诚必信，毋贻后悔。须斟酌朱子家礼行之。近多惑于僧道、阴阳之诳诱拘忌，修斋祈佑，以超生度死为说。又有所谓儒教道场，与演唱佛戏无殊，或延戚友儒生唪诵佛经，是皆援儒入释，不明于礼实甚，均当切戒。并毋徇形家之言，久停浅厝，致终身不能葬，其亲尤为不孝。其有秘不发丧，徇俗凶婚及释服从吉、完娶主婚，族众当先期禁遏之。弗听，即呈究。非伤和睦，实整遗规也。

恪忌祭　礼檀弓曰：忌日（父母或祖先死亡的日子）不乐。祭义曰：君子有终身之丧，忌日之谓也。人子于此日宜感怆哀思，素衣祭奠，不与宴，不闻乐，不出游。

择婚姻　婚姻为人道之始，须择温良有家法及门第相敌体者议之。不可妄攀富贵豪强，苟慕一时之荣而娶之，彼挟其富贵，鲜不轻其夫，傲其翁姑者，异日追悔何及？贪鄙者流，将娶妇，先问资妆之厚薄；将嫁女，先问聘财之多少，是乃驵侩〔zǎng kuài 原指马匹交易的经纪人，后泛指经纪人、市侩〕贩婢鬻奴之法，岂得谓之婚姻哉？议婚而及于财，勿与为婚可也。

严家范　别男女，正内外，识者于此觇家范焉。故古者道路有左右之戒，夜行有然（燃）烛之训，男子十五不得辄入中门，女子十五不得轻出中堂，不妄言笑，不亲授受，不得近金珠剃镊之工、尼媪六婆之类。及少妇女子烧香游宴，风化所系，要当恪遵。然此其显焉者也。若夫牝鸡司晨，多至败亡。族戚逾闲至生淫僻，妯娌姑姊异姓相聚，计短较长，竞财评势，益以长舌婢妇交讦最多，嫌怨丈夫，被其浸润，久而不察，骨肉为仇，智者亦难猝悟。履霜坚冰，愿防其渐。

安清贫　情欲无涯，而分有涯。声利难必，而德可必。天道恶盈，鬼神害盈。况横目之民哉？吾宗清白垂训，累世先人莫不衣仅御寒，食仅充饥，室庐仅蔽风雨，仕宦仅免舆隶，婢仆仅足使令。清贫世守，绰有古风。即侍郎（指永斌公）、按察使（指瑾公）两公，身都贵显，亦不改书生本色。

近见巨族旦夸门市，晚已张罗；昔侈轻肥，今成乞丐。皆由恃贵而不知贱，倚富而不患贫，旷正业而弗谋，蹈骄淫而忘返也。

禁赌博　有害而无益者，莫如赌博……凡我子孙，士则务读，农则务耕，工贾则务勤作，勿效下愚溺此恶技。尤要在家长端本澄源，时时禁饬妇孺。而凡遇婚丧庆节，幸勿自恕无妨。俾流毒滋深，不可挽救。

毋构讼　事有不平则鸣，鸣之不得则争，争之不得则讼。或起于忿，或起于财。谚曰：图他一斗粟，失却半年粮；争得一间屋，卖了两重房。何自苦乃尔？况争讼之害有三，荒业一也；败德二也；构怨三也。又曾见肇端祠墓，借口急公，抽费计丁，穷年累世，竟致合族一蹶而不可复振。所以君子于横逆之来，既自反矣。只可视为妄人，譬诸禽兽，宁为我容人，不为人所容。

完国课　有田则有赋役，古今通制也。勿飞寄以避役，勿捺征以拖赋。痴心望赦，百无一二。今纵不能耕九余三，耕三余一，亦当留本岁之余，完来岁之课。庶随田备赋无愆，其期随赋应役，无慢其令。

戒僮仆　男仆不过任使令，供洒扫司爨（意"灶"），汲力农圃。女仆则备纫缀，勤浣濯，职内事而已。当慈以畜（同"蓄"）之，更当严以莅之。若因彼小忠小信而轻听曲从，必至弄权挟诈，召祸非轻。其谮润是非，离间骨肉者逐之。诚得忠勤者，自能佐主兴家，其人必宁钝无敏，宁朴无华，宁介无随，宁讷无佞。然此求之士流尚难，其选可苛论若辈哉？仍当以时教诫为尚。

谨交游　易曰：比之匪人，不亦伤乎？可见凡人交游，当取端方正直之士。德业相助，过失相规。言动举止皆可奉为典型。虽一时不便己私，似难亲炙，然久与相处，他山攻玉，谏果回甘，自然有益。若匪僻邪傲之徒，牵引诱惑，每不及觉，当察其微而屏绝之。故观其门前座上，而知其家之盛衰、品之邪正也。

积煦公格言四则
基善恭录

（一）

大暑后一日，我借差省觐抵湘，汝闻信，具衿服趋叩河干，询悉赴沅岁试，蒙张振之宗师取冠郡庠（在每年一度的府一级的学校考试中取得头名）。旋湘甫二日，汝祖父母暨汝母喜可知也。我则闻前踬（被东西绊倒）未尝为汝惜，此捷亦未敢遽为汝幸也。何也？前踬获三年之愧奋，此捷实学养未到。

一切读书原由，做人道理，不暇深思，茫无把握，稍涉满假即暴弃自甘，可弗惧哉？今为汝计，仍当亲师，尤要择友，世好中汝年相若者，高安萧芗泉孝廉、湘阴李梅生茂才（秀才），真堪友而兼师。如某某弱冠游庠，人訾其有文无行。不愿汝入鲍鱼之肆也（原注：切勿示人）。明儒吕子（吕坤，字叔简，一字心吾、新吾，明代学者）遗书、训儿帖与弟子职共三则，如扃有匙，如盘有针，如卜有蓍（一种植物，古代用其茎占卜），蔡录（采录）置案头，时潜玩焉，思过半矣。否则，日从事于帖括试律犹面墙也，汉学、宋学徒梦呓也。兹又有汴行，用代提命（犹言耳提面命）。

（二）

九儿入学，面语戒之

常言道：三个性儿，不要惹他。曰太监性儿，闺女性儿，秀才性儿。太监吾无论已。闺女惯于慈母养成，多泪常颦之态以自丧，其身于舅姑夫子之家，娇痴取败，吾亦无论也。惟是秀才，修格致诚正之身，任天下国家之重，上天下地填一我，为三才。往古来今贯千圣为一脉，处则使四海望其大行，出则使万物各得分愿。而使人比性气于太监、闺女之流，畏之？让之？荣乎？辱乎？吾深为秀才悲焉。而今一领襕衫上身，便自眼大心雄，胸高气粗，可怜！可怜！

宋儒有云：唐虞揖让三杯酒，汤武征诛一局棋。古人多大事业，等于鸿毛。而今若个前程作此态度，由君子观之，愧汗透重裘矣！夫傲为凶德，狂是小人。象至不仁，总说个象傲丹朱，不肖一身罪过。总说个丹朱傲风之大者，曰狂。舜跖人品天渊，只分圣狂两字，而今把这个模样做了清高旷达，互相崇尚，不几于丧心迷性乎？你看千圣万贤，立身只说个敬而无失，恭而有礼。孔孟是两个好秀才，孔子恂恂如也，似不能言。孟子横逆三加自反，不外仁礼，狂乎？傲乎？性儿只学孔孟，便是我们秀才家样子。更有吃紧话说，孝弟忠信，礼义廉耻，此八行者望汝努力。怠惰荒宁，放辟邪侈，此八字者，望汝深戒。不然，纵中三元，官一品，哪值得一文钱？我言直中膏肓，尔其勒诸心骨。

读书原由

壬辰八月，余移驻代州，谒先师庙试讲既毕，乃前诸生而问之曰："诸生知圣贤以经史垂训，朝廷以学校养士之意乎？"夫乾坤内只有这一种道理，古今人只有这一副心肠。千古圣人心肠中是这个道理，吾人心肠中也是这个道理。只是圣人志气清明，义理昭著，又身心体验，措注精详，故其精神心术之微，识见施为之妙，载在方策，传留后代。是我心所同然，而彼先得；我心所同具，而彼先言。一种道理之外，圣人别说不得；一副心肠之外，圣人别有分毫，不得譬之衣食。圣人是做造的，吾人是穿吃的。做造的留式样，穿吃的享现成。所以朝廷教人读书，正欲以我这副心肠，就经史中明那一种道理……

经史之有资于身心，犹衣食之有资于口体。世上少他便不成世界，人生少他便不成好人。朝廷特设学校，领以师儒，令其口诵心维，身体力行，指望诸生遵圣贤之言，成圣贤之身，以立圣贤事功，使斯世成唐虞三代。宇宙生民见唐虞三代太平，故待士之体貌独优，举士之礼节独重，用士之荣宠独隆，所以期望之者，诚厚也。

诸生终日诵读，一字字都向心头想一想，一句句都往身上贴一贴，试看古人所言，与我身心合不合，其合者便要体验扩充，其不合者便要沈（同"沉"）潜思索，便知圣贤千言万语，说的是我心头佳话，立的是我身上妙方，不必另竭心思举而措之，无往不效……

人生七尺之躯，皆有安天下万物的性分，皆有使天下万物各得其所的责任，皆有能使天下万物各得其所的本事，圣贤又留下使天下万物各得其所的学术，日日做天下万物各得其所的事业，自有天下万物各得其所的功效。只是吾人少了这使天下万物各得其所的心肠，有了这副心肠，参赞位育，不是难事，弥纶辅相，不是虚言。只是而今世教，不明所志既非古人之志，所学亦非古人之学。古者十五而入大学，格致诚正，修齐治平，这八件原是一齐做的……

所望诸生以天下国家为念，志伊尹之所志，以忧勤惕厉为心，思周公之所思，为学便是实学。勿为言语文字之工，做人需做端人，毋矜才辨聪明之质，他日策名仕途，另有一番手段，俾社稷赖以奠安，苍生赖以得所，朝廷收养士之效，科目有得士之光，流芳于竹帛，增重于冠裳，士大夫皆为之吐气扬眉。曰吾辈读书人经纶手段固如此哉。诸生勉之。

做人道理

举世衣冠往往通用，惟有生员衣冠皇祖特为留意，襕衫中用玉色，比德如玉也，外有青边元素，自闲也。四面攒阑，欲其规言矩行，范围于道义之中，而不敢过也；束以青丝，欲其制节谨度，收敛于礼法之内，而不敢纵也。绦穗下垂，绦者，条也，心中事事有条理也。圆领官服，以官望士贵之也。惟有头巾制度未定，一日，皇祖微行，见士戴一巾，问此何巾，曰：四方平定巾。皇祖曰：四方平定必须民安。乃将巾前面按一掌，作民字样，遂为儒巾。曰：朝廷养士，本为安民，以作元服首重之也。其两飘带，则头角未至峥嵘，羽翼未至展布，欲其柔顺下垂，不敢陵（凌）傲之意也。嗟夫，圣主之待士如何隆重，而望士如何殷切也。吾少时乡居，见间阎父老、阛阓（街市）小民，同席聚饮，恣其笑谈，见一秀才至，敛容息口，惟秀才之容止是观，惟秀才之言语是听。即有狂态邪言，亦相与窃笑，而不敢短长。秀才摇摆行于市，两边人无不注目视之，曰：此某斋长也。人情之重士岂畏其威力哉？以为彼读书知礼之人，我辈村粗鄙俗为其所笑耳……

孟子曰：其子弟从之则孝弟忠信；董子曰：礼义廉耻，是谓四维。此为八行。士有百行皆从此出。此八行者，关系名节不细。士日以八行自检点，如此，语言举动得无不孝弟忠信乎，得无丧礼义廉耻乎。夫禾之高出，曰秀；十中一人，曰士。士肯好修，同学见其人而爱慕，居乡薰其德而善良，官于内则为朝宁仪型，官于外则为搢绅师表，此之为秀。出此之为士人也，不枉父母生长此身也，不枉天地涵育此身也，不枉诗书教诲此身也。不枉朝廷作养此身，他日属纩之时，将平生履历打算一回也，不含羞于地下也，留赞叹于人间。百年易过，此身不复再生，一息尚存，此志岂容少懈……

以上遵录明吕子遗书三则——"九儿入学,面语戒之""读书原由"及"做人道理"，是基善公遵照其父亲的意愿抄录下来的，亦可视为祖先遗训。

（三）

接汝禀，知谷贱伤农。佃客索减押规银，日用渐形支绌，颇深焦虑。既而思家风清白，昔贤谓仕宦无钱，是好消息，不觉夷然。惟堂上年登耄耋，菽水虽可承欢，亦不宜过啬，并不宜时露窘状，致亲心享用不安。汝母当体此意。汝将此信呈高祝丈，恳代向王迪斋明府暂借二百金，以济急需。我设措由梁大生店汇还，不致久稽。吾滇张蛰存侍御（张汉）寄儿书，教子良方也，念与汝母听之。道光丁未（1847）十月家书。

（四）

与儿子中函书

得尔书，言近况甚苦。尔之所苦，吾之所乐也。五味中惟苦不宜口，故童子往往嗜甘，以甘得病必以苦药之,未有以嗜苦得病者,苦何负于人乎？传曰：甘言疾也，苦言药也。留侯亦曰：良药苦口而利于病。以故，古之贤母丸熊啖子以苦其志。古之廉吏亦茹檗饮冰，以为苦节。由是以观，其甘如荠（荠菜）矣，而谁谓荼苦乎？吾儿知此，可以苦矣，可以不苦矣，可以由苦而甘而长不苦矣。不然，苦不能甘，即甘将复苦。父苦心人也，故出苦口谕之。

遵录张侍御留砚堂集一则（《与儿子中函书》是基善公遵照父亲意愿抄录的，亦可视为祖先遗训）。

附　新正人生格言及对子孙的期盼

人生格言：心胸坦然；得失淡然；顺其自然；自得怡然。

对子孙的期盼：有健全的人格，有健康的体魄，有一技之长。平则自食其力，达则兼济天下。

附　儒服儒巾有讲究

上面吕子遗书之《做人道理》中，在讲到做人道理时，特地讲到儒服、儒巾及其寓意。让我们来看看当时儒服儒巾究竟怎么制作，其寓意又是什么。

儒服：襕衫中用玉色，比德如玉也，外有青边元素，自闲也。四面攒阑，欲其规言矩行，范围于道义之中，而不敢过也；束以青丝，欲其制节谨度，收敛于礼法之内，而不敢纵也。绦穗下垂，绦者，条也，心中事事有条理也。圆领官服，以官望士贵之也。

儒巾：一日，皇祖微行，见士戴一巾，问此何巾，曰：四方平定巾。皇祖曰：四方平定必须民安。乃将巾前面按一掌，作民字样，遂为儒巾。曰：朝廷养士，本为安民，以作元服首重之也。其两飘带，则头角未至峥嵘，羽翼未至展布，欲其柔顺下垂，不敢陵傲之意也。

辈次派名

原谱记载，十四世兆杏公定十五世至二十二世派名，计八字：

积、善、之、家，必、有、余、庆。

原谱还说，吾宗十四世以上虽有派名，未分辈次，嘉庆十八年癸酉（1813），公（兆杏公）定八字以叙宗派，辨昭穆。

不久，兆杏公又增定二十三世至三十八世派名，计十六字：

齐、圣、广、渊，明、允、笃、诚；忠、肃、恭、懿，宣、慈、惠、和。

原谱说，道光十六年丙申（1836），公增定十六字。嗣后命名，毋得参前复后。有陵躐者，族议随时更正。并原定计二十四派，将来设有应避字样，族议取音同或义同之字恭代，毋得窜易他语，致淆辈次。"恭"字左传文公十八年监本作"共"，系古字通用。公以不便命名，改从本字。

原谱辑谱者

初辑主稿：道光丙申（1836），十四世通山公，讳兆杏，字晴园，号春晖。

续辑主稿并付刊：光绪乙未（1895），十六世基善，字黼沅，号乐庭。

原谱告诫：将来丁众，续辑开局，自宜分任，或兼任。惟官书体例，开列衔名，有总理、总阅、总裁、副总裁、督修、监修、协修、提调、纂修、总纂、分纂、撰文、校理、校录、对读、收掌诸差使，此等字样，俱宜敬避。

乙 记事 故事

一世祖至十世祖

一世祖辛公

我们杨氏这一分支迁滇的祖先名"辛"，字克勤，江西赣州府宁都县人。明洪武十四年（1381）官百户，跟从黔宁王沐英（明初将领，朱元璋义子）开滇积功，授武略将军飞骑尉，世袭云南左卫左所千户，入官籍，是为迁滇始祖。

三次封职与世袭

◆ 第一次封职与世袭

如上所述，辛公授武略将军飞骑尉，世袭云南左卫左所千户，这是第一次封职与世袭。辛公育有二子：长子奇勋公铭，次子履端公春。奇勋公生星源公海（三世），星源公生雅璘公彬，雅璘公生渐逵公仪（五世）。明朝世袭只能延续五代，第一次世袭到渐逵公为止。

◆ 第二次封职与世袭

奇勋公次子忠（三世），字良弼，明永乐年间（1403—1424），从黔国公沐晟征安南（今越南），授武略将军飞骑尉，世袭云南左卫左所千户。忠公生长子昭发公雄，昭发公生玉峰公全，玉峰公生鹄立公朝。鹄立公生某公。到第七世某公，世袭也已五世，例停。

◆ 第三次封职与世袭

二世履端公春，其长子讳敏，字有功（三世），明正统年间（1436—1449），屡从黔国公沐昂、沐斌征麓川（今云南瑞丽、畹町一带），积功授武略将军飞骑尉，世袭云南左卫左所千户。敏公长子康民公济，康民公生缉熙公学，缉熙公生汝明公彩（第六世），改驻蒙化卫（蒙化，旧县名，在云南省大理白族自治州南部，1954年改名为巍山县）。按理也是世袭到第七世止，但汝明公彩的后裔失考。

为什么三位获得世袭的人都是"世袭云南左卫左所千户"？基善公在忠公"世袭云南左卫左所千户"后面注释："明制恩荫（朝廷允许官员子孙世袭的一种恩泽）寄禄无定员。故卫所千户多寡不等。"

三世敏公

◆ 平定麓川　建功立业

关于第三世敏公跟随黔国公沐昂、沐斌征麓川一事，基善公有一段注释：

> 麓川为永昌徼外白夷地，明置麓川平缅宣慰司，正统中土酋思任发叛，总督王骥会黔国公屡讨，始克之，设陇川、南甸、千崖三宣抚司。麓川故城即孟卯，在三宣之外，为诸夷要冲。明万历年间（1573—1619），兴屯筑城名平麓。

麓川地处偏远，虽然明朝在那里设立"麓川平缅宣慰司"，但到明代中期，当地少数民族首领思任发还是起兵反叛，当地总督王骥会同黔国公多次征讨，才平定了那个地方。

黔国公乃沐英的后裔，沐晟首封为黔国公。而沐英死后则被追封为黔宁王。沐氏一族一直世守云南，与明代相始终。

敏公跟随黔国公沐昂、沐斌征麓川，积功授武略将军飞骑尉，世袭云南左卫左所千户。这是对他在平定麓川过程中的功绩的肯定。

五世仪公

◆ 勤俭起家　培基贻后

第五世仪公，字渐逵，承袭千户，勤俭起家，培基贻后。云南昆明呼马山祖茔，当时的城外云津铺，以及走马街房屋、池塘，皆公所遗。

仪公不仅留下了一批物质财产，更重要的是，他"积而能散，地方义举无不与"，给后人留下了可贵的精神财富。

仪公致仕后，"当事敦延为董首，舆论翕然（大家一致拥护）"，并"以齿德（寿高且有德），三为乡饮大宾"。

"乡饮宾"是旧时一项尊贤敬老、宴饮欢聚的制度，分为大宾、僎宾、介宾、众宾。大宾为最尊，只有一人；僎宾次之，也只一人；介宾又次之，数人；众宾更次之，多人。诸宾皆为本籍致仕官员或年高德劭、望重乡里者充之，由当地学官考察，层层上报，最后由皇帝批准。对获"乡饮宾"的人，朝廷有所赏赐。

六世秉贤公

◆ 植品敦伦　族党矜式

仪公有两个儿子，长子为六世秉贤公，号双池。

在秉贤公之前，五代都入了宫籍。因为世袭只有五代，从秉贤公起，他就不再世袭了，而是入昆明县民籍。秉贤公"由通史历仕至福建汀州府经历（中下级官员）"。

秉贤公"植品敦伦，族党矜式（敬重和效法）"，与其父亲仪公一样，"致仕，以齿德，与乡饮宾"。

六世秉元公

◆ 始开文学祖

我们昆明杨氏从第一世至第五世，都是以武功显。真正始开文学祖的，是仪公的次子六世秉元公，也是我们这一小分支的直系祖先。

秉元公"学行醇懿，年十六游卫庠（去卫所属学校读书）"，"二十，补廪膳生（指每月给伙食费的生员）"。明朝万历（1573—1620）初，"充岁贡（岁贡生），廷试第一[1]"。

廷试后，秉元公被"授徽州歙县知县。盟于神，不以一钱自污。视民如子，治行为南都冠"。"予告归，讲学于家。值讲期，重门洞开，任人环听，阐发性理，每导以俗语市侩。伍伯（有一定地位的人，伍长）多感悦，以去学者，称双塘先生"。

秉元公"暇则焚香兀坐，督课子孙，无少闲"。后来因其子而"敕封承德郎蓟镇断事官"，为正六品封职。令人遗憾的是，秉元公"著述等身，明季兵燹（指因战乱而遭致的焚烧破坏）尽佚"。

秉元公还极力反对信佛，"滇俗佞佛，公力辟之。诫子孙毋作佛事，今犹恪守"。

七世廷俊公

◆ 第一位举人

七世廷俊公，字简拔，秉元公长子，是我们这一支杨氏第一位举人。原谱记载：

拨补晋宁州学生，旋食饩（意为读书还供给伙食费），中万历壬子科（1612）举人。历仕至蓟镇断事官。公志气宏毅，学业精微，持躬驭物不苟尺寸，遇盘错（复杂的事情），经画秩然。而貌温性严，不希荣利，浮沉幕僚，非所好也。乡关万里，晏居辄黯然。

◆ 蔑视权贵　不拜魏忠贤生祠

廷俊公最值得敬佩的是他蔑视权贵，不拜魏忠贤生祠，不与魏忠贤之流同流合

---

[1] 廷试第一：按常规的说法，廷试第一就是状元。佥查阅《中国历代进士名录》，没有找到秉元公的名字，故其"状元"存疑。有可能这里的"廷试"，只是对贡生的一次廷试。当然，在这样一次考试中取得第一名也十分难得。

一个家族的六百年——讲故事的云津杨氏支谱

益清堂

污。原谱记载："天启御极，覃恩得封父母，拟乞身归。总戎（主将，统帅）藉重，再四慰留。卒以不拜魏珰（珰，指宦官）生祠投劾去。""投劾"，指古代官员投呈弹劾自己，请求去职的状子。这段话的意思是：天启皇帝登位，经简拔公申请，其父母得到封赠以后，他便乞求回家，但其上司再三挽留，他却不为所动，以自己不拜魏忠贤生祠为由，投上一份弹劾自己，请求去职的状子，然后拂袖而去。

天启年间，太监魏忠贤专断国政，阉党中人称他为九千岁。浙江巡抚潘汝桢与宦官李实于西湖边为魏忠贤建立生祠。于是，各地附和阉党的官员也都为魏忠贤建立生祠供奉。从内阁六部至四方督抚都有魏忠贤的私党。许多官僚认魏忠贤为义父、干爷，有所谓"五虎""五彪""十狗""十孩儿""四十孙"等名称。但廷俊公却不去拜魏忠贤的生祠，弃官而去。

原谱还记载：廷俊公"循陔絜养，会友辅仁，殆极人伦之乐事。及双塘公（其父亲秉元公）寿终，杜门却扫，一二知己外，罕与世接，顾名播乡闾。当事以乡饮宾征，亦不就"。

七世芳公

◆ 古貌古心　实言实行

七世芳公，字诚吾。芳公是秉元公的第三子，"邑增生"，也是我们这一小分支的直系祖先。后因他儿子崇德曾任楚雄府定远县教谕，而被封为"将仕郎、定远县教谕"。原谱记载：

　　公古貌古心，实言实行。利人济物事，不可枚举。宜乎，三为乡饮宾，而贻谋百世也。

八世崇德公

◆ 不名一党　聘为五华书院山长亦力辞

八世崇德公，字佑之，芳公之次子，郡廪生，考取崇祯戊辰科（1628）选拔贡生[1]，坐监三年京师，为人文数。时东林（东林党）正盛，日与贤豪长者游，而不名一党（不参加任何党派），人服公雅量。后选授楚雄府定远县教谕。

　　"斯职也，教学相长，庶副作人之化，吾其效伏。宰萃一邑之硕儒长德，合庠彦而师之，而友之，而教育之。怙恶者惩其尤，以警其余，差堪自励。"期年，而邻郡景从者踵至。质疑问难，寒暑弗辍，人服公渊衷。司铎六载，

[1] 选拔贡生:简称拔贡，国子监生员之一种，清代六年或十二年才从府、州、县学中选拔一次。经过朝考合格，可以充任京官、知县或教职。杨氏这一分支共有三人成为选拔贡生，即八世崇德公、十四世兆杏公和十六世基善公。

以忧归。服阕(服丧期满),大府珲为五华书院山长[1],力辞。遁迹白崖。未几,会城(昆明)遭沙定洲之乱,人益服公明哲。曾孙永斌抚粤,值覃恩(广布恩泽,多指帝王普行封赏或赦免)例,不克赠;调抚苏,疏请特允给予诰命,貤赠资政大夫(正二品),江苏巡抚。

说明:"沙定洲之乱"发生在清顺治二年(1645)。据查,明朝时期,云南的管理体制与内地各省有很大区别。除在云南设有都指挥使司等,及后来又设立的巡抚以外,由于这一地区土司众多,自洪武年间起,沐英家族世袭镇守该地,致使云南在明代处于世袭勋臣和地方流官的双重管辖之下。两者既互相配合,又常出现纠葛。1645年9月,武定土司吾必奎叛,黔国公沐天波等人急调包括沙定洲在内的一批土司,一举将其击败。而此时,沙定洲所在的土司,已与另一土司合而为一,势力大增。同时,黔国公沐天波对他也有某种程度的好感。正因为如此,沙定洲便趁其毫无防备之机,于1645年12月1日发动了一场夺取云南权力的政变。他率领士卒攻入黔国公府,占领省城各门,又胁迫省城主要官员就范。黔国公沐天波出逃。沙定洲一举控制了大半个云南。1649年,张献忠大西军入滇,沙定洲的云南王梦终于破碎。

九世顺成公

◆ 抚育孤侄　视如己子

九世顺成公,字应侯,号素公,崇德公长子。曾经避兵乱于云南呈贡县,随即入呈贡县学读书,补增广生。

顺成公抚育六岁的孤侄寅翰,视其为自己的儿子,甚至比自己的儿子还看得重。寅翰稍长大一些,跌荡不羁,偶有失,督责不少勋(劳苦)。顺成公曾说:"若不将寅翰教育好,我用什么话去告诉他的父亲于地下?"后来,寅翰中了康熙壬午科(1702)武举,侯选守御所千总,性格忱爽好义,称为"新街祖派之翘楚"。

顺成公寿七十有九,后为"云津祖派"。因其孙永斌公的官阶而诰赠"资政大夫、广东巡抚"。

◆ 顺成公元配舒夫人

据《云南府旧志·列女传》记载:

> 杨舒氏昆明诸生杨顺成妻,千户舒继胜女。顺治己亥年(1659),避兵昆海之灰湾。流寇肆劫,氏虑有不测,以毒物涂身,剪发垢面,自炙成疮。为乡妇所嫉,讦其伪,遂被执,抗节不屈,是夜自经而死。年三十三……崇祀三纲祠。

---

[1] 五华书院:在昆明五华山麓北,开创于明嘉靖三年,系云南书院的典型代表,在云南历史最悠久、层次最高、影响最大。山长:相当于院长。

九世顺昌等三公

◆ 身处战乱 延续家业

九世顺昌等三公，乃崇德公的第二、三、四子。他们在明末战乱中顽强奋斗，使家族、家业得以延续。

顺昌公，字建侯。迭经兵燹，家业尽失，侨居富民县，与配王氏，克勤耕织，事母至孝，困苦百端而甘旨不缺。云南平定以后，回昆明与兄弟团聚。顺昌公后为小桥祖派。

顺发公，字晋侯。性敏达恢廓，有大志。遭乱弃帖括（代指科举），拨充澄江府新兴州户科。时以济民利物为念，解纷息讼，新兴州的民众受到了他的恩德。考核期满，回家。不求仕进，诗酒自娱，年四十三殁。长子寓晁先逝，次子寓翰才六岁，托孤于伯兄顺成公，恩育备至，遂开新街祖派。

顺起公，字真侯。遭乱避居新兴州之北古城，勤苦力作，家业小康。事平，偕兄顺发公旋滇，居东关外，后为"东门祖派"。

九世顺升公

◆ 部勒乡兵 屡御贼匪

顺升公，字卓侯，为崇德公第五子，生于明崇祯十一年（1638）。"聪颖重义，工技击（搏击敌人的武艺）"。

顺升公青少年时代，正值明末清初。当时昆明一带兵荒马乱，贼匪四出。他二十二岁时，"避兵昆海之灰湾"，当时贼匪"肆掠"，"民苦杀戮"。顺升公激愤，于是凭借自己一身好武艺，组织、统领乡兵，屡次将贼匪击退。乡民听到这胜利的消息，扶老携幼，纷纷来到这里避难。不幸的是，后来贼匪"合股围攻"，顺升公中"流矢"牺牲。

更不幸的是，"幼弟顺明（崇德公第六子）亦遇害，全村毁焉！时顺治己亥年（1659）二月二十三日也"。

九世杨氏三隐士

◆ 行高志洁 终始不移

九世有重礼、尚礼、守礼三公，此三公为同胞亲兄弟，人称"杨氏三隐士"。

重礼公，字靖宇，先避地他往。

尚礼公，字定宇，乱离失业。"衰年独处，极人世难堪之境，而口不言贫，穷饿以没"。其子有三：长子名标、次子名栋、三子名榜。标与榜"皆戕于兵"，栋远去无耗。

守礼公，字新宇，邑庠生。材器老成，笃爱和逊，行高志洁，终始不移。明季隐遁，不知所终。

九世守礼公

◆ 洒泣狂歌　飘然长往

周于礼，云南峨山县人，号立崖。他是乾隆辛未（1751）进士，担任大理寺少卿，是前翰林院编修。原谱中有他一篇《书事》，文中说：昆明杨隐君名守礼，字新宇，明季名诸生。当明末乱世之时，守礼公先是跟从永明王崎岖戎马间，后因永明王入缅而返回故里。当时，"家业虽尽失，犹吊死扶伤，日忧不给"。有时则约请幽人、逸士安闲自在地行走在山水之间，"洒泣狂歌，莫可踪迹"。后来听闻当权者有意征召，便说是去寻找兄长，"飘然长往"。到吴三桂之变时，"隐君已鸿飞"，不知所踪，好一个隐逸之士！

周于礼写这篇书事的时间应该是在清乾隆中后期，距离明末清初已有百余年，可见守礼公在当地士子中有一定影响。

十世寓乾公

◆ 乐善好施　研精岐黄

《云南府志·人物传》记载：

> 杨寓乾，号大生，昆明人，性凝重颖异，博极群书，弱冠即蜚声庠序，与太史赵宸翰、王思训为莫逆交，时商榷古今，交相推服。遭吴逆乱，遂弃举业隐于医，不计贫富，视人疾苦常如在己，必医痊而后安。滇之男妇老幼无不知有大生先生者。尤好施与。康熙辛酉、壬戌间，乱甫靖，疾疫盛行，合药济人，岁施楄梱（棺木）无算，家以此落弗顾也。后家只余古玩数种。有老友病断炊，借易薪米即与之。生平行事多类此。己丑（1709）卒。年五十有八。公举崇祀三纲祠。以子永斌贵，赠如其官（皇帝的封赠与永斌公的官职相同）。

十三世洪公在其遗著《杨氏世系略》中对寓乾公亦有如下记述：

> 大生公，讳寓乾，补博士弟子员，数奇试棘闱，屡荐不售。丁（当

一个家族的六百年——讲故事的云津杨氏支谱

益清堂

康熙癸丑后，滇乱频年[1]，喟然叹曰："士生斯世，达则当为良相，穷则当为良医。"因研精岐黄，得其奥窔（奥妙精微之处），诊病随手愈，远近神之。不索人谢，亦犹狄梁公急病行志之意。尤怜贫，每疗极窭（贫寒）人，辄以资杂药裹中，嘱病者亲自检点，病者得银而喜，疾以速瘳（痊愈）。数十年用心如一日。

◆ 尚武健身　守御从征

七世蕃公，为秉元公次子。他是"昆邑武庠生"，武庠生就是武秀才。

如前所说，十世寓翰公中了康熙壬午（1702）科云南乡试武举，侯选守御所千总，从五品。

又有十一世天酺公，为捷公第三子，字祚延。入云南抚标行伍，军功拔补千总，康熙三十二年（1693）从征夷方，阵亡。例授武略骑尉。

十二世宪章公，为瀗斌公长子，派名文征，字若稽。取入昆邑武庠生，雍正十三年（1735）中式乙卯科云南乡试武举。效力两广督标左营千总，例授武略骑尉。

十二世文河公，为昶斌公次子。"入贵州抚标行伍，以征苗功拔补右营千总，署都匀营守备，升补抚标右营守备"。右营千总，为正六品；守备，为正五品。

明清时期，考取武庠生和武举人，不是一件容易的事。考武秀才，先考外场，再考内场。外场考武艺，分为马射、步射和刀石三项。马射即马上射箭，步射即平地射箭，刀石就是耍大刀和提石锁。三个科目全部及格，可以参加内场考试。内场即笔试，武生们只需要默写一遍《武经》，默写要全对，字迹要规范。内外两场全部通过，即成武秀才。

武秀才的乡试比院试更严，但基本规则是一样的，内外场所有科目全过，考官们还要排定名次，根据朝廷分给本省的武举指标，将排名靠后的考生淘汰掉，剩下的考生就是武举人。

马射、步射、刀石三项考试，不是一般人能通过的，因为没有那么大的力气。以乾隆年间的武科会试为例，考生射箭，可以选八力、十力和十二力的弓。一力近十斤，八力即八十斤，十力即一百斤。考生搭弓射箭之前，先要拉满三次。如果你选的是十力弓，前两次拉满，第三次没拉满，立即淘汰。如果三次都拉满，可以参加马射和步射，步射需要站在距离箭靶五十步开外的地方，连射六次，中靶两次以上算及格。

考大刀，清代要用大关刀，有八十斤、一百斤、一百二十斤三种，选一把大刀，完成"雪花盖顶""前后刀花"等几个动作，可以及格。石锁对体力的要求更高，三百斤的大石锁，先提到胸口，再左右翻转，一般人很难做到。

七世蕃公，大约生活在明代中后期，十世寅翰公、十一世天酯公、十二世宪章公和文河公均生于清康熙年代。可见，从明代中后期到清康熙时期，我们这一支人尚武之风犹存。

◆ 昆海灰湾　令人痛心

灰湾，位于滇池西滨，金宝山附近，现改名为晖湾。如前所述，九世顺成公原配舒夫人"避兵昆海之灰湾"，因抗节不屈，自经而逝。

九世顺升公二十二岁时，也是"避兵昆海之灰湾，值贼肆掠，民苦杀戮。公愤激，部勒乡兵，屡御却之"，后来，"贼合股围攻，公中流矢殒"，且"全村毁焉"。

另外，据原谱记载，九世尚礼公长子标，字我述，昆邑庠生，明季与配关孺人同日殉节。还有定宇公三子榜，也是因"流寇入滇，殉节"。这三人是否死于灰湾，原谱没有具体载明。但改朝换代的时候，百姓无辜惨遭杀戮，却是不争的事实。

十二世文华公

◆ 年近百岁　乐享天年

十二世文华公，昆邑庠生，九世顺昌公之曾孙，属小桥支派。祖为寅极公，系顺昌公长子。父瀍斌公，系寅极公长子。文华公为瀍斌公次子，寿九十有七。原谱没有载明其具体的生卒年月，仅载明"寿九十有七"。在那个年代，能活到九十七岁，可能也算得上是个奇迹了。

说明：文华公，不属于一世至十世的范围，但又不是下面永斌公或昶斌公之后裔，故附录在此。

十一世永斌公

永斌公生平

　　永斌公，清《国史馆本传·汉名臣传·卷九》专门有他的传记，这份传记是乾隆五十三年（1788）进呈到国史馆的。永斌公是乾隆五年（1740）逝世的，这时距他逝世已四十八年。传记内容如下：

　　杨永斌，云南昆明人，由举人于康熙四十五年（1706）授广西临桂县知县。丁忧服阕（守丧期满除服），补直隶阜平县知县。

　　康熙六十年（1721），调大城县。六十一年，因辑犯不力，革职。

　　雍正元年（1723）二月，诏复职，七月迁涿州知州。三年（1725），奉旨："杨永斌才守俱优，着授贵州威宁府知府。"六年（1728），迁贵东道（升为贵东道道台，道台比知府官高一级）。七年（1729），擢湖南布政使。九年（1731）四月，调广东布政使；七月，以（因为）前威宁府任内，随征米贴逆苗，议叙军功加一级；十月，疏言："律禁铁器出洋。近因废铁可熔制兵械，一体严禁，惟铁锅尚准洋船货卖。臣查出口船少者百连，多者千连，每连二十斤。一经熔炼器械，无不可为。请照废铁例禁。"谕曰："此奏甚是。"足见留心地方庶务。

　　雍正十年（1732）三月，署广东巡抚。五月，疏言水师战船全赖碇缆维系，闻浙省每船设碇三门，遇风浪，三门并抛，船借安稳。又藤缆易绝裂，不若棕之绵固。粤省外洋，艚艐拖风，各船碇缆多不画一，请增碇三门，尽改棕缆。又言："粤东不乏可垦之土，而民间不勤稼穑，致米价昂贵。臣仰体皇上重农至意，饬属劝垦，高亢不宜禾稻者，令树艺豆麦，山麓偏坡，亦酌栽所宜木植。至惠潮两府，向多犷徒，见（通"现"）招垦大官田荒地，免蹈法网。所垦田成熟后，岁可得官租千余担，归粤秀书院为膏火。"均得旨嘉允。九月，实授（正式任命为广东巡抚）。

　　雍正十一年（1733），疏言粤东省城商船云集，俱在南海县属之佛山镇贸易，距县治五十余里，鞭长莫及，向设五斗口巡司一员，职微不足弹压。请改设同知，其巡检移驻平洲堡巡辑。诏如所议行。

　　十二年五月，疏言教官与诸生最切近，平时不加训迪，徒以无优劣具结塞责。遇生监有违犯，经府州县审出，则补详劣行，巧为掩饰。请嗣后有似此者，以溺职纠参。如三年内能使生监并无过犯，或随即据实详报，准予题升。

九月，疏言："臣遵旨斟酌可垦地六千八百余顷。此外，或山深箐密，或夹沙带卤，体察民情，不但惧费工本，兼恐硗地薄收，粮赋无出。臣思瘠田产谷虽少，若多垦数十万亩，年丰可得数十万石，即年歉亦必少获，于民生实有裨益，宜多方劝导，以尽地利。查广东省惟新宁县粮额内有斥卤（盐碱地）轻则（较低的赋税），一亩征银四厘六毫四丝，米四合二勺六秒。仰恳圣恩，凡承垦硗瘠之地（土地坚硬而瘠薄），概准以斥卤轻则输粮，即给照为业，十年起科。混冒按律治罪。庶沃壤不致冒承轻则，而硗地亦知田粮易输，阡陌自广。"均下部议行。

乾隆元年（1736）六月，疏言："拣选题补人员，例限一月查取印结。不能于一月内办理或具题后补取印结，送部。又徒为具文，请嗣后拣选升调人员，即于该管上司季报册内摘取政绩考语入奏，毋庸展转取结，致逾定限。至题报丁忧病故，亦请以题咨开缺之日起，限一月拣选调补。"

九月，疏言："《大清会典》开载：凡买田地房产，例用布政使契尾，后改用契纸。今契纸已革，而契尾未复。臣思契尾系投契时官为印给，不同契纸，另需民间价买滋扰，请仍旧例，由布政使编发各地方官，黏民契后，钤印即发。每岁奏销时，将用过契尾数目申报藩司查考。其税银如有盈余，仍令尽收尽解。庶民无观望，而官吏侵收与奸民捏契之弊可杜。"部议如所请行。

乾隆二年（1737）三月，调湖北巡抚。九月，调江苏巡抚。三年（1738）四月，疏办松江、太仓所属塘工五款：

"奉贤、南汇、上海、宝山四县，因筑塘取土成渠，雨积既漫民田，又易浸损塘根。臣亲斟形势，开河一道，南接南亭运河，北达宝山高桥，即以所取之土，培筑塘身，并设木桥利济。

"华亭金山嘴地方逼临洋面，外有金胜三山耸峙，海中潮势直射塘脚，虽于内筑排椿石坝，不足以资捍卫。请从外废塘缺口处增筑石坝，南接旧塘，为重门保障。

"华亭县外护土塘内倪家路一带，形势弯兜，纳潮受冲，亦属险要，旧塘宜加宽厚。

"宝山县西浦见加筑土塘，自姚家坟至城东一带，虽系险要，然塘脚日渐涨沙，可保护，毋庸兴筑石坦坡，惟杨家嘴炮台处，正当东北海洋潮势冲险，请将炮台移筑百丈内，即旧基改石塘三百丈。

"江南沿海最险之工莫如宝山，请建海神庙虔祀，恭请皇上御制碑文扁额，垂永久。"

部议从之。

五月，谕曰："杨永斌久膺外任，声名素优，是以用为江苏巡抚。近闻伊年将七旬，精力不逮，难胜繁剧之任，着来京署礼部侍郎事务。"十月，授吏部右侍郎。

乾隆四年（1739），因病乞休，命以原品休致。五年（1740），卒。

孙潼（永斌公孙子潼），官浙江按察使。

鄂尔泰为永斌公撰写墓志铭

据老谱所说，鄂尔泰，曾任云贵总督，后为太和殿大学士，授太保、三等伯，谥文端。但《清史稿》称鄂尔泰召拜保和殿大学士。另据查，清代好像没有太和殿大学士一说，似应为保和殿大学士。

鄂尔泰与永斌公起初是上下级关系，鄂为云贵总督，永斌公任贵州威宁府知府。后来同朝为官。正如王先谦所说，两人"共事久，（鄂尔泰）知公深也"。鄂尔泰在永斌公的墓志铭中写道：

> 当世宗宪皇帝雍正即位，复公大城令。旋擢涿州牧，不一载，擢守贵州威宁府。余方之节度南中也，与公相遇，军书旁午（交错，纷繁）间，余初未有奇。公及临事，周咨有司，杂沓诸郡，纳纳然无所建白。公亦未尝标异于众。退而陈是非，辩利病，若烛照，数计而龟卜也，若驾轻车就熟路也。然后知公寓精明于浑厚之中者，殆滇黔第一人欤！

> 余深为地方庆……

> 吾见贤士大夫自有司而起，莫不身历民间，备悉间阎疾苦，而其身亦几经盘错可任矣。当艰巨之投断未有随众苟容，而不拔于风尘之表者也。况公之才智有大过人者。公始宰临桂，宰阜平，宰大城，皆有神君之号……

> 威宁与乌蒙、镇雄邻，土司不靖，余檄公与武弁行视边疆。公单骑驰入，抚慰而出。乌蒙、米贴之役，以公赞军务，多所咨划，卒定两府。比在（紧靠着的）楚南六里顽苗为患，公建议请抚，果不烦一矢而定，其因地制宜如此。

> 初，粤东文武群僚相抵牾，党援门户之风未能尽涤，故上特以公自藩进抚。公一洗从前之陋，坦衷共事，人无不尽其情，而宦习为之易。

> ……

> 呜乎！公殆近世任事之臣欤！

> 方朝廷讲求治安，安得公辈数人担负封疆之责……公生平所为，岂复齷齷龊龊行故事（按成例办事）而已哉？

张廷玉为永斌公撰写墓表

鄂尔泰为永斌公写了墓志铭，另一位名臣张廷玉则为永斌公写了墓表。墓志铭是放在墓中刻有死者传记的石刻；墓表则是立在墓前，刻有死者生平，表彰其功德的石碑。两位名人分别为永斌公写墓志铭和墓表，也算是哀荣之致。

张廷玉（1672—1755），安徽桐城人，字衡臣，号研斋。康熙进士，官至保和殿大学士、军机大臣，加太保。殁后配享太庙。《清史稿》称："终清世，汉大臣配享太庙，惟廷玉一人而已……"就是说，整个清代，汉臣中仅有张廷玉一人配享太庙。

张廷玉与永斌公同朝为官，年龄也相近（张廷玉比永斌公小两岁），还同在一个部门工作过（张廷玉兼任过吏部尚书）。正如张廷玉在墓表中所说："余知公最稔。始尔其为守令之名，及观其开府，益知公时措之宜。"因此，这篇墓表，言辞恳切，发自肺腑。墓表一开头就说：

> 乾隆四年春，昆明陆山杨公，以少冢宰致仕。越一年，捐馆舍于乡。讣闻，朝议咸谓："天子方化跻黄虞，需贤共理，如公之老成持重，获膺枚卜（指选大臣为大学士，入内阁主事）之选，必有不世之功。"光诸垠堮（光芒直达边际），乃万里一棺，淹忽物化，可不谓惜哉！

墓表里还称颂："公以任事有胆识，苟便于民，利害不恤，民德之。"在追述永斌公任威宁知府，协助解决乌蒙、镇雄、米贴诸夷问题时写道："公以文臣赞画其间，擐甲控弦，谈笑自若，智勇有过人者矣。"

《墓表》还说：

> 为小臣者易见功，为大臣者难见德，庶职及有司其所治不过一官一邑，故恒以任事见称。若夫封疆大吏，百务殷繁，吾欲（应为"如欲"）著精敏之绩，而适以贾喜事之名。唯以老成镇物者，人不见其功，民以享厥利，此余按公之生平而不能不有所感也。

> 公可为知所先务也矣……安之以静谧，苍生受无穷之福……而公则恬然镇物，无复曩者（过去）圭角（圭玉的棱角，犹言锋芒）。然而又非故托静谧也。六年之间，前后投匦（臣民向皇帝上书）进封事，如捕盗、积谷、开渠、兴学、安流民、荐人才，凡此数十条，皆外人不得以闻……其功倍于喜事者什百哉！

> 值今上即位之初……调公湖北巡抚。不一载，更调江苏。公一以治粤中者治楚与吴……公至则严保甲、课农桑、修学校、除巨猾，所为无不中綮（切中要害）。而静以安民者，始终不渝也。

> 余谨按其行状，表诸贞珉，俾千古论世者，知有陆山焉。

永斌公事迹

◆ 上任伊始　革除陋规

永斌公曾在多地为官，他每离开一地，均写有一篇纪事。这些纪事，故事生动，是我们续编这部家谱时重要的资料来源。原谱里保存下来的纪事有六篇:《临桂纪事》《阜平纪事》《涿州纪事》《威宁纪事》《黔省纪事》《楚南纪事》。广东、湖北、江苏三地的纪事缺佚。

永斌公最初出来做官，是康熙四十五年(1706)，被授广西临桂县知县。上任伊始，他做的第一件事就是革除陋规。《临桂纪事》中有这样一段记载:

> 甫莅任，适遇编审届期（对居民的户籍需定期进行审核），旧例县官亲历诸乡堡，可得千金陋规。余闻之骇然。以差役下乡扰民且不便，况官长乎？出谕:令民于三日内集县中，随到随审，一切吏胥、里正，索民一文者，立置之法。不五日而事竣。民情悦服，上官亦谬以为能。

◆ 表里为奸　密访严惩

《临桂纪事》记载，有个叫李得生的人，自号"闯王"，在巡抚衙门当执旗官，他串通按察使衙门的小吏白惟，表里为奸，干各种坏事，老百姓无可奈何。永斌公虽早已知晓，但是苦于没有抓到实据。

> 忽于元旦接得一呈报:"违禁开矿私铅，越境阅呈，名则李得生也。"令唤船客问之，系买自广东，以行帖证。询其铅数，曰五万斤。问何在，曰李得生搬去。其非开矿私铅，而李得生者非奉委巡拦，公然取之，则抢夺真迹已显然矣。备详臬司，批云:"铅既非私，著即发还，而李得生无罪释放。"其为白惟得奥援（暗中支持、帮助的力量）蒙混，又显然矣。姑隐忍，押令还铅取领。而客人不肯，以铅皆一分为四块，数符而斤两悬也。余于是以访实恶款与审实情形，密为通详藩司（布政使，比臬司高一级），李公亲鞫之，予以重杖，发县收监。又亲禀抚军（巡抚），将李得生除名，并发县出示招告。鸣冤者一日四十余纸词，连白惟得讯实，决以满徒，人人称快。

◆ 不畏豪强　斗法公堂

《临桂纪事》还记述了这样一件事:清朝初期，一个叫缐国安的人，受封于广西。他圈占了桂、平两郡的民房民地。康熙十三年（1674）奉旨掣回。二十三年（1684），于海宇荡平案内，将圈占田地变价，桂平士民上价藩库（布政使的仓库），领回田房，给有执照。数十年如此矣。

益清堂

康熙四十六年（1707），缐国安之子缐成英，欠帑六万有奇，但他捏造事实向皇帝报告说，他父亲有产业在桂、平两郡。得皇帝旨意，着他至广西变价还钱。上级的文件到达广西时：

> 两郡士民汹汹，奔诉于余。余曰："有照乎？"曰："有。""以照验呈有案乎？"曰："案在藩署（布政使衙门）。"余云："缐伯尚未来，尔等各回安业，待须审时召尔。"

> 乘其未到，请于藩司，详查册籍，按其田房亩数，间架价值，业主各造清册，将执照核对无讹。赍白抚军曰："曩者(过去)，缐国安圈民产以赡家，使民失业，幸掣回，民得上价复业。今复捏奏，发来变价，重行剥削，民何以堪？乞宪台（巡抚）为民请命，愿以一官殉之。"抚军曰："尔既实心为民如此，本院入告何难？但缐成英未到，难以悬拟。俟到日，质对明白，果尔理顺情真，自当题达也。"无何，缐成英到，随从数十人，直入县堂，踞公座上。传言："我已来了，着尔官儿出来。"余即出见，执礼恭谨。成英曰："本爵奉旨来，凡事全仗尔为我照部文行事。"余曰："部文已见，民隐未知，俟拘集士民讯明原委，再请对质。"缐成英出就公馆，余亦尽地主礼。

> 迨两郡士民毕集，余悬牌示审，有"部文发来，原告缐成英"字样。成英见之大怒，率随从打碎牌，直至堂上咆哮。余出语曰："奉部发来，在我案下，虽世爵亦与庶民一样对质。此地为朝廷设立之法堂，不遵勘，是藐法也，安得无礼！"成英愈怒，以拳击余。余失足仆堂阶，伤及头颅，士民望见蜂拥余。成英赴抚辕，将辕门推倒。抚军闻之，亲出看。而众民已将余抬至合口鸣冤。抚军委臬司验视，果有伤，令抬回调理，即将缐成英看守。

> 次日，据余详，并造清册，缮修具题。皇上知其欺诈，纽解回京，下刑部狱。桂、平两郡士民始得安。

◆ 假捏搪塞　讯实得白

《临桂纪事》载：

> 初，余到时，检前钦部案件内，有奉部行追商人程尚鼎借欠旗员教化新银六万余两，赔补亏空。是有例限甚急者，前摄县未行。

> 余随即提追，及唤到案，则一茕茕老妇也。阅其呈，叙颠末。妇陈氏为程尚鼎之妾。尚鼎承充西粤总商，于康熙三十六年（1697）往京病故。商业赔其子程之璹，又故。而所奉追之案中教化新者，故西粤藩司，以亏空被参者也（教化新这个人，原来是广西布政使，他在任上出现亏空，被参劾）。当教藩司在任时，尚鼎借欠银两业于亏空案内全行质对清楚。其时承审衙门为后任藩司、臬司、驿道，详抚具题，奉旨依议，商领借欠已

缴出。而教化新之子教允文回旗日久，又忽捏造图书文约呈部行追，其为子虚乌有无疑。遂为力请，遭驳；屡驳屡详。不得已而白抚军，为言教化新亏空，前司道会审详明，亏空库银十万两有奇，虽指称官借商欠，总皆教化新自亏。前抚具题，奉旨部议，久经结案。而其子教允文假捏搪塞，希图推委延案。今据故商老妾程陈氏供，如果有欠约，何不于在粤查审时取出勒追，而于伊子归旗数十年之后始行索追？其说甚明，理顺情真，人亡产尽，无辜受冤，宜为超豁。抚军颔之，始邀题结。

◆ 犯错生员　教其改悔

《临桂纪事》载：

一生员陈纪者，家甚贫，偷儿窃其衣一件，卖与乡人输粮入城者。陈生探得之，谓偷儿曰："汝扳买衣之人为窝主，即贷（饶恕）汝。"从之，诉于官。余讯得其情，知陈生之勾贼诬良也。面数其非，释良而责贼。

又一生员侯正者，相与合谋窝盗殃民控臬司，意在大嚼买衣之家，词颇涉余。批余审，得实，详复臬司，以其诬良为盗，移学使褫革，已除名。发县责惩。余请于学使曰："二生劣行，为贫所累耳，衣顶不去，廉耻尚存，犹可望其改悔，若褫革，益无耻，必至无所不为，将性命不保，乞暂缓，俟其悔悟求复可乎？"学使首肯之，余传二生，严训："以改过得请复衣顶。"二生杜户不出者三月，请复之，卒成善士。

◆ 上司面前　冒然直言

下面是永斌公在《临桂纪事》中记录的另一件事：

他在临桂任上时，有一次，奉命出差到某县，查盘仓库。意欲私访民情利弊，作一般的旅行人的装束。于邮亭少息时，听到有人为南宁府隆安县的县令王某嗟叹。说王甚廉明，自莅任以来，衙署里停了自己家里已经去世的人的五副棺材，还没有下葬。如今，他自己又卧病半载矣。假若一病不起，天道何在？永斌公在心中记住了这件事。

不久后的一天，南宁府太守同永斌公一起进谒抚军，抚军对南宁太守说："隆安王令病废，曷不速揭以附计参？"永斌公闻之，冒然曰："隆安贤令也，且可悯，全家死于此，今去官，尸不得返。乞瓦全之。"抚军震怒曰："若袒庇王令，何故？"永斌公从容复曰："职与王令未识面，得之道路之口。"并备述其详，于是抚军色解。抚军又问南宁太守是这样吗，太守说："是这样的。"遂得免。

后来，王县令升任河南郑州知州。永斌公以丁忧回家服表。云南有学使冯公，主持完当地的考试之后，特地来拜访永斌公。这时他才知道，原来学使冯公与隆安王县令是中表兄弟。王县令心里很感激永斌公，于是嘱托冯公来拜访他，并表示感谢。

◆ 循分奉职　民众爱戴

《临桂纪事》载，永斌公听说继母去世，便"怀印诣抚军，告内艰守制"。这时，全县绅士军民商贾联词呈请留任，并罢市，群众的呼声响彻巡抚衙门，就连巡抚属下的士兵，也围绕衙门请示留任……巡抚仍然将公章交给永斌公说："你姑且顺应舆情，等候新任到职再说。"永斌公哭泣着跪求："君子爱人以德，母死不奔丧，何以为人子？且老父悬望已久，虽死不敢奉命。"并遍求各上级官员。等代理官员到任后，永斌公回家服丧，临走之时，临桂县民众前来送行的，"牵衣皆泣而返"。

永斌公回家奔丧不到两年，父亲又去世了。再次服丧两年以后，到了康熙五十一年（1712），永斌公受邀请前往广西梧州、容县及柳城等地。此事不久被临桂县众民侦知。当永斌公北上时，船至临桂，全县绅士军民纷纷拥集舟次欢迎。

入城后，男妇夹道聚观，皆有喜色。及至公馆，见结彩铺设超过永斌公初次到任时的情景。永斌公为之不解。一时，抚军、司道、府县俱来拜谒，礼数迥异。抚军乃后来的相国海宁陈公，时为台使，为开中门迎送至大堂。永斌公以旧时属吏，不敢当此礼，辞之。陈公曰："我岂不知待州县之礼？闻子宰临桂时未一期，而致绅士军民感恩怀德，以致合词吁请，特疏题留，复任临邑，至于如此。今者本院正欲破格提请，为国荐贤。勿过谦让也！"

回到住的地方，才知道全县绅士传单遍贴，都传说现任熊知县已有荣升之信，原任杨知县已服丧完毕，准备到上级部门报到。船过临桂县境，绅士军民一面迎请入城，一面齐集抚台衙门，请求巡抚上报让杨某复任临桂县令，以抚育黎民百姓。还听说满城罢市，如前次那样。这时永斌公才知道他们真是蓄谋已久。听到这些，永斌公更加愧惧。

但永斌公考虑，按照惯例，像他这样的人，必须按时报到，不能随意逗留。于是，即将此告诉巡抚，巡抚亦不便强留。绅士军民知不可得，于是大家凑钱，制万民衣相送，还择日设宴席于县堂，演剧，请现任熊知县相陪。乡耆里老奉酒跪献，军民随后亦皆跪泣数行下。永斌公不觉泪潸然，对大家说："若等为此致爱敬，以为乐耳。今若此，反令余不欢。后勿起，余当畅饮尽醉。"大家终于同意。那一天，众人欢聚直到午夜方罢。永斌公被挽留半月有余后才卜日启行。送者依依不舍，一如之前永斌公回家服丧时。大家公议选一人长送永斌公至京。永斌公感叹道："广西人心厚道如此！"

永斌公还说："余自念生平质实，无一邀誉心，凡所行者，皆率余直性，未尝委曲求合于人，亦不肯姑息养恶。一年之间，不过循分奉职，并未久任，而能为民兴利除害，以惬人心，致人之爱我如此，其殆如佛家所云：'前生缘法者耶。'至今犹令我念临桂之民不置也。"

◆ 第一要务　兴建学宫

永斌公回家奔丧守制四年后，被补授直隶（现河北省）阜平县知县。阜平县在河北省西部，地处太行山中北部东麓，属太行山系，为全山区县。

永斌公上任阜平知县时，阜平刚"复设为县"不久，县城名王快，是个新县城。他在《阜平纪事》中记载：

> 此地设县以来，诸凡皆草创。县衙旧为古刹，以佛殿为堂，二堂上有阁，犹供大士像。住宅十余间，在二堂左。余到任，诣学宫行香，乃知此地无文庙，于关圣庙之旁设先师孔子位，县城隍附之。余目击心动，以建学宫为第一事。

但兴建学宫并非易事，"顾念此瘠邑，赋额仅千六百，俸既薄，日给且不敷，何能办此大工？"怎么办？永斌公请示巡抚赵公，赵公慷慨地"捐四百金"。龙泉的游戎则请求将城儿岭的树木供建设学宫之用。于是，邑贡生顾卢一、生员张君步负责总管建学宫这件事，司训县尉（县官）也都积极响应。不一年，而棂星门、泮池、戟门、东西两庑、大成殿、明伦堂、铜钟大鼓、笾（竹制）豆（木制）礼器，名宦乡贤，无一不备。一共用了多少钱？"计费千三百金有奇"。

永斌公叹曰："此固成于邑之好义诸公，而非制府赵公作之倡，余亦不敢轻于创始也！"

◆ 重文兴教　士风大变

《阜平纪事》记载："邑人素不尚文学，应童子试者不过数人，每岁科两试，学使者取进额数不足，则以他县拨补。"岁试、科试，都是正式的科举考试之前举行的较低级的考试，每次考试都有一定的录取名额，而阜平县往往不能足额录取，只好到其他县去录取。

永斌公认为"文教不兴，责在有司（官吏）"。于是，"为立义学数处，购成宏正嘉文分布其中，暇时步入学中，为之讲解，于经书疑义，亦令进问，至文期出题，为之评点批抹，居然若塾师之课生徒，渠（他们）亦不知我为官长"。

"如是者年余，而士风丕变（大变），应试者辄增十倍。"

"学使者荆山吴公惊异，以为绝非向者，阜平安得变化之速如此？可见倡导之机比之风草，古人不我欺也！"

◆ 治理河道　修筑长城

《阜平纪事》载：

> 邑西有河曰胭脂与王快水，合而为害。水涨时冲激迅疾，坏民庐舍、田园无算。余为相其形势，自五峰岭下筑堤，构荆囷插水中，杂以土石，塞以茆草，开渠十里，引水入邑，溉地三千余顷，不惟无泛滥之灾，而且

得灌溉之利。

　　龙泉关之白草河，有松树八十余株。兵民互争数十年不决，余取以修长城敌楼，以公济公，兵民皆悦服。

◆ 兵丁子弟　一视同仁
《阜平纪事》述：

　　向来龙泉关兵丁子弟不容考试，以为倡优（乐舞艺人）隶卒，例不许考。余为传谕生童曰："今之兵并非古之卒比，况功令兵丁，皆得入闱与试，安可禁其子弟不试乎？"俾得一体试。有兵家子周翰者，少而才，由义学课诵入泮（学童入学为生员，称"入泮""秀才""诸生"），心感余，以十二金为贽（zhì 礼物），余却之不得，以助修学宫。自是，兵家子弟为诸生者日济济矣！

◆ 两件小事　一片真情
《阜平纪事》中记录了两件关于永斌公的小事：

　　适在词讼中得罚赎十余金，自益之得三十金，付盐商生息，半以市药（买药）施病者，半以买棺给贫不能葬者，虽所济有限，然亦聊尽吾心耳。

　　环县皆山，柴禾甚多。旧例供薪（柴火）官署，或数十里，或百里。遇奇寒酷暑，民苦担负。余买驴二头，令火夫入山斫柴，以驴往驮，一日足供数日之爨，民免供薪之劳。

两件小事，亦可窥见永斌公的一片爱民真情。

◆ 煮茗自酌　清闲之乐
《阜平纪事》载：

　　城中荒地颇多，居民皆种蔬菜。旧例每清晨，小役出，向各家索菜数本供官衙，轮流供给，民亦无所苦。余心嫌其扰民，且亦非体度。县中有废地数亩，为居民取土挖下，余募工因其高下而锄理之，雇园丁一人，莳（种植）蔬菜兼植花柳，四季不缺。又掘地得泉，甚美。

县衙自己请人种菜，不再扰民，好事一桩。

而且永斌公还于"每午余，令小僮（未成年的仆人）携炉炭往园中煮茗自酌，而县中有绅衿三数人亦皆来就谭（同'谈'），及晚而别。清闲之乐亦自觉生平陆沉宦海中，过此以往不多得也"。

永斌公自觉生平陆沉宦海中，"煮茗自酌"这种清闲之乐，乃"过此以往不多得也"。足见永斌公仍保留着文人的那种雅兴，亦足见他乃性情中人。

◆ 勤谨办差　幸不辱命

《阜平纪事》载：

康熙五十六年至五十七年（1717—1718），王师西出，制府檄余迎送出真定（府名）境，一过柏乡，一由井陉，历数百里，余驰骤戎马间，心悬悬，惟恐军中呼，庚癸（军粮的隐语）或不应，而至于哗，则获戾滋大。而两翻俱帖然。复制府幸不辱命。

康熙五十七年（1718）春，制府又遴委办理万寿会于海淀。先是以通省老人年七十以上至百岁者千人，车辇至京，祝万寿。一路衣服、饮食、药饵之需，无不备，并亲巡，时其寒暖，适其起居，勿令旦夕致不测以干咎。适于圣节前数日，制府闻之人言，以为老人已死过半，遣一道员至寓所，验果否。值是日，天气晴和，余令老人出曝日，俱衣（穿）黄绢衣，散布街市，皆无恙。道（道员）覆制府，始知传言之妄。制府又以为能。自是，每年必委，竟成例。

◆ 不虞之誉　为建生祠

《阜平纪事》载：

己亥年（1719）七月七日，为余诞日，合邑绅衿士民连十会作进香状，每人帽上红纸金字牌书"正堂真民父母"六字，旗鼓喧阗，杂拥县堂，制万民衣，建生祠。祠门扁（同"匾"）曰"鹿山书院"。堂扁曰："清廉中正"。颜额云："邑侯杨公六载恩勤，我等饮和食德，莫尽名言。"至康熙庚子岁（1720）孟秋，合邑绅士又如前，制衣，诣堂上，为余著衣鼓乐，迎至生祠，绅士进爵，百姓跪捧肴馔，演剧三出后，拥挤蚁聚送至衙门内。而龙泉关百队兵丁，不下百人旗旛鼓乐，捧寿幛，子弟为诸生者随后，皆不远百里而至。余亦滋愧惧，虽七年于此办差，于外之日多，在县之日少。纵有一二教养斯民之事，何足以致民感激若此？毋乃所谓不虞（意料不到）之誉乎？

◆ 兼知两县　差委纷来

永斌公任直隶阜平县知县后，治理较有章法，正如《阜平纪事》中所述："其时，邻封州县有历数年未结之案，多委余为之审理。而阜邑实一无所事发到。事件随到随结。可谓案无留牍，以此谬得上官能员之誉。"正因为治理得法，"而差委于是纷来矣"，各种临时差事就纷纷落到了他的头上。

"康熙五十八年（1719）五月，奉制府委，兼署平山县事。"就是说，永斌公既任阜平县知县，又受总督委任，代理平山县知县。一人兼任两个县的知县，不知当时这是不是"孤例"。

在兼署平山县事期间，按平山县旧例，"到任有修理衙署、执事铺垫及供给三日"的习俗，而这些钱"皆出里下，计费三百金"。永斌公"知其弊，驰谕革除之"。"前官所遗案牍累累"，永斌公"为克日依限销结，不令丛积"。

不光是一人兼知两县，永斌公还被委派四处办差。《阜平纪事》记载，光是康熙五十八年至五十九年（1719—1720），永斌公被委派办的差事就有：

> 康熙五十八年九月，奉制府委查漳滏河工，日夕查察，暴露于野岸孤洲、荒堤草浦之间，几两阅月而旋阜。分治两邑，仆仆道途，刻无宁晷。

> 五十九年新正三日，又奉制府调，委办西征大兵军需。于宣府（河北宣化）、怀来、保安等处，单骑就道，驰驱风雪中一月余。大兵经过各处，皆令所至如归，无有失误。

> 而后自怀来日驰二百里，迎制府于良乡（北京市西南）。复令随水围办差。

> 二月十三日至赵北口，制府时备接驾。次早，委赴张家口一带，修整御道及回銮马头。迄月底，始回保府（保定府）。

> 三月，又委办皇会。四月归阜。

> 其年八月十八日至保阳，制府谕留候差。九月二十日，制府接驾，随办秋围（秋季狩猎活动，这里特指以皇帝为首的秋季狩猎活动），至石匣，委修御道。自古北口至海淀五百余里，余躬率民夫沿途修葺，计里埋瓮，贮水其中，以修洒道，遇洼下聚土铺垫。十月十四，始随制府回保。

从以上可以看出，京城附近的县官，特别是比较能干的官员，当时由上级临时委派的任务真是不少。

◆ 理直气壮　顶撞王爷

《阜平纪事》又记述：

> 大城去京城不及三百里，境内多王庄。庄头肆横、陵（凌）虐百姓者，余一置之法。宫中为太监者，大半大城人。县中一举动即达大内。

> 境有地名辛张，民田数百顷，膏腴产也。庄头觊觎焉。白某王欲圈占为马场地，方民千百来诉余。余为语庄头，以民田不可夺，夺之令民失业，恐圣驾不时临此地，众民于御前告状，并累王爷。

> 王传余面谕云："汝做谁家官？"对曰："王爷家官。"曰："胡不为我？"余曰："此正知县为王爷处。辛张百姓是王爷家赤子，其千余家皆借此地养活，是其祖父相传，口分世业之产，今一旦夺之，皆将转于沟壑。皇上以牧民（教化、管理民众）委知县，知县若坐视其死，是负皇上。负皇上即是负王爷。倘皇上知之，以此罪知县，杀无赦，且遗万世骂名。知县不足惜。且恐并

累王爷。今知县得罪王爷，王爷命督抚参知县，去此求之不可得也。"王曰："吾令人打汝。"余曰："王爷能打知县。知县能于九卿班上出揭，并能于御前喊冤。"

王爷默然，把手一挥，叫永斌公出去。

未几，御驾果以打水围过大城，辛张数千人在驻跸处喊冤。王知之，晓百姓曰："不围汝地矣。可散去。"百姓不肯，云："须得大城县一言。"因令速传余。余入王帐前，谕百姓曰："此系某庄头假王爷令旨，并非王爷意，将来若不保此地，只问本县要。可速散。"百姓求王爷面谕庄头乃可散。王不得已唤庄头，谕知。百姓乃叩谢而散。于是辛张民始得安堵。

永斌公就是这样，理直气壮，敢于顶撞王爷。而且，整段对话都十分精彩。

◆ 敢冒风险　开仓借粮

《阜平纪事》接着记述：

其年（1721），畿辅（京城附近）亢旱，至五月犹未得雨。余为虔诚祈祷，自城中三步一拜，至童子庙三十里。是晚大雨，四野沾足。

时有一大僚至县，饥民数千人环绕号呼，乞发仓赈济。余亦恳发仓谷，借给饥民，须三千石，至冬还仓。如有亏空，知县自立印领，情愿赔补。大僚曰："朝廷仓谷，非奉旨即颗粒不可动。况三千乎？"余呼百姓曰："汝等今日且去，明日还汝谷。"百姓退。余谓大僚曰："饥民嗷嗷不得谷，恐仓猝致变。"大僚许以百石。余曰："非三千不可。"大僚终不从，余曰："大人许亦散，不许亦散。计定矣！"当夜三更，大僚即起行，不令一人知，恐饥民为变也。

余竟以三千石给散讫，报守道（太守、道台）。道以擅动仓谷揭参至督府。督府以余前禀过，未参。至冬，竟以前者大雨沾足，得丰收，饥民一一还仓。

永斌公感叹道："此固有天幸，亦足见民心不尽无良也。"

又是一个多么精彩的故事！

◆ 或因太监　命运改变

《阜平纪事》还记述，大城县有不少人在宫中当太监。当时有个太监叫陈进忠，是大城县人，在驸马府当差。他与镶黄旗佐领喀都礼家人青山等，一起讹诈陈寡妇家银两，致其子死亡，并磔其尸。

陈寡妇到九门提督处告状。因事涉王府，提督启奏。得旨：太监陈进忠交刑部。提督隆限十日务获陈进忠，即使陈进忠已死，也要将其尸首搜出。

奉此严旨，随传讯驸马达伦阿。据称，陈进忠本姓王，外号陈饥荒，系大城人，他哥哥之子是个秀才。上面行文到该县：将陈进忠迅速捉拿，交予刑部。并特别强调：此系奉旨严拿之案，如有疏忽，定将该县知县题本参劾，从重治罪。

永斌公当即约会营汛（官兵），说是去某地，以此为幌子，于深夜包围陈家住宅，破门而入。严讯窝主王可用，王供出陈进忠现匿藏在柴堆内，永斌公等即刻将其搜出，进行录供。这时，一个大官带领多人，口称奉旨缉拿陈进忠。永斌公唯恐疏失，一面写出详细报告，一面选拨兵役，协同上面派来的官员，将陈进忠押解去刑部。

让永斌公没有想到的是，王府却授意刑部，叫押送的兵丁改供，否认是永斌公缉拿了陈进忠。并以此口供向上荒报。于是永斌公被参劾。

这件事发生在康熙六十一年（1722），康熙皇帝叫吏部审议，"吏议当革职"。

永斌公当初之所以不敢轻易将陈进忠交与那位大官，本来是唯恐有失。而结果却是得了一个并未查拿之罪，可以说是"求全之毁"。因为这件事牵涉到方方面面，他又不敢将事实真相表白。于是他想等这件事了结以后，"得遂归田之愿"，也就算了。

但全县绅士兵民，强烈要求保住永斌公的官。守道李、巡道宋、霸昌道高，亦合词详请保留，说永斌公在大城任职二载，不畏豪强，爱民若子。若因太监陈进忠一案革职，里民男妇老幼，如失慈母。

康熙去世，雍正继位。雍正元年（1723）二月初二，雍正皇帝发出旨意："杨永斌著赏给官职，效力行走，钦此。"二月初七，吏部正式行文到县："杨永斌仍任知县。"永斌公闻命，感激不尽，焚香望阙叩头。二月二十五，正式接印视事。当年七月，即升任涿州知州。

听说在永斌公落职时，雍正曾问诸太监中之大城人："汝大城知县好否？"回奏云："不甚好。"雍正又问："怎样不好？"回奏："闻得奴才家乡人说，若有事犯在他手，便要处治，所以都怕他。"当时，新皇帝刚登基，正欲大力整治吏治。于是，雍正曰："既然你们怕他，朕如今还叫他去治你们。"永斌公因而得以复任，以后屡获升迁。

◆ 旧例陋规　革除净尽

永斌公是雍正元年（1723）七月补授涿州知州的，九月十五，莅涿州任。

当时，涿州处于"凋敝之余"，"响马充斥乎郊圻，庄头肆横于镇店。辎轩（yóu xuān 古代使臣乘坐的一种轻车，代指使臣）之使，纷出于途；供帐之繁，不绝于道。古所称'日边冲要无双地，天下繁难第一州'，信不诬也"。而这时尤有难者，正当新政振刷之初，上下肃清之际，永斌公唯恐纤毫照察不及，则负疚非浅。他事事悉心筹画，各协其宜，致使王公大人经临，无不啧啧称善。

涿州旧例，盐包到河下，州官亲出点检，每包规银一钱五分；当铺出号，州守亦为点验，其价轻而物贵者，悉取以还。亦有陋规，馈送钱粮，火耗（明清弥补所征赋税银两熔铸折耗的加征）则有加一五分。永斌公将其革除净尽，商民称便。但竟然有人"以此入告"，幸亏雍正皇帝精明，遂有"矫廉之谕"。

◆ 自锁诣阙　权贵收敛

永斌公还做了一件很得民心的事。《涿州纪事》记叙：

> 涿土尽属圈拨地（清初满族人所圈占的土地），粮虽去，而丁银（一般对男丁征收丁税）尚存。民户会有摊丁之檄，余力为详请豁除。每岁获免丁银千六百有奇，民困少苏。

但"各旗会户部至郡收地，凡民间膏腴，悉指为欺隐，收入。每一到境，民间惊惧之状，不堪闻问。余（永斌公）争之不已，因自锁项，并锁侍卫，欲诣阙陈奏"。清廷的旗人会同户部到涿州收地，凡属肥沃的土地，都被指为"欺隐"，从而收归己有。民户不堪其苦。永斌公与之争也争不赢，实在无法可想，只好自己带枷，侍卫也带枷，准备到京城去陈奏。这一下，把那些旗人也吓到了，"诸人各惶顾而退，嗣后害绝"。

◆ 一把戒尺　镇住双方

仍然是在涿州任上的事。《涿州纪事》记载：当时，凡有词讼，原告与被告双方各邀旗人作为谋主。当审讯时，则各相袒庇。（旗人）每人挟一红垫[1]至堂阶，坐看审讯。州官出审，总有旗人出面袒护。某一方一旦觉得自己吃了亏，又力争不得时，他们就与自己这一方的旗人相拥而去，州官无可奈何。

永斌公想，像这个样子，州官一个案子也审不成。于是，设一戒尺于案前，当出审时，即命旗人将红垫撤去，并对他们说："此为法堂，我没有请你们来，你们为什么挟垫而来？你们所袒护的人，应听我公断。而由于你们的到来，在这中间搅和，使得事情很难办。你们赶快出去。否则，我用戒尺打你们！"这么一说，"若辈唯唯而退"，并"出相告曰：'庙则犹是，而神换矣。'嗣后不复至"。

这正是，一把戒尺，镇住双方；旗人威风，瞬间扫地。

◆ 查拿庄头　设普济堂

《涿州纪事》记述：

> 丫髻山有私收过税，奉旨交与总督查拿，委余潜往。余微服私访确实，在东冶门外，则裕亲王庄头也。押解赴保，会同理事、同知讯实，问流徙。境内肃然。

亲王在清朝地位很高，权力很大，而裕亲王在诸多亲王中，地位又不一般，查拿、处置裕亲王的庄头，确实能起到极大的震慑作用。

又记述：

> 设立普济堂于南关大寺，一时旗民好义者，捐至千余金，交盐典生息。其中医药棺木无一不备，严冬煮粥以食过往饥者，每晨至数百人，岁以为常。在任一年八阅月，适遇计典（对官员的考核），以卓异附荐。

[1] 红垫：当时是旗人的一种身份象征，一般官员见了，都奈何不得。

益清堂

《涿州纪事》载：

> 雍正三年（1725）春，皇上谒陵，驻跸蓟州。制府恭接，蒙垂问："涿州知州杨永斌做官如何？"制府回奏："杨永斌过于迂执。盐店当铺向有几两规例银子送知州，知州也有为他们费心处。杨永斌连这项也不要。拿到盗贼竟不报，毙之杖下。"皇上云："盐典规例不要，这是矫廉；盗贼杖毙，足惩一儆百。如此官员，何以不首荐？"回奏云："因他未满三年。"皇上云："涿州是何地方？必要三年满而后荐，则永无可荐之官矣。"又问："如今永平府缺已有人否？"回奏："尚未。"又问："你意中有人否？"回奏曰："无之。"皇上云："难道这杨永斌不好？"回奏云："臣正想着杨永斌，要启奏。"于是，三月初九日，遂有钦奉特旨："贵州威宁，系极边之地，山川绵远，甚称繁剧。知府姚谦，为人老成，操守谨慎，闻得才具中平，不胜此任。涿州知州杨永斌，才守兼优，著补授威宁府知府。姚谦留贵州，有简易知府缺，分著毛文铨题补。杨永斌著来京陛见，再赴新任。普宁县知县郑锡爵，补授涿州知州，该部知道。"

为什么原先本打算授永平府知府，而改授贵州威宁府知府？《涿州纪事》中说：

> 盖上（皇上）初欲用余于永平，既而思永平密迩（贴近）畿辅，犹可时在睿照之中，而特于鞭长莫及之地，重为倚托。

◆ 杨永斌已另用　"朕替你舍不得矣"

这里补充一段插曲。雍正皇帝问直隶总督"涿州知州杨永斌做官如何"之后不久，雍正三年（1725）正月十一日，直隶总督为举荐杨永斌任永平府知府，上了一道折子：

> 兵部尚书兼都察院右副都御使总督直隶等处地方加三级记录九次降一级留任臣李维钧谨奏：为遵旨选择贤员，恭请圣裁简补事，切照永平府知府员缺，业已部选有人。蒙皇上面谕："部选之员尚未引见，尔于属员内选择奏补，钦此。"伏遵。臣查涿州知州杨永斌，操守廉洁，才具优长，地处冲烦，而应之以敏练，人杂旗民，而理之以和平。上年计典卓荐。因杨永斌由大城县知县调升涿州知州未满三年，不符卓异之例，是以附于正荐之次，然其居官实为贤良之首，倘蒙圣恩以杨永斌简补永平府知府，则治理必有可观，而于地方民生均有裨益矣……

正是在这道折子上，于"杨永斌操守廉洁……"这段文字旁，雍正批示："此人贵在大有可观。朕替你舍不得矣！各省皆朕地方也。"并在奏折的最后批示："杨永斌已另用"。

在这里，雍正跟臣子李维钧开了个小玩笑："杨永斌已另用，朕替你舍不得矣！"

◆ 雍正召见　句句中的

雍正三年（1725）三月，永斌公补授贵州威宁府知府，并"奉著来京陛见之旨"。三月十九日，永斌公同汉阳府王知府一道，被召至养心殿，雍正皇帝与之谈话。在《威宁纪事》中，永斌公记录了这次雍正召见时的谈话。

雍正说：

杨永斌在直隶年久做官，政绩声名俱好。朕很信得过的人，再不会变心的。

你们读书人做州县，很廉洁，一放了知府就变心。做知府还好，一放司道督抚，遂大变了心的很多。亦有单寒者，出去做州县不惜名节，身家厚了，后来做府道，改弦易辙，做出好官的。亦有若杨永斌，再不会变心的。

贵州自某某做巡抚，废弛不成了，他们事事俱要瞒我。人孰不有错处？有过失何妨直说出来与我知道？我自有宽恕。君子之过，如日月之食，人皆见之。若必欺瞒，自谓人不及知，殊不知人哪有不知的。一经识破，人品心术都坏了。这样人还用得么？

你到贵州去，不可食利。苗夷不安静，皆起于有司苛刻。谁肯把东西善善的（地）送人？取不如意，迫以威势，使人受不住，自然不安静了。

又不可贪功，贵州的官，都是要显自己的功，还没有一点事，就驾起大题目来显自己的能。几个苗人抢夺，便说数千人啸聚，如何扑灭，如何剿平，夸耀于人。这是第一个病了。

亦不可矫廉。除了非分的不可妄取，本面应得的何妨取来，家业也是要顾的。就是百姓，尚然望他有饭吃，家给人足，何况我用的官，必定要他没饭吃，没衣穿，哪里有这样刻薄皇帝？若使有余，或设义学，或赏赐好人，使人知所鼓励也，都是要用的。

总之，事事以诚字为主。这诚字是颠扑不破的。临民治事，化其私心，出于至诚，哪有不好的。你到地方去，常如今日在朕面前一般就是了。再者，你意中有可用之人，带几个去。

永斌公随即奏曰：

无极县典史寿自公可用。

皇上随传吏部，准予带去。当天，雍正赏赐永斌公貂皮四张，御书两幅，紫金锭二十，火镰包一个。又赏武夷茶一瓶。谕明日具折谢恩。

永斌公叹曰：

伏念一介草茅，荷蒙特达之知，灼见肺腑，天语殷勤，颁赐优渥，诚异数也。

新正读了雍正上面这一段谈话，深有感慨：雍正看问题确实比较深透，话也讲得很实在，也很亲近，令人心悦诚服，真不愧为一个有作为的皇帝！

◆ 平定乌蒙　解决镇雄

雍正三年（1725），永斌公授贵州威宁府知府。威宁为贵州边境，乃滇、黔、蜀三省接壤之地。当地的土司虐使其众，时出掠境外。乌蒙的禄万钟、镇雄的陇庆侯尤其强悍。永斌公被派去划定边界，他单骑深入，晓谕其首领。暗地里却派人装扮成商人，绘制出当地的地形图。

不久，鄂尔泰总督云、贵，永斌公将所绘之图献上，并献策说："禄万钟、陇庆侯两位土司不惩处，终为边患。现在，禄万钟年幼，其他土司还没有完全归附于他，正好将其收服。今四川总督弹劾禄万钟，说他不称职。请你发兵压境，召禄万钟出来质问。若他不出来，就以兵入。一旦乌蒙平定，镇雄势孤，也会投降的。"

鄂尔泰从其计。召禄万钟，禄万钟不来。随即，鄂尔泰令游击哈元生与永斌公一道督兵入。禄万钟遁走镇远，然后，与陇庆侯同到四川总督部下投降。

仅仅用了三十三天，永斌公就将乌蒙、镇雄的土司问题解决了。用永斌公自己的话来说就是："凡三十三日，两府平。"

◆ 主动请缨　再克米贴

雍正六年（1728）正月十四日，永斌公因公事抵省（贵州省会）。当时，"适学使（即学政）按临大定（府名，辖境相当于今贵州毕节地区和水城县），余于大定提调，而闻米贴之变"。

米贴，旧属乌蒙地，后设为永善县，隶属云南昭通府。"米贴土妇陆氏者，积案中之要犯也"。所谓"米贴之变"，是指米贴陆氏于当年正月十二日鸡鸣时分，突然合围意在捉拿陆氏的滇省副将郭寿域，结果，郭寿域同一仆一吏均为枪矢戳死，其兵丁俱被杀。"于是，人情恼惧"。

当时，永斌公随同学使在大定：

夜半闻变，入白学台："欲假归部，署兵事。"

学使者曰："公在外，适有警不及于难，归则恐不免。"

余曰："归则可以规便，宜资战守，不致警耳，敢避难乎？"学使知不能留，乃听余归。

永斌公本来有事在外，却主动请缨赴战！

余驰至毕节，调军征土兵，一日而毕。从五骑至威宁，与孙镇宏本檄调土兵二千人，刻期二十九日俱集八仙海，即日又驰至八仙海，时寻沾（贵州有寻甸县、沾益县）参将哈元生为总统，率麾下兵将已至矣。计合兵五千余。余与元生议，分兵三路，一由苦著绕出米贴之后以攻其左，一由大关以捣其右，一由洒鱼河出火红口，以当其冲。至于三路粮运，亦各委大定州、永宁县暨通判、经历，俱有专司。又虑米贴结连建昌、冕山、巴补，奏记鄂公："咨川省以重兵防后，俾贼不得渡江而逸。"又增设塘汛，使声息相闻，可以随时策应。

布置已定，余谓元生曰："此贼以冕山、巴补为退计，我力攻之，彼必渡江。我以奇兵突山后，绕出金沙江以待之，彼前后受攻，敌可尽歼。"张镇耀祖曰："此争奇出险计也，不如万全。"哈请从余计。"如有失，我当之，与诸公无涉。"

于是，三路于二月二十四日并进。中路、右路俱以山路箐密，恐失道，并屯米贴观望。搜获夷妇言："陆氏已焚舍逃井底地。"贼数千，守险遏敌，众不敢前。忽山后炮声震陵谷，则元生提兵攻破老虎寨，已至井底地。闻陆氏匿门坎山，又攻门坎山。陆氏与夷目俱只身走牛角罗地，余贼尚百人。元生方指挥擒捕，中、右两路寻声至，遂破门坎地，获男女百名口，牛羊粮储无算。三路并沿山合搜……擒陆氏主仆五人……复破半个山，擒获男女二百七十九名口……余贼逃江外者，俱为川将次第搜捕。

设非从余前议出金沙江后之计，则安得有此捷哉？自郭寿域之败至是，凡八十三日。

永斌公在《威宁纪事》中感叹："陆氏之擒，视乌、镇为尤难。"

平定乌蒙、镇雄，再克米贴，这是永斌公在军事上的两大作为。为此，鄂尔泰特别举荐永斌公可大用。不久，永斌公擢升为贵东道，旋调粮驿道，署按察使。

雍正九年（1731）七月，早已调任广东布政使的永斌公，因之前在威宁府知府任内随征米贴，议叙军功加一级。

◆ 体察民情　抚恤难民

平定米贴之后，永斌公立即又请诸督抚："乌、镇两府被难之民，请得如前长寨难民，概行资助回籍。"

威宁境内并乌、蒙以兵兴役重，人户萧条，民艰于食。余为请于上官，以存贮仓粮，拨数千石于各村镇平粜（平价卖粮），并令贫民借领种子，收成还仓，皆蒙允行。

这些举措，都是为了纾民困，安民心，恢复、发展当地经济。

◆ 恳请熬盐　以济民食

《威宁纪事》又记述：

又为奏记鄂公及醝（cuó 盐的别名）使云："查得贵州一省，历来并无盐井，俱食川盐，即东川、威宁、乌蒙、镇雄，其食盐俱由川运。价高路远，民多淡食。今两土既平，改设流官，所拨官兵及四方开垦之人云集，彼地其食盐更多。查乌蒙旧有盐井在河内，其沿河之地窄狭，设灶无几，每年出盐不多。查得离此地五里许，名官田坝，其地宽平，可居民人二百户，设于此处招集灶商（专门熬盐的商人），给本煎熬，出盐必广，且可比照安宁井形势修筑石岸，使水不能淹，一年常煎不息，出盐愈多。不惟得济民食，亦可以增国课。况镇雄亦有三井，正在开修，将来若有成效，则东川等四府均可受其利。"制府、醉使俱以为然。

◆ 请开鼓铸　以利民生

永斌公在威宁知府任上时，请示上司，在贵州铸钱，并得到允许。此事在《威宁纪事》中记载得非常详细：

> 又为详请黔省开铸（铸钱），以便民生事。窃照黔省夷多汉少，地瘠民贫，历来交易用银不使制钱。今皇上威德诞敷（遍布），雕题凿齿之乡（意如穷乡僻壤），莫不输诚向化，土广民众利用厚生之政，事事举行，惟于民间使用制钱尚有未尽流通之处，查江浙川广不产铜铅，俱于黔省采买以供，鼓铸路远费繁，钱价日昂。愚见若于黔省附近川江之毕节县，请开鼓铸，则价廉工省，不惟黔省易以流通，而他省亦可就近接济，其于国计民生实有裨益。倘蒙大人允某之请，先于省城雇觅工匠，设炉铸造。样钱其成色之高下，工费之多寡，计算划一，则人工价值自较他省倍易。至于预买铜铅，建设钱局，候题准之日现银采买，即照黔省之例，有利无弊。藩司允请奏准，至今行之。

◆ 筹画军需　兵民兼顾

《黔省纪事》载：

> 惟时米贴之师未撤，而羊泥又起（似指四川雷波土司杨明义，与米贴贴近，且与陆氏世为婚姻，副将张瑛招谕不至，所属部落劫粮戕兵），粤西之八达继叛（八达寨少数民族首领颜光色率众起事），古州清水江等处正在用兵时，新抚军张公得抚黔之命，在丹江军前。署抚沈公在省办事。羽檄纷驰，军书旁午。余与藩司鄂公调济其间，一切粮饷皆于就近处所便宜酌发，无劳远运，以省费而纾民力，不令缺乏。

> 尝为奏记制府鄂公云："军前之事，所关匪细，且闻顽苗每于中途抢劫，粮运难通，而将来进内愈深，添兵愈多，则粮运愈难，夫役断不能随营运送。因商之藩司，恳署抚动支库银二千两，飞委永宁令汪星，往军前料理，买马设塘（塘，指驿站），自岔入小路之处至军前止，每三十里设塘，马匹拨兵运送。若新抚军移营进内，所设塘站亦即挨次增添入内……第思黔省山多田少，产米有限，且各属亭七粜三之粮，亦在秋收买补，更加此项

采买，必致米价腾贵，有妨民食，已会同藩司详请支库银四千两，委令思州府玉屏县知县孙绍武，即于就近湖广地方采买米数千石，运至镇远府存贮，如军前需粮，即可挽运接济……如此，则军前有备，而收成米价不致高昂，以为一举两便……如此布置，某既才识短浅（这是永斌公的自谦之词），而藩司鄂弥达，亦初莅外任，未经熟谙，是否允协，伏候裁夺。"

制府鄂公手批折旁云："筹画周详，不胜欣慰。"又云："俱是无可再议。"永斌公真是考虑周详，既要保证军需，又不能使米价昂贵，百姓受不了。

◆ 恐惧面前　镇定自若

雍正六年（1728）五月，永斌公奉调赴贵州，升授粮道，随奉署理臬司印务。

当时，贵州多处正在用兵之时。但民间有议论，认为用兵乃多事，以致民情震恐。代理巡抚沈公，性素惬怯，每夜传省中余丁数百，护卫院署。居民闻之益汹惧，皆以为蛮兵将围城，纷纷逃窜出城者，日数十家。

永斌公得知此消息后，对代理巡抚沈公说："宜以静镇之。不宜使民心骚动，非弭变之道也。"代理巡抚不听。

永斌公于是与学使徐、藩司鄂两公相约，每夜于巡更后聚会，传优伶（戏曲演员）演剧，以示无他。如是者数日，而从前出城之民渐返于室，民心始安。

◆ 如山积案　一朝尽清

永斌公在贵州省任粮道并代理按察使期间，"臬司中有数十年以来未结之案如山"。当时的抚军一日查案件，列册檄行，限日审结，否则题参。

永斌公查阅前卷，发现"皆夷獠抢杀命盗之案，每案凶犯动以数十人计。皆散在滇、黔、楚、蜀四省中，非称兵剿捕，则越省拘提断不可得者"。

于是，他入白抚军曰："若从前案件可结，何待今日。实以此等事件，有听从夷例外结之条，无事题达，故沈阁（即耽搁）至今耳。今若题参，前此数十年以来承审、承辑各官坐受处分者，奚啻数百人？"他建议："可否以雍正六年为始，凡（雍正）六年以前未结之案，悉照夷例，从外归结。（雍正）六年以后之案，俱从现行律例题达。"抚军听从了永斌公的建议，这样一来，"数十年未结之案，一朝尽清，顷用少司，空申大成"。

此"快刀斩乱麻"之法，充分体现出永斌公的智慧与坚毅、果断。

◆ 体察下情　请免赋税

雍正三四年间（1725—1726），永斌公正在贵州任上，朝廷议决加税军田，每亩五钱。永斌公认为，军田之粮以屯租为准，已数倍于民田。且今转相授受，与民田交易无异。名为军屯，实皆民产，今每亩再加五钱税银，赋税太重，民必不服。当多事之秋，增剥肤之患，无异于逼迫群众造反。便将此情告诉鄂尔泰。鄂尔泰即以此上报，"竟奉俞旨豁免"，为民众减轻了负担。

更有意思的是，"此黔省事也，而滇中一体邀恩"。本来只是贵州省的事，而云南省一并得到豁免。永斌公在《黔省纪事》中感叹："于无意中桑梓（故乡）受庇。"他是云南人，无意之中，云南老乡也得到了好处。

◆ 整饬矿厂　为国聚财

永斌公在《黔省纪事》中记载："方乌、镇两府既平之后，余尽访其地之所产，如盐井、矿厂之属，可以利民生、资国月者，无不查明出报。"

而威宁本府之矿厂，封闭已久，自雍正四年奉文查开，永斌公因连年军兴，无暇查勘。但在他出任贵州粮驿道以后，"间一到威，随有见闻，即为查勘"。发现有一个名为榨子厂的矿厂，以前委任按察司照磨（掌管宗卷、钱谷的属吏）管理，颇有成效……而一个新报的天桥厂，于本年二月内始招民开采，"近闻得矿"，"此厂系从前旧厂，将来必旺"。还有一个叫府窝厂，在乌蒙边境，永斌公因军兴时到乌，就近查勘，招得客民罗三奇开采，经检验大有成效。

永斌公将上述查勘到的情况向当时的代理巡抚报告后，巡抚立即命永斌公查办此事。永斌公即"亲临各厂，悉心查察，择经管人员，厘剔从前弊窦，一一整顿肃清"。经过整顿，"已令课饷（即税收）增加数倍"。同时，永斌公又"请动支公项银两，平买厂内铅斤，一则令厂商工本源源不滞，再则使铅价平准，不得昂贵。此中调济赢缩之间，岁解国帑（国家的公款）不啻八九万"，使得国库一年增加了八九万两银子。

永斌公感叹道："盖生平耻于言利，惟利国利民之事，则不得不为筹画耳！"

雍正七年（1729）闰七月，永斌公奉旨升授湖南布政使。他说自己"计在道任止十七个月耳，凡所任事，皆开其端而未能尽其绪"。还说："尝读坡公（苏东坡）诗云：'人生到处知何似，应似飞鸿踏雪泥；泥上偶然留指爪，鸿飞那复计东西。'屈指生平所历宦途，大都皆雪泥鸿爪耳。"

◆ 机缘巧合　任职湖南

雍正七年（1729），永斌公调任湖南布政使。《楚南纪事》载有这样一段故事：

雍正七年（1729）闰七月，有补授湖南布政使之命，盖缘前此招抚三不管地方夷民之故也！

三不管者，苗夷错处之地，在黔、楚、蜀三省毗连境上。凡有劫掠，彼此推诿，所以日益恣横。先是黔省藩桌以附近铜仁之苗可剿、抚兼行，令其效，顺请于制府鄂公，欲行，公已诺之。而复私语余曰："此事非公不可。顷虽许藩桌，而实已折奏属君，当急为部署。须兵几何？"余曰："不必用兵，此非向者（此前）乌、镇、米贴之比。"鄂公起立而惊喜曰："诚然！吾所以谓非君不可者，此也！虽然，不可以无兵。吾令某弁以标兵三百从汝，为仪仗，张声势，毋亵体见轻于夷人。度何日可起行？"余曰："当即行，利在速耳。"公益大喜。于是，先令微员往谕，一时闻风相率出而归诚者，凡百三十寨。以此报命鄂公。

　　而楚省属员误以所抚之地在辰州府属，为楚粮地，入于黔，则粮无出，禀报楚制迈公（湖广总督迈柱），公未及细察，即具折入告。赖皇上圣明，以黔、楚皆为王土，何分彼此，置不问。

　　既，复用余于湖南，隐然以楚事畀（给予）余矣。

　　以上记述说明，安抚"三不管地方"，本来是由贵州那边发起并取得成功的。但湖南这边"误以所抚之地在辰州府属，为楚粮地"，担心"入于黔，则粮无出"，于是上报朝廷。皇帝则认为"黔、楚皆为王土，何分彼此"，置不问，并将主持安抚"三不管地方"的永斌公任命为湖南布政使。这真是机缘巧合！

　　经查阅，清顺治元年（1644），始设偏沅巡抚，驻贵州偏桥镇，以控制四川、陕西、河南及湖南的交界地区。康熙三年（1664），偏沅巡抚移驻长沙府，湖南才设省，始设湖南布政使（驻长沙市又一村），掌管全省财政、民政等项工作。雍正二年（1724），偏沅巡抚改名为湖南巡抚。巡抚为总揽全省军务、政务的最高地方长官。

　　永斌公于雍正七年（1729）闰七月起担任湖南布政使，于雍正九年四月离任。为湖南始设布政使以来的第十九任布政使。当时，湖南巡抚刚刚设立不久，布政使的地位是相当高的。

◆ 杯酒宴会　上下沟通

永斌公最初任职湖南时，杯酒宴会，上下沟通，却成了问题。《楚南纪事》载：

　　余于雍正七年（1729）八月闻命，交待毕，至十月起行，十一月初四日莅长沙。谒抚军赵公于官厅中。会诸僚友，皆落落，不交一语，投刺辄去，属员希（同"稀"）得接见者。

　　且闻合省文武官僚，向未有杯酒宴会之事。余意以若是，则文武上下之情不通，何以周知一省土俗民情以及下属之贤否？心不然之。

　　以语抚军，抚军曰："制府迈公素不喜交际。"

　　余曰："本司欲令同城文武不时会叙，杯酌往来，得收寅恭（同事之间关系融洽）之效。即郡守、牧令，以时接见者，亦授餐饭，使得通民情而陈治绩，以观其贤否。制府若不许，听其题参（上本参奏，犹弹劾）可也。"

　　抚军以余言折奏皇上，手批曰："可，但不得丰。"自是，楚南乃有宴会之事。

看，这样一件小事，最后还上报给了皇帝。

◆ 六里苗疆　抚绥化诲

永斌公到湖南任职之时，处理好"六里苗"问题是摆在他面前的一项迫切任务。六里苗，是当时对湘西苗族人的一种称呼。他们聚集居住的地域大抵上是现在的花垣、吉首、凤凰一带。永斌公称其"幅员不及三百里""此所谓三不管之地也"。

永斌公上奏曰："疆苗一事，关系重大。"他主张"渐加化诲"，也就是不用武力，采用"抚绥"之法。

朝廷命巡抚赵宏恩经理苗疆，永斌公为之出谋划策：在六里周围地区部署兵力，使其"不借兵威而兵威已星罗棋布"。然后，派人深入其地，宣布皇上威德，恩以招之，诚以服之。"庶于地方不致扰累，而六里红苗，得沐圣朝德化，且黔、蜀、楚北沿汛各路民苗，亦得共乐尧天矣。"巡抚赵公宏恩按照永斌公的建议行事。

赵公到六里，不过十来天，"果未折一矢而册报就抚者一百一十三寨"。

◆ 援用黔例　湘省受益

永斌公担任湖南布政使以后，同样面临朝廷关于军田加税的问题。当时，湖南方面正在派官员四处丈量、勘察军田面积。对于上面关于加税的指令究竟如何执行，仍然议而未决。永斌公随即援引贵州的做法，并以此上报，请求同样免予加征。结果，得到上面认可，湖南的军田得以免加赋税。

◆ 谨慎审案　力避冤假

曾靖（又名曾静），湖南永兴人。当年鼎鼎有名的事件当事人。事因反对清朝统治而起。

曾靖读了吕留良（明清之际思想家，反清复明人士）遗著后，于雍正六年（1728）派学生入陕，劝川陕总督岳钟琪反清，被岳告发下狱，其供词涉及宫廷情况。雍正因而得知关于他"阴谋夺位"之说已到处流传。于是雍正亲自作《大义觉迷录》，摆出事实，申述理由，予以辩驳。事后还特意将曾靖释放。但乾隆即位后，曾靖仍于雍正十三年冬被捕，并被杀害。

永斌公在其《楚南纪事》里，有如下记载：

> 曾靖者，湖南郴州人，《大义觉迷录》中所称弥天大犯也。蒙皇上不世之恩，发来湖南本籍，兼令其阴索向者（之前）传语之人。始以姓名求之，而姓名相同株连凡几辈，继以图形求之，而形似者株连又几辈，终不能得。余至长沙，臬司与余会审，令其直供传言之人，毋以恍惚疑似语相塞。

曰某日在某寺中有某和尚见。于是，唤某和尚讯之。曰果有其人，今死矣。余谓臬司曰："勿复深求，即取死者地方结状以结。"此案得免株连。

《楚南纪事》里还记载了另一件事：

> 时有道员某折奏："龙虎山真人府遣人来楚，暗散札付（传单），纠党欲谋叛。"旨发余与臬司、道员某三人会审。余叩其由，乃道员在途中见卖药数人，心疑而密讯得者，已扳累平人不计其数在案。而道员某与审，竟欲罗织，锻炼成大狱。余鞫之，供曰："无有。"道员拍案厉声曰："若原供凿凿，今日何以改供？"其人曰："前在大老爷密室，吩咐小人如此供，致大老爷屈膝，小人何敢不从？今日成招，则一干人都问成凌迟，小人纵蒙宽宥，从（依照）自首例得不死，而此一干人至冥司，亦不放小人，情愿今日死于夹棍。小人实系卖药营生，并无散札之事。"余与臬司详鞫罗织被逮之人，果皆捕风捉影。遂回奏。得旨云："朕久已知事属子虚，勿复穷治。"乃得寝（平息）。

永斌公又一次避免了冤案。

◆ 周密谋划　节支利民

仍然是在湖南的时候，永斌公在《楚南纪事》中记载：

> 其年（1729，存疑），征两楚兵赴西边。奉旨每兵一名给马四匹，弁员（低级武官）递加。楚南调兵三百名，加以参游（参将、游击，较高级武官）等，需买备马一千四百余匹。抚军命余急为买备。余曰："马不需买。"抚军曰："如军需何？"余曰："此时若在会城购马千余匹之多，则驽骀（劣马）成骐骥，价必昂贵，而所收皆下驷（下等的马）。况喂养待用，遣发无时，则刍料费多。计莫若于通省驿站中，每驿挑五骑，印烙饲牧，勿乘，令其肥硕。至需用时，每驿拨夫一人解至厂中，候给发。过后按匹给价，各驿自行购买，充足五骑之额。如此，则事办而费省。"抚军从余言。嗣闻湖北买马、喂饲，费至数千金，无项开销。而湖南幸免此累。

湖北例行公事，按上面的要求买马，结果用了数千金，无处报销。湖南却是马也预备了，而费用却省了。

《楚南纪事》又记载：

> 雍正八年（1730），奉旨以湖南产米之处，发银十万买米，运至江南贮备。抚军闻命，欲令余先发银采买，勿致仓猝不给。余曰："此时若闻官买米谷，则民间先已长价，贫民不能生矣！"抚军曰："然则奈何？"余曰："计通省存七粜三之谷，不下百万石，原欲推陈易新，若以此项碾米十余万预贮，以待随到即发，不烦舣舟。俟秋收之后发价买谷还仓。则此时价

不能昂，而秋冬亦易于买足，此为两便。"抚军以违旨为嫌。余曰："是不难，即差员一面出买，一面碾谷，可耳。"于是，遣某知县至某县，各路采买。余授以意，令其赍银到县，将银贮库，即回。但传买谷风声，不需买谷一粒。孰意一时商民囤户尽将米收起，希图长价。越数日，不见官买，始乃平复前价。后以楚南价高遂中止未买。余见米价日起，即以碾米平粜。至秋收后，照时价发买还仓，竟得赢余银若干贮库，以备无项之公用焉。

真是谋划周详，既不违背上级意旨，又平抑了粮价，保护了老百姓利益，还赚了点银子，以备无项之公用。永斌公真可谓为公家着想的理财高手。

◆ 修舵杆洲石台　方便船只停泊

《楚南纪事》记载：

> 洞庭湖中有舵杆洲，在湖之西偏向，固有洲，而今已没浸中，仅有水影、泥滩可见。时议以此中若能筑石培土，复为洲，则湖舸往来猝遇风波可得栖泊，庶免覆溺之患。余主议，计度工费需二十万金可成，以此白制府迈公（总督迈柱），折奏皇上，发帑二十万，专委道员许登瀛董其事。今洲已可宅。惜乎，余未得睹其成，而旋调来粤矣。

永斌公只是向总督提出了具体建议，然后由总督向皇上写了报告，得到批复。雍正九年（1731），永斌公就被调往广东任职，"未得睹其成"。

说明：据2014年发表在《湖湘研究》上的"清代洞庭湖舵杆洲石台工程述略"一文，舵杆洲在南县最东边，离县城约50公里，今属大通湖区。雍正九年（1731），曾奉旨在此始建石台，乾隆元年（1736）完工。该文没有具体提及杨永斌。可能是因为永斌公只是"主议"，而上折子的则是总督迈柱。此工程可是当时皇帝亲自批准的重大工程，虽有舟楫之利，但因在湖中修建石台实属不易，因此争议亦不断。建成使用了一段时间。后即停止由上面拨款维护，致使到民国时期，该石台即已颓圮。解放初期，仅存一座台基露出水面。1958年"大跃进"中兴修水利，其麻石也被挖抢一空。如今，该工程早已不复存在，当年台基已深藏于淤泥之下。

"纪事"中提到的道员许登瀛，当时是衡永郴桂道道台，因在修建此石台中，被指侵欺帑金一万四千余两，被处决。

◆ 永顺土司　善后处理

在永斌公授湖南布政使的前一年（1728），清廷为加强对边远地区的中央集权管理，对西南各土司实行"改土归流"政策，也就是改土司制为中央委派流官。永斌公正好碰上了这件事，而且是由他来处理永顺土司后续事宜的。

在《楚南纪事》里，有这样一段记载：

又永顺土司纳土改流，皇上嘉其向化之诚，赐帑金万两，授以参将，即令履任江右（江西）。而其家属仍踞旧地，鼓衅起祸，以致钦差审理归狱，于新任同知潘果，失抚绥新附之宜，遂罹重典。余抵楚，檄催随任，而彼故迟迟其行，辄以田产未卖为辞。余请如容美例（按照对待容美土司的做法），于藩库内给银一千六百两，代民取赎。押送江右。而狡兔之窟遂除。

永顺土司原来的城池，就是现在的永顺老司城遗址。2015年7月4日，老司城遗址与湖北唐崖土司遗址、贵州播州海龙屯遗址一道，成功入列世界文化遗产。它们将向世人展示中国特有的土司文化遗存。

关于永斌公处理永顺土司善后事宜一事，《湖南日报》于2015年7月10日在第7版头条位置进行了报道，原文如下。

一本杨氏家谱记载：永顺土司王朝最后的日子

李国斌（湖南日报记者）

2015年7月4日，湖南永顺老司城遗址与湖北唐崖土司遗址、贵州播州海龙屯遗址一道，成功入列世界文化遗产。消息传来，人们欢欣鼓舞。

看到申遗成功的消息时，退休老报人杨新正不禁想起前不久在阅读、整理家藏老家谱时，发现了其中的一段记载，记述了永顺土司王朝最后的日子。

杨新正介绍：先祖中一个叫杨永斌的，曾在多地为官，清雍正七年，授湖南布政使。而在此前一年，清廷为加强对边远地区的中央集权管理，对西南各土司实行"改土归流"，也就是改土司制为中央委派流官。杨永斌正好碰上了这档事，而且是由他来处理永顺土司王朝后续事宜的。

据《清史稿》记载，杨永斌是康熙三十八年举人，雍正三年授贵州威宁知府，在平定乌蒙土司动乱中，功绩卓著，雍正七年，迁湖南布政使。

杨永斌每离开一地，均写有一篇纪事，这些纪事收录在家谱里。在《楚南纪事》里，有这样一段记载："又永顺土司纳土改流，皇上嘉其向化之诚，赐帑金万两，授以参将，即令履任江右。而其家属仍踞旧地，鼓衅起祸，以致钦差审理归狱，于新任同知潘果，失抚绥新附之宜，遂罹重典。余抵楚，檄催随任，而彼故迟迟其行，辄以田产未卖为辞。余请如容美例，于藩库内给银一千六百两，代民取赎。押送江右。而狡兔之窟遂除。"

杨新正解释，其中讲的"江右"，即江西，也就是永顺彭氏土司的老家。容美，即容美土司，辖地为今湖北鹤峰县及周围一些地方，与唐崖土司毗邻。"请如容美例"，就是请按照对待容美土司那样的做法，对待永顺土司。

从上述记叙中可以看到，末代土司彭肇槐及其家族，虽表面上具"向化之诚"，但内心却是极其不舍，也极其不忍。于是，在彭肇槐无奈"履任江右"后，"其家属仍踞旧地"，并且"鼓衅起祸"。"新任同知潘果"，因处置失当，"遂罹重典"。杨永斌到任后，敦促彭氏的家属赶快随迁江西。但是，其家属却以"田产未卖"为由，故意"迟迟其行"。怎么办？杨永斌请示按照容美的做法，从省财政拿出一千六百两白银，"代民取赎"。然后，将其家属"押送江右"，终于将"狡兔之窟"给铲除了。

杨新正说，彭肇槐起初或许是急匆匆离开的，一个"即令履任"便是明证；而他的家属却是哭哭啼啼离开的，"押送"二字足以说明。不管怎么说，他们就这样凄凄惨惨地最终离开了他们家族生活、经营了八百年的这一方水土，离开了老司城。

如今，随着成功申遗，老司城遗址，这个记录了一个王朝兴衰的古老王城，将焕发出新的光彩，向世人展示中国特有的土司文化遗存。

◆ 省城建设　颇多建树

永斌公在湖南任上时，对省城长沙的建设，颇多建树。

他在《楚南纪事》里说"初到长沙时，见会城凡事草率"。当时长沙是个什么情况？长沙在明末清初，经历了数次兵祸，先是张献忠攻克长沙，将占据大半个长沙城的吉王府烧毁，扬长而去；继而是南明将领左良玉再陷长沙，烧杀抢掠更甚于前。顺治四年（1647），清兵进入长沙，"城中仍无一久居之民，初入城，一望沙场而已。偶有茅屋三四家，席门俱无。县令短布蒙茸，所居不蔽风雨"。虽经清初治理，稍有好转，但接着又遭吴三桂之乱，长沙再废。到雍正七年（1729）永斌公到长沙上任时，情况也好不了多少。怎么办？

"余就明吉藩邸故址创建行宫，以为朝拜之所"。在这里，他还讲了一个故事：建行宫时，"门阙间须石狮子一对。计购、运费需数百金，姑缓之。偶掘地得狮二，拽而植之。狰狞巍垒，盖昔时宫阙故物，不特（不但）完好如新，而追琢工致，远胜时手。淹没若干年，而辐辏（聚集）于此，时亦一奇也"。偶然间从地下挖出两个石狮子，原来是宫阙故物，不光是完好如新，而且雕琢精致，远胜时手。当时也算是一桩奇闻。

除了创建行宫外，永斌公在长沙搞的建设还有：营建龙王庙，以妥颁祀富农之神；修葺岳麓书院，以为兴贤育才之地；规度江神庙基址，以复古时望秩之祀。

他说："前人所茌苒未为者，余一切振举而兴作之。"

只是比较可惜，永斌公"自雍正七年（1729）十二月抵楚南，至雍正九年（1731）四月得旨调任广东布政使，在楚凡十六月耳"。"从前积弛丛脞（琐碎，杂乱）之事，甫稍稍就绪。而复奉移调，虽东西南北惟所使，尽属君恩，不敢言瘁。独以年余在楚，匆匆日不暇给，未竟之绪，不能不恋恋也。"

◆ 开荒种粮　栽植桐树

雍正九年（1731），永斌公调任广东布政使。次年春，命代理巡抚。当年秋天，实授广东巡抚。

广东生齿日繁，而民不勤稼穑，米价高昂。永斌公"饬诸州县劝垦，高亢不宜禾，令艺豆麦，诸山坡麓栽所宜木"。又以惠州、潮州两府民最悍，招垦官田。租入充粤秀书院膏火。

永斌公以此奏闻，获嘉奖。后来，他又多方劝导、鼓励民众多开荒地。于是，全省垦田至一百十八万余亩。

永斌公在广东任上，"督饬属员劝导粤民务勤耕作，尽力开垦"。同时，他觉得"附城陆地及山麓偏坡，虽不能播种粮食，尚可栽植树木"。于是，他"令番禺县买桐树试种"，结果"于土性相宜，已经成活"。然后，广购桐子，令地方官倡率指画，劝民栽种。这种先试验后推广的工作方法，即使在今天，仍然很有效。

他还十分重视因地制宜，提出"其他木植，随地土之宜，听民酌种"，并"禁饬兵民践伐"。

在惠、潮两府，亦招纳民户开垦。大概是因为荒地较多，"垦户分垦之外，余剩二十顷"。怎么办？永斌公"率同司道公捐资本，分给……无业之民垦种，谕令各安耕作，毋再甘蹈法网"。

◆ 推行官话　勉力为之

广东、福建等地方方言，非本地人很难听懂，给不同区域间的交流带来很大困难。这件事引起了雍正皇帝的重视，他曾发出谕旨："著地方官训导。"并于雍正六年（1728），"定例谕令有力之家，先于邻省延请官音读书之师，教其子弟，转相授受，以八年为限。如不能官话者，生童举监暂停送试，俟官话习会之时，再各准其应试"。

但正如永斌公于雍正十年（1732）在《劝民种植讲学疏》中所说："粤人皆狃（习惯）于积习，历今四年，仍未能渐移。"

但是，永斌公还是想尽力推行官话。在同一份奏折中，他说："臣拟将粤秀书院捐资修葺，仿照大学士鄂尔泰前任云贵总督时，在昆明书院教士之法，将学臣岁、科两试所取优等生员，品行端方者，每学拨二三名赴书院肄业，在于邻省延请老成笃行之士，为之教习，砥行课文，每月臣与督臣各课试一次，加以训勉，俾知立身、行己、尊君、亲上之义。每人月给膏火之资，于前项官租内取给。科举之后，散归本籍。另将新学臣岁科所取者，照前拨入肄业。如此合一省之优生训诲造就，三年之间，文行既得以交修，官音亦易于学习。及至散归本籍，复可转相授受，陋劣者亦可知所劝勉矣。"

最后结果怎么样？可想而知。

附录　雍正推广普通话缘何失败？

清朝雍正皇帝试图用一道圣旨将官话普及到闽粤两省，这次"官话运动"被后来的学者认为是中国有史以来第一次推广"普通话"运动，以失败告终。

皇帝的旨意：推广"官话"

1728年9月5日，福建福州人许松佶第一次进京面圣。许松佶被引见四天后，皇帝突然颁布了一道奇特的上谕，在谕旨里，皇帝首先指出对一名有着"莅民之责"的官员，"其语言必使人人共晓，然后可以通达人情，熟悉地方事务，而办理无误"，但是皇帝在引见大小臣工陈奏履历之时，却发现"惟有广东、福建两省之人仍系乡音，不可通晓"。皇帝进一步指出：倘使再把这些满口乡音的闽粤官员委派他省任职为官，"又安能宣读圣谕，审断词讼，皆历历清楚，使小民共知而共解"呢？

……于是，（指出）要让广东、福建人学习"官话"。同时提出：学习官话以八年为限，不然将停止闽、粤两省的科举考试。

上谕颁布仅仅四年后，一名官员就以特殊的方式发出了异样的声音。

官员的疑问：钱从哪里来？

杨永斌于1732年升任署理广东巡抚……在这一年6月19日写给皇帝的密折中，他小心地提及这场"官话运动"开展四年来的成果——也就是毫无成果。

……杨永斌提出重修省城广东旧有的粤秀书院，将学政每年考试中的优等生拨入书院肄业，再让这些毕业的优等生回本籍去教授那些"顽劣"之徒，然后达到共同进步的目的。他还特意提及会将流民垦荒所收的千余石官租用于粤秀书院的"膏火之资"……尽管皇帝批复同意了这一奏请，但从另一个侧面也体现了，如果没有来自皇帝亲自下达的旨意，地方上连举办一所学校都面临着无钱可用的窘境。

皇帝四年前颁布上谕时，只是把推广官话作为一项政治任务推给地方，却没有为其提供配得上它浩大声势的专项资金……

然而，当杨永斌在奏折中写到"粤人狃于积习，历今四年，仍未能渐移"时，就已经在暗示皇帝这场"官话运动"已经走到了它的瓶颈。

在杨永斌奏折的最后，雍正皇帝以宽慰的口气批复道："皆属是当，嘉悦，览焉，勉为之。"仿佛终于找到台阶卸下了一个沉重的包袱。三年后，雍正皇帝去世，他还来不及见到闽粤两省官话运动培养的第一批人才进京面圣。

——湖南《文萃报》2016年5月10日05版"文史大观"

这篇文章将推行"官话"失败的原因归咎于没有提供必要的专项资金，恐怕有失公允。推广普通话是一项非常复杂的系统工程，特别是与整个教育的普及程度关系极大。在当时的背景下，要想取得实效实在太难。怎么能归咎于单一原因？

◆ 请轻则起科　促多开荒地

轻则起科，是指以较低的税率开征赋税。

永斌公在广东巡抚任上时，于雍正十二年（1734）上了一道《请轻科劝垦疏》，就是请求上面对于较难开垦的荒地，按较低税率征税，以劝垦更多荒地。

他在这道奏折中说：

> 臣今查得原报可垦六千八百五十顷外，各属尚有荒地，但或系山深菁密，或系夹沙带卤，开垦实属艰难，体察民情，固畏倍费工本，更恐硗地薄收，倘遇旱涝，粮赋无出，是以未肯尽力。臣窃思瘠田虽产谷稀少，若多垦数十万亩，年丰可得数十万石米谷，即年歉亦必稍有收获，养活多人，不致乏食为匪，于民生实有裨益。诚不可不为多方劝导，以尽地利。
>
> 臣查新宁县征粮额内有斥卤轻则，每亩征银四厘六毫四丝，米四合二勺六秒。此通省田赋则例之至轻者。若令各县州除原报可垦地亩外，凡有硗瘠难垦之地，俱准照斥卤轻则起科，则民心鼓舞，地利可以广收。惟是各州县原编则例，无此斥卤轻则者居多。臣故不敢冒昧具题。如蒙俞允，臣即钦遵遍行，出示晓谕，宣布皇恩。令各州县不论有无斥卤轻则，但各境内有夹砂带卤、山深菁密，难垦旷工，凡有民人承垦，概准以斥卤轻则输粮，即给执照为业，照例十年起科。如其地本系沃土，该地方官不行勘明，混准民间冒以轻则起科者，即照官吏踏勘田粮不行亲诣田所，及不从实检踏，止凭里甲朦胧供报律参处，其混冒承垦之民，照挪移起科等则律，按亩数多寡分别治罪。如此则肥沃之壤不致冒承轻则，而硗瘠之地，民知田粮易输，广开阡陌，家室盈宁，边地苍生含哺鼓腹，共乐昇（升）平盛世矣。

◆ 豁免课税　抓捕巨盗

乾隆元年（1736），永斌公代理两广总督。

上面决定免除落地税。永斌公因而请求一并免除渔课、埠税，并革除粤海关赢余陋例中没有完全淘汰的部分。上面悉数依从。

永斌公在广东数年，坦怀虚己，淬属诸将吏。又抓获剧盗余狃、陈美伦数十人，将之置于法。并收服曲江、乳源各地的瑶族居民，使其归化。

外国船只到广东来做生意的，一律令其寄碇（暂时靠岸）澳门，不得停泊于广州城下。因此，广东人民称颂他的功绩。

◆ 宦海风波　几遭不测

永斌公长子文锡，于乾隆元年（1736）写了一封信给堂弟文赐。信中有这样一段话：

父亲身体安康，饭食如旧。惟宦海风波，时有意外之虞。客岁（去年）小人陷害数次，几遭不测，虽蒙圣明洞鉴，得以消释，而后来之事大为可惧。父亲惟有益自谦和勤慎，听之而已。

上述话语出现在最亲密的私人信件中，应是推心置腹之语，绝无虚妄。

◆ 觐见乾隆　对答得体

乾隆二年（1737）年初，永斌公从广东巡抚任上起程，晋京觐见皇上。乾隆皇帝先后接见了他三次，与他谈了很久。事后，永斌公将谈话记录了下来，写成《入觐奏对恭纪》，被收录在原家谱里。现将其全文照录如下：

入觐奏对恭纪

乾隆二年正月二十二日，臣杨永斌自广东巡抚任起程，晋京陛见，三月二十二日抵都门，二十三日入觐。

上云："你来了么？坐下。"

臣奏："臣边海微臣，何当赏坐？"

"朕赐你坐，你只管坐下。你多少年纪？"

"臣年六十八岁。"

"不像六十八岁的人，精神很好，你甚么出身？"

"臣由康熙三十八年（1699）举人出身。"

"你是云南人么？"

"臣是云南人。康熙四十五年（1706）蒙圣祖拣选，命往广西候补，是年十月，广西巡抚梁世勋题补临桂县知县。次年丁母忧，回籍。五十三年（1714）补正定府阜平县知县。六十年（1721），蒙圣祖拣选，调补顺天府大城县知县。六十一年（1772），因公诖误（被别人牵连而受到处分）。蒙世宗皇帝（雍正皇帝）御极（登位），首先开复，仍补大城县。雍正元年（1723）六月，赏赐帑金二百两。八月，特放涿州知州。雍正三年（1725）卓异，到京，特放威宁府知府。"

"你历任久了。"

"臣历官虽久，臣良心不敢坏。"

"朕一见就知道了，何待你说。你与鄂弥达甚相和么？"

"臣与督臣很相和，臣与鄂弥达不是面上和好，善则相勉，过则相规，督臣很能虚受，所以见得和。"

"这才是真和。你把鄂弥达好处据实说来。"

"鄂弥达着实留心地方，广东自来多盗，鄂弥达不惜银钱，每获一正盗，常赏银四五十两不等。因而数十年不获之盗俱获了。考官时见有弓马汉仗好的，赏缎匹银牌，营伍俱踊跃上进。"

"你两人都是好督抚。到底谁好过谁？"

"鄂弥达姿质颖敏，事到面前，当下即能决断，臣万不及他。臣姿质迟钝，每遇一事，必几经筹画，而后能定，是臣谨慎处，他不如臣。"

"朕所闻亦是如此。你在广东矻矻自守，朕知之，已悉。昨将军张正兴来，朕问总督做官好么？他奏云：'听得总督做官好。'朕问总督做官如何好？他奏云：'总督自京回广，臣都到三水地方叩请皇上安，一路上船家俱说总督好。'朕又问，巡抚来了么？他奏云：'听得已起身了。'这样人（指将军张正兴），才具很平常。同城住着，不知总督好否，必待路上听船家的一言，方知道他好。临行时，你再没有不说几时起身，必待听见方知。朕待他的词色不同。他就把总督扯出来，是亲家。他既奏出，朕不便留任，将他调了福建。朕闻你到京，惟恐这个缘故又驾在你身上，所以昨日下了旨。若到今日，必疑是你奏的了。"

"臣蒙皇上天恩无微不至，臣惟有叩头而已。但张正兴才具虽系平常，管兵却甚严，即如历年标下兵与民没有一个打架嚷闹的，甚是安静。"

"他是拜唐阿（满语，指清各衙门管事而无品级者）出身，晓得甚么？如今广东甚宁静，有鄂弥达在彼，再放一个巡抚去，彼此和衷办理就得了。把你两个好督抚都在一处做甚么？我有要紧地方要你去。只是你做了六年巡抚，又命你去做巡抚，你怎么说呢？"

"臣受三朝豢养，殊恩愧无报效，就是赴汤蹈火，臣也是乐往，况命臣作巡抚呢？"

"我要你到湖北整理，今面谕你，你好收拾。你且去谒陵（拜谒雍正皇帝陵），候你回来就下旨。今日朕到箭厅考武官，你前去侍班。"

随谢恩而出，至箭厅侍班，看射箭毕，旋寓，收拾行李。于二十四日赴易州谒陵，二十八日回京，二十九日赴宫门请安，即召见。

上云："你回来了么？朕特放你湖北巡抚，已有旨了。"

"臣天末庸材，况年近七十，精神渐衰，窃恐贻误封疆。"

"你这样健怎么说老？早的（得）很哩！湖北地方废弛已久，你就该早去。自迈柱就废弛起，吴应棻小有才，他恃才行去，不顾民情。钟保在湖南就平常，朕谆切训诲，放了湖北，他仍然不改，所以将他调回。你是朕特放的好巡抚，到地方整饬，不一年自然好了。"

"臣惟有精白此心，竭尽血忱，报答殊恩。"

"你在广东甚久，自然有条陈，切不可以现调湖北巡抚就不上了，你仍写广东巡抚职衔进呈。"

遂出。三十日即上新会改府、潮州堤工二折，俱蒙硃批：该部议奏。

四月初一日，上恭祀太庙，在午门接送圣驾。初二日赴乾清门，同河南巡抚尹会一谢恩。初四日恭请圣训。召见。

上云："你几时起身？"

"初六起身。臣以庸材蒙皇上畀以湖北重任，惟恐陨越，有负皇上天恩，伏望赏以训诲，臣到地方有所遵循。"

"你做老了官的人，我也不消教训，你只照旧做去便好。湖北盐政亦废弛，朕已放人去了。从前一包盐不过一钱三四分不等，今闻得卖一钱八九分并二钱不等。又如施南地方从前俱食川盐，价今甫向化，若令食淮盐，于民情多有未协。你将这旨意下与总督，酌量料理。再你与鄂弥达将惠、潮无业穷民给以牛、种，送到高雷地方开垦这节事，行的（得）甚好。今你到湖北任，恐事中止了，你今晚具折，明早奏来。朕饬部行出。你是老成历练的人，朕御极以来，所下谕旨还有不到的么？你奏来。"

"皇上仁覆天下，万民感戴，每颁一谕旨，臣等刊刻晓谕，看的人无不感激，没有不到处。"

"你明日进了折，初六日到午门伺候，朕还要赏你鞍马。你就在午门谢了恩速去罢。"

叩辞而出。

上以手指着云："真好巡抚。"

新正读后，有几点感想：一是二百八十多年前的口头语言，与现代民间口头语言差别不大。二是乾隆皇帝还是比较了解下情的。尽管当时他不过二十六七岁，登位不过一年多，但是，他对湖北、广东的情况，以及一些官员的表现，还是有一定了解的。三是永斌公确实老成练达，他回答皇上的问话，可说是十分得体，滴水不漏。

◆ 巡视海塘　修筑海堤

乾隆二年（1737）九月，永斌公调授江苏巡抚。他在江苏仅仅干了八个月时间，乾隆三年（1738）五月，即奉调礼部。

在江苏期间，他巡视奉贤、南汇、上海、宝山四县的海塘。因为筑塘取土成渠，塘根遭到浸损，便议决于塘内开河。该河南接华亭运河，北达宝山高桥。

又察看华亭金山嘴、倪家路、宝山杨家嘴等地，认为地当冲要，议决视地所宜，或增筑石坝，或就旧塘加筑宽厚，或改筑石塘。又请于宝山建海神庙。以上措施都得以实行。

◆ 三帝召见　恩宠非常

永斌公是一位觐见过康熙、雍正、乾隆三位皇帝的人。能够先后得到三位皇帝的召见，在那个时代，可说是恩宠非常。

除了前面已经讲述的雍正皇帝召见永斌公以及永斌公觐见乾隆皇帝外，康熙皇帝早就召见过永斌公。永斌公的《阜平纪事》记载：

> 康熙五十九年（1720）十月二十九日，引见，皇上谛（dì 仔细地）视良久，令起，即于折子上御批清书一行。出至小东门，大人持折传旨"大城县知县著杨永斌补授"，随令候考。
>
> 大人引至澹宁居，赐考，各给一卷，定有格式，不拘履历，多寡必要成文，语句合式，卷折有五面，字至三百七十有奇。余随写作进呈，称旨，钦取第一。

这次召见，记述得比较简单，只是说"皇帝谛视良久"，随即"令起"，并"于折子上御批清书一行"。

永斌公除了乾隆二年（1737）三月入都觐见乾隆皇帝外，乾隆三年（1738）五月，又一次"命陛见"。对于那次陛见，永斌公之孙潀公在《先大父寿廷太府君行述》中是这样记述的："继有旨命陛见，天语询及衰老状，太府君（永斌公）沥陈其情，上亦改颜加悯。"对于永斌公晚年的不幸，其长孙及长子先后于先年七月和当年正月去世，永斌公极其悲哀，以致髭发尽白，血气始衰，乾隆亦"改颜加悯"。

永斌公担任吏部右侍郎以后，面圣次数则更多。潀公述"日侍上侧，邀顾问，奏对无不称上意"，并且"忽一日，上宣入，面书福字赐之"。

◆ 古稀之年　连遭不幸

乾隆四年（1739）夏，永斌公被任命为殿试读卷官。这时，他已年届古稀。

先是他的长孙潮，乾隆二年（1737）获得恩荫后，于七月入都谒选，以疾夭于都；继而长子文锡，亦谒选赴阙，因悯其长子潮之丧，哽咽成疾，病情很快加剧，急忙返回江苏，回去不久便去世了。还有他的长媳，文锡公元配夏安人早于雍正元年（1723）去世。三人死后均未正式安葬。永斌公目见子与孙及长媳之丧，内心极度伤恸。正是在这一系列沉重打击下，永斌公遇风寒而痰疾发作。但他又想，自己历事康熙、雍正、乾隆三朝，受恩深重超过其他臣子。因此不敢爱惜一己之精力，奔走愈谨。久而久之，更不见好转，病情加重。

到这年五月，永斌公正式申请退休。在请辞信中，他说："臣子（指小儿子畴锡）年方四岁，臣孙（潀公）年方十余，三丧未葬，迟暮伤心。"

皇帝看到这里，便同意他回家调养。在辞别皇上的时候，皇上对他说："云南久无尚书，汝不必去，一载之内，尚书可得。"于是，给假一年，回籍调养。

◆ 告诫侄儿　竭尽心力

永斌公于乾隆五年（1740）十一月十八日去世。在此之前的七月十三日，他给侄儿文赐公写了一封信，写这封信时距离去世仅仅四个月时间。

在信中，他说："余自抵家以来，身体渐觉平安，勿须远虑。"

信中他还提到："昨张秉义赍（送）折回滇,圣语温谕:'缓缓调理。'"他"焚香开读，感激无地。奈病势不能速愈，仰报天恩，为隐憾也"。

在信中，他着重讲道："适接汝字，知楚苗不法，进兵剿捕。当此军务旁午之时，正望吾侄不辞劳瘁，竭尽心力，上酬主恩。至云辞职归来，虽见汝之关心，实非所以善体余意。所有地方一切，尤当谨慎办理。贤否自有公论。切勿疏忽惰志。此余之所以殷殷嘱望也。"

此时他期盼的仍是为国出力，不让侄儿回来探视。可见其一片赤诚。

◆ 长子出殡　老父病逝

乾隆五年（1740）十一月，永斌公长子文锡公，将正式安葬，拟葬于龙泉山之阳，远近前来凭吊的人一到，永斌公"必躬拜谢之"。

抬柩出葬之日，大风雪，戚友都认为永斌公不可前往。永斌公却瞿然曰："嗟乎，吾与若（他）父子也，吾得至窆所（埋葬地），携一抔土覆之，死且瞑目矣。"卒往。

风雪越来越大，永斌公遂感寒邪，急忙叫人抬回家里。原以为是感染外邪，可以慢慢好转。怎知疾病越来越危急。第二天(十一月十八日)就仙逝了。悲哉！痛哉！

◆ 永斌公继配袁夫人　心慈贤惠

永斌公在《阜平纪事》中，特地记载了其继配袁夫人贤惠纯良、体贴穷人的事迹。康熙五十四年（1715）冬，其家属到达阜平县署。

当严寒，内人问余曰："闻北地寒甚，今居此不觉，何也？"余曰："此系地坑。日费柴百斤烧之，故暖。"内人问曰："更夫亦有火烤否？"余曰："彼当差穷民，那（哪）得火？"内人恻然曰："我等衣被颇厚，尚要烧坑，打更人衣单薄，风雪不蔽，岂不寒苦？何不将烧坑之柴分赏，俾伊等可以御寒。"余从之。

除夕，余以公事毕,欢然入室向内人曰："官虽贫,幸一家团聚。"内人云:"恐民贫更甚于官，或有无米度岁者，家给以数升，可乎？"余应之。时已向晚，即集保约挨查，令将无米之家开单以报。余坐头门，查有三千余丁。每丁给以米三升。欢呼震地。

内人于己亥（1719）春正奄（突然）逝，合邑绅耆男妇哭拜如失慈母。

永斌公墓考察情形

老谱上记载，永斌公墓在昆明黑龙潭。新正曾先后三次到昆明查找永斌公墓地。

第一次是 2000 年 1 月 2 日，新正偕妻黄懿群特地前往昆明黑龙潭寻找。发现昆明黑龙潭早已正式辟为公园。当时，该公园园林工人李昆带着我二人四处寻找，踏遍山间，在靠近山顶的位置找到一较大型的石碑（实为"墓表"），碑高 2 米以上，宽 80 厘米以上，厚 30 厘米左右，碑座为一赑屃（传说中的一种动物，像龟）。碑正面的字迹已不太清晰，只辨认出似有"杨公""吏部"等字。而永斌公官终吏部右侍郎，故据此推断，此碑极有可能就是永斌公墓的遗物。

第二次是 2018 年 4 月 23 日，新正在次子志勇陪同下，再次到昆明寻根问祖，除了想寻找昆明族人外，主要仍是寻找永斌公墓。25 日，二人来到黑龙潭。由于事先已通过关系找到了该公园园林工人刘敬，我们到达公园门口时，刘敬同志立即出来相见，当问及李昆同志是否仍在公园工作时，答复说仍在公园工作，并当即又找来李昆。说起当年找墓碑的事，李昆记忆犹新，他说公园里的人都知道那块乌龟碑。在他俩带领下，我们很快找到了那块碑。志勇先用矿泉水慢慢清洗，一些字迹逐步清晰起来。后又从山顶水塔中取来一些水慢慢清洗，字迹愈发清晰，能较清楚地辨认出"昆明□陆山杨公""讳永斌字寿□（廷）""吏部右□□（侍郎）""赠资政□□（大夫）""庚申十二月十八日　寿七□□□（七十有一）"等关键字眼；同时还可辨认出"大城""乌镇米贴""六里苗人之患　抚□（绥）""与土司分疆界"等不少与永斌公任职地点及经历过的重要事件相吻合的记述文字；还有永斌公先祖曾被授"武略将军"，以及永斌公"始就傅五"等记载文字。由此可以完全肯定该碑就是永斌公墓的遗物。我们大喜过望，志勇当即拍下了不少照片。

2021 年夏，我们正式向昆明市文物管理部门申请对该碑进行文物保护。不久，7 月 28 日，新正与次子志勇第三次赴昆明，同当地文物部门及文物专家一道对该墓碑进行了考察并相互交流。2021 年 8 月 10 日，昆明市盘龙区文物管理所回复："经核实，黑龙潭后山杨永斌墓碑为（昆明市）盘龙区第三次全国不可移动文物普查登记文物，其文物信息已录入国家文物局第三次不可移动文物普查数据信息库，受文物相关法律法规保护。""由于墓碑文字现已不太清晰，周边无明显有关的历史痕迹，且可挖掘性相关历史资源相对薄弱，建议对杨永斌墓碑保护维持现状。"

一个家族的六百年——讲故事的云津杨氏支谱

益清堂

▲2021年7月，杨新正探访十一世祖杨永斌墓地，在碑前留影。

永斌公后裔

十二世文锡公

◆ 协助父亲　随时调护

永斌公长子文锡，邑廪生，雍正初岁贡，就职训导。援例候选府通判。

乾隆元年（1736）七月，他在写给堂弟聿修公的信中说："拟于六月内赴部就选，俟有地方到任后，即便告归，侍奉膝下。"这说明他并不打算外出做官，即便是"赴部就选"并被选用，亦只是"俟有地方到任后，即便告归，侍奉膝下"，服侍父亲，协助父亲。原谱同时记载文锡公："善理繁剧，以永斌公春秋渐高，不果仕。"

原谱还记载："永斌公晚达（显达），受宪庙特达之知，于权贵无所屈挠，谣诼时兴。文锡公机警缜密，随时调护，故克保功名以终。"

面对造谣诬蔑，文锡公"随时调护"，终于确保父亲永斌公"功名以终"。但不料文锡公在父亲之前病逝，"遽前卒于江苏节署，年五十"。

十三世潼公

◆ 荫生起步　官终臬司

十三世潼公，幼慧，祖父永斌公奇爱之。

潼公的哥哥名潮，邑庠生。乾隆元年（1736），正二品恩荫，奉旨以主事用，却未分部即去世。他的父亲文锡公，也在乾隆三年（1738）正月就去世了。而按照清代的制度，"恩荫"首先是长子，其次才是长孙。当时这两位都不在了，而永斌公的次子畴锡，雍正十三年（1735）生，很小。于是"恩荫"落在了潼公头上。

乾隆二年（1737），潼公补荫。乾隆十一年（1746），引见，授户部福建司主事。十四年金川凯撤（大小金川之战），派办奏销，悉心厘剔。上司认为他能干，且在部里干得比较久了，能钩稽参校，洞中时弊。于是，大学士傅忠勇公、尚书常熟蒋文恪公，推举他升任江南司员外郎。他考核又获一等，上司再次保举他能胜任繁缺知府。于是，简授福建邵武府知府。召见，皇上谆切奖谕。莅任。

没多久，丁继母韩太淑人艰，哀毁骨立，丧葬尽礼。服阕，改守山西蒲州府。皇帝再次召见了他，询问了他很多事情，并复以勿忘祖训为谕。

蒲州府外屏三河，内障全晋。城垣倾圮日久。廷议发帑重建，公经营图度，屹然成重镇。文风渐靡，因规建河东书院，聘紫阳同学王流英先生主讲席，公余亲诣，勖以文行交修。下其规于所属六县，迄今科第彬彬称盛。

乾隆三十七年（1772），再征金川，奉委安设台站，事集而民不扰。军功议叙随带加三级。

是岁大祲（不祥之气，引申为灾难），恻然捐金购米煮粥，并劝绅富力拯，别男妇施医棺凡三，越月荒政具举。

九月，擢升浙江温处兵备道。在任七载，整躬率属。沿海向有沙涨地，民灶互控不休。督饬守令勘结，积讼一清。按行所部，问民疾苦，豪右怗（顺从）服。

四十三年（1778），调督粮道。严督所属，禁革派累，慎选米粒。胥吏视昔加敛戢，丁民称便。

四十四年（1779），担任己亥科浙江乡试提调官。正值上级考核官员，总督及浙江巡抚一起保荐他，按例赴部。四十五年（1780）三月十一日，擢升浙江按察使。

◆ 和其衷案　独无馈送

云南太和（今大理）人师范，为一代学者，对云南文化史料的辑存尤为热心，曾写《滇系小传》一书，书中有载：

> 杨潢，昆明县人，吏部侍郎永斌孙，以荫入官。任蒲州府知府。和其衷之案独无馈送，纯皇帝（乾隆）嘉之。荐擢浙江按察使。卒于任。

在这一记述的下面，基善公有一段注释："和其衷之案，缘被参婪赃之苏州府同知段成功，前在阳曲县任内，半载亏空逾万，山西巡抚饬属在交代限内代为弥补，凡三十二，俾得迁擢离任。经刑部讯实，将徇纵营私之巡抚和其衷并置重典。事在乾隆三十一年（1766）。"

和其衷案是由十分贪婪的苏州府同知段成功被参劾引发的。段成功在山西阳曲县知县任内，半年亏空逾万。山西巡抚和其衷要求下属在限期内代为弥补。可能是有三十二位同僚送钱以帮助弥补亏空，使段成功不但没有受到惩处反而得以升迁。后经刑部讯实，"将徇纵营私"的山西巡抚和其衷"置重典"。

在这起重大案件中，唯独杨潢公"无馈送"。这足以见证潢公的官品和人品。

◆ 接待乾隆　圣谕移时

正当总督及浙江巡抚保荐潢公，准备按例赴部的时候，传来乾隆皇帝即将南巡的消息。于是，奏留承办差务工程。

乾隆四十五年（1780）三月初六日，乾隆到达杭州西湖，潢公于昭庆寺随班。乾隆对潢公温霁有加，将丰貂、文绮（华丽的丝织物）、荷囊、克食赐给他。又赏赐御制诗一部。

十一日,特擢升潼公为浙江按察使。十五日,乾隆从嘉兴回京。在皇帝回京之前,潼公"具折请训,蒙圣诲移时,并询及家事,有'效法汝祖,朕当待以不次'之谕"。十七日,潼公到吴江县送驾。

◆ 审慎研酌重案　积劳成疾去世

送走乾隆以后,三月二十三日,潼公正式履按察使任。

"时当秋谳(yàn 审判定案),一切重案研酌无虑再三"。按察使的职责主要就是审理案件,当时正是集中审理案件的关键时刻,潼公对一切重案的处理都极其慎重,因而"积劳成噎疾,犹夜分不寝"。

"迨弥留,勖诸子以继未竟之志,语不及私"。

五月十一日卯时,卒于官,年五十有六。从任命为按察使到逝世,仅仅两个月时间,真正到任还不到五十天。真是太过匆匆,可叹,可惜!

◆ 事长官敬而不阿　处同僚和而无党

在关于潼公的《事略》一文中,又有如下记述:

> 公历任三十余年,廉俸悉分亲旧与从兄弟,怡怡无间,久而弥笃。事长官敬而不阿,处同僚和而无党。其待士民,慈祥恻怛(忧伤)之意,时流露于严肃中。故所至多遗爱焉。

"事长官敬而不阿,处同僚和而无党",这对当官者而言,确实是一种十分难得的品德,潼公做到了。而"其待士民,慈祥恻怛之意,时流露于严肃中",更是表现出其亲民爱民的美德。

◆ 记述祖父事迹　留下宝贵资料

潼公在永斌公逝世之后不久,写了一篇长文《先大父寿廷太府君行述》(以下简称《行述》),补述了永斌公不少鲜为人知的事迹。

一、谨记父亲遗训:不妄取一钱　不屈罪一人

《行述》记述:

> 宰临桂日,先曾祖(寓乾公)手谕云:"尔今日出身加民,须念朝廷特拔之恩,祖宗积累之德,不可妄取一钱,屈罪一人。"太府君闻训,终身佩服,无敢失。以是享大名,建伟绩。

二、扁舟过吴　频频施惠

乾隆二年(1737)九月,永斌公调授江苏巡抚,《行述》记载:

冬十月，（永斌公）扁舟这吴时，三吴有瑞雪之祥，麦有秋矣。惟淮阳一路修筑河堤，渔民苦乏食。太府君即令属吏于山阳、江都、甘泉、宝应诸县之沿河者，设立厂所煮粥，听民食，民恃以无菜色。

吴中钱价昂甚，太府君请截留滇钱以实之。漕（漕运）有费，向以钱给，钱愈匮，乃悉令民纳白锃（白银），钱源始通。

江宁所辖之高淳，有田曰马场，地洼下，派其赋于民，民不堪命。太府君廉得之，奏闻邀豁除，高淳民稍苏。

三、子孙之丧　髭发尽白

在任江苏巡抚期间，朝廷施恩，"貤赠至先八世祖崇德公"，并"荫一子"。八世祖崇德公是永斌公的曾祖，朝廷封赠本来一般只封赠其父辈和祖父辈，这次却对其曾祖也予以封赠。这次受"荫"的是永斌公的长孙潮，潮"入都谒选，以疾夭于都"。接着，永斌公长子文锡"亦谒选，赴阙，悯大兄（文锡公长子潮）之丧，哽咽成疾，疾转剧，急返苏，归未久而……见背。太府君目击子与孙之丧也，髭发尽白，血气始衰"。

长孙潮是乾隆二年（1737）七月去世的，乾隆三年正月其长子文锡公又去世，这对年近七旬的永斌公的打击可想而知，"髭发尽白，血气始衰"可说是势所必然。

四、教孙为学　以竟己志

乾隆四年（1739）八月，永斌公自都城乘船过江苏，然后携带孙儿等回云南，于十一月到达昆明。据瑾公记述，在昆明期间，永斌公：

教不孝瑾等为学，每灯火荧荧犹督诵，日而慎勿忘衣食之所，自凡一饮一啄皆君赐也。吾自揣不能图报称（chèng），而等其奋勉以竟余志。不孝瑾等听唯唯。

在那一段时间，永斌公：

稍暇，则进能文者，时或谭理学，论易太极图，及诗、古文，辞穷源，竟委不孝瑾等侍而聆之，莫测其涯涯。或与论历代名臣及当世奏议，吁谟（大计）皆独出机杼，不赘昔人牙后。盖毕生亲尝阅历之所得，雅非经生家言。

即使是与文人学者探讨学术问题，也让孙子瑾公"侍而聆之"，让他从中受到教益。

五、捐金数百　共建会馆

《行述》又记述：

到致政之日，谓云南会馆倾颓，捐金数百，交侍御凤彩罗公，共为义举，置会馆一所，俾同乡北上者便安处焉。

六、待人诚恳　乐于助人

永斌公待人诚恳，乐于助人，特别重视亲情、友情。《行述》记述：永斌公的亲叔叔寓坤公、寓泰公都比他小十多岁。永斌公父亲在世时，父亲"抚弟如子，为之订姻"。及至父亲去世，永斌公从临桂县知县任上回来服孝，"乃悉为之完室"，并且，"以先世所遗产，尽畀之"。

对于同父异母的弟弟昶斌公及其后人，永斌公更是关怀备至。昶斌公去世得早，家里"痛惨实甚"。永斌公于是将弟弟的两个儿子带到阜平衙署，"延师督课"，抚其成长。后来，其长侄文赐曾任过湖南澧州津市巡检等，次侄文河曾任贵州抚标右营千总。同时，为两个侄儿"筹婚娶事，俾各成名"。

永斌公"元配夏夫人逝，伉俪之情终其身，未尝忘。与朋友交，贵贱无间……其待桑梓也，自筮仕（开始做官）以至少宰（吏部侍郎），乡人公车入都，及远托者，靡不贻以赆（jìn 临别时赠送的财物或路费），情意恳"。

七、立身醇正　谨厚不失绳尺

《行述》还记述：

> 太府君立身醇正，谨厚不失绳尺，珍奇玩好一无所嗜。衣常朴素，食不兼味。曰："吾家世清白，安可以汰侈（骄纵）蹈覆辙乎？"语言讷讷，若不出诸口。及辨是非、争得失，则又剀切（切中事理）详明，无所隐。居平自持，严威俨恪。接人则和气蔼然，喜怒不形于色。年弥高而德弥劭。历官三十余年，三为台使（曾任广东、湖北、江苏巡抚），两摄督篆（曾代理两广总督和湖广总督），而少宗伯（礼部侍郎）而少宰，不以富贵气加人。每公余，焚香扫地，检阅书籍，寒暑靡间。尝自吴越购奇书万余卷而归。其教先君子（指瀣公的父亲）也，纷华靡丽不令接于目，一以朴厚谦恭为教。教不孝瀣等亦然。盖昔所受于先曾祖者如此。

"尝自吴越购奇书万余卷而归"，其好学之精神亦可见一斑。

十三世浩公

◆ 涉海为官　任职台湾

瀣公之亲弟浩公，遵江赈例，以从九品拣发河南，补卫辉府新乡县典史，后选授福建泉州府司狱，再调任台湾府嘉义县斗六门巡检。俸满后，调回福建，任福州府闽县闽安司巡检。

嘉义，在台湾省中部偏南。斗六门，一作斗六，今云林县驻地斗六镇。乾隆二十六年（1761），移新港巡检司驻此。当年，斗六门属嘉义县。

浩公涉海为官，任职台湾府嘉义县斗六门巡检，这是我们这一支最早到台湾去任职的，属于朝廷正式任命的官员。

典史、司狱、巡检，皆为清代低级官员。典史为知县的属官，未入流（九品以下的官员），掌管缉捕、监狱。司狱为官府中掌狱官，从九品。巡检，在一些地方州县派出官员分驻一地，称巡检司，多设在要冲、边远、繁忙等地方。巡检司主官即巡检，从九品，负责当地的治安和其他事务。

十四世兆荣公

◆ 喜任艰巨事　以言事落职

兆荣公，为漌公长子。公倜傥自喜。以州吏目分发浙江，署太平县县丞。父漌公调任折江粮储道，回避。捐升县丞，发福建。外艰（旧指父丧），服阕，再赴闽。公喜宾客，喜游，喜饮，喜谈时务，喜任艰巨事。会台湾林爽文叛，将军常青调充大营巡捕官，条陈几万言。不省事平，无他奖量。补南平县、峡阳县丞，终以言事落职。旋卒，年四十一。子焘，太学生，逾冠（二十来岁）逝。仲弟退庵公以三子炳为公后。

兆荣公这个人"喜宾客，喜游，喜饮，喜谈时务，喜任艰巨事"，当台湾林爽文叛变的时候，将军常青调他担任大营的巡捕官，他建言献策几万言。但当叛变被平定后，他却什么奖赏都没有得到。最终还是以"言事落职"。

十四世兆棠公

◆ 廉静自敕　英年早逝

兆棠公，为漌公次子。公廉静自敕，以州同知职，改捐县丞，分发河东，补河南浚县县丞。未几，丁内艰，旅卒袁江传舍，年四十九。兆棠公有四子：长子炜，太学生；次子勋，拣发南河，未入流，思为叔父小禅公分劳，赍（jī 持）志以殁；三子炳，出嗣世父（大伯父兆荣公）；四子灿，出嗣季父（叔父兆棠公）。

◆ 兆棠公两位夫人　贤淑明达　恪尽妇道

兆棠公元配史孺人和继配朱孺人，都十分贤淑。

史孺人系溧阳大学士文靖公贻直孙女，山西河东道奕璸女。她恪尽妇道，"未尝以阀阅骄人"，不以自己出身豪门而瞧不起人家。"公仕不遂，供养恒不给，孺人奉姑鞠子备极勤劬（qú 劳累），无怨色。年三十七卒。"

朱孺人同样出生于山阳世族，"幼侍亲疾，夜坠楼，遂伛偻以行"。兆棠公闻其贤，续娶焉。她"抚育子女不啻所生。孺人终无出"。兆棠公死的时候，孺人才二十五岁。她苦节二十八年，年五十二卒。

十四世兆棠公

◆ 管理河务　迄无遗误

兆棠公，为潼公三子。兆棠公读书明大义，兼习吏事，精算术。乾隆丙午（1786），考职二等，以州吏目拣发南河，署桃源县南岸主簿，借补宿迁县刘马司巡检，调清河县马头司，升山阳县高良涧主簿。调宿迁县洋河，再调皂河。

兆棠公"管河务四十余年"，而以管理洋河最久。汛涨险工，他事先筹度；临危抢护，他迄无遗误。

兆棠公在工作中最耻于自我表露，也不喜欢去沾先人或别人的光，且不名一钱，志坚行洁。"虽沈抑下僚，所至民爱，所去民思"。洋河耆庶额其堂曰："今之古人。"论者谓无溢美。

自从其父亲潼公逝世以后，他这个大家庭的"丧葬嫁娶，子弟之成立，亲族之周恤，皆赖公力，而自奉俭约。盖无日不以绍先启后为心"。

兆棠公"寿六十有六，卒于官。嗣子灿，官浙江宣平县典史，奉公教，犹以冰兢自矢云"。

十五世炳公及十六世荫奎

◆ 扶榇回滇　双双早逝

十五世炳公，乃兆棠之三子，承继给伯父兆荣公为子。

> 公性耿介，落落不苟合。见家人阘茸（卑贱低劣），叹曰："能自立虽
> 敝衣藿食不足羞，若徒依附文绣膏粱，直白云苍狗耳，何可恃耶？"

生平刻苦自励，练习河工。他的叔父兆棠公，赖其襄赞为多，及当道闻而聘之。

初公幼失恃（丧母），由祖母王淑人抚养长大。嘉庆乙丑（1805），年三十一，祖母王淑人卒于袁江，公随季父兆棠公，扶榇回滇。往返万余里，独任其劳。识者方期以远大。乃年止四十四。

四十余年后，道光庚戌（1850）冬，炳公侄十六世荫奎（谱名奎善），年二十一，亦奉祖兆棠公、父灿公两柩自浙杭西湖厝所（停放灵柩的处所），归葬祖茔。历尽艰辛，才得以安葬祖父和父亲于昆明。长途奔波，积劳成疾，回到浙江后不过

一年，未婚而卒。年止二十四岁。

正如基善公所言：

> 荫奎弱冠，只身往返万余里，妥两世体魄，其遇与势较炳公为倍难，而年顾倍促，何吾宗所遭，类若斯耶？虽然，苟无此举，虚负一生。孝子之不幸，孝子自视厚幸也。

十五世炜公

炜公，字赤臣，太学生，履结怀清。甫逾三十，再娶失配，遂不娶。孜孜搜讨工制举业。屡试北闱，不隽（意为没有录取）。道光乙酉科（1825）挑取誊录，友教京师，江南多未悉所知者。中州有卢氏李太史梦周、光州张中翰炳，未遇时皆受学（这几句话的意思是，江南的人大多不知道炜公这个人，但卢氏县的李梦周太史、光州的张中翰炳在未发达时，都曾在炜公门下学习）。晚游浙，训迪子侄于季弟辉涵公宣平典史署。安阳汤酉山大令金策，为兆李公戊寅分校所得士，适宰是邑，稔（深知）公品学，延主书院讲席，从游甚众。寿六十六卒。

公为基善启蒙师。越岁，自宿迁洋河携嗣子荫坦来，共塾，取坊间养蒙节要本、曰广日记、故事，冬夜课余，夏夜庭院，坐两孺子膝前，摘一事剖析字义，晓譬世情，覆讲抽问，以验悟否。未悟，则反覆申明，三年无间。宣平课侄亦然。

◆ 九名后裔　殉难包村

原谱在"寓乾公下长房系图"中记载，永斌公后裔十五世灿公的妻子陈孺人于"同治元年（1862）七月初一日夜，殉粤寇难于诸暨县之包村，寿六十有六。即葬其地忠义女冢。节烈待旌"。

更不幸的是，陈孺人的次女也随母殉难包村。还有，灿公长子荫圻的配偶朱氏，次子荫钧的配偶王氏，也是"随姑（婆母）陈孺人殉难包村"。

灿公第五子埏善，"同治元年壬戌七月初一日夜随母陈孺人殉难包村"。

埏善的配偶袁氏同样是"同治元年壬戌七月初一日夜随姑陈孺人殉难包村"。还有她的一子、二女同殉。其中次女为"均善抚女"，即承继给均善为女。可能仍然由她带着，因而"同殉"。

这样算起来，一共有九人殉难包村，都是灿公这一大家子的，即灿公的妻子、次女、长媳妇、次子媳妇、第五子与配偶、第五子的一子和二女。殉难者多为女眷。男的只有第五子及第五子的一个儿子。

十一世昶斌公及其子孙

十一世昶斌公，是永斌公的亲弟弟，郡廪生，经术精湛，文章尔雅，还精医术。他的门生，有多人取得功名，但他自己却累试不中。三十九岁即去世。貤赠登仕郎。

十二世文赐公

◆ 鸡肋小官　清苦万状

十二世文赐公，号聿修。《黔阳县志·流寓传》有他的传记。

文赐公十四岁时，父亲昶斌公即去世。当时，其弟弟文河公只有九岁。伯父永斌公不远万里派人将其带到阜平县官舍，抚鞠课读。在伯父身边期间，除了读书学习，他也为伯父"助理家政"。

> 自宰大城（大城县知县）以致开藩湖南（湖南布政使），凡公私事务
> 实心经理，未尝自名一钱，以故得永斌公欢。

雍正九年（1731），永斌公任湖南布政使的时候，文赐公遵贵州开垦例选授湖北随州出山镇巡检，旋调应山县平靖关。乾隆二年（1737），永斌公由广东巡抚调任湖北巡抚，按照当时有关"回避"的规定，文赐公改补湖南澧州嘉山镇，移驻津市巡检。不久，署石门县典史、澧州直隶州州判。后来因考核时成绩卓异，加一级。

但长期在基层为官，十分辛苦。其堂兄文锡公，于乾隆元年（1736）七月给他写了一封信，信中说："至吾弟一官，鸡肋，清苦万状，惟勉力做去，不畏难，不偷安，自有出头日子。目前劳瘁非所宜计也。"

◆ 贫不克赴新任，亦不克回老家

乾隆十二年（1747），文赐公调补永绥厅花园汛巡检，十八年（1753），署永绥厅经历。永绥厅，即现在的湖南花垣县境;巡检,清代低级地方官。乾隆三十年（1765），升授安徽安庆府照磨。

从乾隆十二年到乾隆三十年，文赐公一直在永绥厅当一个小小的巡检，后来代理永绥厅经历，也没有挪动一下位置，到了乾隆三十年，才升授安徽安庆府照磨。

> 十二世照磨公官楚，贫不克赴皖升任，又不克归滇，侨寓黔邑。

文赐公在湖南当官，后升任安徽安庆府照磨，却因为贫穷没有钱，不能赴安徽升任，也不能回云南老家去，只好侨居湖南黔阳（今怀化洪江市）。这也正是我们这一小分支为什么会落脚湖南的主要原因。

◆ 申请貤封　足征孝思

乾隆元年（1736），文赐公任湖北应山县平靖关巡检。第二年，改任湖南澧州直隶州嘉山镇巡检。

乾隆元年，文赐公派人并带信一封去广东，给亲伯伯永斌公及全家人问安。当年七月，永斌公长子文锡公回了一封信，信中说："吾弟虽系微职，封典实属特恩，今请貤封，足征孝思。父亲不胜喜悦。已将同乡官印结取齐寄来，可即呈请转送。"

从信中可以看出，当时申请封典，还需要"同乡官印结"，而永斌公及其子文锡公已将"同乡官印结取齐寄来"，即可呈请转送了。

第二年（1737）十一月初一日，其父母及继母就真的得到了皇帝的封典。

◆ 捐俸开路　镇民悦服

文赐公约己爱民，尝曰："末吏倚仗头取钱，吾不为也。"

在随州出山镇巡检任上时，有甲乙两屋毗邻，并将古官道逼窄。双方各执据争执有年，无法通融。文赐公"谕以久讼徒破家"，并考虑到两家"谊系世戚"，即捐出俸禄，叫占道的一方将房屋出卖，随后拆除。这样，官道得以畅通，而多出来的土地交给寺庙作为园圃。镇民悦服，上司亦赞文赐公"具见急公义举"。

◆ 请免鹿祭　解民极困

出山镇的祭祀活动，原来都要宰杀野生鹿。但当地的野生鹿越来越少，捕获极难，故十分难办。于是，文赐公写了《请免祭鹿详文》给上司，文中说：

> 野物实万难寻觅，总民（当地民众）真苦累难堪……（原认为此地）多崇山峻岭，为鹿所从出故也。然此在当年山荒箐密之时，固所时有。近数十年来……地虽僻，而人乐聚，鸡犬相闻，较当年奚啻十倍……巉岩之中，亦等平地，野兽无所容身，山鹿从而罕觏（遇见）。况祭鹿非生不用，总民久经轮派，迩年购觅，无异登天之难……更苦累者，既买就矣，又必慎为饲养。饲养矣，又必谨其护送，甚至护送中途野性难驯，又恐变生不测。如去岁保正王孔壁等解鹿至王子城地方，鹿忽倒毙，该保（保正，农村基层干部）呼天抢地之声，各总（各乡镇）震骇。种种情形，真有圣人在天之灵所不忍闻者……详请宪台俯察舆情，赏详各宪。倘谓大典攸关，未敢议去，可否代以少牢（指祭祀用的猪、羊）之类，实为典礼不致缺误，而民累既除，即明德惟馨矣。

最后，获得上司同意。这样便免除了民众捕鹿、买鹿之苦。

◆ 处理逼嫁　剖断虚公

文赐公曾经向上级写过一份题为《群凶逼嫁详文》的报告，其内容为：

> 一女子何氏，嫁给庄姓为妻，生有一子四女，后庄某不幸病逝。何氏情愿抚子守节。但其兄何廷献、何廷位，逼何氏改嫁。还伙同媒人龙坤彩、龙扶九、江国长、杨成一等，议招曹元亮入赘何氏之家。何氏得知后，坚拒不从。何姓兄弟又栽赃，诬其妹与别人有不洁之事，并强行将曹元亮送到何氏家里，何氏仍抵死不从。

随后，媒人龙扶九等恶人先告状，何氏之子亦上告，文赐公只好"并案查报"。根据文赐公的报告，县官作出批示：

> 何廷献、何廷位不顾伦纪，逼嫁寡妹。复捏造无影之词，污蔑何氏名节，不法已极。仰将为首之何廷献重责四十板；为从之何廷位杖三十五板；龙扶九、龙坤彩、江国长、杨成一，明知逼勒情由，胆敢通同为媒，均属可恶，仰将四犯各责三十五板……曹元亮前既冒昧议娶，迨见何氏矢节不从，又不据实呈首，殊为不合，仰将……曹元亮各责十五板发落……余均如详行，仍取具领状，并各犯悔过自新，甘结同发落，过缘由具文报查立案，毋违。

批示的最后一句是：

> 此案该司讯鞫（审讯）明晰，剖断虚公，具见才犹练达，甚可嘉奖。此缴。

上司的评价，恰如其分。同时，从这一事件可以看出，当时妇女的地位极低，但对这一事件的处理，文赐公也极其严肃认真，维护了妇女的权益，这在当时是很不容易的。

◆ 时行解囊　启迪后进

文赐公老了以后，寓居黔阳，已囊中羞涩，但仍时行"推解"（推食解衣，比喻慷慨施惠），这都是他的本性使然。

他先后在苗疆任职十九年。等到他去职寓居黔阳后，"峒蛮（少数民族）犹感思遗爱，岁遣人问起居"。

寓居黔阳后，他同样做了很多有益的事。如经常手书格言，启迪后进；收集医药验方，书写好给那些需要的人；善于晓譬人情，有争执者，他常劝说："戚邻朝夕共处，胥吏于君何亲，不忍一朝忿，后悔何及？且是非自在，吾能为若剖之，宜稍让。"因而"乡里感德，为之息讼"。

十三世洪公

◆ 历经磨难　承先启后

十三世洪公，一生历经磨难，是我们这一小分支中承先启后的人物。《黔阳县洪公值得我们钦敬的是他的人品。他无论是对父母长辈、对庶母及庶母之女一家，还是对自己的叔婶一家，也无论是对永斌公的多名后裔，抑或是一般的乡邻戚友，特别是贫困病人，均极尽关怀。尽管他经济上并不宽裕，但从不畏难，总是对别人一片仁心。

洪公又是十一世昶斌公下唯一传人，他养育了兆杏、兆李、兆棻三子。现在我们这一支，正是他的直系后裔，人数虽然不多，但毕竟能繁衍至今，且均能自立。

◆ 孝廉方正　坚辞不受

嘉庆元年（1796），洪公时年六十，已定居湖南黔阳。当地绅耆危元福等联名荐举洪公为孝廉方正[1]。荐举材料列举了洪公的贤与能。

贤的方面如：

> 母抑郁多病，侍奉维谨，能体亲心。亲尝汤药，衣不解带者弥月经旬，数十年无倦色忤容。亲意所需，千方图购……幕游山西，念道远子幼，又不获不藉馆金，资甘旨归，就黔雀附近郡邑办理刑名，间年必一定省母。先父故十五年，两丧俱哀毁骨立，今逾十年，祭扫犹涕泣不已。

> 本身庶母黄氏，今年八十一岁，孝养备至。庶母生弟溥，夭。唯一妹归芷江廪生罗泰，泰物故，贫无立锥。遗甥男女六口。迎妹及甥来黔同居，以养以教，历十二年。为长甥罗惠恺完娶，始代置器皿，给他租房子，分灶吃饭后，仍不时馈遗薪米，有需必应；次甥罗惠某，备脩就塾，见（现）应童子试。

> 本身胞叔文河，先年由行伍仁贵州抚标右营守备，卒于官。绝无音耗四十年。乾隆四十九年（1784），洪公幕贵阳府署，访得踪迹。时继婶母韩氏已婚嫁，韩氏已与文河公结婚，但婚后第二年文河公去世了，韩氏一直守节。前子女堂弟浈尚无子息，以外委罢职，赋闲，贫不能给。因移其一家来黔同居，并为浈纳妾，生子兆桎，今十一岁。婶母（韩氏）今年七十一岁，侍奉尽礼，十余年不息。人谓非笃于孝友者不能。

> 本身再从婶母李氏（永斌公次子畴锡公妻），小功服兄清、浩（为永斌公之孙，与洪公共曾祖），嫂管氏、陈氏（分别为清、浩之妻），房侄妇吕氏（清公长子兆桂之妻），共六枢，或末秩闽疆，或随任浙省。乾隆三十八（1773）、三十九年（1774），先后来黔，距原籍昆明，道途修阻，浮厝余二十年，不通音问，棺有就朽者，呈报备棺衾，分昭穆，安葬于祖

---

[1] 孝廉方正:清代特诏举行的制科之一。自雍正时起，新帝嗣位，诏直省、府、州、县、卫各举"孝廉方正"，赐六品章服，备召用。乾隆以后，规定举荐后送礼部考察，授以知县等官及教职。

茔之隙地，立碑，四时祭扫无缺。蒙县批嘉予。

　　本身幼岐嶷（形容幼年聪慧），读书善悟，困于贫，年十六弃举子业。随父习理簿书，广诹博览，以笔代耕。医学得之祖传，继索奥探，精治证辄验。母故，父老且病，不敢远离，弃幕就医，不计贫富，昕宵（早晚）仆仆无倦。乾隆六十年（1795）夏，军营多疫，出经验方，募资制合丸散，遣送镇算（今凤凰县境内）、高村（今麻阳县境内），及流寓黔阳难民，赖以全活甚众。无归流殍，募资掩埋，其暴露骸骨，择瘗（掩埋）高阜，远近称颂。

能的方面如：

　　□□不法，麻阳县绅士滕唐佐、滕家瑞等首募乡勇保卫高村，敦延襄理，本身志切同仇，不辞劳瘁。凡安卡设防，运筹堵剿，出奇制胜，动合机宜。四月农忙，□□不时出没，农民畏阻。为策划，以乡勇三百七十一名，分为四队，间日出队梭巡，时施枪炮，周而复始，劳逸均而声势壮……农人得以尽力南亩，遂获有秋。

推荐材料还说：洪公"本身规行矩步，有儒者气象。持躬弥谨，非礼之色不视，非礼之财不染，待人以恕，而游惰废业者畏，不欲见。佻达（轻薄）自矜者遇即远引。教子尤严，长兆杏，乾隆己酉（1789）拔贡，次兆李，出嗣弟润，中式甲寅（1794）恩科第二十七名举人，庭训之力为多，而处之淡如，略无矜喜意。人咸重之。"

基善公在这份推荐材料的后面有个说明："嘉庆元年（1796），公举孝廉方正，邑中绅耆推公实行，堪应恩昭，恐公退让，不相关白（不让他知道），已备册结，并邀麻阳高村士民附结，呈请儒学牒县。公力辞，乃已。有辞征辟呈稿，今佚。后又奉才品优长山林隐逸之士，督抚核实具奏，酌予录用之，通饬。公不俟举报，即恳辞而止。"

◆ 纪晓岚公　作序祝寿

原谱中有一篇纪晓岚的文章——《杨映川先生暨配云孺人六十序》。

纪晓岚是清代学者、文学家，曾任四库全书馆总纂官，纂定《四库全书总目提要》，能诗及骈文。进士出身，任过经筵讲官、礼部尚书，官至协办大学士，加封太子太保。

纪晓岚为什么会为洪公作序？他在该序中作了说明。洪公长子兆杏公，"早岁能文"。丁巳（1797）冬，纪晓岚奉简命取录教习，兆杏公被取录。这样，兆杏公也就算是纪晓岚的门生了。因此，兆杏公不时去拜访纪晓岚。第二年，兆杏公在当时的北闱（即顺天乡试）中考取第八名举人。这样两人交往更多了，纪晓岚因而对其父洪公有了较多了解。

当洪公暨妻云氏年登六十的时候，亲戚朋友"相与制锦为寿"，大家恭请纪晓岚为锦幛写一段文字。于是，就有了这篇《杨映川先生暨配云孺人六十序》。在"序"

益清堂

中，纪晓岚对洪公有如下评价：

> 先生心性纯懿，品谊端悫（端正笃实）。其行之孚于乡，虽童愚感而知慕。今夫敬修可愿者，无近名之心，有必彰之实。
>
> 且先生长于经济者也，尝客游幕府，俱以仁心，为人区画。虽隐德，在人犹不敢自信，已乃决然辞归。
>
> 托岐黄术以寿于世。遇贫困尤加意施济，所活人殆不有算……斯诚所谓敦善行不倦者欤！
>
> 然吾闻其家先人薄臣归田，清白固无余储，先生驰驱谋养者有年……
>
> 夫如是，而叹贤配云孺人内助之功不少也。孺人慈淑性成，知书而识大义……
>
> 夫水之润也，先河而后海；木之茂也，自叶而归根本。行之修不必身受其名，而实效之彰彰已！如此然，则先生与孺人之劬（qú 勤劳）躬煮后，不方卜昌炽于自今以始哉？

纪晓岚最后这句话："不方卜昌炽于自今以始哉？"就是说，我们这一支的兴盛当从洪公这里开始啊。

◆ 敦笃庭谊　代葬六柩

原谱中有"黔阳县尊姚　印发代葬寄厝副呈"，乃洪公为代葬永斌公六位后裔而呈请批示的一个报告。报告中说：

> 窃生籍隶云南昆明县，随父官楚，无力归滇，寄籍黔阳。有堂兄瑾历仕浙江按察使，其嫡婶母李氏，胞侄妇吕氏，随任病故，乾隆四十年（1775），来县浮厝黄家庄；四十二年（1777），瑾之胞四弟监生清，因元配管氏病故，携妾及幼子女并梓来县，意图相依，不意是年七月病故。惟时歉收，生（指洪公自己）既竭办后事，又贷供一门食指……四十五年（1780），瑾之胞五弟浩故于福建闽安司任，五弟妇陈氏，先后亦来厝。黔现共六柩，俱生捐资砖封外，起土库屋覆原，期安厝以冀各门来迁，迄今将二十年。

就是说，永斌公的后裔中一共有六副灵柩停在黔阳，这六柩虽然洪公已"捐资砖封"，并"起土库屋覆原"，但距当时已将近二十年了。而这些人的后人，"实均无力来迁。虽俟之异日，度亦不能"。

按当时的风俗，人死之后，一般都要归葬原籍，我们的原籍地为云南昆明。永斌公的后裔在江浙一带去世之后，本来是先运到湖南黔阳，再运到昆明安葬的。这时六柩都停在黔阳，且"实均无力来迁。虽俟之异日，度亦不能"。怎么办？

> 伏念各棺质俱薄劣，年久难保腐朽。且多柩淹滞，于理法均有不合。兹拟卜地择吉分昭穆深葬，立碑志远。俟后各房子侄力能迁者，听其起迁

归籍；其无力起迁之坟，仍归生（指洪公自己）子孙祭扫。

就是这样一件事情报告"县尊"。其原因是"本不当上费清心，缘各房贤愚不等"，恐怕这些人的后人将来有话说，"不得不请示祗遵……俯赐鉴夺，批示立案"。于是，黔阳县正堂（知县）姚批：

> 六棺浮厝已及廿载，地气薰蒸，势必朽坏。该生敦笃庭谊，情愿出资买地安葬，实属情理备至。在各房卑幼，自必感激，断无复有后言之理，应即照禀妥办，毋庸过虑迁延。此禀与图存案，副呈发给执照。

当时是乾隆五十八年（1793）二月十五日。

◆ 几件小事　足彰人品

洪公为人，堪称楷模。从几件小事即可看出其人品高尚。

其一，原谱记载："远念先茔在滇，年十八，徒步数千里往省（去拜望）。岁寄金修。"从他当时居住的湖南黔阳到祖先的茔地云南昆明，即使是直线距离，少说也有八九百公里。那时，既没有火车、汽车，更没有飞机，全靠"徒步"。"年十八"，那时都是讲虚岁，实际就是年满十七岁。从黔阳徒步到云南祭奠先祖，其孝心、其毅力是何等令人敬佩！事后又"岁寄金修"，每年寄钱去维修祖坟。

其二，原谱记载："乾隆戊戌、己亥（1778—1779），连遭横逆，送族眷赴浙，长途典鬻（将身上值钱的东西典当、卖掉作路费），颠顿极，人所不堪，犹寄示子曰：'横逆之来，只顺以受之，不必动心，忍得一番横逆，便增得一番气度。'"足见其心境之豁达，胸怀之坦荡。

其三，原谱中说他"精医药，随处施予"，又说："凡以急难，告罄所有，不惜人讥其易绐（dài 同"诒"，欺骗），洪若罔闻。"是不是因为洪公特别富有才如此大方？不是，正如家谱中所云："公岂力处其有余，独任义而不辞。"

其四，一辈子劳碌奔波，无怨无悔。其父亲当年因缺钱无法去安徽赴任，可见确实家贫。因此，洪公虽然"幼岐嶷"，但不得不"年十六弃举子业，随父习理簿书"，也就是学习当时衙门里的幕友——"师爷"的业务，"以笔代耕"。后又兼业医。年逾五十时，再"改就记室"，相当于替人当"秘书"。遇盘错相商，仍全力赴之。晚年应麻阳高村御苗之聘，不避艰险，擘画周详。事平之后，无一所受而归。

◆ 设葆真堂　且药且医

洪公在其《郎岱[1]官舍病中寄谕》中特别指出：

> 医学一道最为有益于世，卤（鲁）莽则杀人亦易。诸子其细心讨论药性脉理，各家论证熟玩而详记之，然后从容施治。

---

[1] 旧县名，在贵州省西部，现为六枝县。

开一药店，医精道行，可以利己济人。况我家乃世业也。然必须慎重为要。

基善公在这段话的后面加按语说："家世业医，而寓乾公与洪公最著。寓乾公设肆于昆明之云津铺，公设肆于会同之洪江（今怀化市洪江区），皆曰葆真堂。后惟叔祖（兆菜公）传医业。而曙初从父（积熙公）复设葆真堂于长沙之理问街（今长沙市蔡锷中路从五一路口至解放路口附近），今属他姓矣。"

◆ 写作楚苗图序　记录原始湘西

洪公写有一篇《楚苗图序》的文章，内容极为丰富，既有文，又有图。但基善公在该文的按语里注明："原图已佚。"这也说明，洪公除能文能诗以外，还会绘画。

洪公的《楚苗图序》，所记述的每一件事物，均有一文一诗。这些诗文对湘西的地理民情有很好的记载，对于后世研究湘西风情、历史可能有一定的参考价值。

洪公为什么会对湘西苗族的情况那样熟悉？他在文章中是这样说的：

> 余侍家君子（指父亲）宦游斯土既久，爰于诵读之暇，采访舆情，得其梗概，因就所见闻绘图附说，并各缀一绝句以志。亦略仿昔人风俗图，岁时记之遗意云尔。

洪公的父亲文赐公于乾隆十二年（1747）调补辰州府永绥厅花园汛巡检，乾隆十八年署永绥厅经历，一直到乾隆三十年（1765）才离开湘西，前后有十八年之久。而洪公生于乾隆元年（1736），其少年乃至青壮年时期都是在永绥一带度过的。永绥就是现在的湘西花垣县，正是湘西苗族核心居住地。故此，他对湘西苗族的情况是比较熟悉的。当时湘西的情况如何？洪公记述：

> 永绥古崇山卫地，为红苗种落，向不入版图。经汉马伏波奠定五溪（雄溪、溆溪、潕溪、酉溪、辰溪），继则唐马希范平蛮立铜柱定界，亦未尝通声教。至我朝雍正八年（1730），始开辟永绥，属辰州府。建官设学，教养兼施，穷荒绝徼（极远的边塞之地），悉属盛世。编氓不啻出水火而衽席之矣。

> 惟苗人赋性犷野……衣冠服饰、寝食居处，以及昏丧祭赛，大有不侔（相等）者焉……皆焚山而耕，今则统谓之苗，红苗。虽散居峒寨，种姓各别，大抵皆槃瓠后裔也。刘禹锡诗"蛮语钩辀音，蛮衣斑斓布"，至今尚然。

> 其在永属苗村共三百八十三寨，苗烟五千六百六十四户。男妇九千八百八十六名口，仅五姓（吴、石、龙、杨、麻），而吴、石最多。大寨烟户不满百，小寨烟户只二三十，合子姓聚居，间杂以他姓，则此疆彼界区别甚严。苗人别无艺术，惟知刀耕火种，纺织牧樵，终岁胼胝。饭脱粟充以杂粮。服无异色，涅布令青黑为半，体短衣，女无裈（裤），著裙。

自别无裘葛绸绵毡罽。盛冬仅衣单，肌不寒粟（栗）。男女不剃发，挽椎髻。两耳垂三五大环。裹骭（gàn 小腿）如行縢（绑腿布），赤足。耕耘杂作，男妇同工，不积银钱，以牛马牲畜成群为富。织篾为笼，负以入市交易，不担囊箧。房舍茆茨不剪。一室三楹不奉神祖，中畜牛马，傍屋四围，联木板为台，高约三尺许。中筑方土台，与板台平，名曰火床，中以三脚铁铛架釜为灶而炊，坐卧饮食于斯，婚娶见宾客亦于斯。习与性成，恬不为怪。

按照洪公的说法，"雍正八年，始开辟永绥"。雍正时期一共只有十三年，到洪公所处的乾隆初期，不过十多年至二三十年。应该说，二三十年时间内，要改变原有的生活习惯很难。另外，乾隆初期距今已近三百年，因此，洪公所记，当属比较原始的、原汁原味的湘西风俗。

另外，洪公共画有十二幅图，每图又配一绝句，记述了十二件事：崇山晓耕、改装受业、丰和晚织、阖寨公祀、花园行嫁、端午避鬼、饮血盟心、茶洞市场、问卦占梳、嬉乐大年、洞溪捕鱼、蜡耳归樵。这十二件事所提到的地方，有的现在仍然较有名。如茶洞、蜡耳（蜡尔山）。其所记事实，亦记述了历史。如在"崇山晓耕"中，洪公就有如下记载：

苗人开垦荒山，先刈草斫木，烧山挖土，种以杂粮。一年收获不下数万。今习内地农人，相度水利。营田所用之犁，柄短而锋狭，名独角犁，用于陡坡硗确之处，颇易转运。男妇躬耕力穑，终岁不少休。

又如在"改装受业"中，洪公记述：

苗人子弟初畏读书，近年稍解，隆重斯文，有负笈从师者。童子剃发而冠，执卷请业，以求变化气质，其短衣环带之风亦少变矣。近有习时艺数人，曾逐队观光与试。

在"茶洞市场"中，洪公记述：

苗人交易，负荷杂粮入市，兑换应用器物，权度斗斛，悉遵定制。惟货牛马异是，无分美恶，定拳数多寡，价值低昂，称是其法。用竹篾裹牛前胁，即其围径，印以拳，水牛以十六拳，黄牛以十三拳者为最；丈马用木棍，从地至脊，高十三拳者为良。其价或银或钱，悉凭牙郎互市。茶洞当川黔接壤，向鲜人烟，兹开立市场，商贾云集，昔为险绝，今成通衢矣。

洪公的《楚苗图序》，内容丰富且价值高，故在"丙 集锦 拾趣"部分，全文录入。

◆ 薄产故宅　留在黔阳

洪公在《郎岱官舍病中寄谕》中有这样一段话：

祖遗之业无多，务当保守。将来儿辈发迹，即以此田为祭田，永远勿失，况有先茔在也。

基善公在这段话的后面加按语：

> 此业地名黄家庄，乾隆二一七年（1762），高祖（文赐公）置。我族丁单，伯祖、先祖筮仕鄂豫，叔祖随任。嘉庆丙子（1816），伯祖任建始，专丁赴黔，呈明托戚岁供祭扫，蒙准立案。道光丙申（1836），叔祖挈眷旋里，自管。伯祖、先祖次第卜居长沙会垣。戊申（1848）冬，季房曙初从父来湘省视。咸丰乙卯（1855），曙叔回黔，具三房公呈，将此田与城内土街高祖故宅，作为公业，托戚经营，复蒙县批立案。丁巳（1857），基善有宗祠、义庄愿捐会垣己产之请，祖母金宜人命曙初总司其事。并商长房炳之从父，将黔邑高祖故宅墓田全畀（bì 给）曙叔，曙叔力辞。恳遵旧为三房公业。祖母嘉之。命经理黔茔，不许迁湘子孙赴黔索稞。盖遗业虽微，我族幸保百三十年。此历世遵谕之原委也。

从这段话可知，直到这部原谱修成的时候，也就是 1895 年前后，我族在黔阳黄家庄，约有三十亩田地，还有不少的茔墓。另外，在黔城镇内有一栋宅第，系由十二世文赐公购置，这是我们杨家在黔阳的公业。

2020 年 8 月中旬，新正与次子志勇一家人及女儿梅红专程到了洪江市黔阳古城，承蒙洪江市有关负责人找到了对黔阳古城有一定研究的黔阳古城旅游文化研究会副会长陈志明、秘书长谢永仲及当地一些老人，带我们在古城西门内找到一组杨氏故宅。故宅由四部分组成，其中两组的门楣上方嵌有"清白传家""三鳣世第"字样。其后院后门的门楣上方则是"星辉云缦"四个字，虽有点模糊，但仍能辨认。还有"三鳣余泽"小院一个。"清白堂""三鳣堂"一直是我们杨姓的堂号。当地老人说："这就是杨家的老宅。当时整个黔阳，就是杨家有兄弟俩先后中了举人，比较有名。街坊老人就这么一直流传下来。加上我们这里地方小，人员流动不大，因此，大家特别记得这房子是你们杨家的。"

2022 年 8 月 17 日，新正与次子志勇再次到黔阳古城，在洪江市有关负责人陪同下终于找到了离城十余里、位于烟溪村境内的王家庄（即黄家庄）。并找到一位姓郭的老支书，他对此处的墓地印象十分深刻，说此地原来确有不少坟墓，当年还立有四根大的石柱，每根有好几米高。但在二十世纪五六十年代都被挖去修了水利。我们在他的指引下找到该处墓地，其墓碑皆已不存，但坟堆仍在。找到先人的墓地，了却了我们的一大心愿。

附一　祭扫祖墓情形

2023 年 3 月 23 日上午，新正次子志勇在洪江市（即原黔阳县）文联主席张锡文陪同下，来到黔阳城郊王家庄祖坟山，祭扫先祖之墓。祭奠之前，对一座经历了二百多年仍然高耸的大墓进行了清扫。然后，按当地习俗，插上"挂山条"，摆上祭品，上香，敬酒。最后庄严颂读《祭扫先祖文赐公、洪公暨列祖列宗茔墓文》：

岁在癸卯，清明在望。二十世嗣孙志勇，代表在长所有子孙，虔备香烛，
掬诚祭拜于先祖文赐公、洪公暨列祖列宗茔墓前曰：

吾祖文赐公、洪公，迁湘始祖。文赐公先为鸡肋小官，清苦万状。继
则贫不克赴皖升任，亦不克回老家昆明。侨寓黔阳，置地建房。筚路蓝缕，
创业艰难。见人危困，时行解囊。警斋洪公，心性纯懿，品谊端方。规行矩步，
儒者气象。饱经磨难，意志坚强。笃于孝友，举世无双。代葬六柩，庭谊
悠长。精研医药，救死扶伤。告诫子孙，爱民勿贪。其他先祖，各有所长。
子孙承训，永记心间。

社会变迁，时光荏苒。居长子孙，绝少返黔。祭扫阙如，深感愧疚。
前年以始，探找寻访。祖上有灵，踪迹昭然。今日祭拜，遂我心愿。虽说迟迟，
尚祈鉴谅。

维我先祖，泽被后世。今日祭扫，慰魂安然。英灵在上，护佑八方。
保我子孙，永续辉煌。谨告我祖，伏惟尚飨。

附二　紫微高照大院　简介

紫微高照大院，民间称"杨家大院"，系云津杨氏杨文赐父子于乾隆三十年（1765）
修建。杨文赐祖籍昆明，为官约己爱民，清廉自守。因"贫不克赴皖升任，又不克
归滇"，自永绥厅花园汛巡检任随婿危开成侨寓黔阳。其子杨洪开"葆真堂"，悬壶
济世，树德于民，"邑人公举孝廉方正"。洪生三子，二子中举。长子杨兆杏为乾隆
五十三年（1788）拔贡，得大学士纪晓岚亲炙，历任湖北建始、通山知县，署汉阳
府通判，曾主讲本邑龙标书院、沅郡明山书院及宁乡玉潭书院。仲子杨兆李，曾任
河南泌阳县知县、陕州直隶州知州、汝州直隶州知州，署汝宁府知府、归德府知府。
以德行登湖南"湘中十八耆英图"，与岳麓书院山长欧阳厚均等同列。季子杨兆菜
工书画，善琴笛，尤精岐黄，行医济世。三代五人均有传见诸《黔阳县志》。

大院为明清侗汉民居建筑融合典型，约700平方米。封火高墙之间，依次排列
"三鳣世第""清白传家""三鳣余泽""星辉云缦"四个小院，一脉相承，礼序归家，
构成"紫微高照"格局，为黔阳古城最具文化特色景点之一。

以下是"紫微高照大院"英文翻译，译者是联合国世界知识产权组织语言司司
长樊立君。

The "Zi Wei Star Shining High" Courtyard with an area of about 700 m^2, the
courtyard embodies a combination of the dwellings of both the Dong and the Han ethnic
groups in the Ming and Qing Dynasties.

Between the anti-fire high walls are four courtyards arranged one after another,

益清堂

▲紫微高照大院

namely, Qingbai Chuanjia（tradition of honesty and integrity）, Sanzhan Shidi (families with ancestors in senior positions), Sanzhan Yuze (lasting benefits of senior officials) and Xinghui Yunman (brilliant and glorious starshine). Altogether they form a pattern of "the Zi Wei Star (Polaris) Shining High" characteristics, implying a well established tradition of imparting and inheriting, as well as the values of rituals and orders. The courtyard thus features one of the most cultural attractions in the ancient city of Qianyang.

◆ 告诫子孙：视民如子　勿当师爷

洪公在《郎岱官舍病中寄谕》中有这样一条：

> 子孙苟能成名出仕，当视民如子，第一莫要冤枉钱。遵汝祖父（文赐公）遗训云，子孙切莫做杂职。盖杂职官非词讼得钱，便做不去。我冰兢自矢，差堪自问。然已受尽折磨，幸而糊口养家，此中属有天幸。子孙志愿，岂尽如我之坚，安得轻试？并云，甚且不可以对妻子报俱历历不爽，殆有所鉴而云然欤。

洪公告诫子孙，如能成名出仕，"当视民如子，第一莫要冤枉钱"，还要谨记遗训"切莫做杂职"。杂职就是所谓的"师爷"，如刑名师爷、钱谷师爷等。他们不是正式官员，却有一定的具体办事权力，往往靠打官司得钱。洪公也做过杂职，深知此中滋味。

他还说，对于自己在外面工作的种种"不爽"，不要对妻子说，以免妻子也同样不舒服。这种体贴家人的心境，很值得我们继承。

◆ 养疴莫善于养心　养心尤莫要于养德

洪公在《郎岱官舍病中寄谕》最后说：

乾隆五十五年庚戌（1790），余馆黔省郎岱署四年矣。夏，五患肝气，几殆。小闲，不能多作字，虑复剧而旅愁，乡思都上心来，真有如李煜词剪不断、理还乱者。旋自责曰："是速疾非养疴者也。"既而思之，悲则泪淋，骇则汗潸（流出），不寒而栗，不火而炎，肌粟（因遇惊恐或寒冷而皮肤隆起小疙瘩）面赪（红色），动失常度，人心焉得无所系？视所系当否耳？槁木死灰亦非中道。因悟天君泰然则百体从令，自不期然而然。养疴莫善于养心，养心尤莫要于养德。遂日掇家庭一二要务，无厄（zhī）言，无章法，平心酌事理之宜，为儿辈开谕，若课程然。书毕即调摄寡言，自适其适，积二十二条，季夏邮达里门，而体渐平复。

"养疴莫善于养心，养心尤莫要于养德。"这是对养生更是对人生的深刻领悟。

附　洪公配云孺人

《黔阳县志·列女传·贤淑》记载：

云氏保靖人，幼受学于季父（叔父）云路，通孝经、女史箴，归黔阳杨洪后，善事舅姑及庶姑黄，曲尽孝谨。洪幕游代养，凡奉老持家，惟氏是赖，靡不委曲调护。

教子，口授小学毛诗、四子书，始就外傅，比塾归，挑灯课读，夜分不辍，尝勉使为有用之学。子兆杏、兆李，用成循吏。

与夫白首相庄，佐筹施济不懈。

基善谨按：昔承祖训，宜人数岁失恃，事继母至孝，泊来归，素娴中馈，坐客满堂，殽（同"肴"）馔一手办具，靡不精洁。针黹（针线活）之巧，闺中多师事之。以此，乡邻戚党称"内助之贤，无有过于宜人者"。

十四世兆杏公

◆ 夙号通儒　诲人不倦

洪公长子兆杏公，学识渊博。《黔阳县志》对兆杏公有如下记载：

弱冠时，如钱通政沣[1]，纪文运公昀，赵总宪佑，罗鸿胪典[2]，皆巨儒，交口延誉。尝主本郡县书院（黔邑龙标书院，沅郡明山书院）。邑久无甲科，至是，易良傲、陈道隆相继成进士。

性笃学，夙号通儒。历充湖北壬午（1822）、乙酉（1825）、壬辰（1832）乡试同考官，得人甚盛。

晚侨居长沙省城，主讲宁乡玉潭书院。

兆杏公在乾隆己酉年（1789）就被录取为选拔贡生。嘉庆二年（1797），兆杏公考取了八旗官学。八旗官学，本来是专门培养八旗子弟的。嘉庆三年戊午（1798），兆杏公再中京兆试举人。嘉庆四年（1799），他担任了镶白旗教习，成了旗人（满族人）的老师。

他的学生易良傲，辛未（1811）进士，官终河南邓州知州。易良傲写了一篇《祭杨晴园师文》，文中讲述了兆杏公是如何教育他的：

傲甫成童，即从夫子游，时虽主讲龙标书院，督课如乡塾，其教以身率，与诸生言，以品行器识为先，而学问文章务本实、崇经义，言动必以礼。于傲初器之，继而阴察之，知其微以自负也，痛抑之。课倍严，少不合辄斥责不贷。傲以是日敛，亦日奋。夫子乃喜。曰："可教也。"会其冬，将偕仲燮二先生（其弟兆李公）北上。濒行谕傲曰："观汝不肯轻从师，吾郡主讲明山书院严乐园[3]先生，吾知交最久，汝往可有成，吾且以书属（嘱）。"傲唯命。乐园夫子亦督傲特严，盖如书意也。由是，试童子军辄如志，遂入泮，连食饩。乐园夫子又北上，傲以师无可继者，遂自放，既不多操觚（执笔作文），偶为文，喜驰骋，务奇诡，支离汗漫而莫知所归。方自诧，而连秋闱不一荐，犹不悟。

夫子自都门归，仍从游，阅其文，不怿（yì 欢喜）曰："始吾以汝宜飞鸣久矣，何至此？貌古而粗，与袭今而浮，将毋同中式固有式。"于是，使力渐（洗）其旧，而痛绳以法，务使熔经铸史而制以谨严。更出傲所未见之书，使自广。时诘难不能对，则诃斥，汗流颊赤犹立不许坐，既而谓之曰："汝规模力量颇大，然气刚而不和，此汝性使然，非师一人所为力也。多集益友薰陶之，乃可。吾又将北上，汝可赴岳麓，慎择交，勤课文，并为立一法闱，前拟题百，每日拈课，果无间，必售卒（科举得中）。"以是，幸举（中举）于乡，并捷春闱（京城会试）。

以上记述，足见兆杏公真是因人施教，诲人不倦。

---

[1] 即钱沣，云南昆明人，官至通政司副使，清代书画家，号南园。

[2] 即罗典，湖南湘潭人，乾隆十六年（1751）进士，官至鸿胪寺少卿。曾任长沙岳麓书院山长二十七年，门下名人辈出。

[3] 即严如煜，溆浦人，以经世之才为人称道，官至贵州按察使。

◆ 抚以宽仁　勤能听断

《黔阳县志》又记载：

> 嘉庆十七年（1812）……部选湖北武昌县知县，改授建始。历署宣恩、利川、恩施等县……署应城、江陵等县。道光元年（1821），补通山……十三年（1833），署汉阳府通判。所莅，抚以宽仁，勤能听断。

> 在建始，民多溺女，作文劝之，犯者以故杀律论，所活无算。并"开塘堰，修河堤，艺山种，广储社谷。由是，地不忧旱。

> 通山多积案，奸猾择人而噬，期年清结千数百件，无枉纵。多盗，捕其魁诛之，余教以谋生，手制条约，反复劝诚。庚寅（1830）夏大水，兆杏冒暑湿，力行振恤，民忘其患。断某孀妇案，两姓瓣（同"办"）香生祀。

> 所宰多山邑，至即严立书院、课程，措置膏火，暇辄与诸生讲解、批抹，尤以实行相期，由是士习端，文风亦渐与大邑垺（等同）。

◆ 任职通山　十年不调

江夏人彭嵩毓，乃兆杏公门生，按察使衔，云南迤南兵备道，道光乙未（1835）进士。他在《晴园杨公家传》中说：

> 通山在万山中，地最瘠苦，人无肯至者，公处之独久，虽十年不调，泊如也。

即使在通山县十年不调动，兆杏公也淡然处之。

> 公所至能得民，尤爱士，士争归之。故去官日，囊无一钱而诗歌赠遗恒盈箧。子孙守之，人莫不知为清白吏后嗣也。

> 公之宰通山也，与通城毗连，均为蕞尔邑，民俗顽悍，称难治。时宰通城者为平湖蒋秋舫先生，公之同年友，而嵩之受业师也。两公皆盛德长者，以儒术化民，民乐其政，安其教，一时莫不知有两先生。然风尚渐殊，异己者多所龄齿（yǐhé 毁伤，陷害）。两先生寻皆罢去。公之罢也，颇有官私累，赖公仲弟（兆李公）及易屏山（易良俶）为之屏当，始得脱然而归。蒋先生以累羁，竟卒于鄂。

◆ 为民修桥　不惧丢官

《黔阳县志》记述：

> 在建始……议修南门外大桥，或言不利于官，兆杏公曰："官以为民，民利矣，吾何忧？"毅然行之。后虽如其言罢去，不悔。

嘉庆十七年（1812），兆杏公授建始县知县，建始县在湖北省西部。在建始任上，议修南门外大桥，当时有一种说法，认为修这座大桥"不利于官"。兆杏公说："官员就应该为民做事，利于民众，我有什么可担心的呢？"于是，毅然修建了南门外大桥，但不幸的是，那种说法得到应验，兆杏公果然丢了官。但他并不后悔。

◆ 慎用刑法　严谨为官

湖北按察使写了一份札子给兆杏公，询问地方事宜，于是，兆杏公写了一份报告——《上湖北栗朴园臬宪札询地方事宜禀》，回复他的询问。在报告中有如下一段话，充分体现了他为官严谨，慎用刑法。

> 审办命盗等项重案，欲求事无枉纵，必须慎用刑法。若夫事有实证，盗有真赃，实无疑义之案，则固不待刑求。亦有赃证似确，犯或呼冤，或有本无赃证，而犯竟直认者，此中委曲难保无串商故陷，及代罪顶替别情，若于到案之初，遽加刑讯，则三木之下，何求不得。即使讯出真情，该犯等亦必受刑则认，松刑则翻。三讯五讯，适令问官疑团满腹，自信为难。况有畏刑妄认者，则罪名出入之处关系更大。惟有平心静气，审察详问，其真正情节，不露于言词，必露于神色，俟其有瑕可攻，然后层层驳问，自然理屈词穷，真者难假，假者难真，于以取供定谳（定案判罪）。虽案情变幻百出，未能必无枉纵，而午夜扪心，总不敢稍宽警惕也。

从报告中可以看出，兆杏公主张慎用刑法，特别是他认为审办命盗等重案，应该"事有实证，盗有真赃"。对于一些以真似假的案件，更应"审察详问"，尽量做到"无枉纵"。这颇有现如今"疑罪从无"的意思。这份报告是在道光庚寅年（1830）写的，距今已190多年。在当时那个年代，能提出这样的观点，实属难能可贵！

◆ 以仁恕为本　官须自己做

易良俶在《祭杨晴园师文》中，记述了这样一件事：当年，易良俶中了进士，准备外放做官，正好两人见了面，易便向兆杏公请教"吏治之要"。兆杏公诲之曰："近世宽猛之说乱吾辈，要当以仁恕为本，清、慎、勤三字，格言也，亦常言，然大不易。凡事不可有成见，不可无定见，官须自己做。"易良俶怀疑官岂由人做，公解之曰："做好官阖邑（全县）人大便，阖署（整个衙门）人大不便，官不自做主，谁代汝做？好官且不自做主，谁许汝做好官者？"易乃大悟，谨记不忘。后来，易"果著循声"，为官的声誉很好。

◆ 龙标书院　重修写碑记

嘉庆六年（1801），兆杏公写有《重修龙标书院碑记》一文：

> 邑之有学，盖古州序遗制。吾州据湘南上游，山水时发奇秀，仰沐圣天子作人雅化，文运之兴与国运同盛，士风方蒸蒸日上。则所以作育之地，非崇闳其规，精详其制，斤斤因陋就简，气象薾（ěr 疲惫，虚弱）然，其何以鼓舞多士，壮一邑之瞻仰？此书院之建所系乎一邑者匪轻也。
>
> 溯吾邑有书院，始创于宋饶公敏学……然世远代更，迄今访宝山遗址，

已在荒烟蔓草间。

后又多次改迁，至乾隆十二年（1747），复移建旧龙标山。但"岁久渐即颓圮"，且"其地无由加拓也"。

> 嘉庆六年（1801）春，余忝受邑侯王公聘，主讲于斯……及秋，候补丞黄公锡龄来摄邑尉事。公雅好读书，政暇恒过斯讲学，喟然曰："书院赞学官教士，固一邑人才聚薮地，而湫隘（低洼狭小）若斯，非所以作士气也，盍更诸爽垲（地势高而土地干燥）？"余曰："诚赖公力，得廓而新之，则多士幸甚！"

> 于是，请于邑侯王公，公欣然捐廉俸以为之倡，商诸邑中绅佩耆庶，无不踊跃捐输，廉得院之北偏旧学宫地一区……乃筑基址，正方位，采良材，运瓴甋……以某年月工竣……额曰龙标，仍其旧也……

> 重门既设，内为讲堂，堂广几筵，修几筵唐陈内外，皆有过亭，如连楼（阁楼旁边的小屋）之形……两旁斋舍鳞次翼比，计若干间。屋皆有筮，以重其蔽；室皆有楼，以御其湿。至于肃客有轩，游息有所，以及庖湢井厕床几槃杆之需，罔不具备。负笈者至此如归。

> ……自兹，名材辈出，科第鼎盛，可不烦龟告而知已。

《重修龙标书院碑记》最后说：

> 夫成人之学，必外有以极其规模之大，而内有以尽其节目之详，磨砻欲其精，韬养欲其邃，抉名理之奥突，履前贤之贞规。如作斯室，其象日新，其规可久，然后为学之成。然则学于斯者，当广己造大，勿以卑陋自安。庶几养成德器，处为有守之士，出为有用之才。斯无负盛时作育之至意。

◆ 善举助人　但求心安

《黔阳县志》记载兆杏公：

> 生平不计家人产。在应城，为前属建始典史章鸿，捐复其官。通山典史叶书殁于任，并资遣其家属回籍。他善举典衣称贷。曰："吾以求心之安而已。"解组时年六十八，囊橐萧然，晚就养弟兆李汝州官舍。兄弟怡怡白首相对。人恒以清白吏目之。

◆ 通山风俗　留住记忆

兆杏公任湖北通山县知县时间最久，达十多年。因此，对当地的民情风俗极为熟悉。在他的记述中，有两件事给人印象较深。

一是在《上湖北栗朴园臬宪札询地方事宜禀》中，讲到设立育婴堂一事时，他说：

> 至育婴堂，向未创设。缘城乡育女之家，无论贫富，类皆襁褓结姻，或生仅三四月，或年只二三岁，早即许聘，其夫家亦乐于接养，姑媳（婆媳）

乙
记事
故事

益
清
堂

之爱有如母女，以此民间并无溺弃之事，习尚成风。现在虐媳之案尚不经见，似暂可不设。

在那个年代，一些地方有溺女婴的陋习，或虐待女孩，但通山县这个地方，却是"襁褓结姻"，也就是所谓"童养媳"，且"姑媳之爱有如母女"。

二是在其任上，他曾发布《通山申谕正俗示》，即一道为端正地方风俗的告示。这份告示是"本县承乏斯邑已几十稔"，也就是说兆杏公在这里担任知县差不多十年的时候发布的。

告示中说，"通山居首郡偏僻之地，土瘠民贫，俗尚简朴"，但因"生齿日繁，习尚日非，渐染浇漓刻薄之风，遂多诟谇嚣陵之习"。他特别提到要"戒讦讼（一种恶意诉讼）"。当地有的人"睚眦必逞锥刀，是争竞成好讼之风。余莅斯既久，虽尝加以惩戒，申之劝谕，而其风未息。往往因一鸡犬之细，一菜蔬之微，遂至构讼不休……"又说："更可恨者，有心讦告，攻发人之阴私，讹诈人之财利……最可耻者，耸妇女上堂，愿为夫男搪抵，故作泼赖之丑态，全无羞恶之良心。在妇女无知，不顾廉耻，其罪全在夫男甘为下流……最可悯者，虽小嫌隙，辄以生命图赖，或因气忿而投环，或缘愧畏而服毒，或刎颈以丧躯，或溺水而致毙，视死轻于鸿毛，视生不如鸡犬……"告示最后说："本县每于相验时，讯其情节，皆可不必死；而观其形状，则又甚怜。其死苦无回生之力，惟加劝谕之方，所冀转相劝戒，使愚夫愚妇皆知醒悟……兹复剀切谆谕。"

◆ 一文不名　受弟供养

兆杏公自身十分廉洁，又乐于助人，致使在他退休的时候，手中没有钱，晚年只好到弟弟兆李公的汝州官舍受其供养。

关于兆杏公"一文不名"，不少权威书籍上均有记载。《湖南历代人名词典》载：

> 杨兆杏，字春晖，黔阳人。清嘉庆三年（1798）举人，历任武昌、建始、恩施、通山等知县，三次充任乡试同考官。从政清廉，体民疾苦。在建始时，曾力革溺女婴恶习；在恩施则兴水利，开荒地，备社谷；至通山后，一年之内清结案千余起。致仕时一文不名。依弟兆李供养以终。卒年七十二。

1992年出版的《湖南省志》第三十卷人物志，亦有类似记载。

◆ 治行虽优　官场不顺

兆杏公虽有才，当官亦爱民，但在官场走得并不顺。他所任职的地方均在湖北，且都是很不发达、很难治理的山区县。建始、宣恩、利川、恩施，均在鄂西。应城、江陵虽在湖北中部，但兆杏公在那里时间不长，且都是"署理"，即代理知县。在通山县时间最长，达十二年之久。通山县在湖北最南部山区，与江西接壤，地方很

一个家族的六百年——讲故事的云津杨氏支谱

益清堂

小，又很难管治。最后"署汉阳府通判"，又是"代理"，真可谓郁郁不得志。但是，即使是这样，他仍一心为民办事。正如易良俶在《祭杨晴园师文》中所说：

> 其行可以信己，其文可以寿世，其教可以传人。其处也，郡邑矜式为师，儒之宗而造就无算。其出也，勤政爱人，不争赫赫之名。与尚峻厉者或不合，而仁恕之心，阴造福于士民者元穷。历宦数十年，囊橐萧然，无从问家人生产。昔关西夫子杨伯起，以清白吏遗子孙，于家风大有光焉！《易》曰："积善余庆。"《传》曰："不于其身，必于其子孙。"

附 兆杏公女事迹一篇

杨恭人（恭人，古时命妇封号之一，为四品封职），危有垣妻，杨兆杏之女也。生于官署，恒朴俭自甘。于归（嫁给危有垣后），家无长物。有垣幕游鄂渚十余年，氏采薪、汲水，历尽艰辛，而课读两子甚严格。岁奉塾师修脯，及儿辈买书，皆典衣质钗钏以偿。父与叔父虽宦显，未尝一言告贷也。及两子渐贵，常举"忠爱"二字为训，故所在有贤声。有垣性格严毅，氏左右调持，相夫以道。晚年，家小康，施舍不倦。年八十有三终。以子锡瓒、炳光贵，诰封宜人，晋封恭人。

（此材料为洪江市有关方面提供。此女为兆杏公元配危氏所生）

十四世兆菜公

◆ 工书画　善琴笛　精岐黄

十四世兆菜公，字予芳，号馥园，洪公第三子。萧散怡旷，与人无忤，连不得志于学使者，以从九品注铨曹，亦不赴。工书画，善琴笛，尤精岐黄术（医术）。尝笑曰："吾术承先训，乃不利富而利贫。贫富岂有异治？盖贫者专且诚，知吾弗计谢，又闻有资给也。殷实则患者与戚友多涉方书，喜禁忌，嗜补剂，求珍药，而不察病情，奏效少迟辄更医，蕲（通"祈"，祈求）偿吾术，讵（岂、怎）易得耶？"

兆菜公这样一个有才华的人，但却"连不得志"。最后还是从医，在行医的过程中，他秉承先训，"不利富而利贫"，为劳苦大众做好事。

◆ 一曲竹枝词　道尽虢州风情

兆菜公曾作《古虢州竹枝词》。古虢州在今河南省西部，伏牛山以北，大抵上位于现在三门峡市一带。竹枝，系乐府《近代曲》名。在这首竹枝词里，记叙了古虢州的风土人情，颇有趣味。谨摘录若干段落于下：

> 邱壑崎岖断复连，穴居鳞次峭崖边。
> 山窑野老驱牛出，趁雨来耕屋上田。

地买新征胜旧征，农家积贮趁丰登。
今秋借与乡人去，息谷明年一倍增。

土瘠难将葱韭栽，携钱入市屡徘徊。
黄河浩瀚朝暾里，数点皮羊卖菜来。

都都平丈傍禅扉，馆谷堪资食与衣。
几个明经何寂寂，先生年老学生稀。

莫言穷汉少良田，天与城南二井泉。
赍桶一双挑水卖，他人歉岁我丰年。

元夜家家点夜油，郎君守户妾闲游。
一年闭我深闺里，今夕香街得自由。

粉黛花灯相映红，踏残街市月朦胧。
今年百病应除却，打遍秋千曲巷中。

暂辞先后别公婆，归省娘家嫂与哥。
前抱婴孩后娇女，三人总付一骡驮。

生前结发嫁乡邻，死后同埋别买人。
见说为儿当尽孝，替爷泉下结婚姻。

谁家儿子十龄殇，痛断埋儿父母肠。
求个邻村童女骨，与他成就鬼鸳鸯。

小儿连岁痘为殃，草缚儿尸弃路旁。
瞋汝累娘偿汝惨，乌鸢啄肉狗拖肠。

是谁邪说酿奇灾，妇死成妖为带胎。
惨煞舅姑残忍手，棺前剖腹取婴孩。

一般房院狭而长，不住中堂住两厢。
时过暮春天近暑，枕衾移在院中央。

庭前各种数株花，犬吠猜猜善守家。
远道客来何虑渴，一杯火酒当清茶。

牛羊椒韭列宾筵，不识河鱼味最鲜。
近日也知红鲤美，殷勤面裹更油煎。

邱鋆崎岖涉历艰，地形现出玉人颜。
不知昔日唐天宝，艳绝如何出阿环。

神鬼门飞百尺湍，商船一掷舵收难。
可怜人命无多值，十两朱提布二端。

冬来雨雪乱飘摇，竞把煤根枕畔烧。
预庆明年收获好，三门已报结冰桥。

十四世兆李公

◆ 两枚闲章　誓作好官

洪公次子兆李公，为叔润公嗣。幼从兄兆杏受读，遇事指授辄悟。长，偕游岳麓、京师，尝与赵文恪慎畛、罗观察琦等以道义相切劘，中乾隆甲寅（1794）恩科乡试举人。嘉庆六年（1801）挑发河南。以作好官誓于都门关帝庙。自镌手章，曰"不贪为宝""勤以补拙"。

◆ 听断精勤　屡谳疑狱

兆李公挑发河南以后，先后代理太康、获嘉、临漳、考城、滑、浚等县知县。"所在汲汲于忠孝节义，兴学校，修古迹，百废具举"。

嘉庆十九年（1814），正式任河南泌阳县知县。到任后，踵修文庙，捐置祭器。文昌向无专祠，特为创立。更创建铜峰书院，延师训课。诸生每有兴作，辄先捐廉以倡。更慎择绅士推心任之。以故诸废具举。《泌阳县志·宦迹传》记载："公性恬和，恂恂如书生本色。听断精勤，屡谳疑狱，民自以不冤。时督学史公尝因谒见阅名刺，喜曰：吾尝闻古循吏（遵理守法的官吏），今于中州久耳，君名信不愧古人矣。"

基善谨按：史公名致俨……江苏江都人，嘉庆己未（1799）会元（会试第一名），丙子以春坊庶子督学河南……官终刑部尚书，赠太子太保。督学时与公缔莫逆交，自是书札往还不辍。

◆ 勘断杨贞女案　作《不垂杨传奇》

《黔阳县志·人物传》还记载：

> 杨兆李，嘉庆十九年（1814）授真泌阳县。下车勘断杨贞女案，豫人谱为《不垂杨传奇》，至今演之。

《中国文学家大词典》中有杨兆李的记载：

> 杨兆李，字梦莲，黔阳人……嘉庆十九年（1814）宰河南泌阳县。有

村民杨某，与诸生陶正心以悔婚涉讼，而杨女誓不改嫁，乘间自经。兆李乃断合，助奁具为成婚，且作《不垂杨传奇》以纪其事。

该书记述的自然都是文学家，并将兆李公列为戏剧家一类。《湖南历代人名词典》有如下记载：

> 杨兆李，字梦莲，黔阳人，清戏剧家。嘉庆十九年（1814）任河南泌阳知县。时有村民杨某，与生员(秀才)陶正心以悔婚事涉讼。杨女誓不改嫁，乘间自经未死。他断以成婚，并资助妆奁。后作《不垂杨传奇》，以纪其事。

原谱还记载，我们杨家当年曾设立了一个专门刻印书籍的杨益清堂，在杨氏宗祠中，有藏祠书版，其中就有"纪贞诗存(《不垂杨传奇》)版二十八片"。说明当年《不垂杨传奇》剧本在湖南曾有印刷。

另外，在《不垂杨传奇》剧本的最前面，是一篇"不垂杨传奇序"，为钱塘汪应培[1]撰。他在序中说：

> 丙子（1816）秋，泌阳令杨公梦莲以《女有士行》诗集见示，载本县杨贞女事甚悉。披读一过，神为之移。因谓梦莲曰："此事之奇而不诡，于正者也。与其形诸歌咏，止供文人披吟，孰若播之管弦，使岷庶咸知观感乎？"梦莲唯唯。余亦不敢以不文辞。遂采《集》中原《记》，取诸公巨制，谱成六出，名曰《不垂杨》，以广其意。还说："梦莲恂恂儒雅书生耳……导斯民自然之情，从容料理，而风气已蒸蒸日上矣……览斯剧者，当知旨远言深，意有所属，不仅为一委巷蛾眉写劲竹、贞松照也。"

如此看来，《不垂杨传奇》剧本的作者为汪应培。但是，若没有兆李公巧断杨贞女案在前，也就不会有汪应培的《不垂杨传奇》。同时，汪应培在写作《不垂杨传奇》之前，就得到了兆李公的首肯。因此，说兆李公"作《不垂杨传奇》"并非没有一定道理。但是，该剧本的实际作者还是汪应培。

◆ 申报旌表 贞节烈妇

老谱中有兆李公代栗公毓美拟就的一份旌表节烈的公文。虽系代拟，亦可看出兆李公对穷乡僻壤贫家节烈妇女的特别关注：

> 照得妇人之义，从一而终；百行之原，惟孝为首。是以节孝例得旌表……惟向来举报节孝，必须邻佑族亲及儒学、廪增附生开具事实，联名呈报，由学牒呈州县查明，取具甘结，方可次第看转，以杜冒滥。在缙绅诗礼之家，殷实素封之后，亲友互相推重，原不难于办理。而穷乡僻壤贫家妇女，一旦镜破钗分，饮冰茹蘖，或纺织以抚孤儿，或针黹以奉姑舅，零丁孤苦，终其身如一日，自以为分所当然，并不知有节孝之名，亦不知有褒扬之典，

---

[1] 汪应培：钱塘举人，清代著名戏曲大家。嘉庆八年（1803）任河南内乡县知县。

往往归于泯灭而无传，何可胜道？夫节为天地之正气，孝为人生之至性。果能夫故守志，是诚巾帼完人。若不为之彰善阐幽，何以正人心而维风化？

当时申报旌表节烈妇女，有权有势之家，往往比较容易，而穷乡僻壤贫家妇女，则或苦于生计，或不知有褒扬之典，往往归于泯灭而无传。因此，兆李公特别提醒各州县要注意全面收集，以免遗漏了对这部分妇女的表彰。

附　贞节烈妇　凄惨异常

虽然兆李公重视对穷乡僻壤贫家妇女的褒扬，但从原家谱中登载的这类妇女的事迹来看，她们的一生往往都凄惨异常。原家谱中收录了下面州县上报的拟旌表的贞节烈妇的事迹，现摘录几则如下：

镇平县造送的已故节妇韩杨氏，生于乾隆二十五年（1760），许配文生韩步云为妻，乾隆四十四年（1779），氏年二十岁，于归结缡（结婚）。六载，氏夫于乾隆五十年（1785）病故，氏年二十六岁。氏于道光七年身殁，时年六十八岁，守节四十二年。氏夫步云承祧长门，随本生父暨弟步衢同居。乾隆五十一年（1786），合家卧病，氏独力扶持者数月。未几，本生翁故，夫弟步衢亦故。不一载，步衢之妻又故。氏勤纺织，奉事本生姑（婆婆）二十余年，生尽养，死尽哀……

镇平县造送的已故烈妇李苏氏，生于乾隆二十六年（1761），许配儒童李育泰为妻。乾隆四十四年（1779），氏年十九岁，于归结缡。六载，氏夫于乾隆五十年(1785)三月二十六日病故。氏年二十五岁,殉夫毕命……有孝妇之称。迨夫殁，哭绝者数次，因念家贫，殡殓无资，乃苟延旦夕，变妆苍治丧……七日而诸务悉备，作绝命词，饮药而卒。

确山县造送的节妇高徐氏，生于乾隆二十年（1755），许配确山文生高步清为继室，乾隆三十六年（1771），氏年十七岁，于归结缡。十载，乾隆四十五年（1780），氏夫病故。氏年二十六岁，守节五十一年，现年七十六岁……当夫殁时，姑与夫弟及妻前三四月相继去世。夫殁五月，而翁又病卒……时长子奎光六龄，次瑾光四龄，侄有光三龄。氏痛念诸孤，力疾支持。五枢窀穸经营妥善，训二子一侄成立……

确山县造送的已故贞节妇张屈氏，生于乾隆十八年（1753），幼许文童张治安为妻，乾隆三十四年（1769），氏年甫十七岁，尚未于归。氏夫于是年病故。氏过门守节，至道光二年（1822）身殁，时年七十岁，守节五十四年……当夫故时，（氏）一闻讣音，哀泣绝粒……于夫枢前成服……从此苦历冰霜……奉翁姑生养死葬，尽哀尽礼……

◆ 引坐避撞　悍妇息讼

《黔阳县志》又记载：

> 兆李公累权汝宁、归德等知府。归德积案六百余件，莅任三月后，无留牍。有某妇习悍，善讼，与夫侄争产，京控者再（一再到京城上诉），积年不决。时以发审局会讯，指其非，氏（那位悍妇）头触兆李，同官皆为不平，兆李引坐避之，加意婉劝，翌日再讯，则伏地泣曰："本欲荡尽侄产耳，今感公，不再讼矣。"

◆ 栗毓美公评价：廉、介、宽、惠、允、勤且明

栗毓美，字朴园，谥恭勤，山西浑源州人。时任河南开归陈许河务兵备道，官终河东河道总督，太子太保。老家谱中有栗毓美公写的《杨梦莲刺史六十序》一文，其中记载：

> 龙标（湖南黔阳）梦莲刺史杨先生，以大挑[1]令试大梁（河南古地名，隋唐以后，为今开封市的通称），荐擢直牧（后来升任知州、知府），与余同官三十载。厚性宽中，类卓鲁二公之为人。宦辙遍大河南北，名绩亦仿佛相似，余甚敬异之。

栗公特别称颂兆李公之廉、之介、之宽、之惠、之允、之勤和之明。他说：

> 先生襄滑卫军兴局务，洁己奉公，为同官所谯让（责怪），不顾。历州县任，屏绝苞苴（贿赂），相沿采买陋规亦拒不受，人以此服其廉。

> 先生恬于仕进，深耻脂韦（比喻阿谀或圆滑）随俗为梯荣计，不以迁官肆意，不以夺秩挠心，人世升沉得失视之淡如也，人以此服其介（耿介正直）。

> 先生慎重民命，不轻用刑。大兵进剿滑台，所俘胁从民人，经先生研鞫（审讯）者多所矜全，人以此服其宽。

> 先生督办灾赈，躬亲散放，胥吏不至中饱。量移鹿邑令，黄水溢溢为灾，请粟四千余石，挨户抚绥，民免为沟中瘠，人以此服其惠。

> 先生历主州县童试，精心甄录，衡鉴公明，黉序（学校）翕然，称之分校。戊寅乡闱，所得士皆一时翘楚。有冰壶玉尺之目，人以此服其允。

> 先生治办民事，案无留牍。于地方情伪，靡不烛照。犀剖是非曲直，平心听断。间有一二顽梗之徒，不以为忤，务令各得其意以去，人以此服其勤且明。

栗公还说，以上这些"犹不足以尽先生也"，还列举了他敦崇教化，表彰节义，相时势为张弛等品德。

---

[1] 大挑：清乾隆以后定制，三科以上会试不中的举人，挑取其中一等的以知县用，二等的以教职用。六年举行一次，意在使举人出身的人有较宽的出路，名为大挑。

◆ 巡抚未见过知县　发函调省察看

老谱中有一篇《调省察看札》，是河南巡抚姚祖同叫杨兆李到省里来接受察看的一份公函。此札写于道光辛巳年（1821）。其内容如下：

河南巡抚部院姚札

鹿邑县知县杨兆李知悉：本部院入境之初，即闻该员循声远著，适值黄河漫溢，前任鹿邑某，署任知县某，于该处堤工不能早为修筑，以致被淹浸广，实堪痛恨。是以遴委该员前往署理，数月以来，于赈务、堤工办理均能妥协。本部院甚为嘉悦。

惟本部院于该员尚未谋面，合行札调。札到，该员立即束装晋省，往返不过数日。或该处粥厂必须亲身经理，亦即察看情形，约于何时可以起身，该员自行斟酌。再闻该员有欲引退之意，其中必另有原委，本部院于贤能之员，岂肯令其退去？该员既蒙上司赏识，亦不可遽萌退志，致负委任也。统俟到省面加察看办理，仍先将起程日期禀覆查考，毋违。特札。

这份札子有些意思，说明当时交通、通信极不方便，巡抚竟然没有见过下属知县，想要会见，还要特地发个公文。此札对兆李公多有褒奖，至于到省的具体日期，也让下属有"自行斟酌"的余地。

◆ 民众立碑　怀念官员

老谱中有一篇《陕州豁免杂派碑记》，是壬午年（1822）由"陕民公立"的。立碑的缘由是官员豁免了民众的杂派。碑中记载：

尝闻国以民为本，固国务在安民。政以赋为重，善政必先薄赋。陕郡土瘠民贫，近年差务繁剧，民力竭蹶，因合词吁恳。

幸蒙道宪（道台）积大公祖，轸念民艰……将各衙署应用煤筋、木炭、劈柴及修造所需荆梢等物悉予禁革，永行优免。

蒙抚宪姚大中丞德洋恩溥，体恤穷檐，檄饬藩宪移知：嗣后各衙署需用之物，自行平买于市，禁止派累民运。

州宪杨老公祖（杨兆李）荣任之始，即清厘政体，惠爱黎元，又示谕蠲（免除）红白布四、枣茨多端。

兹仰荷仁宪，均以恤民为心，沛前人未沛之恩，苏向时未苏之困，于是乎薄赋轻徭，正供之外，事息人宁，而邦本孔（甚，非常）固，此诚传之所谓好民好，恶民恶，而为父母者乎？

今可听食德日久，而忘其赐哉？用是阖州百姓欢欣鼓舞，焚香拜祝，爰刻诸石，以志优免之所由云，又为之歌曰："清如玉壶，惠如春风，仁政郅治，孰与比隆？"

老百姓是最朴实的，哪怕你只为他们做了一点点事情，他们也都是记得的。

◆ 斥己之俸　创建书院

老家谱中有一篇兆李公于庚辰年（1820）写的《创建泌阳铜峰书院碑记》，记述了铜峰书院创建的具体情形，其中写道：

> 是谋，前端门庭后正堂序，讲筵有位，鼓箧有时，候望、宿息以至庖湢莫不有所。购书若干卷，诵习无待外求；置田若干亩，脩脯膏火亦毋或不给。为之章程，酌其经费，详列册籍，以待稽核。盖创建书院其大略如此。

该碑记还特别写道：

> 是役也，经始于丁丑（1817），告成于己卯（1819），凡用银五千四百两，前后斥俸二千一百两，余则合邑绅士醵金（大家凑钱）以敷之者……

兆李公的捐俸占到了创建书院经费的40%左右，可见其对教育事业的高度重视与关心。

◆ 捕灭蝗虫　颁发要法

原家谱中的《汝州饬发捕蝗要法示》，是乙未年（1835）兆李公在任河南汝州直隶州知州时颁发的一道要求老百姓捕灭蝗虫及其捕灭方法的告示。

> 照得蝗蝻为害，有关民食。兹据郏、宝二县禀称，均有飞蝗过境。本州界连郏、宝之处，诚恐有蝗飞入，且去年冬雪泽稀少，亦恐有蝻孽萌生，不得不防患未然。乃无知乡民，以为蝗系神虫，非人力所能除，不可扑捕，捕则愈加为害。不知聪明正直为神，神以爱民为心，岂忍纵蝗加害尔等……人赖神力驱除，神亦借人力扑灭……蝗之当捕，自古已然。况飞蝗入伤田稼，快如风卷，尔农民忍坐视其食我田禾而不急救乎？慎无信乡曲之言，勿扑勿捕致自贻害也……

从告示中似可看出，兆李公颇具朴素唯物主义思想。告示还透露出如下重要信息：当时中国蝗虫为害甚烈；兆李公对蝗虫的习性等确有一定的研究和了解；当时科技落后，灭蝗全靠人工，确实苦了老百姓；部分老百姓无知，"以为蝗系神虫，非人力所能除，不可扑捕，捕则愈加为害"。

关于蝗虫的习性，兆李公说：

> 飞蝗有翅，惟清晨露重沾翅，或至中午雌雄相配，俱只跳跃，不能奋飞，应上紧扑打；蝗畏草烟、旌旗、锣鼓、爆竹、流星等物；蝗性结队而行；飞蝗一经停落，即生蝻子。所生之处，不在浮土，而在坚硬黑土、高亢之地，用尾栽入土中，有孔窍如蜂窠，易于寻觅可除……蝗能生九十九子，尤宜于停落生子处所，立时刨挖，离地寸许即可见子，取出除灭。若蝻子甚多，难以尽刨，即将地深犁数次，令其子在地底腐烂，不能出土。倘不

犁刨，将来萌生蔓延，不特难保秋禾，并恐致伤麦苗。是宜断绝根株最为紧要，若不早除，为害更重，后悔莫及……

至于捕灭之法，除上述之外，他还提出：

捕毙之蝗先用石灰掩盖；凡一处有蝗，必须地邻人等协力扑捕，切勿以他人之地袖手旁观，以致飞入己地措手不及；扑捕蝻蝗莫妙于多挖深坑；驱蝗入坑之法，离沟不得甚远。

捕蝗之法，晚间在于所挖坑内预贮柴草，燃火使光出坑上，则蝗见火光自行跳入坑内而毙……

兆李公对关乎民生的捕灭蝗虫一事，既非常重视，又能知蝗、识蝗，所提"要法"在当时应属可行。

◆ 修仁普堂　赡养孤贫

兆李公于戊戌（1838）写有《重修汝州仁普堂碑记》一文，记述了重修汝州仁普堂一事。

仁普堂是当时收养孤贫无依者的场所，汝州原有仁普堂一所，但"岁久倾圮"。兆李公的前任知州董君，将仁普堂改建于西门之阳，并置有田产，备有储金，"发典生息"，"计养男妇贫民七十一名口"。

但兆李公接任后，由于"连年秋霖过甚，墙屋渐及颓塌"。兆李公"重葺之以复旧观"，"又念贫民饮水艰难，并凿井一口，以供取汲。复捐俸银一百五十千，发典生息，岁收息钱三十六千"。于是，"添养贫民九人，通共为数八十名口"。

兆李公最后说："夫自古创始难，守成亦不易。余踵成（接着完成）董君善举，以仰副圣天子惠鲜怀保之至意，亦既立有成规，特恐日久废弛，有初者鲜克有终。爰将堂内岁入租息各款，及收养名数勒诸贞珉，庶后之人得所稽考，永永遵循勿坠。"

◆ 了解下情　对应施策

老谱中有兆李公《札访所属利弊条件》一文，是要对某一州、县的基本情况有一个大致的了解，而要求州、县将有关情况报上来。他要求道：

该州、县境东西宽若干里，南北长若干里……县城若干里。

该州、县有无城池，城原系石、系土、系砖……是否完固？

境内村庄若干，人丁若干……

额征地丁若干，杂税若干，漕粮粟米若干，豆麦若干……

额贮常平仓、义社、漕等仓米谷若干，现存若干。

境内如有河道，载明源流里数，连年有无漫溢村庄……有名闸坝陂湖者，一并开载。

境内某村庄常苦旱……某村庄常苦涝，是否可以筑堤挑河，以资防泄，抑或旧有河堤，多年未修，今应如何修理之处，妥协议覆。

境内有山若干，山上是否可以种植树木，牧养牲畜。

民间是否殷富，抑多贫苦，耕织之外有无商贾及树蓄之利。

境内出产米谷及杂货何物。

所属正佐教杂各官，孰贤孰能，孰贪黩，孰优于才，孰优于守，孰强壮，孰老病，据实开报。

营内武职何官，共兵几名，马几匹……弁兵是否得力，汛防是否完好。

学宫、武庙及先圣贤名人故里、祠庙、坟墓是否整肃，凡有古迹一并开列。

书院何名，院内斋房几间，是否完好，有无存贮书籍……有无掌教在内教读，师生脩火各若干……书院之外有无义学，应否增设。

境内有经明行修言坊行表者，孝友著称者，数世同居者，乐善好施救济乡里者，不求闻达者，博学能文者，并真正节烈贞孝妇女，曾否旌表，详查姓名、事实开列。

境内绅士现任、家居，及科甲捐纳者，将姓名开列。

现在有无未结钦部及抚、藩、臬、道衙门控案若干件，何时可以审结，民间好讼，讼原安在。未结京控、上控案件另开一折。

监内人犯若干名……

士习是否端谨……

民风是否醇厚……

境内有土豪、光棍、讼师、匪首，作何禀办，将姓名开列。

该州、县凡未兴之大利，未除之大害，该牧、令如确有所见，一并开列。

从这个札子可以看出，当时信息不通，连下面县、州的四抵、人口、出产等都不了解。兆李公当官则比较务实，急于了解、掌握下面的情况，以便应对施策。

◆ 湘中耆英　齿列第二

《黔阳县志·人物传·治行》有如下记载：杨兆李"晚居省垣，时人绘湘中十八

耆英图，齿第二，可想见其德望云"。

老家谱中收录了《湘中耆英图序》一文，是四品卿衔、工部员外郎、军机章京陈本钦所写，讲述了《湘中耆英图》的由来，对各位耆英作了简单介绍。湘中十八耆英就是十八位"湘中人备官中外先后解组者"。"道光甲辰（1844）秋，坦斋师（欧阳厚均）主讲麓山，邀诸君子集于城南之妙高名刹，尚齿不尚官，循宋唐成式也"。兆李公齿列第二。后由当时的写真高手黄维高绘成《湘中耆英图》。

这十八位按年龄大小排列分别是：欧阳厚均，浙江道监察御史，岳麓书院山长；杨兆李，河南汝州直隶州知州；唐业谦，江西瑞州府知府；李象溥，山东冠县知县；余正焕，江西盐法道加盐运使衔；郑世俊，广西思恩府百色同知；张学尹，福建台湾府淡水同知；唐鉴，太常寺卿，江宁布政使；郑世任，贵州贵西道前吏科掌印给事中；唐方煦，安徽颖州府知府；李象鹍，三品京卿，前贵州布政使；俞东枝，前掌广东道监察御史；贺长龄，前云贵总督；郑敦亮，安徽宿松县知县；周树槐，江西吉水县知县；贺熙龄，掌四川道监察御史，丁善庆，翰林院侍讲学士，充日讲起居注官；陈本钦，工部员外郎，军机章京。

欧阳厚均担任岳麓书院山长长达27年，追平了其前辈罗典执掌岳麓书院的时长。亦有说贺长龄也任过岳麓书院山长。正是罗典、欧阳厚均等人开创了岳麓书院的鼎盛时代，培养出众多优秀人才。

《湘中耆英图》现在还有没有遗存？有，为拓片。现存湖南图书馆内，但不对外开放。新正的小儿子志勇经多方联系沟通，于2020年9月终于一睹其原貌。该图是一位叫吴冠君的人于1975年4月捐赠给湖南图书馆的，并附有一纸说明，称"此图成于道光二十四年甲辰岁，乃当时社会客观情势下之产物……所图人物，虽无足论，但其艺术，却有一定价值，盖绘者黄维高，字又痴，沅陵人，专攻绘像，为当时写真高手；尤以刻者汪蔚，一名镶，字啸霞，宁乡人，刻艺名驰中外，其摹刻之翁方纲蝇头小楷兰亭序，缩摹之管仲姬赵孟頫合制之璇玑图……同为中外艺林所推重。日本支那艺苑刊物……对其技艺评价极高，海内艺林亦推崇其艺。宁乡县志有传。此图石原藏长沙城南书院，毁于咸丰兵事。及后百余年间，湘中复迭经变乱，汪刻石毁拓绝矣。此图人物及绘者、刻者，均为湘中人士，时至今日，已属地方有关文献，因此重装，俾传一代名刻风规，并备后之观摩者览也"。

《湘中耆英图序》前面是"序"的全文，后面依次为十八个人的绘像。

◆ 一则训子之言　通篇为官审案之道

兆李公的《寄训子》写于辛丑年（1841）。兆李公之子积煦公，曾署郑州知州。此信正是在积煦公去郑州赴任之际写的。因兆李公历任知州，署知府，具有较丰富的理政、办案经验，故在信中着重讲了该如何当官、理政、判案，均属经验之谈：

州县为亲民之官，事最繁难，我所以不愿汝为州县，亦并不盼汝署理州县。此次幸接严仙舫兄（即严正基）之后，事事有可遵循。惟命盗案件自理词讼，不可不倍加慎重。

任内如遇命案，一经禀报，即宜赶紧诣验，免致日久尸变。下乡之时，人役断不可多带，以致扰累地方。车夫、马夫到乡，每每需索，尤当严禁。并密谕随行家人，不许向地保索要，陋规违必严惩。起身赴场，将《洗冤录》同前《洗冤录补遗》，带于手旁。相验尸伤不可远离，须亲临尸所目睹。仵作（专门检验尸首的人）周身细检，间有疑似或尸伤发变，将《洗冤录》查出，与仵作悉心考证，俾尸亲亦可明白。尸亲或有争执，尸场人众，不必过于辨正。只以俟回署细审含糊答之……

狱贵初情，命案自以落膝初供为定。然尸场人声嘈杂，何能细讯，惟有在场略讯大概，细心察看情形，使胸中略有把握。

正凶加锁即时带回。要紧干证酌带一二人随行到城，取保候质……竭一二日之力，讯取供词，得有确供方行收禁。若一到即令入监，恐老犯在内向其指唆。隔至数日又提该犯覆讯，看其有无翻异，并为之再三推鞫……

自尽之案，验无别故，一干人征当场概予省释，只令各具甘结，交刑房带署备卷……

窃盗案最属难问。非严讯不能得情。一经熬审，却又妄供。更可恶者，其真赃并不供出，转扯素有嫌隙之人，称其买赃。又有捕役从中唆令扳扯有力之家，以图讹诈。我从前凡起赃物，票内多有朱笔注明。但起原赃，毋庸其人到案，亦省拖累之一法。

郑州地居冲要，时届寒冬，宵小易生，城厢内外，饬地保同巡役人等严密巡查，汝仍不时于夜间亲身周查，庶行旅无窃盗之虞，是亦不可不留心也。

自理词讼以速审为要。在官偷一时之闲，须知讼者多人已守候一日，更宜速结……

又如两造斗殴，明止（只）一二伤，而告众人攒殴。此类如到案时，讯明大概立予决断。本与罪名无关出入，案得早结，两造庶早日安心。苟实有要征未到难结者，再行酌传未迟。

三八放告（州官上任，定期悬牌让人告状），亲身坐堂，收呈察看，呈词如系事不干己，及显然油火（借机闹事，以图谋利）者，当堂将呈掷还，呈词并不宜滥准，以弭好讼之风。

户婚钱债等事，只批原中催处，再批乡保查理覆夺，若势有非讯不结，始行准理。

出票必先向幕友说知，惟择就中要紧者传唤，人数以少为妙。每有票传多人到官，并无一语可问。而被传之人，已受拖累……票内非系命盗正犯及实干有罪之人，不可轻用拘字……

班房内常亲身于夜深人静时密往稽察，以杜私押之弊。

告追钱债，查明负欠之人有力不偿，当为立限催追。设负欠者实在赤贫，只好量为断偿，均止立限取保，不可交差管押。每有被逼在押而自尽者，不可不防。

寻常案件，非系习恶莠民，不嫌多为开导，两造息事即止，勿轻责处。乡愚一经受杖，即为终身之辱。或量为掌责，以平两造之气亦可……

大凡审理词讼，不可预存成见，亦不可固执己见，惟有虚心察听，准情度理，秉公而处，自不致大有差谬。从前常与栗朴园河帅谈及，以人之处世，事事以诚为贵，惟审案不可拘泥，出言太直，则人得窥我意指，巧为趋避。在明决者，能使无情不得尽辞，若才，非片言可折，正欲使无情者得尽其辞。遇有疑难事件，未得口供，不防虚虚实实，旁敲侧击，令其畅所欲言，官为悉心静听。往往言多之时，不觉自露真情，乘此得间一讯即服。较之刑求，更为确切，是亦审案之一法。至审出案内有情重法轻，自当如法以处，若情轻法重，则应委曲求全，以持情法之平。所谓刑故无小，宥（宽恕）过无大也……

以上所谕，均因汝初任，特就我从前之所办理缕书批示，其实欲无愧于州县之任……汝止暂时署理，因亦不更悉数照我所谕，亦只期汝寡过。从此一番阅历，即增一番识见，是即深为汝幸矣。特此备谕知悉。

从这封信中，可以看出兆李公对办案的一些独到见解，也可以看出他的爱民之心：一是严禁胥吏扰民；二是力求速结一般案件，以免民众耽误生产。

◆ 告诫侄儿　勤俭忠厚

兆李公于癸卯年（1843），写了一封《示曙初侄 [1] 帖》。帖中说：

每日无事，临帖三四百字，按日学习，不可间断。并将所书记明日期，遇便寄我查看。再于每日细看二论、引端数章，并遇字检查字典，将字义解透，有未晰者，就近请教于人，字义既明，则翻阅各书，俱可了然。尤宜屈志老成，如谢仲书、危移山诸公，皆为齿德并尊，有事均可请教。

他还特别指出：

街邻中有人品醇正者，亦宜亲近，若或气味不投，惟应敬而远之，不可拒绝，致招嫌怨。铺户中有为人正直而生意兴隆者，不防与来往，藉知物价贵贱，兼可阅历经纪。

---

[1] 指兆棻公子积熙。

每日早睡早起，二更以后，即宜熄灯……日食小菜每餐不过两样，家中菜园尚宽，留心照理，小菜不致外买，每月肉食不过六七次，蛋鱼之类或间日一食亦可……吾邑食用不似省城昂贵，每日用钱不过五十文，每月用钱不得过三千二三百文……

总之持家以勤俭为要，存心以忠厚为主……

从这封信中，可以看出兆李公对侄辈要求甚严，他特别强调：持家以勤俭为要，存心以忠厚为主。管得也较细：每月用钱不得过三千二三百文。

◆ 谆谆至嘱　自当谨记

兆李公逝世前一年（1848），制有《治命》（遗嘱）一文，文中讲道：

居家之道，不外勤俭二字，勤则不匮。凡事必宜预计，清晨即思一日至夜所应为，夜间又思来朝尽日所应为。黾勉终日，不惟事无堆集，亦足觇人福泽。俭尤美德，自身谨饬。食取充腹无兼味，衣取御寒无华饰。常留有余，以惜毕生之福，以备仓猝之虞。此之谓俭。至于设祭、款宾、待下，及诸义举，概从刻减，是为悭吝。敛怨招灾，非俭也。勤俭二字诚相济而不容偏废。

若守身之道，圣人云："言忠信，行笃敬。"此当终身服膺者也……

他还特别强调：

自汝高祖、曾祖以来，俱尝如是，切勿间断。

关于家庭财产和家庭关系，他又对长孙基善说：

我与汝伯叔祖分产后，方能相帮逾万，若迟疑不决，今已同归于尽。可见无百年不分之家，无一日当分之心。总须产分心合，是为至嘱。不可争言分，亦不必讳言分也。

兆李公在这篇《治命》中，特别强调"勤俭""言忠信，行笃敬""产分心合"。这些教诲，目当谨记。

◆ 墓葬被盗　文物丢失

兆李公白墓在浏阳柏嘉镇双源村（原新源村）杜家组探坡鹅公坡。1988年，该墓被盗墓者所盗。当时，当地群众即报警，有关部门立刻赶到，找到了一些被盗墓者遗弃的文物，后存放在浏阳市文物管理所。并将其尸体重新整理安葬。

1990年或者是1991年，新正为此事特地到了浏阳市文物管理所，并带去一套复印的老家谱交给他们，提出想看看那些兆李公的遗物。当时负责接待的同志以没有库房钥匙为由婉拒。但据他介绍，兆李公的棺材睡板不是平的，而是根据人侧睡时的姿态挖凿而成。说明兆李公入棺时是侧卧姿势，这与近现代的葬式根本不同。

据湖南《文萃报》2017年5月19日《万历皇帝"北斗七星"葬式揭秘》一文，

该文作者王秀玲女士首次揭开了万历皇帝的葬式之谜，并大胆推断出明代帝王均为身体侧卧，双腿微曲如睡眠状的"北斗七星"葬式。兆李公的葬式亦为"北斗七星"葬式？不得而知。

兆李公墓被盗后留下的衣服及棺木等物品，存放在浏阳市文物管理局。然而，2018年8月3日，新正与次子志勇、从侄启祥，来到浏阳市文物管理局，提出想看一看兆李公墓葬的遗物。局里的同志说，事隔三十多年了，当事人都已退休，现在工作人员大多是在20世纪90年代中后期才进来的，他们从没有见过遗物。他们又联系了好几位已退休的同志，亦称对此毫无印象。再在电脑上查找，完全没有关于棺材睡板等的记录，就连交给他们的那一套我们复印的老家谱，也没有任何记录。

总之，这次完全是无功而返。兆李公的那些棺材睡板、衣物等，还有那一套复印的老家谱，到哪里去了？这一谜底待解。

◆ 兆李公继配金宜人　贤淑纯良　尤好施济

原《黔阳县志·列女传》"贤淑"部分，收录了兆李公继配金宜人的事迹。

由于兆李公原配罗宜人不到二十岁即去世，故续娶了金宜人。金宜人来到杨家，"躬炊爨，与姒娌杂操作。兆李留京六载，氏借针黹（针线活）养本生翁姑，甘旨无缺"。

后来兆李公补缺到河南做官，"夫兄弟先后挈眷至，（金宜人）内外无闲言"。更不接受别人的馈赠与贿赂。

"训子孙不事姑息。待下有恩"。儿子外出做官，她"恒以当学祖、父清廉，谆谆劝勉"。

"笃恩谊，凡族戚来依，皆婉留厚赠，男使读书官斋，女为资嫁，必曲成乃已"。

"好施济，夫僚友某以非罪镌职（降职），氏脱簪钏助夫援拯"。道光己酉（1849）大饥，流民塞途，时义士有振校场、恤孕妇、收病民诸举，金宜人"捐贷，首倡阖家竭助三百金"。晚年住在省城，"每值秋闱，命孙辈捐黔邑卷资（黔阳县乡试卷资）"。

十五世积焕公

◆ 典衣置书　不轻撰述

十五世积焕公，兆杏公子，字哲士，号炳之。太学生，军功六品顶戴，国子监典籍。三次参加科举考试皆不中，于是不再参与。

积焕公"喜置书，典衣质物弗吝"。即使是将衣服、物品典当出去，也要去购书。"熟精三礼，晚究心宋五子（指周敦颐、邵雍、张载、程颢、程颐）暨明儒薛胡（指明代学者薛瑄、胡居仁）"。积焕公还不轻撰述，曰："先儒撰述详矣。"年五十六，卒于汉川河口厘局。

十五世积熙公

◆ 淡于仕进　而未尝忘世

十五世积熙公，兆菜公子，城工议叙从九品职。公事亲能顺，推事亲以事两伯父母，咸得欢心。

咸丰壬子（1852），仲伯母（金宜人）挈家属避兵西江，公独任居守。仲伯母尝曰："吾子妇俱亡 [金宜人的儿子积煦、儿媳金氏先后于道光二十九年（1849）、咸丰元年（1851）去世]，汝吾季子也。"

丁巳（1857），族有祠基、义田之议，公与积煐公均处约，各竭捐岁租十石。仲伯母因命总司祠墓义庄事。

公淡仕进，而未尝忘世。1849 年，岳阳、常德发大水，流殍相望，省城长沙有掩埋病民幼孩等义举，积熙公都参与其中。他说："富出财，贫出力，分也。"他还与董首高祝、胪学博映澜等人，主寺发放赈灾食物，并想方设法，杜绝错发、冒领等情形发生。对于孕妇、小孩，更是特别加以关照。逐渐地，施救对象增至八九百口。自夏五迄仲冬，安全大小千四百余口。

十五世积煦公

◆ 涉笔成趣　不愧为画家

原《黔阳县志·人物传》有杨积煦的专门介绍："父兆李，汝州直隶州知州。积煦生长官署，而朴素如寒儒。喜读经世书，工绘事，涉笔成趣。不书款识以自襮。"

邹华享主编的《湖南家谱解读》一书，由湖南人民出版社于 2004 年 7 月出版。该书在说到杨氏历代名人时，就提到"黔阳人杨积煦，清画家"，说明积煦公为画家是得到了历史认可的。

◆ 多年署理　救急救难

《黔阳县志·人物传》还专门记载了积煦公的"治行"。"治行"，犹言政绩。

县志中记载：积煦公"肄业成均（就读国子监），十应京兆试，俺（偶然）得复失。道光乙未（1835），年几强壮矣，以通判职誊录，报满，分发河南，道光十七年（1837），署汝宁府，分防新息通判，驻黄湖店"。

黄湖店这个地方"故盗薮（盗贼很多），无衙署、他官率驻新蔡县城。积煦曰：'若是，奚设官？'为偕一友二仆往僦居（租屋居住）。申严保甲，威德并施，盗贼远徙。道光二十一年（1841），署郑州知州。值河决（黄河决堤），需秸料，又海疆兵差骆驿，积煦至，开谕急，公民感激争奋"。

当时，前任知州严正基调掌坝工，随即又亲人亡故，于是推荐积煦公暂时主政郑州。"严故廉贫，积煦仍其宾仆，而尽以廉俸遗严，俾得归榇。时人两称之。"

由于积煦公廉能皆著，所以屡奉差委。南阳淅川蝗虫大起，民诧为神，无敢捕，积煦公遍谕设法捕之。夜半过山溪，人马差点溺亡，也未尝告劳。

道光二十三年（1843），黄河再次决堤，省会危急，积煦公率领绅弁抢护芦花冈。见难民蔽河而下，亟拨护堤船迎流拯救之。并腾出自己的窝棚让灾民暂住，自立风中一昼夜。这样，使得八千余人得以生还。大水过后，淤地肥瘠互易。上级在此设立机构，让积煦公负责。积煦公请廉士祝颖斋为主，仔细勘丈，奸党及蠹胥千方百计干扰，积煦公不为所动。

道光二十七年（1847），河南河北大旱，上级特地指派积煦公查办新郑的救灾情况。他到任后，劝捐粥厂，审验户口，竭虑殚精。第二年，河南侵占赈灾款的事情暴露，禹州尤其突出。前任知州父子俩受到处罚，被送去戍边。积煦公奉命代理禹州知州。单车入境，灾民满目。公"疾力抚绥，至忘寝食"。民始庆更生。

积煦公在河南任职十四年，仅以获盗叙加三级。每当有官位空出，往往为有背景、有暗中支持和帮助的人先得，故始终只是"署理"（代理）。

◆ 积煦公侧室郑氏　获颁敕命　实属殊荣

家谱里记载的诰命和敕命，有一道比较特别，是颁发给杨郑氏的。原谱上的标题为"杨郑氏从六品，敕命一道，嫡子基善领"。

天承运

皇帝制曰：群工师济，既懋绩之克昭；母氏劬劳，焕明纶而必及。尔郑氏乃布政司理问（官名，从六品）衔、候选训导（学官名，从八品）杨基善之庶母，妇职能襄，母仪并著。课子成名，助内协无非之度；有用之材。兹以覃恩貤封尔为安人，锡之敕命。呜呼，加壶内之殊恩，用酬顾复；沐天家之旷典，弥劭荣光。

咸丰十一年七月初八日

郑氏为积煦公侧室，是基善公的庶母。所谓庶母，是正妻所生之子女对父亲侧室的称呼。《潇湘晨报》2015年11月22日一篇有关谭延闿逸事的文章有如下记述：

　　谭延闿出身于官宦之家，父亲曾为两江总督，但母亲却只是父亲的小妾。她虽然生了三个儿子，但在封建礼制下，长期未取得与其夫同桌而食的权利，只能站着用餐……谭延闿二十四岁那年，获中会元、进士，光耀了谭家门楣。父亲谭钟麟这才向全家宣布:"李氏夫人(即谭延闿生母)可以入正厅就坐用膳"。

作为"庶母",郑氏能获得如此封赠,实属殊荣。一是说明基善公对庶母十分尊重;二是郑氏为人不错。郑氏活了七十五岁,她生的两个儿子都是国子监生。由于在她三十岁时,其夫积煦公就去世了,而当时积煦公妻金氏仍健在,故郑氏一直为侧室。

十六世达善公

◆ 编修家谱　出两世藏稿

十六世达善公,积瑛公长子,兆否公长孙,字锡霖。其堂兄基善公在《云津杨氏支谱》序中写道:"庚寅(1890)秋,伯祖长孙锡霖衡郡归,频年契阔,缅述五十五年前彝训,相对怃然。时基善哀先媕录存,锡霖出两世藏稿,悉汇入。商及支谱不容缓,锡霖慨然许赞助。遂于是冬亟有事于谱。""出两世藏稿"大概是指拿出洪公(其曾祖)、兆杏公(其祖父)关于家族史的有关资料。"两世藏稿"都在达善公手上,主要可能因为他是长房长孙。洪公写有《杨氏世系略》,兆杏公写有《先考警斋府君行述》。此外还应该有家族的一些其他史料。达善公拿出这些藏稿,让基善公全部"汇入"家谱中,并"慨然许赞助",为编修家谱作出了贡献。

◆ 达善公配倪氏　夫弟残疾　贤嫂迎归

达善公有三兄弟,公居长,其小弟逮善,"幼患痰厥,右手左足筋挛。不娶。依适谢姊以居。光绪甲午冬,长嫂倪迎归"。"依适谢姊以居",是指"养亲事毕"以后,住在嫁到谢家的姐姐家里。逮善公有四个姐姐,嫁到谢家的是三姐。光绪甲午(1894),达善公已去世,长嫂倪氏(达善公之妻)也年已六十,其家境又不好。而逮善公"除捐款二百千外,仅有棺木,别无装殓衣衾、搬运安埋之资"。在这样一种情境之下,长嫂倪氏,不顾自己已逾花甲之年,仍毅然将残疾夫弟"迎归",足见其仁慈之心。

说明:逮善公于光绪四年(1878)捐钱二百千文,用于公家修建祠墓义庄。

十六世基善公

◆ 专心族事　建树多多

十六世基善公,积煦公长子,年轻时志向远大。道光二十八年(1848),他二十六岁时,考取己酉科(1849)选拔贡生。咸丰六年(1856),遵筹饷例以复设训导,分发试用,加布政司理问,升衔;咸丰十一年(1861),以复设教谕选用;同治十年(1871),改国子监典簿,升衔。诰授奉直大夫(从五品)。

可是，正当他前程似锦之时，父母先后去世，加以寇警频仍，而祖母年已八旬，两个弟弟尚小，于是"戢影（隐匿踪迹）泉阿"，不再出入官场。在《通记善后事宜》一文中他说了这么一句话："男儿无补于时，还期有裨于族。"于是，集中精力为家族办一些事情。

他为家族办了些什么事呢？最主要的有四项：修建宗祠、设立义庄、编修家谱、编撰《杨氏先嫒录存》。这在族内均属"首次"，且无论是人力、物力、财力，就一个人乃至一个小小家族而言，都是一项巨大的工程。

先说宗祠，我们这一小小分支，自从一世祖迁滇以来，五百余年，还从来没有建过宗祠。经基善公多方努力，终于建成了。

义庄，先前也是没有过。基善公首倡设立了三处义庄：杨氏义庄、保墓劝学庄、勖侄世守学好庄。后来又在浏阳西乡小源冲增设义庄。

家谱，首次修成。最初提出修谱的是十四世兆杏公。他提供了一些最早的资料。十六世锡霖公（达善公）拿出了两世藏稿，并"慨然许赞助"，但不久即去世。基善公可谓是"集大成者"，是他最终编撰完成并刊印的。

《杨氏先嫒录存》，也是基善公编撰印刷的。该书保存了杨氏先辈大量的原始资料，十分珍贵。特别是永斌公的诸多事迹，非常难得。不但对研究本家族历史具有重要意义，而且对研究当时的政治、经济、社会等都具有很重要的史料价值。

举办上述事项，需要大量资金。资金从哪里来？主要是族人捐赠。老谱中专门有"捐目"一节，详细记载了各人捐赠的具体情况，从中可以看到，最主要的捐赠人仍然是基善公。他共捐银五千九百三十四两五钱，共捐钱五千二百二十三千[1]八百文。此外，如他的祖母十四世金宜人捐银二百两，十五世积煐公捐银一百三十两，积熙公捐银一百三十两，十六世增善公捐银四百二十两等。

此外，他还刊印了一些书。据《湖湘文库》第三十四本《湖南刻书史略》记载："善化杨益清堂（刻书的作坊号）刻，黔阳杨基善编《杨氏先嫒录存》。"其第七百四十二页又记载："杨氏益清堂刻《纪贞诗存》一卷。"《纪贞诗存》是歌颂泌阳杨贞女的一部诗集。基善公刊印这部诗集时，于熊少牧写的序言中曾写道：

> 是编汇刊河南泌阳学署，颜曰《女有士行》诗集。岁久散失，兹就选抄本重梓（印），因易名《纪贞诗存》。光绪壬辰（1892）季夏，基善谨识。

说明：熊少牧，长沙人，道光乙未（1835）举人。官湖南蓝山县训导。工诗及骈文，道光、咸丰间以诗名天下。何绍基与其"辛卯、乙未两次同年生（两次同时参加科举考试）"，相交情深。时有诗词唱和及书画馈赠。与何绍基相交四十年，堪称何艺术上的知音。何绍基去世后，熊少牧为其撰墓志铭。

在这部诗集的后面，还附录了《不垂杨传奇》剧本。该剧分为六出：痴劝、飞语、

---

[1] 此"千"为货币单位，指"千文"，即一千文钱。

矢贞（发誓守贞）、邻侠、冰判、堂圆。基善公亦在钱塘汪应培写的序后面写了一段话：

> 是剧豫中刊行已久，考《泌阳县志》，贞女父系杨坦。且剧中曲白太简，因请善化徐秉吾大令（县官）彝补缀完密，并将杨坤易名杨坦，附刻《纪贞诗存》后，借兹传信。基善谨识。

◆ 修建宗祠　安妥先灵

十三世洪公在《郎岱官舍病中寄谕》中曾这样告诫："子孙如有发达，必于城内建一祠堂……此我素志。"十四世兆杏公亦在遗训中说："家世昆明，原无祠谱……将来务合力共谋置基卜筑……以安妥先灵，以联子姓。"

我族宗祠的修建，始于咸丰丁巳（1857）。先是基善公祖父兆李公在遗嘱中将他当时居住的正宅授予长孙基善，1857 年，"基善愿将遗授正宅捐备合族，创建宗祠，获请于祖母。于是，"遂定祠基"。并议定由基善公的从叔积熙公总其事。

但建祠并不顺利。当基善公"祖母弃养"后，"曙叔（积熙公）谓宜先所急。如长房兆杏公未置保墓田庐，黔茔黔屋日就倾圮，诸事次第兴举。加以呈请入籍，谢禀，修善邑志，印卷公车，拓贡院号舍，振豫东灾荒"，等等，致使资金十分困难。因此就一直拖了下来。

眼见祠成画饼，基善公"亟迁城襄理"。光绪戊子年（1888），基善公"别斥己田八百六十余金，捐建宗堂"。至己丑（1889），"堂后增宝室，堂前构厅。宝室东廊立后土仓、井神祠，厅东廊立义仆祠……规模虽甚浅狭，窃幸一律告成"。

宗祠建在"长沙府善化县城（即省城）东十二铺浏阳门正街"，即现在的长沙市浏城桥之西，定王台一带。计直长十五丈，宽三丈二尺。

新正父亲仲箎公说过，他很小的时候到过祠堂，还是穿的红色衣。不过，时势变迁，特别是 1938 年的长沙"文夕大火"，致使该宗祠早已不存。

◆ 设立义庄　劝学济贫

"尝思墓不保祖宗孤，学不劝子孙愚，恒言也。"基善公的这句话，至少在当时来说，算是比较经典的。因此，他极力推动设立义庄，以保墓劝学济贫困。

基善公首倡设立了三处义庄:杨氏义庄，在长邑明道都圫尾虾子坪，岁租二百石；保墓劝学庄，在浏阳西乡丝横冲、沿冈桥及永图冲三处，岁租八十八石；勖侄世守学好庄，在浏阳西乡杨柳冲，岁租一百二十八石。以上共岁租四百一十六石。后来又在浏阳西乡小源冲增设义庄，此处义庄共田四十七丘，计一十八亩零零二毫八丝三忽。其中"保墓劝学庄""勖侄世守学好庄"，顾名思义，就是为了保墓、劝学。而义庄则主要是扶贫济困。但最后效果怎么样就很难说了，一是由于连年政局震荡，二是经管人员可能出于某种考虑，至少通山房（兆杏公）这一支没有得到多少实惠。

因为如果得到了一定的资助，仲篪公青少年时代也就不至于过得那么艰难。

◆ 设益清堂　刻版印书

在基善公那个年代,杨家还设立了一个专门刻印书籍的"杨益清堂"。原谱记载,在杨氏宗祠中，就有藏祠书版。其"藏祠书版目"如下：

云津杨氏支谱版二百零二片（外谱格版二片）

杨氏先嫩录存版二百四十五片（外卷二卷四补录版六片）

纪贞诗存并不垂杨传奇版二十八片

吕书六种合刊版六十四片

儒门指要版三十七片

孝烈遗芳版四十五片

简要格言版八片

痴言并赠言痴录版五十八片

以上共有六百九十五片书版,可见所刻印的书不少。除了记录本家族的支谱及先嫩录存外，还有纪贞诗存、吕书六种、儒门指要、孝烈遗芳、简要格言、痴言等。这也说明，当时长沙刻版印书之风比较盛行。

◆ 参校《国朝耆献类征》　校刊《四书字诂》《群经字诂》

基善公在收录其曾祖父洪公的《郎岱官舍病中寄谕》一文后，写了一段补记：

光绪辛卯（1891）……是岁季冬，湘阴李黼堂中丞桓捐馆前三日辛卯，朔念基善参校《国朝耆献类征》《国朝贤媛类征》微劳，赠八百金，基善尽偿公债……

关于"湘阴李黼堂中丞桓"，据《湖湘文化大辞典》记述：

李桓（1827—1892），字黼堂。湘阴（今汨罗）人……历任按察使、督粮道、布政使。同治元年（1862）任江西布政使兼署巡抚……1863年调任陕西布政使……晚年专心著述,编辑《国朝耆献类征》《国朝贤媛类征》，并著《宝丰斋类稿》《三山归擢小景》等。

基善公参校这两部书,获得了李桓赠予的"八百金"。八百金在当时不是一个小数目,因此有理由推断,基善公参校这两部书绝不仅仅只是"微劳",而是功劳不小。

新正补记：前不久收到湖南图书馆寻霖同志为本书写的序。该序不但对我族先辈褒扬有加，更是提供了一些我们不曾掌握的珍贵史料，其中就提到基善公参校《国朝耆献类征》一事，其史料远比我们掌握的更具体更详细。他说："同治光绪间，前江西布政使湘阴李桓编纂《国朝耆献类征》，辑录有清一代满汉臣工士庶一万多人传志，历时十五年乃成初稿，付刊之前，李桓曾嘱老友黔阳杨乐庭拔萃基善大为覆勘，通稽详考，期于章法有条不紊。拔萃笃好尚论，于明季及国朝人物尤为留意，凡门类之归并，人文之移接，提纲挈领，联属分明，更检所见纪载，依类增益，都为四百八十四卷。盖商定编次兼董校刊，又七年而书成。其目耕心耘，泒称始终不懈矣。是书为清代最大的一部人物总传。李桓历时十五年乃成初稿，杨基善又历七年完成校勘、编纂及刊版。至今此书为研究清代人物不可或缺之巨著。我由此亦知杨基善不仅富于财，豪于义，且赡于学问。"

寻霖同志在序中还说：

> 清道光间（1821—1850），黔阳寒儒段谔廷穷困潦倒，却以毕生精力从事经学研究，卒时留下手稿数百册，后由黔阳训导宁乡黄本骥整理为《四书字诂》七十八卷、《群经字诂》七十二卷。然以本骥冷僻学官俸薪所入，根本无力承担刊印之资。正当本骥求募无果、焦头烂额之际，黔阳士绅杨积煦、杨基善父子挺身而出，承担全部刊印费用。

> 如今《四书字诂》《群经字诂》及《国朝耆献类征》三书，煌煌百余巨册，完整收藏于本馆。人仅称本骥、李桓编纂之功，然若无杨氏父子助编、助刊之力，则此巨帙早湮没于人间矣。因此杨积煦、杨基善父子的懿德令行一直让我景仰……

关于段谔廷，据黔阳县有关资料记载：段谔廷（1779—1845），字其卿，礽庵，黔阳县人。乾隆四十四年（1779）生于黔阳县。道光十二年壬辰（1832）岁贡（或曰道光九年己丑岁贡）。少能文，博学，数奇不遇，乃闭门著书。所著《集字音训》二十四册，援经据传，无义不搜。道光二十五年（1845）乙巳四月殁。道光二十六年（1846）丙午孟春，县诸生蒋鹄臣抱段所著遗书二十有四册谒见恩师黄本骥，黄见其书，叹为"博洽"，为分编《四书字诂》七十八卷、《群经字诂》七十二卷，序以行世。道光二十九年（1849），由己酉科拔贡、候选府学教授杨基善刻印（杨益清祠刻本二十册）。咸丰七年（1857），杨基善复补刻，刻板存省垣杨基善宅。

同时，黔阳方面还提供了黄本骥所撰写的《集字音训》序，全文如下：

> 丙午（1846）孟春，门人蒋鹄臣抱其乡先段君所著遗书二十有四册来谒，曰："君名廷谔（谔廷），以岁贡生闭门著书，卒于去年四月，得年六十有六，其子不能读，恐致遗失，鹄臣搜得是稿，求为制序，以存其人。"

> 余阅其书，皆蝇头小楷，约数十万言，名曰《集字音训》，盖取坊刻《十三经》，集字逐次诠疏。一字数音、一字数义或数音一义，博引详征，条分缕析，即如《大学之道》四字所释，已不下六千言，可谓博矣！所引经、史、子、集，又复纲举目张，有条不紊，其用力可谓勤矣！学者诚能如此用心，使所读之书，一字不肯轻易放过，何患不为通人？则其造就后人之功，岂有既乎？第其书以"四书""五经"，及《周仪》《二礼》，《左》《公》《穀》三传为次，

而《尔雅》《孝经》阙焉。为山九仞，一篑未成，犹为不完本也。

余司铎龙标，今已十稔，有如此读书之人终老乡曲，而不及一见，心窃憾之。盖其生平，立品甚高，足迹不入城市。其乡人，又无达其姓名于余者，故无由面质其体例之得失，使之由博返约，归于至当，为读经者必不可少之书，是则段君之不幸，亦此地读书者之大不幸也。

余犹幸获见此稿，鹊臣其宝而藏之，以待后来之善读书者，踵而辑之，以成完书，刊版行世。余将濡笔以俟，特先叙其大略如此。

是书，余为改编《四书字诂》《五经字诂》二书，另有序。此，其原稿也。又记。

◆ 基善公身边的三位女人　捐奁济公　女中贤淑

基善公身边的三位女人：元配唐氏、继室徐氏、侧室陈氏。

咸丰壬子（1852），太平天国军队入湘，基善公祖母不得不"挈全眷避萍乡"，后到南昌，游离转徙，不得已"宅典梁姓"，将自己的老屋典当给了姓梁的人。典当了多少钱？"八百金"。第二年（1853），祖母等回到长沙，侨居乡下。这终究不是办法，还得将老屋赎回来。钱从哪里来？丙辰（1856）冬，竭力筹措了二百金，又借债二百金，合计四百金，也才够一半。基善公于是与自己的继室徐氏商量，徐氏慨然拿出元配唐氏的遗奁及她自己的奁（女人放私人钱财的盒子），凑齐八百金，才将老宅赎回来。

关于侧室陈氏，基善公等筹建宗祠，当祠堂快建成的时候，尚缺部分工料。不得已，基善公只得同侧室陈氏商量，陈氏慨然捐出自己的衣饰，得六十余千，才将宗祠建成。

一次，基善公偶然与陈氏谈到劝学的事。陈氏本来就经常为族中读书的学生操心，见基善公谈及此事，当即表示愿意捐出丝横冲田租的一半，以成全基善公的愿望，基善公"色然起曰：'诚如汝言，家之福也。'"

所以，基善公说："是三人者，亦未尝无关于余族。窃惧舌语所传，久或失实，曷若老人无廋辞（隐藏的话），无溢美，直抒胸臆，可质神明乎。"

◆ 尊重女性　禁溺女婴

基善公及我们家族在那个年代是比较尊重女性的，有史为证。

首先是在我们宗祠的"祠壁条规"中有专门一条反对溺女婴。条规中说："今日之女，异日之母也；今日生女之母，当年未溺之女也。我之子若孙未溺之女所出也，子若孙之妇，他人未溺之女也。言念及此，而犹以畏劳、愁嫁、穷迫无子诸疑虑，忍于一溺，天良渐灭尽矣。公议责罚……"

兆杏公则更早就禁溺女婴。《黔阳县志》记载："在建始，民多溺女，作文劝之，犯者以故杀律论，所活无算。"兆杏公任湖北建始县知县是嘉庆十七年（1812）。他既"作文劝之"，又对"犯者以故杀律论"，可谓法、理兼施，故"所活无算"。

对于"庶母"，我们家族历来也是比较尊重的。庶母地位低下，但我族在祠堂里还是设有庶母位，且在"西序诸姑之上"。

基善公在"汝州公故宅展建宗祠图"的说明中，还写了这样一段话：

《朱文端公集》：有河间生，父兄殁，发愤读书，为诸生，立祠堂祀父及嫡母，将以生母祔（fù 合祭）。

这段话是说，这位河间生是个秀才，秀才在当时还是有一定地位的，其父兄死了以后，立祠堂祭祀父亲和嫡母，嫡母也就是父亲的正室，而这位秀才的母亲是位庶母，即侧室。秀才打算将这位庶母（即其生母）的牌位也放在父亲及嫡母的旁边一起祭祀。

而族人尼（疑）之。告学师、有司、观察使，皆不可遂。号痛而缢，嗟乎！相习成俗，当道亦不学无术，误认风规，祸及孝子，惨矣哉！吾祠设庶母位于西序诸姑之上。

基善公对当时的"学师、有司、观察使"的不作为，十分反感，认为他们"亦不学无术，误认风规"，以致"祸及孝子，惨矣哉"。

另外，在我们祠堂中又补立了"节烈贞义祠龛位"。该龛位，暂时设置于今祠宗堂后东房，"俟展祠，按图移建。例载入九品官妻室，无封不敢徇俗，书例封、例赠"。

原谱还详列了"旌表"的名单：杨氏九世顺成公元配舒太君、九世顺昌公配王太君、十世标公配关太君、十二世文锡元配夏太君、十二世文河公继配韩太君、十四世兆棻公继配朱太君、十五世勋公配王太君、十五世灿公配陈太君、十六世荫圻配朱孺人、十六世荫钧配王孺人、十六世埏善配袁孺人。

这些节烈贞义妇女的事迹主要有：九世舒太君，流寇蹋滇，被执不屈，于清顺治十六年二月二十四日殉节；九世王太君，与夫顺昌公克勤耕织，事母至孝；十世关太君，时流寇入滇，与夫标公同日殉节；十二世夏太君，克勤克俭，恪尽妇道，婆婆病得厉害，她割臂肉和药以进；十二世韩太君，十七岁嫁给文河公，第二年文河公就去世了，她矢志守节，抚前子女成立婚嫁；十四世朱太君，出生于世族，幼侍亲疾，夜坠楼，遂伛偻以行。退庵公闻其贤，续娶焉。她抚育子女不啻所生……

◆ 尊重雇员　设义仆祠

我族对家中的工作人员一直坚持平等相待。

洪公临终时，曾环顾跟随自己多年的随从和仆人说："此皆旧人，不可轻弃。谢忠明白勤谨，办事已有明证，依他本意，送至湖南岳州，距黔阳尚远，可不必。到你（指兆李公）服阕来豫，署中门上，命谢忠专管词讼，周俊传帖，粟升在内学习，萧元在签押上。"

洪公强调："此皆旧人，不可轻弃。"说明他十分看重这些人，尊重他们。而洪公的后人也一直没有忘记他的教诲。

基善公在其曾祖的遗令后有段按语：

> 各仆不能尽悉……咸丰丁巳（1857），基善捐备祠基，随两从父议，凡从先世患难中而乏嗣者，设义仆之祀（有子者勿轻加仆名）。祠既建，前厅东廊立义仆祠……

基善公还特地写了《义仆纪略》一文。文中说："宗祠前东廊，小筑设义仆位，曰黔阳粟升、浏阳杨明、昆明王元、长沙黄贵，皆乏嗣而从吾先人于患难者也。"然后逐一介绍其事迹。

比如粟升，最初受雇于基善公的高祖文赐公，后跟随其曾祖洪公，以及十四世其伯祖兆杏公、祖父兆李公，先后服务三代。粟升诚实忠直，洪公辅助麻阳高村防务时，粟升随侍，侦探警巡，屡历艰险。到解除警戒，粟升看到当地十分凋敝，效法主人，谢却对方的酬谢，空手而归。终年七十九。

黄贵，在太平天国军队入湘期间，咸丰壬子（1852），"自秋祖（到）冬，围攻长沙八十余日"，基善祖母"挈全眷避萍乡，遣贵回湘，嘱曙初从父（堂叔父积熙公）措旅资，贵腰缠汇券千金，行经浏之上栗，褴褛健儿十余宿桥头，不虞，其丐而盗也。倏哗传商旅被劫杀，而贵已蓦越"。随后，基善祖母搬到南昌，听说太平军轰炸长沙的城南天心阁，差一点被攻陷，最后勉强保住。于是，亟遣黄贵再至湘。当时，虽然守阵官军炮毙西王萧朝贵，但东王杨秀清护天王洪秀全自永兴而来，大股扑省城。黄贵用绳子拴住自己后吊入长沙城中，然后用同样的办法，护卫积熙公出长沙城……以此来为主家服务。

基善公说：以上四人（粟升、杨明、王元、黄贵），"或识之无，或粗习书计"，但都忠心耿耿，"事穷见节义"。

以上四人都没有后人，所以在我族祠堂设位祭祀。对于有后之人，家谱中说："有子者勿轻加仆名。"故不在我族祠堂设位祭祀。但他们同样有不少事迹可以记述。于是，基善公又记述了四人：巴陵（岳阳）人谢忠、信阳乌鸡屯人陈贵、吴县人顾瑸、湖北麻城人易安。

比如陈贵，一直跟随兆李公，嘉庆六年（1801），兆李公因运米霉变，被刑部堂讯，陈贵代为坐刑部监狱。后兆李公复职，陈贵仍一直跟从。陈贵死后，基善祖父兆李公赠以厚礼。

又如顾瑸，"向司（一直负责某方面的事情）郡邑词讼，必择主。大父访得之。泌任六年，不生事，不废事，故无偾事（偾事，把事情搞坏）"。后来以老辞去，"将终无疾，绝而复苏。语家人曰：'吾生平不索鬻儿嫁妇钱，家未尝不小康。'此衷殊洒落无苦也。乃瞑"。

基善公在《义仆纪略》中最后写道：

> 容斋洪氏曰：至行过人曰义，义士、义侠、义姑、义夫、义妇是也。
> 余谓义仆，何独不然？以此四人，并前四人观之，秉心之制，协事之宜，
> 洵不愧庸中佼佼，抑可谓仆而士矣。士其行而仆其身，庸何伤？有士其身
> 而仆其行者，自省当何如？

末了，基善公仍不忘对一位雇工记上一笔：

> 雇工湘潭赵得鳌，善堪田，历事三世五十年，光绪甲午（1894）春殁。
> 年八十二，以乏嗣无归，祔义仆祠。

◆ 延请司簿　管理公业

我族公业不多，但在管理方面，还是延请了外人。其延请的司簿有：

> 浏阳人黄见龙，从 1857 年到 1861 年；浏阳人谢永祥，从 1865 年到
> 1869 年；善化人李光祜，1870 年接管。

原谱在记录延请了哪些人之后说：

> 有谓族事不应借才异姓者，抑知经管果实事求是，裹理得人，互相查察，
> 原不限本族异姓。吾族深赖诸君之益几四十年，簿籍具存，可覆按也。

在清朝末年，我们家族就延请外姓人担任家族公业的司簿，协助管理公业，这一举措，就是在当今，也是比较开放、先进的。同时，族人对延请的司簿也很尊重，认为可以"互相查察"，并说"吾族深赖诸君之益几四十年"。

◆ 不联祠谱　阙所不知

原谱上的"祠、墓、义庄、谱事核定续章"，其中有一条是"不联祠谱"。文中说：

> 湘省巨族每联郡县立一总祠，人事不齐，有为婚者，有帮讼者，丛弊
> 潜滋。昔萧望之，名臣也，其子孙妄序昭穆于鄶侯；郭崇韬，重臣也，泣
> 拜汾阳王墓，岂若狄武襄不冒梁公族加人一等乎？吾谱断自洪武（即从洪
> 武十四年，我族迁滇始祖辛公开滇算起，以前的不去追溯），阙所不知，
> 先世良规，谨当法守。

"阙所不知"，就是自己不知道的，宁愿空缺在那里，而不去臆想、推断、攀附。这是一种实事求是的态度，亦是我族一直坚守的一条定律。

◆ 极速败落　不知何故

基善公在所作《勖侄世守学好庄记》中说：

> 吾昔随长、季两房从父创立义庄，陆续捐己分田岁租百四十余石，合

众得二百石，今春汇吾夫妇墓田庐三区，共租八十余石……尚有膳田，在浏阳下西乡杨柳冲，额租百二十八石……

从以上可知，当时杨家的义庄每年共可收租谷四百多石，不算少。在黔阳，有田、山、房屋，其中田三十三亩。此外，应该还有一些房产等其他财产。而当时我们家族的人口总共四十多人，以后繁衍的也不是很多，生活应该是可以的。但不过二三十年，到了 20 世纪 20 年代前后，不少杨家人的生活就比较困难了。我父亲十岁左右就到别人家放牛、做事，以混口饭吃。其他人家，到 1949 年时，仅一户被划成破产地主，划成中农的，好像也只有一户，生活肯定好不到哪里去。不知为什么会败落到如此地步。

1894 年发生了中日甲午战争，1900 年八国联军攻占北京，1911 年辛亥革命爆发，以后又是军阀混战，抗日战争……一连串的政治大事变，使得整个中国社会一直动荡不安，激剧变动。在这样的时代背景下，是否原来的官宦之家，一时不能适应，一下子便陷入困境？或者，直接遭到了某种打击？或者，族中出了某些不肖子孙，将家产败散殆尽？具体原因，至今不甚清楚。

益清堂

昶斌公的近现代后人

十八世仲箎公

▲杨仲箎

◆ 苦难童年　早经磨炼

仲箎（chí）公（新正父亲）生于1906年，是兆杏公的第五世孙。其高祖即兆杏公，曾祖积煐公，祖达善公，生父之锟公。

兆杏公虽多年在湖北任知县，但致仕时却"一文不名，依弟兆李供养以终"。曾祖积煐公则"喜置书，典衣质物弗吝"。待他去世后，其墓田仅只一丘，不到一亩面积，"计八分二厘陆毫"。到祖父、父辈时，均为一般民众，既无遗产、遗业可享，大概也不太熟悉农事，生活状况可想而知。

仲箎公就出生在这样一个家庭环境中。

更可悲的是，父母早逝。父亲在他十六七岁时去世，母亲则更早，在他十一岁时就已去世。虽然名义上承继给大伯父之绅公为嗣，而之绅公实际上是个单身人，且在他十一岁时就去世了。这时，剩下他及一个比他大九岁的哥哥和一个比他小七岁的妹妹。兄妹三人相依为命，要想养活自己确实为难。

别无选择。在他十来岁时，就到舅舅王家放牛、割草、做杂事。稍大一点就学做田里功夫。

舅舅又是姑父。当年，杨、王两家结"扁担亲"。仲箎公的姑妈嫁给了仲箎公妈妈的兄弟为妻。

亲舅舅对外甥可能有某些关照，但种田人家事还得努力去做。仲箎公曾亲口说过，早春时节，田里还结着冰，他得打着赤脚，破冰犁田；六月酷暑，顶着炎炎烈日扮禾（收割水稻）；农忙时节，赶早班，加晚班，更是常有的事……

◆ 勤奋能干　乡村"田秀才"

苦难的童年，磨炼了仲箎公的意志，也让他学会了生活的本领，终于使他成为真正的"种田能手"，乡村"田秀才"。各项农活无一不会，无一不精。扶犁掌耙，撒谷种秧，推礱筛糠，种菜喂猪，门门在行，样样精通。比如插秧，随手而插，既

一个家族的六百年——讲故事的云津杨氏支谱

益清堂

快又好，且横直成行，他插的田，成为乡间的一道风景；又如种菜整地，一块块的菜地，他整得不仅方方正正，而且棱角分明，煞是美观好看；再比如他码的超大草垛，任你下多大的雨，草垛里面也不漏水，也任你从下面或中间去扯出一根又一根的稻草，草垛仍不歪不倒。这同样成了乡村的一道风景。

仲箥公还有两项手艺在周围十里八乡颇有名气。一是翻盖茅屋。这种房子相对于瓦屋，建筑成本低，且比瓦屋冬暖夏凉一些。但现存的乡村茅屋已极少。这种茅屋每过一两年就要翻盖一次，而且倘若盖得不好，很容易漏雨。仲箥公擅长翻盖茅屋，不但盖得好，极少漏水，而且"人"字形的屋顶及屋檐平平整整，堪称美观。每到秋收之后，请他盖屋的人往往络绎不绝。二是烹饪办厨。他做的饭菜味道极好，在当地也颇有名气，可算是名副其实的大厨。只是当时人们普遍比较贫穷，办宴席的机会不多，他不能充分展示厨艺。

仲箥公做事极认真，从不马虎。哪怕是写几个字，虽然他大概只念了一两年私塾，毛笔字也总是写得端端正正。

他还有点"法术"。比如有人脚掌生疔，有人鱼刺卡喉，他为之"起土""画水"，不用直接接触身体，往往就能解决问题。邻居李兆云，本人是个乡村医生，脚掌生疔，怎么也治不好，找到仲箥公，仲箥公对天比画比画，弄几下，真就好了。仲箥公的长孙文勇，小时候有一次鱼刺卡喉，他却不急不忙，拿着半杯水，走到屋外空旷地方，对天画几下，口中念念有词，然后叫孙子将水喝下去。只听见"哇"的一声，寸长的鱼刺从孙子的口中吐了出来。

仲箥公生于清末，经历民国和新中国。从1906年出生到1986年去世，在其八十年的生涯里，虽终身务农，饱受磨难，但人极勤奋，且能干，因此自己和家人虽然日子过得清苦，但基本达到低水平的温饱，并抚育其子女较健康地成长。

他一生平凡，但可说是凡而不俗，活出了自己的精彩！

◆ 参加过农民运动　被日本鬼子掳过伕

直到1949年，我们家里仍保留着一支梭镖，这是当年父亲参加农民运动的历史见证。

湖南农民运动是由中国共产党湘区委员会发动的一场大规模农民革命运动，发展十分迅猛，1926年进入高潮，1927年"马日事变"后转入低谷。父亲虽然没有跟新正讲过参加农民运动的具体情况，但梭镖队是当时农民运动的一支革命武装队伍。"大革命"失败后，部分农民军参加了毛泽东领导的秋收起义。父亲当时已经结婚，可能就留在了家乡。

后来，那支梭镖被打成了一把插钎。新正曾和父亲一起，用它在山上栽插过小树苗。

另外，1944年至1945年上半年，日本鬼子攻占长沙以后，经常下乡搜刮。他们自身人力不够，就掳伕为其搬运物资。正是在这种情况下，父亲被他们掳过伕。这件事在新正小小年纪的记忆里，有着模糊的印象。

附　祭父文

2006年6月17日，岁次丙戌五月二十二日，父亲百岁寿辰前五日，逝世二十周年后两日，孝男新正、媳懿群，孝女淑纯、婿万连生，孝女利民、婿王名和，率所有子孙，虔备素酒时馐，敬献祭品供昊，掬诚致祭于杨公仲簏父亲大人灵位前曰：

平凡吾父，平而不凡；一介农民，本也平常；克勤克俭，治事有方；各项农活，门门在行。为人宽厚，享誉村坊。

今逢诞生百年之期，逝世廿年之日，儿辈思念殊深，音容永志难忘。

吾父大人，生于清末，国势维艰；逮至民国，历经风霜；日寇侵犯，饱受磨难。欣迎解放，始把身翻；又逢"文革"，法纪不张；承包到户，家有余粮；儿孙进城，老有所养。惜已年迈，不幸摔伤；八十仙逝，驾鹤西方。晚辈念及，泪湿衣裳。

筚路蓝缕，创业艰辛；少年失怙，无处安身；跟随舅父，效力农耕；自此而后，劳累一生；古稀垂暮，陇亩躬耕。

心灵手巧，农活精通；样样会做，项项曰能。扶犁掌耙，撒谷种秧；种菜喂猪，推米筛糠。粗活当作细活做，轻重缓急有掂量。随手插秧，横成直线竖成行；烹饪办厨，煎炒炖焖满屋香；翻盖茅屋，不滴不漏心舒畅。

曩昔缺医少药，父有术技在身。鱼刺卡喉，脚掌生疔；疑难杂症，求助上门；巧施术技，立竿见影；或术到病除，或消肿止痛；自有真情在，何需取分文；度人犹度己，和睦众乡亲。

勤劳做事，诚恳待人。不欺不诈，不阿不谀。教育子女：做人以诚；行为示范，儿女仿行。家人敬重，乡邻称颂。

时代限制，囿于小农。虽勤且能，然出路逼仄，生活仍显艰辛。改革开放，喜迎春风，生活上升，国家安宁。昔日苦楚皆尝尽，幸福晚年才及身。本可再活十年廿春，尽享桑榆美景；谁知天命难违，走得如此匆匆。儿女常忆起，两眼泪沾襟。

吾父吾母，结婚五十余年，互帮互撑，伉俪情深。胼手胝足，共建家庭；茹苦含辛，抚育儿孙。及至暮年，夫妻琴瑟和同，晚辈事业有成。讵料天不假年，儿女丧母，顿足捶胸；父亲失偶，老泪纵横。

父亲晚年，难免有恙。儿女工作繁忙，平时陪伴少，照料不周详。待到合家城市聚居，儿上班孙读书，形单影只心惆怅。偶尔街头行走，人生地不熟，路人身旁过，招呼无回应。凡此种种，儿辈愧疚在心。

喜看如今，儿孙满堂，家业兴旺。三个儿女，三户大家庭；开枝发脉，繁衍四十多人。生儿子，子而孙，曾孙之后有玄孙。今日政策好，儿孙从业，各有专攻；或工或农，保险金融；各安其业，各尽所能；长孙文勇，供职中国银行；小孙志勇，公司重任担当；孙女梅红，喜摘"保险之星"。儿已退休，依然笔耕：编修省志，读报审评；生活充实，身健事顺。告慰父灵，可含笑九泉，可云游仙境。儿孙诸事，父可放心。

维我慈父，德能并兼。今日奠祭，慰魂安然。英灵在上，护佑四方；保我后人，平和安康；瓜瓞绵长，子孙永昌。谨陈珍馐，酌以桂浆。我父有灵，来格来尝。尚飨。

仲篾公妻邓氏

◆ 文夕大火后 六个月身孕长沙捡破烂

"文夕大火"，1938年11月13日凌晨发生在长沙。当时，面对日寇的进犯，国民党当局采用"焦土政策"，制定了焚烧长沙的计划。但在计划正式实施之前，一系列偶然因素，让这场火灾变得完全不受控制，最终导致长沙三万多人丧生，全城90%以上的房屋被烧毁，经济损失极其惨重，也让长沙与斯大林格勒、广岛和

▲仲篾公妻邓氏

长崎一起成为第二次世界大战中毁坏最严重的城市，是中国抗战史上与花园口决堤、重庆防空洞惨案并称的三大惨案之一。

当时，仲篾公一家住在长沙东乡仙人市附近，距长沙市约三十公里。大火之后不久，仲篾公妻邓氏不顾自己六个月的身孕（怀的正是新正），到长沙捡破烂，往返六十公里，纯靠步行。且邓氏从小就裹过足，还有些变形，走起路来并不利索。这么远去捡破烂，其辛苦可想而知。同时可以想象，长沙已经烧成那个样子，况且绝不可能是火烧之后立即就去，还有什么好东西可捡，顶多不过是一些坛坛罐罐，破铜烂铁而已。记得1949年前后，新正家有个旧铁皮筒，用来装茶叶。那个旧铁皮筒可能就是那次捡来的，因为当时乡下人家里一般没有此类物品。

◆ 一窝小猪崽 换来一栋房

仲篾公配邓氏，一生没有名字，没有上过学，真的是一字不识，但人很勤奋，能勤俭持家，特别是会养母猪。

1946年，抗日战争结束不久，内战又已开始，民众生活仍极艰难。这一年，邓

氏养的一头母猪一窝下了十多头猪崽，经她精心喂养，小猪崽长得很快，当地习惯小猪满两个月即可出售，每一头都有二三十斤。正好又赶上当时小猪价格比较高，这一窝猪崽出售后整整得了六十担谷，这在当时和后来都是十分难得的。

仲簏公家贫，不但没有自己的一分一厘地，也一直居无定所，靠租佃别人家的房子居住，多年来的频繁租佃、搬家，夫妇俩早已烦不胜烦。于是就用这六十担谷买了一栋房子，附带有房子周围的一片山地。

说是一栋房子，其实不过就是两间土砖瓦屋和四间破破烂烂的茅草屋。可是，在那样一个年代，对于这样一个家庭来说，仍可说是一件大喜事，因为总算可以安居了。同时，周围的山地可以用来种菜，种杂粮等，生活条件也就比从前好了一点。

十八世芹生公

◆ 去抓壮丁前　先叫儿子送个信

十八世芹生公家楠，生于1898年。他为人正直。1946年至1949年，在地方上曾担任过一段时间的"保长"，相当于现在的农村村委会主任。那时，正是解放战争时期，国民党需要不断补充兵员，但老百姓大多不愿去当兵，于是，就强迫青年男子去当兵，规定"三抽一"，家庭有三个儿子的，必须抽一个去当兵，叫作"抽壮丁"。被抽到也不愿意去，就只好强行去抓，这便是"抓壮丁"的由来。

地方上的保长，没有办法，只好配合去抓壮丁。芹生公不忍心农家孩子被抓去当炮灰，怎么办？他往往在得知要去某家"抓壮丁"后，马上让大儿子端裕赶快到那户人家报个信，叫人家躲一躲，以免被强行抓走。

乡民们看在眼里，记在心里。解放后，不少"伪保长"被批斗，但芹生公一次也没有被批斗过。

◆ 困难再大　也要让子女多读书

杨氏近现代先人，即使家庭经济十分困难，也一定想要让子女多读点书。

1949年以前，芹生公虽有一些田山，但家里人口多，两个儿子又先后患重病，经济状况并不很好（"土改"时被划为"中农"成分），但他仍将两个较小的儿子建湘和元庆，送去读初中。在那个年代，农村的人能够读初中，已经是很了不起了。

新正父亲仲簏公更是再困难，也一定要让子女多读点书。

新正于1952年暑期考取初中。当时新正家是贫农，虽然"土改"时分了几亩地，但生活仍十分拮据。同时，整个教育也很落后，整体入学率不高。当年考初中，报录比仅为6:1。家里距学校约30里，非寄宿不可，费用就更高了。报到入学必须缴27万余元（1955年币制改为以"元"为单位后，相当于27元）。家里怎么拿得出？

但父亲还是下狠心，决定卖掉家里仅有的一头肥猪。又因为城里的猪价比乡下略高，父亲便将猪送到城里去卖。

那天，父亲将猪绑在土车子上，他在后面推车，新正在前头用绳子拉车。清晨摸黑出发，到长沙城里30公里，大概不到中午就将猪卖了，比在乡下多卖了几个钱。不敢花一文钱，连中餐都是从家里用竹筒盛饭带到路上吃的。然后赶紧回家，到家里天还没有黑哩！那时新正13岁，一天走120里，没觉得怎么累。反倒是第一次进了城，第一次看到了铁路原来是两条铁轨，猪又多卖了几个钱，心里特高兴。

光是卖猪的钱交学费还是不够。只好东拼西凑、左挪右借，终于凑足了学费。

虽然入学交费比较多，但因为有助学金，以后交费并不是太多。初中毕业时，考虑到家庭经济困难，新正没有报考高中，而是报考了不用交费用的师范学校。

新正的妹妹利民，一个女孩子，父母也一直克服困难，送她读了高中。但1966年"文化大革命"开始，正在长沙长郡中学读高中三年级的她，无缘继续升学，只好在家务农。

十九世新正

◆ 不经意间　一天走了160里

新正是1955年考入宁乡师范学校的。

1957年下学期即将开学时，新正步行从家里到学校报到读书，那一天，不经意间，整整走了160里。怎么一天走了这么远？

那天，父母早早叫醒新正，并做了一顿较为可口的早餐。吃完后，父亲便陪新正从家里——长沙东乡车马村芋头坡出发了。父子俩边说边走，走了十五六里，到了一个叫鹿芝岭的地方，东方开始泛白，路上也开始有行人了。父亲左叮咛、右嘱咐后，便返回家去，新正则一个人继续往长沙赶。

▲ 杨新正

上午10点左右，又走了40多里路，到了长沙城。不敢停留，马上坐轮渡经橘子洲过湘江，到了长沙汽车西站，准备购买到宁乡的车票。如果有车，当天到学校还会是比较早的。

可是当时汽车很少，当天车票已售完。新正考虑到在长沙等一天，住一晚，又要花钱，身上的钱本来就不多，舍不得，况且时间还早，便决定走一段路再说。在路边买了一碗豆腐脑喝了，就又开始赶路。

因为放暑假时，被褥铺盖、学习用品等都还放在学校里，故行李不多，走起来还算轻松。路也好走，沿着公路一直往西就行。又因为车少，虽是沙石路，灰尘并不太多。经过望城坡、山枣铺、黄花塘、白箬铺等处，到达宁乡油草铺时，天开始黑下来了。这里距宁乡还有约 30 里。找个地方歇下来？已经走了这么远了，这 30 里又算什么？心一横，还是继续走吧。路两边隔得不远就有农户，路上也不时有行人和汽车，丝毫不感到害怕。就这样，晚上 10 点左右，终于走到了学校。当时，还有一些同学正在操坪上乘凉，见新正这时走到学校来，都感到很惊奇。

第二天早餐后，新正又到操场上打篮球了。毕竟是年轻，正好 18 岁。

从家里到长沙是 60 里，从长沙到宁乡 100 里，一天走了 160 里。不是有意为之，而是顺势而为！

◆ 山区教学　学生大　老师小

1958 年 3 月，新正从宁乡师范提前毕业，分配到宁乡铁冲完全小学教书。当时，铁冲完小刚刚办起了一个附属初中班，新正被分派担任初中班语文老师。

这里是山区，教育很落后，山里孩子上学难。办起附属初中班以后，生源不是很足。因此，这个班的学生来自附近好几个乡，年龄也参差不齐，有五六个学生已经二十来岁了，还有两三个已经结婚。而新正作为他们的老师，仅仅 19 岁。真是"学生大，先生小"。但大家学习都很认真刻苦，后来有好几个学生考上了大学。

◆ 坚守岗位　坚持原则

1966 年"文化大革命"开始时，新正在中共宁乡县委会办公室工作。

"文革"兴起，学生大串联，到处造反声，大字报满天飞，一些工厂也"停产闹革命"……作为机关在职工作人员，新正虽然也不时写点大字报什么的，但始终坚守工作岗位，接待串联学生，接待造反派代表，处理一些日常事务。

"文革"期间，有一件事印象比较深。一天，宁乡师范学校几个造反派同学找到共青团宁乡县委，说是该校团总支书记萧某某不支持学生运动，要求开除他的团籍。当时新正是团县委委员，而团县委机关就在中共宁乡县委机关院内。于是，团县委一位负责人找到新正，说是开个会，讨论开除萧某某的团籍问题（团县委专职人员因人数不够，于是邀新正参加）。新正当即和其他几位讨论，认为按照共青团章程，开除理由不充分。于是，一致决定不同意开除该同志的团籍。那几位造反派同学也无可奈何。

◆ 新闻报道　为改革开放鼓与呼

1971 年 12 月，新正调到湖南日报社工作。先是从事理论宣传报道。针对"文化大革命"中，林彪、"四人帮"一伙制造的种种歪理邪说，先后编发了不少理论方面的文章，自己也不时写点理论文章，以帮助人们辨明是非。

1979年下半年起，新正从编辑岗位转换到记者岗位。

这是一个大变动的时代，"改革开放"成为时代主流。新正顺应时代要求，采写了不少为改革开放鼓与呼的报道，也撰写了一些有针对性的言论。

新闻报道方面如：《望城县落实按劳分配原则，破除"劳动计酬点人头，实物分配按人头"的平均主义》（1979年）、长沙县《领导带头自觉清理"左"的影响》（1981年，人民日报转载）、长沙县领导成员《学习领导大规模商品生产的本领》（1984年）、长沙市工业战线实行经济体制改革《抓好配套放权，搞活大中型企业》（1985年）、《冲破"中梗阻"的胜利》（1986年）、《五十万公斤席草引起的争论》（1986年）、《常德县积极发展种粮专业大户》（1987年）等。还有《雷锋家乡雷锋多》等报道。

言论方面如：《"不找市长找市场"的启示》（1987年6月）、《改革出计谋》（1987年7月）、《更勇敢地进入国际市场》（1987年12月）、《"不了了之"也是一"了"》（1989年4月）等。

附 "不了了之"也是一"了"

在四川新都宝光寺里有一副对联："世外人，法无定法，然后知非法法也；天下事，了犹未了，何妨以不了了之。"同行的几个人围绕下联议论道：

"不能笼统地说天下事都是'了犹未了，何妨以不了了之'。"

"不过，在某些情况下，不了了之不失为处理矛盾的一种方法"……

按《现代汉语词典》的解释，不了了之是指："该办的事情没有办完，放在一边不去管它，就算完事。"在人们的心目中，这是个贬义词，将该办的事放在一边不去管它，难道是积极负责的态度么？难道矛盾就自然解决了么？

然而，也有这种情况，有些事情暂时放在一边，不去争个你输我赢，不去争论是非曲直，而是让时间冲淡一下人们的激情和记忆，久而久之，情绪平静了，矛盾也会自然而然地逐步淡化、缓和下来，人们要处理和解决时也就不难了。当然，这里指的不是大是大非的原则问题，而是诸如个人恩恩怨怨之类的小事情。也就是说，不是你死我活的矛盾，而是非对抗性的矛盾。

在这里，"不了了之"中的"了之"，是指矛盾的解决。矛盾的解决是以一定的条件为前提的。没有一定的条件，矛盾当然不能解决。那么，以"不了"而"了之"的条件是什么呢？首先是时间的推移。有些非对抗性矛盾，随着时间的推移，情况发生了变化，新的矛盾代替了旧的矛盾，因而旧矛盾不再为人们所注意，自然而然地获得了解决。其次是随着时间的推移，人们对问题的看法就可能冷静些、全面些、深刻一些。这时恰如其分地予以解决就有了基础……

总之，对那些并非大是大非的原则问题，不妨放一放，冷一冷，有时不妨不了了之，这样既不影响事业，又不伤害同志，何乐而不为？"大事不含糊，小事不纠缠"，说的也正是这个意思吧！

（此文原载 1989 年 4 月 27 日《湖南日报》，有删节）

◆ 尴尬　六十童子考秀才

《六十童子考秀才》是新正写的一篇文章的题目。此文写于 1998 年，字里行间透露出几分无奈及些许埋怨，也反映了当时的一种社会现实，照录如下：

鄙人今年虚岁六十，想不到为了一个"秀才"功名，还两上考场。

1958 年，我中师毕业，走上工作单位。1971 年起一直从事编辑、记者工作，迄今二十七年矣。1982 年评了个中级职称。1990 年代前期，曾经几次申请过副高职称，每次都是资格审查就被刷了下来。何也？没有文凭。因为评新闻高级职称，非大学本科不可。我则冥顽不化，没有再去读个文凭什么的，四十年来一直还是个中专生。由于碰了几次钉子，加上本单位给我评了个"内部粮票"副高职称，对于申报"全国粮票"副高职称我也就心灰意冷，死了那份心。

去年秋，单位分管职称工作的一位人事处长劝我说："现在像你这样年纪大的报'副高'，学历上可以破点格，但是要去考一下外语，即使考得不好，只要进了考场也好讲话些。"劝之再三，我同意了。于是报考了日文。因为在此之前，我考过三次日文，稍晓得一点点。

考试日期是 1997 年 12 月 1 日。考试之前，单位工作特忙，又连续出差，更兼碰上搬家，人家说是没有复习一天，我则真真切切没有复习一分钟。而且，当天下午又要到杭州开会，无心恋战。在考场，一是靠以前自学的那一点点知识。二是利用日文和中文的某些相似处去猜、去蒙。三是选择题，选 A 就通通选 A，选 B 就通通选 B。这样胡乱答了一阵，看看时间还有剩余，退场又嫌太早，于是心血来潮，在草稿纸上写下几句打油诗：

> 五十八岁一童生，四上考场考日文。
> 三次绩优不作数，此回只怕得零分。
> 不是本人不努力，只缘工作难分身。
> 客观原因无需说，听天由命不由人。

这时，有人交卷了，便也匆匆交卷退场，打点赴杭州开会。

说实话，这场考试自己估分顶多十来分，可能是阅卷者有恻隐之心，最后告知是 25 分,算是过了关。

　　一场未已,一场又来。九月下旬,忽然接到"破格人员论文答辩(面试)的通知"。通知云:"破格申报专业技术职务的人员必须参加由主管部门主持的论文答辩或面试。您系今年申报的破格对象,所破内容为学历……"又是可悲的学历问题。

　　9 月 27 日来到答辩现场。答辩的两道题目是答辩前半个多小时交到我手上的。看了看,不算太难,可也不能小视,于是抓紧拟出答辩提纲。

　　进入答辩现场,前面一排坐了八九个评委,侧面还有几个工作人员,答辩席面对评委而设,单独一席,既像一排老师考问一个学生,也像一位发言人面对听众发表演讲。评委主持人作简要发言后,出题评委重述一遍题目,我便开始答辩。记得我是这样开头的:"我是八十岁公公考秀才。面对各位主考官、监临官,我心里颇紧张。接受你们的面试很荣耀,很高兴,因为能得到你们的教诲、提携。同时也很无奈,至于为什么'无奈'就不说了,下面回答第一个问题……"

　　两题答完,我请主考官们提问,他们没有提问就叫我退场。事后,有在场评委、我的老朋友对我戏言:"我们是在听你作报告。"誉耶?毁耶?不得而知。而我却只管耕耘,不问收获,过程就是一切,结果如何懒得去想它。

(《岳阳晚报》曾公开发表此文)

◆ 著述《中国新闻通讯员简史》 填补新闻史空白

　　新正一生与新闻工作有缘,与新闻通讯员有缘。20 世纪 50 年代末,新正是县报通讯员,60 年代初,是省报和省广播电台通讯员。1971 年,进入省委机关报工作,做过记者、编辑,也主管过通讯员工作,向他们约稿,为他们改稿。在其主办的通讯员学习班上,或在一些地方和单位主办的通讯员学习班上,多次为通讯员讲过课,也带过一些通讯员到现场采访。

　　退休以后,2001 年起,新正开始以较多精力关注中国通讯员这一话题,并注意搜集有关新闻通讯员的资料。

　　2009 年 9 月,新正主编的《湖南省志·报业志》正式出版以后,便从实际工作岗位上完全退了下来,于是潜心研究中国新闻通讯员史。他翻阅了众多资料,作了大量、详细的摘录,然后认真分析研究,综合整理,使之成为自己的东西,终于著成《中国新闻通讯员简史》。中国社会科学院新闻研究所学术委员、研究生导师何光先为该书作序,题为《一部填补新闻史空白的专著》。

在续修家谱的过程中，新正被家族的良好家风深深感染，于是将家谱中有关家风的资料加以系统整理，分别写成《从家谱中传承优良家风》《从家谱里吸取廉洁文化精华》两文，既是作为激励自己、教育子孙的教材，同时也向社会公开，以期引起更多人的关注。

"家风"一文，首先介绍了家族宗祠中的三副楹联：

读书者不贱，守田者不饥，积德者不倾，择交者不败。

惜衣惜食非为惜财原惜福，求名求利但须求己莫求人。

垂训一无欺，能安分者即是敬宗尊祖；守身三自反，会吃亏者便是孝子贤孙。

接着，分四个小标题："读书明志　正直做人""孝顺和睦　慎重择友""积善养德　勤俭持家""出仕为民　仁恕为本"，较详细地阐述了优良家风的具体内容。

文章最后说，优良家风是先辈留给子孙后代最宝贵的财富。承传、光大优良家风，对于全社会的精神文明建设无疑具有重要意义。

《从家谱里汲取廉洁文化精华》曾发表在《湖南日报》2022年8月12日"湘江"副刊上，现摘录如下：

从家谱里汲取廉洁文化精华

杨新正

我家保存有一部1895年刊印的家谱，近几年，我一直在续修家谱。在阅读老谱、续修新谱的过程中，我深深感到，家谱是个巨大的宝库。它保存着众多中国优秀传统文化，时至今日，仍不失其思想光辉。廉洁文化便是其中的重要组成部分，值得我们传承、发扬。

在我们的家谱中，廉洁文化主要从"言"与"行"两个方面体现出来。

从"言"的方面来说，就是先辈们的"训示"。家谱里特别设有"彝训"一章，现摘录一些如下：

……

安清贫，吾宗清白垂训，累世先人莫不衣仅御寒，食仅充饥，室庐仅蔽风雨……清贫世守，绰有古风。

接汝禀，知谷贱伤农。佃客索减押规银，日用渐形支绌，颇深焦虑。既而思家风清白，昔贤谓仕宦无钱是好消息，不觉夷然（同怡然）……汝将此信呈高祝丈，恳暂借二百金，以济急需。

除了"彝训"里的训示外，在平时，特别是在一些重要节点上，先人们也不忘谆谆教导……十三世洪公在其遗嘱中说："好生认真做官，清、慎、勤，缺一不可，万勿视为迂谈。"他的两个先后中了举，并分别出任知县、知州的儿子——兆杏公和兆李公，也始终铭记他的教导，清廉为官，其官声都比较好，当地的县志分别记载了他们的事迹。

从"行"的方面来说，先人们更是以身作则，率先垂范，为我们作出了廉洁表率。

这可以追溯到我们的六世祖秉元公，他在被授徽州歙县知县后，即"盟于神，不以一钱自污"。他说到做到，有关记述说他"视民如子，治行为南都冠"。

再来看看十一世永斌公。他从知县做到巡抚、吏部右侍郎，并出任过湖南布政使……

他在涿州知州任上时，按涿州旧例，盐包到河下，州官亲出点检，每包可得规银一钱五分；当铺出号，州守亦为点检，其价轻而物贵者，悉取以还。永斌公将其革除净尽。但当雍正皇帝问直隶总督李维钧"杨永斌做官如何"时，李维钧却说："杨永斌过于迂执，盐店当铺向有几两规例银子送知州，知州也有为他们费心处。杨永斌连这项也不要。"他认为这样做不好。雍正却说：盐典规例不要，这是矫廉，如此好官，何以不首荐？

十二世文赐公较长时间在湖南澧州、石门、永绥厅等地当一名九品巡检之类的小官。他的堂兄、永斌公儿子文锡公在给他的私人信件中有这么一句话："至吾弟一官，鸡肋，清苦万状。"清苦到什么程度？老谱中说："十二世照磨公官楚，贫不克赴皖升任，又不克归滇，侨寓黔邑。"乾隆三十年，文赐公在湖南永绥厅（现花垣县）花园汛巡检任上时，升授安徽安庆府照磨。但他却没有钱，也就是没有路费到安徽去赴新任，也没有钱回老家云南去，只好"侨寓黔邑"。为什么会穷到如此地步，家谱里记载，他常说："未吏倚仗头取钱，吾不为也。"

十四世兆杏公……《湖南省志》等权威书籍上都记载，杨兆杏"致仕时一文不名，依弟兆李供养以终"。

十四世兆李公……襄滑、卫军局，毫不苟取。同事每加诮让（意为讥讽、责备），坚守如常……历州县任，屏绝包苴（意馈赠与贿赂）。相沿采买陋规，亦拒不受……

家谱，不仅仅是一个家族的生命史，更是一个家族、家庭的历史文化汇总和历史档案。从家谱中汲取历史文化精华，包括廉洁文化精华，对于推动新时代廉洁文化建设将起到重要作用。

◆ 出去看一看　跑遍四大洲

一直到 20 世纪 80 年代末 90 年代前期，中国普通老百姓想要出国看看，虽不能说是天方夜谭，但确实是十分困难，非常稀少。

1997 年，新正所在的湖南日报社获得了少数几个出国名额，领导派新正去，地点是泰国和新加坡，这年新正 58 岁，平生第一次出国。

那时，中国改革开放的大门越开越大，旅游也逐渐成了国人生活中的一部分。这一是得益于改革开放的政策，二是人们口袋里的票子也逐渐多了起来。

新正素来喜欢出去看看外面的世界，从 21 世纪初开始，多次自费出国旅游，到过欧洲，去过美国、墨西哥、古巴，以及中美洲的巴拿马等国，到非洲埃及看金字塔和卢克索神庙，去柬埔寨参观吴哥窟，到印度看泰姬陵。因为居住在北半球，特地去位于南半球的澳大利亚和新西兰看了看；因为生活在中纬度地区，特地去位于高纬度的北欧四国和俄罗斯的圣彼得堡及莫斯科……

算起来，世界四大洲都去过了，大概有三十余个国家。新正在相当年纪的人中间，可能也算得是见过一点世面的了。

附一　蓝蓝的天上没有白云（埃及纪行）

"蓝蓝的天上白云飘，白云下面马儿跑……"一首多么优美动听的歌曲，一方多么令人神往的土地！

早春二月，我来到了向往已久的世界文明古国——埃及。在那里，蓝蓝的天上没有白云。

从南部的阿斯旺到世界著名古城卢克索，从红海之滨的洪加达到首都开罗，从尼罗河畔到苏伊士运河、西奈半岛，每天早上起来，只见天空一片蔚蓝，却没有一丝云彩。红海的海水，蓝蓝的；就连尼罗河的河水，也显得亦蓝亦青。给人一种安定、平和的感觉。

蓝天上没有白云，地上自然就极少下雨。据说，南部的阿斯旺，自 2006 年 5 月 13 日以来没有测到任何降水。北部的开罗，一年之中，顶多在冬季能有三两次降水，且每次都是一洒而过，连地皮也难打湿。因此我们在埃及看到的民房，屋顶都非常简陋，不具备防水功能。在一些稍显偏僻、落后的地方，房子根本就没有什么屋顶，或用一块塑料布一盖就算是屋顶了。

在埃及 100 万平方公里的土地上，96% 是沙漠、半沙漠。难怪天上没有白云。惟有纵贯全境、在境内长达 1508 公里的世界第一长河——尼罗河两岸，形成了占国土面积 4% 的狭长河谷。

尼罗河孕育了埃及的古老文明，金字塔、狮身人面像、卢克索神庙等众多四五千年前的人类文明遗迹，均分布在尼罗河岸边，至今闪耀着灿烂的光芒。

那天，我们前往参观开罗近郊埃及最大的金字塔——胡夫金字塔，远远望去，堆砌的那些石块，好似乡村土砖房的土砖那般大小，走近一看，却见每块石块都远超一米见方，重达两吨以上。一层一层叠垒上去，高达146米。基底四方形，每边边长220米。这可是4500多年前的遗物啊！顿时，一种震撼感油然而生。

狮身人面像离胡夫金字塔不远。其人面和狮身象征着法老的智慧和力量。起初，被视为陵墓——卡夫拉金字塔的守护，而后被神化成太阳神的代表之一。其雄伟壮观虽比不上金字塔，但它是在原地利用原石雕凿而成，造型独具一格，给人留下难忘的印象。

卢克索位于埃及中部偏南，尼罗河东岸。我们是中午到达卢克索的，下午便乘坐马车去卡纳克神庙参观。从外面看，神庙并不显得特别巍峨，但当我们走进去以后，顿觉惊讶。神殿大厅，面积达5000多平方米，134根擎天石柱，皆由整石凿成。其中12根，每根高21米，直径约4米，五六个人都无法合抱，柱顶是盛开的埃及独具特色的纸莎草花形状。据说每根石柱重达65吨左右，柱顶可同时站立100人。神庙里还有两块方尖碑，分别高22米和29米。其碑身为方柱形，顶端呈尖形。这么笨重、这么高的整根石柱，在那个年代真不知是如何立起来的。

在不少神庙以及埃及博物馆里，我们看到了许许多多的雕像和雕塑，大多保存相当完好，色彩仍十分亮丽。

如果说是尼罗河孕育了埃及古代文明，那么，埃及那么多古老文物至今仍保存得如此完好，是不是得益于干燥少雨的气候环境？

除了尼罗河，埃及还拥有一条极重要的水上运输通道——苏伊士运河。在埃及的最后一天，我们从开罗乘车往东到伊斯梅利亚，先是坐船渡过老苏伊士运河，上岸后，走过一段沙漠地，又坐船渡过了新苏伊士运河，到达西奈半岛。西奈半岛同样是遍地沙漠。运河就在西奈半岛西侧。这里地势低平，谓之苏伊士地峡。运河是一条与海平面持平的水道。船只在运河中航行，无需通过船闸。

导游告诉我们，新运河是2015年8月才修成通航的，而老运河早在1868年就已修筑通航。

苏伊士运河沟通地中海与红海，是欧、亚、非三洲的重要海上通道，世界主要贸易航线之一，是欧洲到印度洋和西太平洋附近地区的最近航线。

我们在运河两侧看到，超大型的货轮每隔几分钟就有一艘从运河通过。从地中海方向开来的货轮经由老运河驶往红海，而从红海方向开来的货轮则经由新运河开往地中海。新运河的开通，大大缩短了货轮通行的时间。

以前船只通过运河需要 22 小时，现在缩短至 11 小时。运河每年能为埃及提供约 90 亿美元的收入。按全国总人口约一亿计算，人均达 90 美元。这对于经济还不甚发达的埃及来说，无疑是相当可观的。

要说埃及哪里风景最好，当然是红海。蓝蓝的天，蓝蓝的海。我们在红海西海岸的洪加达住了两天。清晨，走在海滩的栈桥上，只见清澈碧蓝的海水下面，生长着五颜六色的珊瑚和稀有的海洋生物，一群群的鱼儿悠闲地游来游去。岸边，人工栽种的树木一行行、一排排；再远一些，山峦连绵起伏，而绝少看到绿色。吃过早餐，乘船出海，海中不时有海岛呈现。那些海岛，无一例外也都只有沙石，别无树木花草，光秃秃的。在船上，一时垂钓，一时又跳入水中，或游泳，或潜水，在蓝色的天空下碧蓝的海水中尽情撒野。那种愉悦是在别的地方很少能感受到的。

蓝蓝的天上没有白云，那是另一片天地，另一番景致，值得回味。

附二 一鳞半爪话北欧

我们常年居住在低纬度的湖南，比如长沙才北纬 28 度多，而我国最北边的黑龙江省漠河也不过北纬 53 度多，因此很想到高纬度的地方去看看。于是便去了一趟北欧四国加俄罗斯的莫斯科和圣彼得堡。因为北欧四国中有三个国家（即芬兰、瑞典、挪威）的首都均在北纬 60 度左右，丹麦首都哥本哈根的纬度低一点，也在北纬 56 度左右。

正是 6 月上旬，长沙已相当炎热，可在北欧，我们常常要穿两条长裤，一件衬衣另加一件夹层外套。天冷时还要加一件马夹。那天在瑞典首都斯德哥尔摩，遇到天气较冷，同行的女同胞将披肩都裹上了，还直叫冷。天气放晴，太阳有点晒人，爱美的女士又纷纷打起遮阳伞。北欧人看了，觉得不可理解。他们认为太阳是老天给人们的恩赐，最爱的就是在草地上晒太阳，而且要光着膀子晒，连三五岁的小女孩也是脱了上衣晒太阳。

在北欧看日落，那是一种别样的感觉。一天傍晚，我们在郊外的疏林中散步，只见西边的太阳就要落山了，然而，就是不落下去。过一会儿去看，再过一会儿去看，又再过一会儿去看，似乎仍然在原来的位置。

我们一般是晚上八九点钟入住酒店。这时，太阳还老高的。有天晚上，特地看了看，快 12 点了，天还没有全黑。凌晨两点多钟，天又大亮了。据说与北欧差不多处于同一纬度的俄罗斯圣彼得堡，将每年"夏至"这一天定为"白昼节"。这天，那里基本上没有黑夜。相反，那里冬天黑夜特别长，早上八九点钟甚至十点才天亮，下午两三点钟就天黑了。但不管昼长还是夜长，人们还是按钟点上下班。

中国的肯德基、麦当劳到处可见，可在北欧，笔者似乎没有见到。

北欧四国均是世界上有名的福利国家。在挪威时我们听说,挪威人从怀在母亲肚子里起就有福利保证。妇女怀孕以后就是在最好的医院由最好的医生负责检查、看护。孩子一生下地,就有6万克朗打入母亲的账户,并且不用纳税。婴儿期,每月1000克朗奶粉钱。然后是上幼儿园、小学、中学、大学,国家都有补助。失业有保证金,生病有医疗保证。退休有养老保证(退休老人每月可领到8000克朗的养老金)。还听说,在挪威,蓝领比白领工资高。一个海上石油工人一年的收入约合人民币500万元。

高福利离不开高效率生产作保证。丹麦是一个只有约4.3万平方公里面积(不包括格陵兰和法罗群岛),510多万人口的国家。从事农业生产的10多万人。可就是这10多万人一年生产的主要农产品,可供510多万人吃3年,包括肉类、奶类、小麦等。比如猪肉每人平均有600多斤,奶也有六七百斤。他们生产效率高主要有3条:一是自然条件好,耕地多且适宜耕种;二是从事农业生产的人素质比较高,凡是从事农业生产的人都要经过专门培训;三是机械化程度比较高。

在北欧,私人有汽车、别墅不算什么,最主要的是私人游艇、帆船。据说,光是游艇、帆船在港湾的停泊费用就不菲。

再讲一件趣事。导游介绍,1905年,挪威从瑞典统治下独立出来。当时国家没有国王,怎么办?他们不是自己选一个,或是谁站出来要当国王,而是从国外去请一个人来当国王。首先是到瑞典去请一个国王,瑞典人认为你是自己要从我这里分出去的,请我们的人去当国王,没门。于是只好从邻国丹麦去请,结果当时的丹麦国王将自己的二王子送到挪威当国王。现在挪威国王就是那位丹麦二王子的孙子。

走马观花,道听途说。我,姑妄言之;您,姑妄听之;各位请一看了之。

(此文作于2009年)

新正妻黄懿群

◆ 妇女能顶半边天

新正之妻黄懿群,自1962年结婚至1983年一直在农村劳动。而1981年以前,农村都是集体所有制。以生产队为单位,集体劳动,集体统一分配。大家都出"集体工",靠"挣工分"吃饭。工分多一点,年终分配(主要是实物分配,最主要的又是粮食分配)时收入就多一点,生活就可以过得稍好一点。

▲ 黄懿群

黄懿群特别勤劳，又特别争强好胜，绝不愿落于人后。当时，一个男劳动力是10分"底分"（按出工日计工，出工一天，一般就计10分），女劳动力是6分"底分"。黄懿群很舍得做，又能做，田里功夫除扶犁掌耙外，插秧、扮禾、沤凼肥，可说是样样会做，因此，评为8分"底分"。一年下来，所得工分就比一般女劳动力多出不少。

同时，她又担任生产队会计，利用晚上时间记账，以免耽误白天出农业工。会计工作到年终有工分补贴。这样，一年到头，她所挣的农业工分加上担任会计的补贴工分，与一个健全男劳动力所得工分不相上下。

当时在农村，一个健全男劳动力，能养活四口之家就算不错。由于她挣的工分比较多，加上六七十岁甚至七十多岁时的父亲仍下田劳作，一家六口人到年终分配时，人均收入分配包括现金和实物都略高于一般家庭，也就不吃"四属户粮"（按照当时的政策，工人、干部、军人、烈士家属简称"四属户"，如家中劳动力确实缺乏，在生产队进行实物分配时，可以照顾粮食指标，但仍需出钱购买。但关键是，当时粮食普遍比较缺乏，照顾粮食指标，已算是一种优待了。不吃"四属户粮"，也就是不享受这种优待）。这在当时实在难得。说"妇女能顶半边天"，一点也不为过。

1983年，因新正评上了中级职称，根据当时政策，其妻子及未成年子女可以"农转非"，即由农村户口转为城镇户口。这样她就进城当了工人。

附　钻石婚感怀

艰苦岁月缔良姻，同舟共济六十春。
经风沐雨心相印，粗茶淡饭守清贫。
磕磕碰碰总难免，相互包容最见情。
苦尽甘来逢盛世，幸福晚年乐无穷。
均臻八十不为老，心态平和喜合群。
儿孙满堂都孝顺，优哉游哉享天伦。

新正写于2022年2月

十九世再兴

◆ 被抽壮丁　半路逃跑

十九世再兴（立生公长子），因为当时他有四兄弟，被抽壮丁。那时人们普遍不愿去当兵，有句俗话说："好铁不打钉，好儿不当兵。"被强迫抓去当兵的，往往也想方设法逃跑。再兴也是这样。他被抓壮丁后，便被火车拉着从长沙往西边开。半路上，他冒险跳车。当他跳下来以后，另一个人也跟着跳，这时，他听见一声枪响，不知那个人被打死了没有。总之，他算是死里逃生了。

跳车逃生后，他往回走，但却不敢回浏阳柏嘉山家里。因为当时凡属逃回去的壮丁，又将再抓去当兵。于是，只好沿途打一些杂工，后来落脚在株洲，做点小生意。解放后，他被招进株洲电力机车厂（国有大型企业）当工人。

十九世建湘

◆ 夫妻同时从军　双双离休

十九世建湘与妻子张天福均于 1949 年 9 月加入中国人民解放军。当时，全国政局尚不十分稳定。在这个时候各自毅然参军，足见其见识和勇气。

加入中国人民解放军后，建湘参加了"湘西剿匪"。1957 年转业到长沙市工作，后调望城县。天福参军以后，部队先后驻益阳、耒阳等地，她在部队从事医疗卫生工作。1957 年转业到望城县仍然从事医疗卫生工作。后任主治医师。

▲杨建湘、张天福夫妇

建湘于 1993 年、天福于 1991 年先后离休。离休是对 1949 年 10 月 1 日以前参加革命工作的老同志的一种优待政策。其优待范围包括工资待遇、医疗保健等方面，意在让这些老同志幸福地度过晚年。可惜建湘还没有享受到多少优待便于 2001 年不幸病逝。

十九世元庆

◆ 近在咫尺　不能看望病危父亲

1960 年前后，是个很特别的年代。一是当时老百姓的生活极其艰苦，不少人吃不饱饭，叫作"过苦日子"。二是政治运动一个接一个，弄得人际关系相当紧张，连最基本的亲情和友情都不太顾及。1960 年 6 月底，十八世芹生公家楠病危，其子元庆，在当地的长沙县五美区供销社工作，家人告诉了他这一不幸消息。但由于全区供销社系统集中开大会，任何人不得请假，虽然开会地点离家不过几公里，元庆仍不能回家看一眼奄奄一息的父亲。两天以后，父亲与世长辞，元庆不得不留下终生遗憾。

▲杨元庆

这既是个人的悲哀，更是那个时代的悲哀！

◆ 调动一个单位　退休金多了一倍多

元庆于 1955 年被招入长沙县五美区供销社，从事供销业务工作。那时供销社是农村物资流通的主渠道，元庆热心为农民、农业服务，受到农民兄弟欢迎。

1982 年，为解决夫妻两地分居（其妻罗顺英一直在长沙市药品检验所工作），元庆调入长沙市卫生防疫站，于 1993 年退休。

单位不同，退休待遇大不同。与元庆同时进入长沙县五美区供销社工作的同志，退休后待遇都比较低。而元庆在市卫生防疫站退休，其退休金比那些同志要高出一倍多。

二十世志勇

▲杨志勇

◆ 毛遂自荐　任总经理

1992 年，志勇一参加工作就进入了保险行业，先后在中国人民保险公司湖南省分公司国外处、太平洋保险公司长沙办事处、平安保险公司湖南分公司、华安保险公司湖南分公司从事保险业务工作。曾任华安保险湖南省分公司副总经理。

改变发生在 2004 年的秋天。新正记得，9 月 15 日，他偶然间听一位老同事不经意提到华泰总公司领导曾经说："华泰在湖南这样一个中部大省没有机构。"志勇立即联想："华泰保险公司为什么不可以在湖南开设机构呢？我为什么不可以毛遂自荐呢？"在充分了解华泰后，他认为华泰的发展模式、企业文化、经营理念更适合自己的发展。

心有所动，立即行动！

在认真调查研究后，他做了两件事：一是制作了一份比较完善的湖南保险市场调查报告；二是提供了一份省级保险分公司的团队建设方案。然后，打电话到了北京华泰总公司执行总经理张嘉麟的办公室，表明自己的意愿。

一个星期后，华泰总公司安排一位运营部副总监与他进行了电话交流。10 月12 日，总公司又派出三人考察组到湖南进行正式考察，回去后将考察意见向执行总经理张嘉麟作了汇报。12 月 23 日，张嘉麟总经理到长沙，与志勇交流了一整天。

2005 年 1 月 3 日，华泰总公司通知志勇到北京面试。1 月下旬，志勇收到了华泰总公司的入职通知书，正式任命他为华泰保险公司湖南分公司总经理，是湖南保险市场及华泰保险公司最年轻的省公司总经理。

这中间还有一个小插曲。听说华泰总公司要在湖南设立分支机构后，湖南省保险监管机关领导曾亲自出面，向华泰公司推荐省内某大保险公司的一位处长和一位副处长，希望由他俩出任华泰湖南公司的正、副总经理，据说华泰方面也进行了面试，但其结果可想而知。

2005年2月初开始，志勇便紧锣密鼓地筹建分公司。在总公司的帮助和支持下，他带领着的团队，不断成长。2006年至2009年，短短4年时间，成功开拓了湖南保险市场的一片天地。

◆ 自主创业　成立葆真堂公司

在保险行业摸爬滚打了20多年以后，志勇有了新的打算，想着要自己出来做点什么。正逢国家极力倡导全民创新创业，创新创业一时成为潮流。他紧跟潮流，投身于其中。开始时，他尝试过几个项目，但都不太顺利。2015年，他终于想到了在互联网时代，面对老年人口越来越多的现状，可以将金融与养老结合起来，并兼及医疗、保健，为老年人提供更好的服务。同时，敬老、养老，也是我们杨家的一个传统，永斌公在涿州知州任上时，就设立普济堂于南关大寺；兆杏公在《上湖北栗朴园枲宪札询地方事宜禀》中也提到，（通山县）"旧有养济院一所，额准收养孤贫六名"；兆李公更是在汝州直隶州知州任上时，重修仁普堂（新正注：上述普济堂、养济院、仁普堂均属当时的养老机构性质）。于是，志勇于2015年注册成立了湖南葆真堂健康养老运营管理有限公司。

"葆真堂"，是我们杨氏先祖使用过的一个医药堂号，曾先后设肆于云南昆明、湖南洪江及长沙，当时颇有名气。公司取名"葆真堂"，意在继承先志，并将其发扬光大。

公司成立以后，开展了一系列活动，主要的有：一是从2017年以来，连续举办了五届"互联网＋金融养老"产业创新大会；二是针对湖南养老领域非法集资日益猖獗的现状，公司从2018年以来，受省民政厅、省金融管理局委托，在全省范围内连续组织打击养老领域非法集资宣传教育活动进社区、进机关、进学校、进企业；三是为丰富中老年人文化生活，公司从2019年起组织广场舞比赛进社区活动，取得了良好的社会效益。

特别是2017年，公司投资的长沙天剑社区养老服务中心正式运营以后，又与长沙市第三医院深度合作，探索出社区嵌入式"医养结合"养老新模式，这一模式被评为2022年度湖南省医养结合示范项目。2023年1月12日，《大众卫生报》对此报道称："把真诚又暖心的服务送到了老人身边。"

附　葆真堂记

葆真堂者，原本一医药堂号也，杨氏先祖创始于清康熙前期，距今已逾三百四十年矣。

杨氏自始迁滇祖克勤公于明洪武十四年（1381）开滇积功，行伍，从文，业医，代不乏人。业医者，以十世祖大生公与十三世祖洪公最著。大生公设肆于云南之昆明，洪公设肆于湖南之洪江，皆冠葆真堂名号。

大生公生于清顺治九年（1652），初为云南郡庠生。后值藩变，隐医于乡里。公不计贫富，视人疾苦如己身，必医瘥而后安。康熙辛酉、壬戌间（1681—1682），藩乱甫靖，疾疫盛行，公以药济人，岁施楄柎（棺木）无算，家以此落亦弗顾也。

洪公继索奥探，遂精岐黄之术。从医以始，昕宵仆仆无倦。遇贫困者，尤加意施济。乾隆乙卯（1795），军营多疫，公出经验方，募资制合丸散，遗送难民，赖以瘥活甚众。

道咸年间，十五世积熙公复设葆真堂于长沙。公医学精妙，扶贫济困，葆真堂声名远播。

"医必慎，药惟真，辨证施治，救急济难"，乃先公之遗训，亦为葆真堂传承数百年之真谛。

今之葆真堂，秉承先辈之精神，承先而启后。顺应新潮流，运用"互联网＋"之模式，融合金融与养老，兼及医疗、保健，以解老人之急难，愿为老龄事业略尽绵薄。

"传承，日新，自佑"是为葆真堂之宗旨。

葆真堂，永葆其真。真实为本，真诚我心。诚盼所有老人按照自己的喜好，选择养老模式，健康养生养老；诚盼天下老者皆得善养，喜度耄耋期颐。此乃今日葆真堂之奋斗目标，亦为今日葆真堂之不懈追求！

杨氏十九世孙新正谨记　乙未年（2015）冬月

◆ 结缘高尔夫球　收获友谊与人缘

高尔夫球运动曾经被称为贵族运动、绅士运动，是一种把享受大自然乐趣、体育锻炼和游戏集于一身的运动。

志勇于 2002 年开始接触这项运动，不久便成为了一位忠实的高尔夫球迷。随着打球的次数增多，球技也不断提高。到 2007、2008 年，他已成为湖南省内业余高尔夫球运动数一数二的高手。2010 年 5 月，他作为正式参赛的湖南省代表队队员，在安徽合肥举办的"第四届全国体育大会"上，夺得高尔夫球团体二等奖。2011 年 10 月 28 日，他参加"长沙银行"杯 2011 湖南省第二届高尔夫球精英邀请赛，以总杆 79 杆成绩，获得"个人总杆冠军"。

高尔夫运动可以修心养性，可以锤炼一个人的平和心态，而运动过程中的那份优雅，也颇具观赏性。参加这项运动，可以广交朋友，收获友谊与人缘。正是在这项运动中，志勇结交了不少朋友，受益匪浅。

◆ 廉洁文化　宣讲传扬

我们的老家谱里，有关廉洁的故事很多。既有先辈做出的榜样，也有先辈对后人的谆谆教诲。志勇在经常翻阅的过程中，深受启发，于是，他将这部分内容摘录出来，整理成讲稿："家谱里的廉文化"。在适当的场合，对外宣讲。

他常以"一堂特殊的廉文化课"开头，讲述我们的第十一世祖永斌公，雍正三年（1725年）初，补授贵州威宁府知府后，三月十九日，雍正皇帝接见了他。雍正首先说："杨永斌在直隶年久做官，政绩声名俱好，朕很信得过的人，再不会变心的，朕可以保得他。"接着说："你们读书人做州县，很廉洁，一放了知府就变心。做知府还好，一放司道督抚，遂大变了心的很多。亦有单寒者，出去做州县不惜名节，身家厚了，后来做府道，改弦易辙，做出好官的。亦有若杨永斌，再不会变心的。"

又说："人孰不有错处？有过失何妨直说出来与我知道？我自有宽恕。君子之过，如日月之食，人皆见之。若必欺瞒，自谓人不及知，殊不知人哪有不知的？一经识破，人品心术都坏了。这样人还用得么？你到贵州去，不可食利。苗夷不安静，皆起于有司苛刻。谁肯把东西善善的（地）送人？取不如意，迫以威势，使人受不住，自然不安静了。"

"亦不可矫廉。除了非分的不可妄取，本面应得的何妨取来？家业也是要顾的。就是百姓，尚然望他有饭吃，家给人足，何况我用的官，必定要他没饭吃，没衣穿，哪里有这样刻薄皇帝？若使有余，或设义学，或赏赐好人，使人知所鼓励也，都是要用的。总之，事事以诚字为主。这诚字是颠扑不破的。临民治事，化其私心，出于至诚，哪有不好的？"

这样的讲述，一下子就吸引了听众。

接着，讲"家谱中的廉训示""先人们的廉表率"。如"廉训示"就有："读书者不贱，守田者不饥，积德者不倾，择交者不败。"并强调：欲免下四字，当服膺上八字。

十一世永斌公"宰临桂日"，其父亲第十世祖寓乾公手谕云："尔今日出身加民，须念朝廷特拔之恩，祖宗积累之德，不可妄取一钱，屈罪一人。"

十三世祖洪公在《郎岱官舍病中寄谕》中特别强调："子孙苟能成名出仕，当视民如子，第一莫要冤枉钱。"

……

先人们的廉表率，家谱里记载的很多。如六世祖秉元公，"不以一钱自污"，"视民如子，治行为南都冠"。

永斌公最初出来做官，授广西临桂县知县。上任伊始，他做的第一件事就是革除陋规。"甫莅任,适遇编审届期,旧例县官亲历诸乡堡,可得千金陋规。余闻之骇然。以差役下乡扰民且不便,况官长乎？出谕：令民于三日内集县中，随到随审，一切胥吏、里正，索民一文者，立置之法。不五日而事竣。民情悦服，上官亦谬以为能。"他在兼署平山县事时，按平山县旧例，"到任有修理衙署、执事铺垫及供给三日"的习俗。而这些钱"皆出里下，计费三百金"。永斌公得知后，"知其弊，驰谕革除之"。

十二世祖文赐公常说："末吏倚仗头取钱，吾不为也。"因此，"贫不克赴皖升任，又不克归滇"。

十四世祖兆杏公，"生平不计家人产。致仕时一文不名，依弟兆李供养以终"……这样有根有据，一一道来，往往收到较好的效果。

◆ 推广混元易筋经　助力健康养生

混元易筋经是从中国古代流传而来，集养生导引和武术锻炼为一体的健身术，与现存经典《易筋经》所载的体系相似。

志勇于2012年开始接触、学习混元易筋经，逐渐产生了浓厚兴趣，并成为热心推广者。

到2020年，志勇推广的力度更大，采用线上与线下相结合的方式进行推广。线上，通过葆真堂公众号、抖音、微信短视频进行推广教学；线下，多点开办功法培训班，让这类培训班进社区，进学校，进机关及企事业单位。

志勇推广混元易筋经，不仅得到了基层单位的欢迎与支持，参与到该项活动中的人越来越多，而且还引起了政府有关部门的重视。2020年9月，湖南省级财政在专项彩票公益金的安排中，特意在"全民健康群众体育"项目下，安排专项资金给葆真堂养老服务有限公司，作为推广混元易筋经的活动经费。

志勇妻茅丹婷

◆ 从事保险事业　为生命与经济护航

志勇妻茅丹婷，1979年8月出生于上海市崇明岛。父亲茅大新为公务员，曾任崇明县建设镇浜西村村支书多年，在乡里颇得人缘。丹婷为家中独女。

1998年，丹婷从学校毕业参加工作进入保险行业。在华泰财产保险股份有限公司上海分公司工作五年，2004年调到华泰保险总公司工作，2007年任财产险、责任险核保经理。

▲茅丹婷与家人在一起

在上海分公司工作期间，丹婷参与了上海市很多市政工程建设的保险业务。例如2000年浦东国际机场到龙阳路的国内首条磁悬浮列车建设安装工程保险，就是由华泰上海分公司与中国人民保险、中国平安保险、中国太平洋保险等几家保险公司的上海分公司共同承保，其总保额上百亿元，保费千万元以上。该磁悬浮列车线路全长30公里,最高时速可以超过400千米/小时。当时国内无生产磁悬浮列车的能力,所有列车全部从德国进口,并由德国技术专家负责轨道建设和列车调试。2002年底,当时参与该保险的共保公司工作人员作为首批乘客登上了试运行列车。

2008年,丹婷异动到长沙工作,就职于中国人寿保险湖南分公司,担任部门副总经理。2011年,湖南省委省政府发起设立省内第一家保险法人机构——吉祥人寿保险股份有限公司(2020年10月,更名为财信吉祥人寿保险股份有限公司),丹婷即时加盟,担任总公司内控合规部总经理,负责内控管理、风险管理、法律合规和反洗钱工作。一切从头开始,领导部门团队建立起湖南第一家保险法人机构的风险管理和内控合规体系。该体系后被多家新成立的公司借鉴。而公司本身自成立以来,没有发生过重大风险事件,亦未受过监管重大处罚,风控合规工作为公司稳定健康发展发挥了保驾护航作用。2021年6月,丹婷调任财信吉祥人寿保险公司湖南分公司兼长沙中心支公司总经理。

自参加工作以来,丹婷多次受到公司嘉奖表彰,连续多年评为优秀经理、优秀共产党员、优秀党务工作者。担任中共吉祥人寿内控合规、信息技术联合党支部书记期间,带领支部多次获得"优秀基层党组织"称号。

二十世东元

◆ 跨国婚姻　女儿远嫁毛里求斯

二十世东元,株洲电力机车厂工人。其妻王喜云,虽然只是一个灯具厂的工人,但工作认真负责,特别是能精心钻研"碰焊"技术,曾被评为株洲市劳动模范。他们的女儿婕,读书以后到毛里求斯打工,与华裔史多芬成婚,婚后育有一儿一女。跨国婚姻,过去难以想象,如今却发生在寻常百姓家。

史多芬本姓黄,从曾祖父或祖父起就从中国到毛里求斯谋生,最后在那里定居。

毛里求斯为非洲东部一岛国,位于印度洋西南方,与非洲大陆相距约2200公里,作为火山岛国,毛里求斯四周被珊瑚礁环绕,岛上地貌千姿百态,旅游业十分发达。岛上有不少华人。

婕在毛里求斯主要从事旅游业。结婚不久生了孩子,小孩带养成了一个难题。按照中国的传统方式,东元夫妻俩先后漂洋过海来到毛里求斯,帮助带娃。但签证有期限,每次不能超过半年。不得已,只能到时候又回国,过一段时间再去,且夫妻轮流前往。

但当2019年婕生了二胎以后,王喜云再次去帮助带娃时,遇上了疫情,航班停飞,即使签证到期,也无法回国,婕只得在毛里求斯为母亲申领劳务签证。

到海外带孙,有苦有乐有牵挂。但这种"中国式带娃",中国人难以割舍。

二十世启祥

◆ 长途贩运　促进物资流通

▲杨启祥

改革开放之前,国家实行的是"计划经济",因此,私人长途贩运并不被认可,而被认为是"资本主义"的尾巴。随着改革开放逐步推进,人们才可以进行长途贩运,以促进物资流通。

正是在这一大背景下,一直在农村种田的二十世启祥率先学会了开汽车,并购买货车跑运输。从20世纪80年代末至90年代前期,他利用汽车进行长途贩运。一是从湖南、湖北各地收购活猪,运到广东出售。当时,广东得改革开放风气之先,经济发展很快,并吸引了大批内地农村劳动力到广东打工,猪肉需求一时大增。启祥从湖北松滋,湖南长沙、浏阳等地将收购来的活猪一车一车地运往广州、汕头、揭阳、江门等地,最远距离达一千四五百公里,一车装60～80头活猪,一个来回往往要花六七天时间。而大热天运猪,有时还会死猪。二是从外地运煤到本地的水泥厂,当时,乡镇企业蓬勃兴起,他所在的长沙县江背一带办起了好几家水泥厂。而烧制水泥需要大量的煤炭。启祥便抓住这一机遇,到攸县一带去运煤给水泥厂。一次运煤途中,启祥遇到抢劫者,准备买煤的钱1430元全部被抢走,人也受伤。所幸案件最后被侦破。

长途贩运促进了物资流通,但贩运者的辛苦与烦恼亦可想而知。

二十世天伦

◆ 湘雅名医　救死扶伤

▲杨天伦

1957年农历正月出生的二十世天伦,1973年12月高中毕业后,先后作为社会知识青年、下乡知识青年、工人,经历了各种各样的磨炼。下乡近三年,与农民同吃、同住、同劳动,并先后担任民办小学、初中、高中老师。1977年12月,他与自己教的高中毕业生一道,参加了"文化大革命"后的第一届高考,以优异成绩被当时的湖南医学院录取(湖南医学院,其前身为1914年创办的湘雅医学专门学校,1924年更名为湘雅医科大学,1940年更名为国立湘雅医学院,1953年更名为湖南医学院,1987年更名为湖南医科大学。2000年,原中南工业大学、原长沙铁道学院与原湖南医科大学合并为中南大学,该学院成为

一个家族的六百年——讲故事的云津杨氏支谱

益清堂

中南大学湘雅医学院）。在大学期间，他被推选为首届 77 级学生会主席及班级学习委员。他以只争朝夕的精神刻苦学习，成为了首届雅礼协会英语口语班的学生。

1982 年毕业后，天伦留校工作。1984—1989 年，他兼任校党委委员、校团委书记，1989—1993 年，兼任校研究生处副处长。

天伦先后于 1987—1988 年、1999—2000 年及 2001 年 9—11 月，以访问学者身份赴美国康州耶鲁大学医学院心脏科、日本滋贺县立成人病中心循环器科及美国犹他大学医学院心脏中心进行学术交流。

30 多年来，他一直在湘雅医院内科及心内科从事临床心血管的防治工作。特别是在心血管疾病的社会、心理、机体的综合立体防治方面有独到之处。擅长高血压病的防与治、冠心病介入治疗、心衰治疗、心血管危重病症的抢救及其心理治疗。其临床研究的主攻方向为：高血压、冠心病血管内皮稳态及慢性炎症疾病的表观遗传学研究。

经过多年刻苦学习和磨炼，天伦最终成为湘雅医院一级主任医师、教授、博士生导师，还荣获"中国心血管病专家 100 强"荣誉称号。2013 年，他获得中南大学湘雅医院"湘雅名医"称号，这是对其医术的充分肯定，也是很高的荣誉，足见其医术高超。

他一直在医疗一线工作，问诊治病，救死扶伤。曾任湘雅医院大内科教学主任、心内科主任、心血管研究室主任，中南大学高血压研究所所长。他的学术兼职众多：中华医学会专家会员、中华医学会心血管病专业委员会常务委员兼代谢性心血管病学组组长、中华医学会湖南分会心血管病专业委员会主任委员、中华医学会心血管病治疗介入培训中心湘雅基地主任、亚洲心脏病学会理事、中国医师协会心血管内科医师分会常务委员、中国医师协会高血压专业委员会副主任委员、中国医师协会中西医结合分会心血管病专业委员会副主委、中国高血压联盟常务理事、海峡两岸医药卫生交流协会心血管专业委员会副主委、中华中医药学会络病学会常务委员、中国生物医学工程学会体外反搏分会副主任委员、全球体外反搏临床注册研究中国区域协作中心中南大学湘雅医院负责人等。同时兼任国家食品药品监督管理局心血管临床药理基地主任、湖南临床药理专业委员会副主任委员、湖南省委特聘保健专家。还担任《中华心血管病》杂志编委、《中华高血压》杂志编委、《中南大学学报（医学版）》编委、《上海医学》杂志编委、中华心血管网第一届编委会编委、《岭南心血管病（英文版）》编委等。

◆ 辞去一切行政职务　从零开始专心从医

天伦最终能成为"湘雅名医"，源于当初下决心辞去一切行政职务，从零开始专心从医。

参加工作不久，1984 年，组织安排他兼任湖南医科大学党委委员和校团委书记。但行政事务与临床工作繁复交错，当他意识到年轻的自己没有办法全身心地投入临床之后，便毅然决然地选择辞去一切行政职务。理由只有一个，当初踏进校门的自己曾经发誓："作为一名湘雅的医学生，我应该以拯救人类的疾苦为目的。"

1987 年，他有幸去美国进行学术交流和进修。1988 年从美国耶鲁大学学习心脏介入治疗回国后，已有中级职称的他，再次踏踏实实从零做起，去低年资同学的手下工作。很多人开玩笑问他："大处长怎么还去做经治医生呢？"他的回答是："人要沉潜，才能看到自己的不足。"正是这种沉潜，练就了他扎实的基本功。而扎实的功底成就了一位"湘雅名医"。

◆ 爱管危重病人　坚持随访病人　医术精益求精

在医院，天伦是同事口中"最爱管危重病人"的人。他的老师——教授孙明曾说过一句话："不只教你的老师是你的老师，同事是你的老师，病人更是你的老师。"他始终记得这句话，且从切身体会中深刻地理解了这句话，他说："在我看来，越危重的病人，能教给我的就越多。"

2001 年，长沙市一中一位教学名师患急性心肌梗死、肺部感染、消化道出血、肾功能不全、休克伴昏迷，在全院大会诊认为无法抢救时，天伦仍坚持不懈，守在病房三天三夜，带领医护人员，终于把该患者从死亡线上抢救回来，并使其恢复良好，工作至今。

他一直坚持随访病人，最长的随访了三十余年，一二十年的则更多。他说："从随访的病人中，我们可以获取临床诊治成功的经验，找到不足的教训，从而提高防病治病的水平。所以说，病人是你很好的老师。"

通过多年治、管危重病人，他的医术更加精湛。到后来，面对一切病情变化，他都能临危不惧，有条不紊，冷静地进行处理。他说："有病亦可长寿。治病的最高境界是医患达成共识，共同努力治疗患病的躯体，虽不能达到无病而终，但却能做到无痛而终的最高境界。"

◆ 普及医学知识　提高大众防病治病意识

为了提高老百姓对于高血压疾病防治的认识，同时也为了提高基层医务工作者对高血压疾病诊治的水平，天伦常常利月休息时间，数十年如一日地深入乡镇、县市社区、单位及部队，进行专业、科普性的健康知识讲座。据统计，这样的讲座先后共有千余场。深入浅出的讲授，使数以百万的人受惠。

同时，他还十分重视临床学术传播，在土耳其、日本、菲律宾、俄罗斯、印度尼西亚等国多次作学术报告。

一个家族的六百年——讲故事的云津杨氏支谱

益清堂

◆ 一堂网络讲课　近六十万人收听观看

2020 年 12 月 3 日，中南大学湘雅医院及智医在线联合建设的全病程管理服务进行在线授课，由天伦主讲高血压病的防治。网络上收听观看者踊跃，数据显示，共有近 60 万人次收听观看。

天伦结合自己多年的临床经验，深入浅出地讲解高血压病人在平时、在家里应该如何管控自己，如何服药，遇到气候、季节变化或病情发生变化应该如何应对等。一切都是从实践中来，其针对性、可操作性极强。

讲完以后又通过网络抽取 5 人当场提问，他都一一作了回答。如有位男听众，年近 40，妻子想再怀孕，但本人有高血压，现正在服用 3 种药物，问这三种药物能不能继续服用？天伦即回复：其中一种药物可以继续服用，另外两种应暂停。

课后，收听观看者交相称：“通俗易懂”“管用”。

天伦妻罗百灵

◆ 医疗科研教学均是高手

天伦之妻罗百灵，为湘雅医院呼吸科主任医师，教授，硕士、博士研究生导师。

▲罗百灵

她出生于湘潭市，1977 年考入湖南医学院（现名为中南大学湘雅医学院），毕业留校，首先在湘雅附属二医院工作。1985 年调入湘雅医院呼吸内科，从事医疗、科研、教学工作，先后获得硕士、博士学位。2001 年留学美国犹他大学医学院，获博士后学位。

她医疗技术精湛，擅长治疗哮喘、慢性阻塞性肺部疾病和肺部感染等疾病。2015 年获湘雅医院十佳医生称号。

她热爱教学，教学水平高。多次获得湘雅医院、中南大学教学质量优秀奖。

在科研方面，百灵发表学术论文百余篇，其中 SCI18 篇，其余均为国家统计源期刊。她参与编写的书籍已出版 12 部。获国家自然科学基金资助课题 1 项。完成省、部科研课题多项。以第一完成人获湖南省科学技术进步三等奖 1 项，以第四完成人获 2006 年湖南省科学技术进步三等奖 1 项，获 2016 年省医学科技奖二等奖 1 项。

她热爱家庭，热爱生活，十分看重女儿璇子的生活和教育。业余生活中喜爱唱歌、看小说，特别是好的言情小说。

◆ 医术精湛　百治百灵

罗百灵医术精湛，擅长诊治哮喘及肺部感染等疾病，在患者中口碑特好。对危重患者，她绝不放弃任何一丝回生的希望。

一位来自宁乡的老年女性患者，支气管扩张，大咯血不止，咳嗽无力，奄奄一息，随时可能窒息。当时的医疗条件还不是很成熟，罗百灵带领医生一起，利用各种方法止血，及时输血，防治气道堵塞及多器官功能衰竭，坚守在病床旁抢救通宵，硬是将患者从死亡线上挽救了回来。

病人家属面对衣服上沾着血迹、额头上渗出汗水的罗百灵教授等人，流下了感激的泪水，盛赞罗百灵为"百治百灵"的医师，并赠送了一面题词为"百治百灵"的锦旗。

◆ 夫妻双教授　带出硕士博士一百四十余名

严谨的教学是湘雅的传统。天伦、百灵都热心教学。他们认为，在教学医院工作，具有良好的教学意识和水平的医师，才是合格的医师。

天伦曾荣获湖南医科大学首届教学授课特等奖，还多次获得国际国内讲课的多项荣誉。2013 年，他获得了由全球顶尖心血管专业学术组织——美国心脏病学院（American College of Cardiology，ACC）主席 William A.Zoghbi 教授颁发的"杰出演讲者大奖"（Distinguished Speaker Award），包括他在内全国仅有 7 名专家获此荣誉。2012 年，他获得了由卫生部医政司、中国医师学会颁发的"医疗质量万里行·降压在行动——最佳授业奖"。该奖项专门授予为高血压防治工作做出杰出贡献的医师代表。包括他在内，当年全国仅有 3 名专家获此奖项。

百灵也曾多次获得教学质量优秀奖。

正是由于他们热心培养新人，热心"传、帮、带"，作为研究生导师，多年来，天伦亲手培养的硕士、博士研究生及博士后达百余人，遍及国内外；百灵培养硕士、博士研究生 40 余名。真是桃李满天下。

二十一世杲煦

◆ 学习圆号　进入霍普金斯大学

二十一世杲煦，2019 年 11 月，他 17 岁正在长沙市南雅中学读高三上学期时，被世界著名的美国约翰斯·霍普金斯大学皮博迪音乐学院提前录取，并获得半额奖学金，其专业为圆号，本科。2020 年下学期正式入读。说起他学习音乐，还有一个小小的故事。

杲煦 6 岁在家附近的长沙市仰天湖小学就读。该校有一个小学生管乐队，且小有名气。每年，六年级

▲杨杲煦与母亲在一起

的学生毕业走了以后，便从三年级的学生中选几个补充。2010年暑期，正是学校管乐队补充选人的时候，同时也是杲煦即将进入三年级的时候，学校通知愿意参加乐队的孩子自愿报名。杲煦的爸爸妈妈觉得让他去参加可以多一种爱好，便报了名。

一天，学校通知已报名的同学到学校接受挑选。那天，杲煦的父母都有事，不能送他去。爷爷新正便陪他去了。当天去的孩子有百余人。学校乐队的老师，还有从外面请来的老师逐个认真挑选，最后选中杲煦学习圆号。爷爷便立即打电话给他妈妈任波涌，说："被选上了，圆号。"他妈妈却在电话里问："然后怎么样？"她将"圆号"听成了"然后"。确实，那时不光是她妈妈，杲煦全家人对西洋乐器可说都是一无所知，甚至连圆号是什么样子都搞不清。

不管怎么说，杲煦走上了课余学习圆号之路。

学习圆号之路并不平坦，但他一直坚持了下来。从小学，到初中，再到高中，近十年时间，老师授课，校外培训，自我练习，水平不断提高。他还先后加入了长沙市爱乐乐团、湖南红领巾交响乐团、湖南青少年交响乐团和南雅中学管乐团（杲煦初、高中都在长沙南雅中学就读），并在这些乐团担任圆号首席。参加了大大小小演出百多场，锻炼并增强了自己的组织和协调能力以及团队精神。南雅中学管乐团的圆号声部，就是由杲煦组织排练和带队合奏，并在市级比赛中获得一等奖。

2024年3月，杲煦考取了本校本专业研究生。当然，进入约翰斯·霍普金斯大学皮博迪音乐学院学习、深造，只是进一步提高的开始，以后的路还很长很长。

二十一世培鑫

◆ 从事职业教育　培养技能人才

二十一世培鑫，大学毕业后到湖南澧县职业中专学校教书。

澧县职业中专学校为国家首批中等职业教育改革发展示范学校，是湖南省条件好、规模大、质量高的公办中等职业学校，也是国家重点中等职业学校、湖南省卓越中等职业学校。

▲ 杨培鑫

培鑫从2005年开始担任班主任，到2020年共带了毕业班12个，毕业生600多名。带过机电、财会、商贸、园林等专业。毕业生考取大学本科的有100多人，稳定对口就业率达95%以上。并涌现了一批技术能手、技术标兵、技术骨干，有的则当上了业务主管、厂长、经理等。近年来，学生参加职业技能鉴定或职业资格认证率达95%以上。

不少学生在各级职业院校技能大赛中获奖。如学生孙鹏飞，2016年参加机电专业技能大赛，获得省级一等奖，后代表湖南省中等职业学校参加全国竞赛，获得三等奖。

培鑫本人则获得过澧县首届感动校园最美教师、常德市优秀青年教师等荣誉。

二十一世雅璇

◆ 留学美国　哈佛读研

二十一世雅璇，天伦、罗百灵之女。1991 年 5 月出生，在长沙市一中完成初高中学业后，2009 年考入香港浸会大学珠海分校。2011 年 2 月留学美国印第安纳大学凯利商学院，以优异成绩于 2014 年 6 月毕业。后进入美国旧金山普华永道会计事务所工作一年余。然后回国进入上海欧莱雅（中国）有限公司工作三年。2018 年 6 月考入世界著名的美国哈佛大学商学院 MBA 攻读研究生，并担任哈佛大学中国同学会会长。2020 年 5 月毕业。

▲杨雅璇一家

一个家族的六百年——讲故事的云津杨氏支谱

益清堂

丙 集锦 拾趣

说明

我们家的老谱分为上函《云津杨氏支谱》、下函《杨氏先媺录存》，各四册，共八册。

上函第一册为"谱端宝要"，包括"诰敕""律例""服制图""彝训"等；第二册为"系图世表"，即从第一世起世代繁衍的情况；第三册为"茔田指掌"，历代墓葬、墓田等都有详细记载，并附有详图，让人"了如指掌"；第四册为"通记要言"，包括各种公据、府县衙的批示、宗祠图、义庄图、义庄记、通记善后事宜等。

下函《杨氏先媺录存》，则将先世行谊，包括国史、大清一统志、通志、府厅县志的有关记述，以及墓志、家传、赠序、祭文、书牍笔记与遗著等收录在一起，编成四册。

老谱收录了大量资料，内容十分丰富。虽然其中一部分内容已在"历史 传统""记事 故事"中体现，但仍有不少资料无法全部收录。故将其重要内容摘录如下。

《云津杨氏支谱》序

谱也者，普也。盖合千万丁口存没一展卷而不啻萃祖宗子姓于一堂者也。吾家族微丁稀，五百有余年未尝刊谱。忆道光乙未（1835）秋，伯祖通山公（十四世祖兆杏公）拟解组旋湘，吾祖汝州公（十四世祖兆李公）函约就养，谓片石压归装，曷若安车奉迎，皓首联床，创修家乘。丙申年（1836）夏，伯祖挈眷以来，遂有事于谱。

一日，吾祖公暇，偕伯祖纳凉署西园之存古轩（原注：官廨旧藏雷毁，汝帖残石，吾祖嵌壁构轩以覆之，置版启闭以护之，故名），基善侍。伯祖喟然曰：小子来前，汝成童，当知身之所自出。余家一世祖武略将军，嗣积功赐袭凡三，袭次各五。六世歙县公（秉元公）肇开文学，治绩冠南都。十二世照磨公（文赐公）官楚，贫不克赴皖升任，又不克归滇，侨寓黔邑，余兄弟获赓续通籍。照磨公行箧手录先世之生卒葬配，缺漏不完，屡讯滇宗，迄无钞寄。今十五世簪缨勿替，贻谋沾溉，德泽孔长。余就云津一支权加整比，毋遽付手民也，俟合议大修。微独故乡即散而之川、之广、之闽、之江、之浙者，不可或遗。但音书驿使非数十寒暑无能为役。昔人授简传砚，历累叶而成一大著作者，何代蔑有？矧（况且）关邦族。谱成而宗祠义庄，视力所至，当次第举行。余耄矣，孙属褋袺，汝异日随父叔后待其长共勖之。

伯祖时年六十有九，基善谨识之，弗敢忘。

顾事有非所逆睹者，岁己酉（1849），先人遂弃养。明年，宝珊叔曾祖（十三世永斌公之孙，名绳武）来自无锡，手草录见示，稍详。咸丰辛亥（1851），长房（指永斌公一支）弟子聚奉祖若父枢由杭之西湖厝所归窆先垄，仅携系图。晤滇宗三人，绝无记注。

自时厥后，回苗蹿滇黔，粤寇复遍扰东南，道梗音沈，未遑其事。

同治壬申（1872），子聚弟梓山（际云为其名，梓山是其号）劫余便舟泛湘，小聚。痛先世遗藏烬于诸暨包村粤寇之一炬，伤哉！合谱何藉哉？我云津长房何藉哉？

梓山旋以府知事需次赴浙，基善亦忽忽。

伯祖辑谱之年矣！

庚寅（1890）秋，伯祖长孙锡霖（达善公）衡郡归，频年契阔，缅述五十五年前彝训，相对怃然。时基善衷（衷辑，辑录）先嬫录存，锡霖出两世藏稿，悉汇入。商及支谱不容缓，锡霖慨然许赞助。遂于是冬亟有事于谱。

讵意壬辰（1892）春，锡霖先我随侍九京。

辛卯（1891）冬，《先媆录存》工竣，乃专力于谱，并举前所未备之茔图，与后所建之宗祠、义庄，续纂增编，节次寿梨枣。迄乙未（1895）夏，经四载始一律告成。

然追维伯祖之志愿，恢宏罔克，绍述一二，疚心莫赎矣！

或谂曰："子毋然馨子所知，丁口不满百，瓜绵椒衍有待他年。子衰且蒙，务澄心颐养，何矻矻论撰校刊？"为基善欻然曰："族滋繁病在涣，丁久单病在湮。谱宜亟一也。繄岂惟丁单是虑？倘错规矩，其如数典辄忘，何览斯谱也？安知无继踵者？惕然惧，幡然悔，奋然兴。"基善用是谆谆然不敢薄视后之人。

夫祖宗之于子姓，虽百世而遥，幽明两隔，而洋洋如在不死于孝子慈孙之心。我族后起，果凤具终身之慕，提撕警觉，期无忝所生，行见体创谱者与刊谱者之心即无异。合祖宗之心以为心，本诸孝友而睦姻、而任恤，六行由兹咸备焉！前型伊迩，后之人宜如何敬承哉？

光绪二十一年乙未（1895）夏六月　嗣孙基善谨撰

名人撰述

陡山杨公墓志铭
鄂尔泰

滇南山水崎岖甲天下。余尝有事于其间，意必生间世伟人，出其才华以黼黻上理。否则，建非常之业以翊佐乎？休明前此未之闻也。

风尘中得一人，曰陡山杨公。公守黔中，与余论开疆抚夷诸事，辄多奇中。自时厥后，公且建牙（武将出镇）东南，入为卿贰（次于卿相的朝中大官）。曾日月几何？而公已下世，余亦忽忽将老矣！

其遗孤万里上书于余，曰："先王父（祖父）旦夕窀穸（zhūn xī 墓穴），惧生平行实不传也，然先王父受知于公二十稔矣，愿得一言以纳诸甓（cuì 墓穴）。"余揣无以张公也，惟叙所知以传焉。

公讳永斌，字寿廷，陡山其别号也……

公考（父亲）故邃学（精深于学问）。滇乱，隐于岐黄术，活人无算。以孝行崇祀三纲祠。生子二，次昶斌，邑廪生；长，即公也。

诞弥厥月，有奇瑞生。四岁，太夫人陈（永斌公母亲）卒，鞠于祖母姚。年十八补博士弟子员。丙子（1696）食饩，己卯（1699）登乙榜，两赴春官不第，就四省效力，例授广西临桂县令，以艰归。再起直隶阜平令，宰阜七年，调大城县令。以吏议落职。

当世宗宪皇帝即位，复公大城令。旋擢涿州牧，不一载，擢守贵州威宁府。余方之节度南中也，与公相遇，军书旁午间，余初未有奇。公及临事，周咨有司，杂沓诸郡，纳纳然无所建白。公亦未尝标异于众。退而陈是非，辩利病，若烛照。数计而龟卜也，若驾轻车就熟路也。然后知公寓精明于浑厚之中者，殆滇黔第一人欤！

余深为地方庆，亟荐公于上，而上已向用公，遂进公贵东道，粮驿副使，权贵西道及按察使，更进湖南布政使，调任广东迁巡抚。抚粤六年。今上龙飞（喻皇帝即位），命兼摄两广总督。入觐，改抚湖北，兼摄湖广总督。移抚江苏。旋召入都，署礼部侍郎，更授吏部右侍郎。以年老请于朝，致仕。

呜乎！以一县令历三十年而位列少宰，不可谓不贵矣！

吾见贤士大夫自有司而起，莫不身历民间，备悉闾阎疾苦，而其身亦几经盘错可任矣。当艰巨之投断未有随众苟容，而不拔于风尘之表者也。况公之才智有大过人者。公始宰临桂，宰阜平，宰大城，皆有神君之号。后以捕内监陈进忠为居奇，攫之吏议，遂罢职，公弗为辩也。卒邀上知而得白。及将赴威宁，召见养心殿，温语移时，赐赉无已。

威宁与乌蒙、镇雄邻，土司不靖，余檄公与武弁行视边疆。公单骑驰入，抚慰而出。乌蒙、米贴之役，以公赞军务，多所咨划，卒定两府。比在楚南六里顽苗为患，公建议请抚，果不烦一矢而定，其因地制宜如此。

初，粤东文武群僚相抵牾，党援门户之风未能尽涤，故上特以公自藩进抚。公一洗从前之陋，坦衷共事，人无不尽其情，而宦习为之易。

粤之为地，山海环焉。土不加辟而生齿日繁，商贾辐集，逐利如骛。无业者挈妻子入蜀就食，狡者则流而为盗，出没海澨（海滨），捕者莫谁何也。公行察疆土，劝种植，蠲垦大官田，岁入官租资粤秀书院膏火。定程训士，文行交修。鹤山、恩平诸属，核垦至数千顷。复以斥卤之余，尤堪蓺稻（种植水稻），乃请于上，出示境土，招集流民，续得百一十余万亩，给牛、种，禁豪右侵渔，俾有恒产。轻赋而缓其征，无业者乐就近地以自给。

曲江、乳源，向盗薮（sǒu 人或物聚集的地方）也。公檄监司亲入山中宣化，愚蒙众悉，引首待命，招之使降，又从而抚字焉。其梗者捕而置之法，盗遂息。

先是粤洋地接，洋人在粤开天主堂，习述为奸，洋舟来泊会城，粤民为之煽惑，各废本业。公奏闻而驱之澳门，洋人远，而粤民安，肇自公始也。

尝上积贮、垦田、捕盗、安民一余疏，皆刊世宗硃批谕旨书中。摄制府则举落地渔船、埠税与海关之耗规分担诸羡余[1]以数万计，悉奏汰之。

及自粤入都，今上召见南书房，赐坐、赐茶、赐克食，赐宴，赐御书三十卷，赐御马鞍辔一乘，自午门而出，荣宠之赍，皆以公老成练达故也。

洎抚楚，严保甲，缮城堡，课农桑，增社粟，除巨猾，兴学校，井然有法。

其治吴也，振沿淮修堤渔民，豁高淳马场赋。躬履松江、太仓塘工，浚河增坝，为经久计。凡实利于民者，以次兴举。后官其地者，多所取法，而民用大和。

上方倚公为重，欲使公待漏岩廊，修顾问密勿之参，指日可卜。而公以二卿求退，疏再上，乃给假还里。陛辞日，谕留再四不获。命盘道经藩库，阅滇省兵，亟专奏。余时奉命查勘运河，舟次淮上，与余相见，述往昔相得之欢，未尝不叹羡公功成身退，容与自如也。乃归。未二年，而公卒。

呜乎！公殆近世任事之臣欤！

[1] 羡余：清代州县在正赋外还增征附加额，这部分收入除去实际耗费和归州县官吏支配的以外，其余的解送上司，名为羡余。

方朝廷讲求治安，安得公辈数人担负封疆之责，天子获端拱穆清而成化迹，公生平所为，岂复龌龌龊龊行故事而已哉？

公少事祖母与父及继母最孝。两叔父寓坤、寓泰失怙而幼，公为之毕婚媾，筹家计。弟早逝，鞠育其二子文赐、文河成名。

性甘淡素，图书之外，他无所嗜。

其在林下也，犹冀其出以经济，翊佐休明。不谓抽簪林壑，忽抱春相之哀。而余尚恋笏绅，无由结九老之社，则余感慨系之矣。

公生康熙九年庚戌（1670）七月初七日亥时，卒乾隆五年庚申（1740）十一月十八日亥时，寿七十有一。阶资政大夫……

以乾隆十年（1745）十二月初九日将葬公于黑龙潭五老山之阳。乃系铭曰：

井鬼之区，万峰崒嵂（高峻）。应有伟人，崚嶒（高耸突兀）铁骨。爰降我公，筮官西粤。报绩在燕，于涿于黔。明明天子，畀尔藩宣。华毂阗阗，大旆翩翩。尹兹东土，千里幅员。温而春煦，肃则秋虔。洞庭之浦，胥江之浒。持节而前，于时处处。乃作司徒，乃作卿辅。天子日来，计弊群吏。公曰臣衰，沥词求致。终不可留，竟成厥志。天外菟裘（旧称士大夫告老退隐的处所），巨源所憩。杳邈林泉，高人倏逝。文采在天，事功在世。葱郁佳城，尚利尔嗣。松柏丸丸，幽扃长闭。惇史若征，斯人不易。

杨陟山少宰墓表

张廷玉

乾隆四年（1739）春，昆明陟山杨公，以少冢宰致仕。越一年，捐馆舍于乡。讣闻，朝议咸谓："天子方化跻黄虞，需贤共理，如公之老成持重，获膺枚卜之选，必有不世之功。"光诸垠埒，乃万里一棺，淹忽物化，可不谓惜哉！且夫为小臣者易见功，为大臣者难见德，庶职及有司其所治不过一官一邑，故恒以任事见称。若夫封疆大吏，百务殷繁，如欲著精敏之绩，而适以贾喜事之名。唯以老成镇物者，人不见其功，民以享厥利。此余按公之生平而不能不无所感也。

公讳永斌，字寿廷，号曰陟山……

公生而岐嶷，始就傅，五年而通群籍，为弟子员，辄高第。

岁己卯，江都史蕉饮先生校滇闱，拔公登贤书。再战礼闱不售，以效力例知县用，节度奇之，题临桂令。公以任事有胆识，苟便于民，利害不恤，民德之。以艰归，民挽舟涕泪，弗忍别。服阕，补直隶阜平，调大城，以捕□□（此处的两个字应为"内监"）陈进忠故罢职，父老赴都将吁□

（这个字似应为"阙"，"吁阙"。阙，宫门的代称。另，原注认为可能是"吁天"，似不准确），□宗（应该为"世宗"，即雍正）皇帝闻之，亟复公职，进涿州牧，捕盗辑旗人，皆有声。时上驻跸蓟州，邀顾问，擢黔威宁郡守。公至黔，适今相国西林鄂公节制滇、黔，檄公与土司分疆界。初，乌、镇、米贴诸夷（原标点为"乌、镇米贴"，似不对。因为乌即乌蒙，镇指镇雄，米贴为另一个地方），夷情叵测，羁縻为难，至是遂啸聚劫掠，蹂躏近□（此字似为'境"或"邻"）。大师捣其坚，歼其渠魁，山寨遂平。设城邑，置流官，迄今称乐土焉。公以文臣赞画其间，擐甲控弦，谈笑自若，智勇有过人者矣。上闻之，益重公，以为贵东副使，兼粮驿道，权贵西副使（此处似有误，《清史稿》载："擢贵东道，旋调粮驿道"），摄臬事。擢湖南藩司，靖六里苗人之患，抚绥有条。

时上以粤东重地，比因僚属得人之难，必得中立不倚者砥柱之间，遂调公粤东藩伯，旋进巡抚。公顾粤而叹曰："民劳矣。人情劳则思休息，贫则念生养，且吾向之试于粤、于燕、于黔者，缘纲纪不振，无以奠吾民于久远也，翊朝廷以封疆之事相寄，而欲亟亟于一才一智，挟其小数，以钓振兴之誉。吾又有所不忍。"嗟乎！公可为知所先务也矣。

今夫大臣□□□□千里，巨目属焉，非唯此而□之。□将观吾之所谓"兴一利□一害随之"，人从而訾议矣。安之以静谧，苍生受无穷之福。不然，而欲玄其才能，以矫然标异于众，识者□□□知□方□振作群伦之会。纲举目张 更或以伺察烦琐为能，粤东之故辙扬其波矣。而公则恬然镇物，无复曩者圭角。然而又非故托静谧也。六年之间，前后投匦进封事，如捕盗、积谷 开渠、兴学、安流民、荐人才，凡此数十条，皆外人不得以闻，谁复□□寸中之为，其功倍于喜事者什百哉！

值今上即位之初，以次入觐，召入南书房，恩礼有加，赐赉无已。调公湖北巡抚。不一载，更调江苏。公一以治粤中者治楚与吴，天下皆知公之贤，为楚、吴称幸。公至则严保甲，课农桑，修学校，除巨猾，所为无不中綮。而静以安民者，始终不渝也。

时上以公两朝耆旧，欲置左右备诹咨，授公礼部左侍郎，旋擢吏部右侍郎。正卿之命，行有日矣。

公以三七十，疏请致政，弗许。至于再，乃给假一年。归道经吴、楚、黔中，人士竞扳辕仰慕，其感人之深远而不忘如此。

归滇言一年，而公卒。

呜呼！公之绩懋矣！其少也，才名著于乡，其壮且老也，臣亦遍于四方，口碑充于街路。生为明圣所倚，殁即闾阎所悲，公亦何惭于人世哉！独惜

162

朝廷失一老成倚重之臣，使千古不获资为美谈耳。

　　公孝友端方，动举不逾寸尺，言谭性理，诗古文词，无不窥其渊奥。尝自吴越购书万卷而归。接引后进,炪（xiè 没点完的蜡烛）灯夜校以为乐。周亲党，联故旧，无事不法古昔。余知公最稔，始尔其为守令之名，及观其开府，益知公时措之宜。公往矣，道慕芳徽，约略可数，曾不知四方之思公者，将何时已也。

　　公生于康熙庚戌（1670）七月初七,卒于乾隆庚申（1740）十二月（应为十一月）十八日，寿七十有一。官至吏部右侍郎，阶资政大夫。配夏氏、袁氏，赠夫人，先卒。子二:文锡，候选通判;畴锡。女一,适陶源。孙三:汉、清、浩（实为孙四:潮、潆、清、浩。潮，在永斌公之先，二十一岁时去世;"汉"实为潆）。

　　余闻三代而下称近古者，莫如西汉，然而萧、曹以开国元老，不过持"清静渊穆"为天下师。则夫身为大臣，而欲沾沾于一才一智者，闻公之风，亦可少愧矣。

　　文锡等（应是其次孙潆等）以乾隆六年（应为十年）十二月初九日，葬公于五老山新阡。余谨按其行状，表诸贞珉，俾千古论世者，知有陆山焉。（碑抄）

说明:老谱未收此文,这篇"墓表"应该是抄录自现存昆明黑龙潭永斌公之墓表。

《清史稿》对杨永斌的记述

　　杨永斌，字寿廷，云南昆明人。康熙三十八年（1699）举人。以知县发广西，补临桂知县。以廉能闻。遭丧去，服除，授直隶阜平知县，署平山，调大城，皆有惠政。以捕治内监陈永忠（应为陈进忠）未即获，夺官。大城民乞巡抚疏留，会世宗即位，知永斌贤，许复官。迁涿州知州。

　　雍正三年（1725），特谕永斌才守俱优，授贵州威宁知府。威宁界滇、蜀，诸土司虐使其众，时出掠境外。乌蒙（今云南东北昭通市一带）禄万钟、镇雄陇庆侯尤强悍。永斌被檄定界，单骑入谕其渠，阴使人伪为商贾，分道图地形。鄂尔泰督云、贵，永斌以图上，且曰:"二酋不惩，终为边患。万钟幼，诸土司未附。今四川总督劾万钟不职，请发兵压境，召万钟出就质。不出，以兵入。乌蒙平，镇雄势孤，亦且降。"鄂尔泰从之。召万钟不至，令游击哈元生与永斌督兵入。万钟走镇远，与庆侯同诣四川降。凡三十三日而事定。

　　米贴土妇陆氏为乱，鄂尔泰遣兵讨之。永斌语元生曰:"贼以冕山、巴补为后路,事急则渡金沙江而逃。以重兵扼其前,奇兵越江攻之,贼可歼也。"元生用其策,克米贴。

鄂尔泰疏荐永斌可大用,擢贵东道,旋调粮驿道,署按察使。朝议加税军田亩五钱,永斌议曰:"军田粮以屯租为准,已数倍于民田。且今转相授受,与民田交易无异。名为军屯,实皆民产,而亩税之,是重科也,民必不服。当多事之秋,增剥肤之患,驱之为乱耳。"鄂尔泰以闻,事乃寝。

雍正七年(1729),迁湖南布政使。湖南方议清察军田计亩,未定,永斌援贵州议以请,亦得免。

九年(1731),调广东。一年春,命署巡抚。是秋真除(实授官职)。广东生齿繁,民不勤稼穑,米值高。永斌饬诸州县劝垦,高亢不宜禾,令艺豆麦,诸山坡麓栽所宜木。又以惠、潮两府民最悍,招垦官田,租入充粤秀书院膏火。奏闻,嘉奖。命勘明垦地亩数。寻又奏言:"勘明可垦地六千八百余顷。此外或山深菁密,或夹沙带卤,体察民情,恐碛地薄收,粮赋无出。臣思瘠田产谷虽少,若多垦数十万亩,年丰可得数十万石,即歉岁亦必稍有所获,事益于民。察通省粮额,新宁斥卤轻则,亩征银四厘有奇、米四合有奇。拟请凡承垦碛瘠之地,概准此例,十年起科。"下部议行,于是垦田至百十八万余亩。

乾隆元年(1736),兼署两广总督。上命除落地税,因请并免渔课、埠税,革粤海关赢余陋例未尽汰者,上悉从之。

永斌在广东数年,坦怀虚己,淬厉诸将吏。获剧盗余猊、陈美伦数十辈置之法,收曲江、乳源诸峒瑶归化。西洋估舶互市至者,悉令寄碇澳门,不得泊会城下。粤民颂其绩。

二年(1737),调湖北,兼署湖广总督。令严保甲,缮城堡,课农桑,实社仓,兴学校,诸政毕举。

未几,调江苏。按行奉贤、南汇、上海、宝山四县海塘,以筑塘取土成渠,塘根浸损,议于塘内开河,南接华亭运河,北达宝山高桥。又察华亭金山嘴、倪家路,宝山杨家嘴地当冲要,议视地所宜,或增筑石坝,或就旧塘加筑宽厚,或改筑石塘。又请于宝山建海神庙。并从之。三年(1738),以老病乞休,召诣京师,署礼部侍郎。寻授吏部。四年(1739),致仕。五年(1740),卒。

孙潢,荫生,初授主事,官至江苏按察使。

论曰:……执玉、永斌尤勤勤施惠,文乾、宗锡能济共美。世宗治尚明肃,诸臣皆以开敏精勤称上指,为政持大体,与夫急功近名,流于豁刻(尖刻),重为世诟病者,固大异矣。

——《清史稿》列传七十九

警斋杨公墓志铭

谭景韩[1]

公讳洪,字映川,晚号警斋。滇南昆明人也。其先世本豫章赣州府人……考聿修公秉性冲淡,不慕荣名,少孤贫,以仕易农。始任楚北,继调辰阳边要,爱入民深,名以廉著。在官,凛暮夜之知;居身,守知止之戒。迁安庆府佐,不就。故乡云远,仁里是托。爱寄籍沅郡之黔阳。门第遂为潭阳(喻指湖南)冠。

公抱醇笃之性,擅明达之姿。持躬敬慎,接物谦恭。盖里闬之所景怀,而士大夫之所矜式者也。

虽生于世族,而遇多盘错。甫逾弱冠,同气(兄弟)早零(凋零),慈帏(母亲)旋背,鞠我之爱,终其永怀。先公恬退归林,不计寝邱,孝虽笃于承欢,情实迫于俯仰,乃不得已以有方之游,致洗腆(谓孝敬父母)之奉。时则亲老、子幼,户只门单,陟岵(思念父母)之思既切,啖指之感忽生,式遄(迅速)其归。依依爱日,悲风木之不宁,每咏莪以陨涕。若乃笃念本根,庇深葛藟。怅松楸(借指坟墓)之未省,望先陇而神追,培护之资,必岁为之计。兼以宦族星散,行李困乏,视公为依,客殡难归者椿凡六,至公胥为之营兆立石,贻以窀穸之安,不废春秋之事。

公同祖弟侨居黔中,六十孀母在堂,贫无以为养……(讲述照顾亲婶母一家及异母女一家的情况。略)孝义之家,古风斯在。公岂力处其有余?独任义而不辞。

其生平悃悃款款之情,恒周贯于伦物酬酢之地,大率类此。

至于孜孜为善,敬老恤贫,怆怀道殣,则募楄柎以藏暴骨;恻念穷途,每解绨袍以赠单寒。惟务安然于心,不少靳然于财。方之射声垂仁,范舟重义又爱以过?

斯公读书颖悟,博涉兼通。负经纬之才,鄙章句之学,素尝志在济物,每遇棼结,尤善剚决(决断)。历幕数十年,当途显授(上级官员)莫不侧席承询,资其硕画,以成善政。

公乃悉心于兴除,加察于庶慎。斯民戴泽隐德在焉。

倦游以还,益研精《素问》,志梁公之志。痌瘝(tōng guān 病痛)乃身,急应如响,于是起沈(沉)痼于膏梁,施凉散于涂(通"途")暍(yē 中暑,此处指中暑的人)。贫病交迫者,往往助之药资,其公之小试利济乎?

嘉庆辛酉(1801),仲嗣奉檄中州,旋摄阳夏篆,迎养至署,一禀庭训,聿播循声。自游梁园旬月之间,绅佩瞻仰,士庶倾风。亲道范者揽其吉晖,

---

[1] 谭景韩:衡阳人,辰州府教授,乾隆甲寅(1794)解元,嘉庆丙辰(1796)进士。

慕芳懿耆颂其令德。

捐馆（旧时对死亡的讳词）之日，缙绅震悼，里民辍相，临祖载以执绋，攀广柳而遮哭。公之盛德感物，亦可谓备极哀荣者矣。

……

嘉庆七年壬戌（1802）九月四日巳时疾终大梁公寓。时长君省亲至豫，偕仲君星驰，奉榇旋里，卜葬于城北到水湾黄家庄山先莹之侧首，庚趾甲次。

君为余同年生，前期走书丐（乞求）余志公墓，不获辞，爰为之铭曰：五华挺秀，灵汉钟祥，粹精会美，笃生懿良，英声蔼吉，起敬家邦，克勤小物，无忝大绂，稚春睦族，公义偕彰，师德有容，同量汪洋，积累深厚，善庆延昌，寿城亿载，永荷龙光。

杨映川先生暨配云孺人六十序

纪昀[1]

映川年翁先生盖楚南之敦善行不倦者也。其冢嗣春晖（兆杏公）早岁能文，受知于南园钱学使，选贡成均。丁巳（1797）冬，余奉简命取录教习，春晖与焉。以兹时来谒余。戊午（1798），旋隽于北，且冠多士。其为人和厚，恂恂抑抑。知其夙有义方禀承也。因于先生修为大端，辄询详之。

先生心性纯懿，品谊端悫（端正笃实）。其行之孚于乡，虽童愚感而知慕。今夫敬修可愿者，无近名之心，有必彰之实。

先生至行，根于至性。循陔絜养，外自昆弟伯叔子姓群族，以及一本之外姻，无不以精神相贯属。或自远来依，或昵近相托，或养其衰龄，或抚其孤幼　恤恤款款，心力毕瘁，未尝以己力不足姑缓置之。其于葛藟本根之义，于是馨矣！

且先生长于经济者也，尝客游幕府，俱以仁心，为人区画，虽隐德，在人犹不炫自信，已乃决然辞归。

托岐黄术以寿于世。遇贫困尤加意施济，所活人殆不有算。盖其肫然及物之心，如火之必爇（ruò 点燃），水之必寒，风之必随，所至而入，无一不形其悱恻也。噫！斯诚所谓敦善行不倦者欤！

然吾■其家先人薄宦归曰，清白固无余储，先生驰驱谋养者有年。孝思慈怀，往往阻于时地，不克自达，将使俯仰畅然，处者悦安，行者慰藉。盖其难之。

夫如是，而叹贤配云孺人内助之功不少也。孺人慈淑性成，知书而识大义。先生既出，一切主持，门户屏当，百凡之计，皆孺人委折调护其间。

[1] 纪昀：字晓岚，献县人。经筵讲官，礼部尚书，文渊阁直阁事，官终协办大学士，太子太保，谥文达，乾隆甲戌（1754）进士。

一个家族的六百年——讲故事的云津杨氏支谱

益清堂

上娱亲心，下课儿辈，旁逮内外戚属，无间言，能使先生心性行谊缠绵于骨肉间，历数十年如一日，其用心勤苦至矣！

是则有先生物恒之修，即宜有孺人居贞之吉。嶰筒之交，应针芥（性情契合）之内符，夫岂非家道所由昌乎？

今先生与孺人俱年登六秩，德业既隆，恩荣旋至，其仲君梦莲以甲寅膺乡荐，今春大挑殊等，捧檄中州，而长君教习届满，尚励志典坟（指各种古代文籍），鲸铿春丽蔚其光华，其所至殆难量焉！

夫水之润也，先河而后海；木之茂也，自叶而归根本。行之修不必身受其名，而实效之彰彰已！如此然，则先生与孺人之劬躬焘后，不方卜昌炽于自今以始哉。

兹因其戚懿年好，相与制锦为寿，属余言为之引，余老而倦于词，乃取楚南人士所称颂者，缀述以致余之倾慕云。

晴园杨公家传

彭嵩毓[1]

道光壬辰科（1832）湖北乡试，嵩毓获幸出湖南杨晴园先生之门。先生下世（去世）几二十年矣，嗣君积煐将辑家乘，以状授嵩毓，属为先生立传。窃念先生入室弟子，无如易君屏山，今屏山既殁，则传先生者，舍予小子其谁？故不敢辞，而拜手稽首，敬书于左：

公姓杨氏，讳兆杏，字春晖，晴园其别号也……

公生而岐嶷，与仲弟梦莲先生早知名，受知于学使者钱公沣。钱官侍御时，直声震朝野，其教士也，严而有法，殁祀湖南名宦，至今人师之。公与仲弟率其教，先后登贤书，一时并有国士之目。为学务根柢，修身砺行，尤为乡党所矜式。

嘉庆间（1796—1820），公既不得志于春官，乃以教习。谒选，得湖北知县。初宰建始，继宰应城、通山。通山在万山中，地最瘠苦，人无肯至者。公处之独久，虽十年不调，泊如也。公所至能得民，尤爱士，士争归之。故去官日，囊无一钱而诗歌赠遗恒盈箧。子孙守之，人莫不知为清白吏后嗣也。

公既以老致仕，梦莲先生亦自汝州解组归，风雨连床，白头相对。时季弟年齿亦相亚（近），怡怡一室，姜被田荆（指兄弟之情），虽有千驷、万钟，必不以彼易此。

同邑易屏山良㑊，不羁士也，少负奇气，好拳勇，公教以学，折节读书，

---

[1]彭嵩毓：号于蕃，江夏人。按察使衔，云南迤南兵备道，前翰林院庶吉士，道光乙未（1835）进士。

167

十年成进士，官邓州刺史，有政声。道光十五年（1835），投劾归，过武昌，省公，留数月。予因识之于座上，鬓鬓已白，而精悍之色犹见，于眉宇小有不平，辄瞋目攘臂，然在公左右，恂恂执弟子礼甚恭……今公既久归道山，屏山闻亦化去……公之殁也，屏山为文甚哀，述生平之受教诲成全者，情极真挚，赗赠（送财物助人办理丧事）如礼。若予小子，则陆氏荒庄，尤望恩门增愧耳。

公生于乾隆三十三年戊子（1768）八月初二日，卒于道光十九年己亥（1839）正月十四日。配危氏，早卒。继配文氏，后公三年卒。子积煐，国子监典籍，孙三人。

门人彭嵩毓曰：公之宰通山也，与通城毗连，均为蕞尔邑，民俗顽悍，称难治。时宰通城者为平湖蒋秋舫先生，公之同年友，而嵩之受业师也，两公皆盛德长者，以儒术化民，民乐其政，安其教，一时莫不知有两先生。然风尚渐殊，异己者多所龁龂。两先生寻皆罢去。公之罢也，颇有官私累，赖公仲弟及易屏山为之屏当，始得脱然而归。蒋先生以累羁，竟卒于鄂。呜乎，廉吏可为而不可为，古今有同慨焉。或者于公之门，三槐之荫，其有可必者，不于其身，于其子孙欤？

祭杨晴园师文

易良傲[1]

　　呜乎，人生于三成之者师，古人谓成我之恩与生我者等。然师之真能成人者，与常师异。为师之所成者，受恩之浅深又异。

　　念傲甫成童，即从夫子游，时虽主讲龙标书院，督课如乡塾，其教以身率，与诸生言，以品行器识为先，而学问文章务本实、崇经义，言动必以礼。于傲初器之，继而阴察之，知其微以自负也，痛抑之。课倍严，少不合辄斥责不贷。傲以是日敛，亦日奋。夫子乃喜，曰："可教也。"会其冬，将偕仲夑二先生北上，濒行谕傲曰："观汝不肯轻从师，吾郡主讲明山书院严乐园先生，吾知交最久，汝往可有成，吾且以书属。"傲唯命。乐园夫子亦督傲特严，盖如书意也。由是，试童子军辄如志，遂入泮（指生员入学），连食饩。乐园夫子又北上，傲以师无可继者，遂自放，既不多操觚（写文章），偶为文，喜驰骋，务奇诡，支离汗漫而莫知所归。方自诧，而连秋闱不一荐，犹不悟。

　　夫子自都门归，仍从游，阅其文，不怿（yì 欢愉）曰："始吾以汝宜飞鸣久矣，何至此？貌古而粗，与袭今而浮，将毋同中式固有式。"于是，

[1] 易良傲：号屏山，黔阳人。嘉庆庚午（1810）解元，辛未（1811）进士，官终河南邓州知州。

一个家族的六百年——讲故事的云津杨氏支谱

益清堂

使力湔（jiān 洗）其旧，而痛绳以法，务使熔经铸史而制以谨严。更出俶所未见之书，使自广。时诘难不能对，则诃斥，汗流颊赤犹立不许坐，既而谓之曰："汝规模力量颇大，然气刚而不和，此汝性使然，非师一人所为力也。多集益友薰陶之，乃可。吾又将北上，汝可赴岳麓，慎择交，勤课文，并为立一法闱，前拟题百，每日拈课，果无间，必售卒（科举考试得中）。"以是，幸举于乡，并捷春闱。

时夫子在都，乃大喜。既而廷试，大负夫子望，深自憾。又慨州县难且性戆，私拟改广文（泛指清苦闲散的儒学教官），夫子禁不许。曰："亲民官造孽易，造福何必不易，苟有志，一命岂无济？顾本班铨选迟，查内廷教习，由甲榜或尚有用部曹者否？亦铨较速。"乃命考，幸取充，及报满，仍外用需次。

时夫子已出宰北省建邑，适入都，则请问吏治之要。诲之曰："近世宽猛之说乱吾辈，要当以仁恕为本，清、慎、勤三字，格言也，亦常言，然大不易。凡事不可有成见，不可无定见，官须自己做。"俶疑官岂由人做。解之曰："做好官阖邑人大便，阖署人大不便，官不自做主，谁代汝做？好官且不自做主，谁许汝做好官者？"乃大悟，谨识之不忘。

盖俶自束发受庭训，外所幸得事两夫子，乐园夫子防其迂，务在恢廓其志气，而意近经济，望人为有用之材。夫子防其妄，务在磨炼其性情，而事先心术使人识明体之意。而以俶之少而近狂，终幸弋科名，自恐不任民社，而一行作吏，虽愧未实有所济，然尚博虚声，稍晋秩，时见器于上宪，或微有遗爱于士民者。今乞养，犹脱然完善而归，非夫子始终多方以成全之不及此，真所谓成我之恩与生我等者，非耶？则俶受恩之深，何如俶所以铭酬夫子之恩，又当何如也？

所憾受其教者，既未能大副所望，又自历官中州，获躬侍者仅夫子因公一迁道河阳官署，一俶复因公赴豫，晋谒于汉阳粮盐厅署。比复回，而夫子已乞休寓鄂省，时小恙，留侍两旬余，值岁暮叩辞归，夫子掖之起而泣，俶泫然不忍，复仰视。然私念，此后即旋里，趋侍日方长。乃越岁，而夫子归羁省垣，郡邑人咸望夫子之归，以受裁成者甚众。俶屡以为请，每手谕以抱恙，未果。方冀天佑其有瘳，乃仲燮二先生来，遽闻夫子弃人间世矣！

呜乎痛哉，孰知武昌掖泣时，即与小子俶永诀时耶！何夫子之盛德而不复享遐龄，何吾郡邑人之不幸耶！

然而，年逾古稀不可谓非寿，制科起家不可谓非荣。其行可以信己，其文可以寿世，其教可以传人，其处也，郡邑矜式为师，儒之宗而造就无算，其出也勤政爱人，不争赫赫之名，与尚峻厉者或不合，而仁恕之心，阴造福于士民者无穷。历宦数十年，囊橐萧然，无从问家人生产。昔关西夫子杨伯起（杨震），以清白吏遗子孙，于家风大有光焉！

《易》曰："积善余庆。"《传》曰："不于其身，必于其子孙。"

炳之世兄想能世其德孙，世兄已崭然见头角，其后必有愈昌大其门闾者，夫子其亦可以无憾矣。

惟以俶受恩之深，生既未克与乐正子春床下之坐，殁又不能如张籍、李翱于其师昌黎河阳之葬，而铭其墓，又有所当图报于万一者，骤未能如愿以酬，则抱憾何穷？然俶若负恩，天不我佑，想夫子九京下，必谅此心也。

呜乎，吾将安仰，悲同古今。湖湘远隔，山阻水深，北斗遥望，聊荐微忱，夫子有灵，尚鉴此心，哀哉尚飨！

梦莲杨公家传

王先谦[1]

公姓杨氏，讳兆李，字仲燮，一字梦莲……

嘉庆十九年（1814）补泌阳。杨某者，憎其女夫贫，悔婚构讼，公廉得实，而女母惧女死，已窃遣归其夫。公备彩舆助奁具，命其夫妇入署成礼，扬旌鼓吹，骑导而归。豫人为传奇演之。

……

公所至，城池、坛庙、书院、义学、名山胜迹，有废必举。尝以为化民之道，尤在转移其心，能知古人所以足重，然后思自拔于今人。经籍所载，非儒者末，由考而知。至于前徽、遗烈，表而章之。岁时，乡里展慕流连，其入人心尤至。故于往代贤否节义、里居祠墓，务崇大褒，显赫赫照耳目……

道光十八年（1838），引疾归。卒年七十九。

初，公母云氏嗜橘。病丞，医诿屏之。母卒，公终身不食橘……

前史官王先谦曰："溆浦严公正基，言公官河南，名与栗恭勤公毓美埒（liè 等同），而栗公亦称公儗（通"拟"，比拟）于汉鲁恭卓茂。"然仕竟不进，人能宏道，无如命何。知道者，岂以位高下为显晦哉？

杨梦莲刺史六十序

栗毓美

中州往多循吏，若卓子康之宰密，鲁仲康之令中牟，专以德化为理，不任刑罚，居官无赫赫名，而政通民和，吏人亲爱而不忍欺。余读汉书至此，

---

[1] 王先谦：1842—1917，字益吾，号葵园。长沙人，同治四年（1865）进士，曾任国子监祭酒（主官），任过江苏学政。回家后，在湖南主讲思贤讲舍和岳麓、城南两书院，学可上改孜不倦，多有成就。

未尝不叹吏治之近古也。

龙标梦莲刺史杨先生，以大挑令试大梁，荐擢直牧，与余同官三十载。厚性宽中，类卓鲁二公之为人。宦辙遍大河南北，名绩亦仿佛相似，余甚敬异之。

同里黎云屏观察及需次汴垣诸君，今将以清和中浣（四月中旬）举先生泆甲（六十岁）之觞，以余悉先生稔（熟悉），属一言为介嘏资。余维天生烝民，使托其命于长吏，能以德延生民之命者，天亦洪延其命，而锡之以福。

盖时当承平日久，地大物丰，作奸宄以扞文网者，不免萌蘖其间。一切纠之以猛，则所伤必多。惟夫悃愊（kǔn bì 至诚）之吏，为治不尚操切，务在以德化民，虽整纲饬纪不及严明者之令行禁止，卒之政平讼理，民无敢轻罹其法，其德既为民命之所托，而其人之受福于天者，常什伯于庸众之所获，古今若一辙焉。

先生襄滑卫军兴局务，洁己奉公，为同官所谯让（谴责），不顾。历州县任，屏绝苞苴（借指贿赂或馈赠），相沿采买陋规亦拒不受，人以此服其廉……

虽然此犹不足以尽先生也，尝综计先生之所以为治，在于敦崇教化，端转移人心风俗之原，所至甄陶（培养造就）髦秀（才俊之士）。牧陕州日，重葺召南书院，劝建义学，设立章程垂后。泌邑，则创修久废之铜峰书院，筹蠲脩脯膏火有差，以故人文蔚起，科名甲于往时，其尤著者也。

至表章节义，有主持泌阳杨贞女完节事……修鹿邑孝烈李三姐祠墓……他如劝诫轻生，训饬厚生，正俗劳心，谆谆视民如子。文亦委曲详尽，可歌可泣，至今妇孺传颂不衰。盖先生之以德化民者，有如此。

然先生虽一主于德，亦相时势为张弛。其莅泌、鹿二邑，与楚皖相犬牙，匪徒常纠结为奸，先生遴派干役巡逻，廉其魁杰者置诸法，邑境肃然。有急名则缓之，吏民小懈则又惩一二豪猾，故为不测以震悚之，故其政不严而肃。比权光牧治，法亦仿前。为令牧时不逾月而循名藉甚然，则先生之德为不可及，而其福亦讵有涯哉。

昔卓鲁以断断小宰发迹河嵩，仁感昆虫，行应休瑞，或爵通侯，或位跻台辅，躬享曼羡之寿，庆流裔叶，天之所以为名德报者，彰彰如彼。

先生愊慁（诚实）德满，过化不越两河，而虎患潜踪，麦歧挺秀，克与卓鲁同符。由此上受九重之知，置身通显，俾广其德于海寓，鸾鹄停峙．继起元宗（庇护宗族，光耀门庭）有人。天之予先生以寿，以渥膺厚福，为三湘七泽光者，将于是始其德，同其报，亦无不同。而犹谓古今人之不相及也，吾不信矣。

送杨梦莲先生归田湘中序

严正基[1]

　　豫百莘原、临汝，夹河嵩分疆而理。今年春，莘原张蕴堂刺史引退，继之者为临汝刺史杨梦莲先生。洛中士大夫以宦豫均著名迹又同时去豫惜之，而尤惜先生不置。夫人无关于斯世轻重之数，则进听之，退亦听之而已。至于退为士大夫所惜，则其进之贤可知矣。

　　先生以吾乡名孝廉，由令而牧，而权守（署理知府），官豫几四十载。所至民爱之、颂之，去则思之，与栗朴园河帅埒。河帅日隆隆，起荐总东河。先生起而踬踬（事情不顺利，受挫折），而复起虽未及河帅所被之广，而在一邑，则一邑蒙其福，在一州一郡，则一州一郡蒙其福。其时地不同，而所以迓福之心则一。乃一朝决然归去，部民攀辕卧辙而不获留，士大夫相与咨嗟太息而惜之，亦宜也。

　　虽然先生之去为得也，而难先生者，则以先生膂力未愆（体力未减），不必去；获上而得行其志，不当去；汝民之戴先生又如慈父母也，不忍去。而竟毅然去之奚为者？基（严王基）尝闻古君子之立身也，有难进易退之节，始可以进，可以退，当其进也苟利于民，虽见忤于时，而必直行其志；及其退也，义所当去亦不必不合于时，而遽引身以退。盖是非得失之理自决于中，而富贵利达之心不淆于外，则进可也，退亦可也。先生年近悬车（借指七十岁），归田林下，其于进退之义，绰有余裕，又乌可以去疑之哉？

　　先生先世自滇迁楚之龙标，近又卜宅星沙。春秋佳日，载酒拿舟上下，于山，见衡岳之高，于水，见洞庭潇湘之大且深。高瞻远瞩，超然物外，其有遗世独立之念乎，抑有江湖廊庙之思乎？

　　基（严正基）于蕴堂刺史之去也，为文以赠。今先生飘然远引，又借其去而不获留，复一言以著引退之义。他时追忆故乡，松菊灵光，肖然独存，庶几于云水苍茫中遇之矣。

---

[1] 严正基：号仙舫，敔浦人。河南灵宝县知县，历官广东布政使，内迁通政使，嘉庆癸酉（1813）副贡。

宗祠　墓田　义庄

宗祠

宗祠图

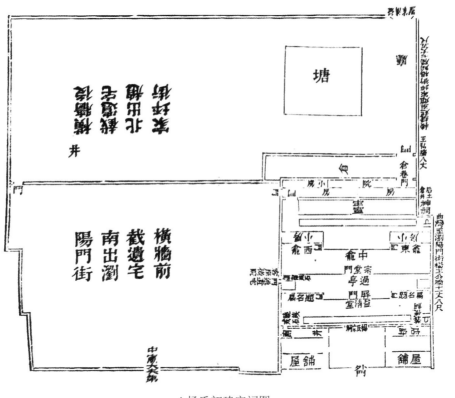

▲杨氏初建宗祠图

图示宗祠早已被毁，原谱在宗祠图后面有如下记载：

上图在长沙府善化县城（即省城）东十二铺浏阳门正街。杨氏初建宗祠后抵横墙，计直长十五丈，宽三丈二尺。义仓在横墙外（不计丈尺）。合原捐祠基、汝州公故宅，前后直长二十八丈，前并今祠宽九丈一尺，后宽十丈三尺。四面砖墙。南、北、西俱祠墙，东邻王振文堂，自浏阳门正街起至由湾止，杨王公墙十一丈八尺；曲湾起至接缝止，王私墙八丈；接缝起至赵家坪街止，杨祠墙七丈五尺。中亘横街，前后截南北住屋各一栋。前栋出入浏阳门街，押租纹银一百两，月租钱十四千；后栋出入赵家坪街，原赁湘日李黼堂中丞桓耆献书局，校刊《国朝耆献类征初编》《贤媛类征初编》。押租纹银八十两，月租钱十五千。嗣赁者以北邻巍楼高压前檐，将正屋改南向，门改东北隈，镂（刻）石额曰：益清家墅，押租钱一百千，月租钱十二千。汇归通记支应。

捐备祠基，汝州公故宅，与今祠总绘成图。缘并今祠，约广五之四，堪为将来展建地步。追思厝处，余荫儿孙。式廓规模，重新祠宇，有志者奚待他求哉？

尝见先正故庐圮而复修，废而复举，士君子每乐于从事，即过客偶经景仰遗徽，辄徘徊不能去，岂吾祖宅忍弗保诸？仅绘今祠，七十衰蒙，惧志存而事莫继也，谨增前后截展建祠图，愿我宗人积而善用者，兴起而光大之。

第甫经缔造，遽斤斤于拓旧更新，似邻奢望，然天性之真，人皆素具，无以牖（通"诱"）之，则感触蔑由，诚使谱可征图，可绎成规。在目堂构（祖宗遗业），殷心以时，动其尊尊亲亲，固有之良，油然沛然，发于不容已顾，不当自今始乎？

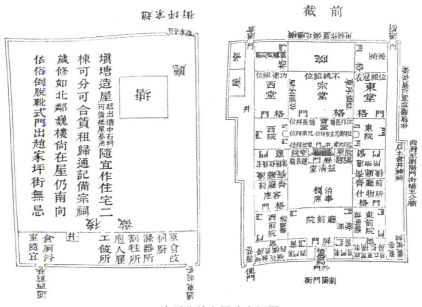

▲汝州公故宅展建宗祠图

该宗祠图只是一种构想，并未建成。原谱记述：

> 右图坐落丈界见前说。日对全基支度久匮，宗祠权建促狭一隅，能无自疚？每思变计，拓旧更新，庶因地制宜，惬心贵当。然挪移假贷，必致隳（huī 毁坏）公，非通记渐积巨资未敢轻举。爰增订一图，冀有志者节蓄而竟成之。

接着，讲述拟重建宗祠位置、长度、宽度及布局，各堂、室各作何用途，如何陈设等，因十分繁复，且只是一种设想，故不详录。原谱接着记述：

> 古左庙右寝，取神依乎人之义。君子将营宫室，宗庙为先，或有水火盗贼，则先救庙，而后及家财……吾祠捐先人遗宅，公诸合族，故不曰家庙，曰宗祠。

> ……

> 节烈贞义祠，其不辱身皆孝也。吾宗以烈、以孝、以节旌者三人，国有常祀，家亦宜之。若遭乱不屈，青年矢志，或异籍，或异地，或年逾五十，例符而卒年失考未旌，于国复馁，于家不祀，忽诸责有攸属。至殉亲、割股，及不字奉亲，曰孝姑；受聘誓守，曰贞姑；不字（嫁人）抚弟侄，延母家嗣，曰义姑。今不概见，后有类此，终于母家者，亦按辈行，设位于祠为允。

> 礼慈母与庶母，不世祭。郑注引春秋传，于子祭，于孙止，几成铁案矣……朱文端公集：有河间生，父兄殁，发愤读书，为诸生，立祠堂祀父及嫡母，将以生母祔，而族人尼（阴止）之。告学师、有司、观察使，皆不可遂。号痛而缢，嗟乎！相习成俗，当道亦不学无术，误认风规，祸及孝子，惨矣哉！吾祠设庶母位于西序诸姑之上。

> 古宗子皆世官世禄，故祭必宗子主之。自宗法不行，宗子或降为氓隶……礼贵因时……大率主祭论者不一，要不出贵贵、贤贤、长长三者，会而通之，俱可仿行……陪祭族众，以世为差，约不过五六派，每派以齿为序。主祭正位，视其兄弟一派平列。庶于贵贵、贤贤、长长中，仍不逾尊卑之分……

> 祭前一日，主人率子弟入庙。洁除拂拭陈设，视割牲，视涤器，辨祭器之实，各极详慎……

> 大清通礼，家祭仪节上香酹酒毕，行一跪三叩礼……

> 今祠木版楹联三，篆刻格言一，戒石二，应移置重建祠中，不可缺一，剥则新之。有自逞才华或倩名人撰书而毁弃旧锓者，罚赔。增悬古训要语，不禁。

宗堂龛位

中龛第一成：

明诰授武略将军飞骑尉世袭云南左卫左所千户杨氏一世祖考克勤（辛公）府君，明诰封宜人，杨氏一世祖妣某太君神位（中）。

中龛第二成：

杨氏六世始开文学祖考双塘（即秉元公）府君，祖妣张太君神位（左第一位）。

杨氏十世祖考大生（即寓乾公）府君，祖妣陈、李太君神位（右第一位）。

杨氏十一世祖考寿廷（即永斌公）府君，祖妣夏、袁太君神位（左第二位）。

杨氏十二世始迁湖南祖考聿修（即文赐公）府君，祖妣高太君神位（右第二位）。

中龛第三成：

杨氏十四世始迁善化长房祖考靖园（即兆杏公）府君，祖妣危、文太君神位（中）。

杨氏十四世始　　　　　　　　　　　　迁善化二房祖考梦莲（即兆李公）府君，祖妣罗、金太君神位（左）。

杨氏十四世黔阳支祖考馥园（即兆菜公）府君，祖妣梁、谢太君神位（右）。

此外还有"东龛总位""西龛总位""续增龛位"，补立"节烈贞义祠龛位"。

祠壁条规

规系塘冲周族恪守百有余年。兹酌备吾祠遵用。有已见吾先世彝训者，概不删去。盖训垂世范，祠正家规，不妨重言，以申明之实，皆寓谆谆提命、触目警心之意。暇日省览，临事互堪，精义存焉。如仍故犯，责罚何词？条列如下：

祀先有缺　物本乎天，人本乎祖，追远之典，先贤重之……故未及远出，每房无一人到者，公议责罚……

侵蚀公项　我族公项无多，积之甚难，耗之颇易……目前更宜清债负，而永不假口因公借欠为第一义……

亏欠国课　……

毁污祠宇　……

恣情戏剧　……

听断喧争　……

房长偏徇　……如房长挟私忿以图报复，或受贿嘱而乱是非，一经查出，公议责罚。

呼唤不至　祠堂之建，原为奉先思孝，自当约束子孙。倘有不法，应赴祠理论，如敢抗违，即着亲房人等拘束到祠，立与责惩。至所论之事，仍从公剖断，不得偏徇。

纵逃延累　子弟滋事……若令临期逃匿，耽延拖累，本房长即有不能约束之咎，议罚。

盗葬盗卖　死葬先人邱垄，古恒有之，但须告闻族众，公同蹋验。倘截脉破冢，强葬盗葬……并有坟域私造契据，或茔冢平治作地，或墓田祀产押银典卖，其弃祖也实甚，应将盗葬者押迁，盗卖者追赃复旧，仍责罚重惩，如不服辜，送官按律治罪。

砍伐坟树　树木虽微，祖灵所栖，妄加砍伐，震魄惊骸，是陵（同"凌"）逼其祖也，除奠谢外，仍议责罚。

擅自告状　一切事务必祠堂公剖。设有不平，方许告状，如未经祠议遽行控告，即为健讼……将首谋责罚，不服即呈官法处，以肃家纲。

奉亲有违　……苟未能曲承欢心，反加触犯，小则家法从事，大者送官究处。

冒犯尊长　……倘以卑陵（凌）尊，以少陵（凌）长……除责惩外，另议赔服。

陵虐卑幼　……倘尊长以大压小，妄肆陵（凌）虐，应自申诉者，不在干名犯义之限，许卑幼鸣祠，理论从公责罚。

婚姻不正　同姓不婚，原有厉禁……何得藉称同姓不宗妄行婚嫁……

亲族通奸　百恶淫为首，况施于族属，紊乱宗支，玷辱风化，重责除籍。

招夫养子　孀居嫠妇，守节为重，否则出嫁可也。若以招夫养子为名，赘人入室，混窜宗支，可耻已极……故犯者男妇一并逐出，其妇除籍。

荒嬉废学　……

游闲惰耕　……

聚赌抽头　今自命为神赌何多哉？牌骰摊宝，日夜不休，纵有千金，难当一掷……贪心一炽如虫生腐，如蛾扑灯……余殃遗孽，延累儿孙，嗟何及矣？悔悟固善，不悟而竟于祠屋故犯者，是慢祖也，罚责重惩。

洋烟酗酒　鸦片麴蘖几遍国中矣，吸食破产，沈（沉）酒招灾，不鉴前车，覆辙接踵……吾宗……亦难言必无。悔悟固善，不悟而……故犯者……罚责重惩。

肆行窃盗　……

习惯小扒　……其事甚微，事主虑费，匿不以闻，遂致此辈公然无忌，以后捉获，即送祠责惩……

奴隶优伶　以父母之遗体充当奴隶，屈辱公门，惟甘犬马自效，荣固难言，利居何等？至幼售优伶，或自投菊部（旧时戏班或戏曲界的泛称），供人玩弄，颜面全无，父兄议罚，本身责押还农。

僧道尼巫　……

丧用佛事　……

忍心溺女　今日之女，异日之母也；今日生女之母，当年未溺之女也，我之子若孙未溺之女所出也，子若孙之妇，他人未溺之女也。言念及此，而犹以畏劳、愁嫁、穷迫元子诸疑虑，忍于一溺，天良澌灭尽矣。公议责罚……

刁唆词讼　……

妖言造谤　……平地生波，造无为有，一经按验，呈官如律治罪。

轻生尤赖　凡大小事情，是非曲直，祠堂自有公剖。倘未经理论，自缢、自刎、投水、服毒，尤赖搪抵，已死，著本家收殓，未死，仍议责罚，以警习风。

……

停留异类　……

以上三十四条，凡应罚者，事之轻重各殊，家之贫富不一，须随时议拟……祠规系家法，除送官究处外，不敢借用满杖，谨量减二等，折责自二十、二十五，至三十而止。芳金作赎刑，应准与否，俱随时议拟。

祠壁训辞

司马温公家训（锓木悬宗堂后壁）：

积金以遗子孙，子孙未必能守；积书以遗子孙，子孙未必能读；不如积阴德于冥冥之中，以为子孙长久之计。此先贤之格言，乃后人之龟鉴（借鉴）。

　　　　　　　　　嘉靖戊申（1548）重九宜春胡介篆

新吾吕子孝睦房训辞（勒石宗堂前檐西壁）：

传家两字，曰耕与读；兴家两字，曰俭与勤；安家两字，曰让与忍；防家两字，曰盗与奸；亡家两字，曰淫与暴。勿存猜忌之心，勿听离间之语，勿作生分之事，勿专公共之利，吃紧在各求尽分，切要在潜消未形。子孙不患少而患不才，产业不患贫而患喜张，门户不患衰而患无志，交游不患寡而患从邪。不肖子孙，眼底无几句诗书，胸中无一段道理，神昏如醉，体懒如瘫，意纵如狂，行卑如丐，败祖宗成业，辱父母家声。是人也，乡党为之羞，妻子为之泣，岂可入吾祠、葬吾茔乎？戒石具在，朝夕诵思。

吾杨氏宗祠，拟勒吕子好人歌于壁，嗣阅遗书，喜是篇雅俗共鉴，精切不磨，洵为教家本论，勒石祠壁，昭示来兹。嗣孙基善谨识。

俗语晓族戒石（前厅西廊）：
祠内永禁唱戏、赌博、酗酒、烟灯、堆货、借宿，族抽讼费。

义仆祠

义仆祠在宗祠东廊。

基善公写有《义仆纪略》一文。

义仆纪略

宗祠前东廊，小筑设义仆位，曰黔阳粟升、浏阳杨明、昆明王元、长沙黄贵，皆乏嗣而从吾先人于患难者也。

粟升佣于高祖聿修公（十二世文赐公），及本生曾祖洪公，幕游携以行，兼充侍者。乾隆乙卯（1795），□□蹒麻阳之高村，村巨族滕绅闻曾祖适家居，聘襄义勇营，升侦探警巡，备历艰险。洎解严（解除危难），目击凋敝，效主却金垂橐归（效法主人，不接受馈赠，空着口袋而归）。

嘉庆癸酉（1813），教匪陷滑县，大父兆李公，以大挑令分府卫辉，军务旁午，差委骆驿，升无役不从。嗣（不久）往事伯祖兆杏公于建始、通山任。殁年七十九。

……而杨明居守滑平，去事旧主徐履安大令坦。大令返里，明（杨明）复来老矣。供役书、塾事。先严以逮，于余师限余课，偶漏四下未完，呼取凳杖余百，甫至十，明代伏地，婉求师加杖十而罢。或闻于大父，怒饬后毋擅挠师命。殁年七十三，葬长沙南关义山……

王元者，四旬余随解京铜员出滇。其主荐事伯祖，历通山、汉阳任。伯祖旋湘，捐馆舍，元羁鄂罄其资。六旬来依大父。发逆（清朝统治者对太平天国起义军的蔑称）自攸澧来，奉伯祖嗣（儿子）炳之从父眷奔丰城（江西丰城），滨危者屡。寻（不久）投大母于江西省垣，江西警从归。殁年七十四……

发逆之逼湘垣也，在咸丰壬子（1852）。自秋徂冬，围攻八十余日，先是永郡有黄沙河之战，尸蔽江下。大母惩卫警有戒心。首夏挈全眷避萍乡，遣贵（黄贵）回湘，嘱曙初从父措旅资，贵腰缠汇券千金，行经浏之上栗市（上栗市实属江西），褴褛健儿十余宿桥头，不虞，其丐而盗也。倏哗传商旅被劫杀,而贵已蓦越。攸澧连陷,大母徙南昌,闻逆用地雷轰南城(长沙城南天心阁),几陷,而力御粗完。亟遣贵再至湘,则南城逆匪麇(成群)聚鸱张(原注:守阵官军炮毙伪西王萧朝贵。有伪东王杨秀清护伪太平王洪秀全自永兴下窜,大股扑省城),贵绌而入,护曙初从父绌而出,东走南昌。大父母、先严慈(父母)、余继室徐暨长女前后丧葬,靡弗弹心力。同治戊辰(1868),临殁犹喃喃道:"余家事弗辍。"年止五十七。惜哉!葬实竹塘,近王元与余长女墓。

之四仆者,或识之无,或粗习书计。五世以来,仆御去留何止千百,当豫顺时,与佣奴侪辈(同辈)耳,视小有才且瞠乎其后。一旦遇盘错,乃能守经而达权,倘所谓事穷见节义非耶?特援笔以纪其略。

昔炳之、曙初两从父,论祀义仆,有子者勿轻加仆名……为人祖父惜声名,子孙留余地,不可谓非忠厚用心也。虽然实不可没,即名未妨加惟奉祀有人,吾祠无庸增位耳……爰取未设位而有可纪者列于后:

谢忠,巴陵人,本生曾祖(基善公曾祖洪公)遗令大父(祖父)曰:"旧人不可轻弃。谢忠明白,勤谨办事,已有明征。依他本意,送至湖南岳州,距黔邑尚远,可不必。到汝服阕来豫,署中门上,命谢忠专管词讼。"时嘉庆辛酉(1801)秋,曾祖弃养(去世)于汴(河南开封)垣,其结主知也如此。他事岁久,无征。

陈贵,信阳乌鸡屯人。性戆体魁梧……善庖。嘉庆己卯(1819)秋,豫省黄河南北岸并溢,大父宰泌阳,承办南岸秸料,达兰阳工次,车脚不资。幕客樊携银探料,价未甚涨处购备。其戚洛令绐(dài 欺骗)以泌远洛迩,可先洛而后泌。而洛银讫不至。大吏验工,樊遁。檄摘大父顶(免其职),调工勒迫。贵着短后衣随鞭镫星驰赴工途。值岁朝(正月初一),市肆未开,不得食。日加申觅烧饼数枚,以献马上分啖之。至则蹀躞(dié xiè 小步走路)风沙冰雪中,督趱(zǎn 赶)罔懈。大父旋复顶,调繁刺陕。六年(1826),又有通米赴质之役。盖大吏昵(亲昵)某丞,命权陕篆,转委实任官运米通州,交仓回任矣。明年春,米霉变,奉严檄,并谣传查抄。一时僮仆营投他主。贵语易安曰:"我两人报主时也。"于是安居。而贵行着短后衣随鞭镫星驰赴都,大父经刑部堂讯,贵代系部监,苦难觑缕(详述)。谳既定,以失察,船户掺水,议降调。中丞海梁杨公,奏(大父兆李公)在豫年久,民情爱戴,请捐复。蒙俞允。自是而补牧(从这以后,大父兆李补任知州),而权守(代理知府),贵皆从。年五十余,殁于临汝。其子奔丧。返榇葬乌鸡屯。大父厚赙之。

顾琛,吴县人。向司郡邑词讼,必择主。大父访得之。泌任六年,不生事，不废事，故无债事（把事情搞坏）。秸料事发，乞主遄行（赶快跑开），愿佐少主。券贷绅富，泌人重大父治绩，饫闻瑸信，数千金立办运料济工，不愆（耽搁）程限。调繁鹿邑，瑸手偿券银，绅富各受母而蠲子（只要本金，不收利息）。寻以老辞去。将终无疾，绝而复苏。语家人曰："吾生平不索鬻儿嫁妇钱，家未尝不小康。"此衷殊洒落无苦也。乃瞑。

易安，麻城人。事大父二十年。穷通一致，质实而才。小绌充稿案签押，兼用印。稿案、签押者，本官之喉舌，实门丁之指臂，吏役之诇谍（诇xiòng谍：侦察、刺探）也。惟安不然，于门丁，龂龂（yín yín 争辩的样子）如也；于吏役，侃侃如也。以是，人多媚嫉（嫉妒）。大父眷顾不少衰……大父旋湘，安亦怀归志，后寂如……

容斋洪氏曰：至行过人曰义，义士、义侠、义姑、义夫、义妇是也。余谓义仆，何独不然？以此四人，并前四人观之，秉心之制，协事之宜，洵不愧庸中佼佼，抑可谓仆而士矣。士其行而仆其身，庸何伤？有士其身而仆其行者，自省当何如？

崔工湘潭赵得鳌，善堪田，历事三世五十年，光绪甲午（1894）春殁。年八十二，以乏嗣无归，祔义仆祠。

墓田

说明：老谱专门以一册的篇幅记述墓田，曰"茔田指掌"。但该册保存不全，前二十七页缺损。不过，缺损的部分仍有残页，经与老谱其他记载相对照，可知有昆明的墓葬图、黔阳的墓葬图、十四世兆杏公的墓及墓田等。从二十八页起，其内容依次为：

顾家冲保墓田；

顾家冲它（tuó）背塘墓庐后团山内生圹图；

通山房善化县仙人市（现长沙县黄兴镇内）彭家湾、鸭婆山、邵家湾、油榨岭墓总图并附易家湾墓田图；

▲通山房善化县仙人市彭家湾、鸭婆山、邵家湾、油榨岭墓总图

汝州房浏阳县探坡鹅公坡墓图并附实竹塘墓田图[1]；

汝州房长沙县官圫尾虾子坪（在东山，距长沙火车南站不远）墓田图[2]；

汝州房浏阳县丝横冲生圹暨墓图并附保墓劝学田图[3]；

汝州房善化县洞井湾落凤坡（现属长沙市雨花区）墓图并附沿冈桥保墓劝学田图；

汝州房善化县永图冲墓图并附俣墓劝学庄享室暨田图；

汝州房长沙县西薮冲（现在星沙"三一重工"所在地）墓总图。

说明：兆杏公有三兄弟，原谱上现存只有兆杏公和兆李公这两个支派的墓葬、

---

[1] 探坡鹅公坡墓为十四世兆李公及继配金宜人合葬墓，该墓规模较大，"计周回一百七十六丈，立界石三块，刻杨祖茔界，永禁进葬"，并有壹庐，墓庐的门楼有石额，上刻"黔阳杨刺史墓庐"。实竹塘墓田为金宜人置，永为汝州公保墓田，距探坡四里许，保墓田共三十四丘，计一十四亩七分九厘四毫六丝三忽。墓田范围内葬有老仆昆明王元墓及老仆长沙黄贵墓，两墓均有围并碑。

[2] 此处葬有十五世积煦公与配金宜人合葬墓，积煦公测室郑宜人墓，十七世之采与配徐氏合葬墓。以上墓均有围并碑。"茔域并墓田系共"。有墓庐，其石额刻"黔阳杨积煦公墓庐"。本庄保墓田共十一丘，计十六亩九分九厘六毫五丝六忽。

[3] 其生圹为十六世基善公之生圹。墓门刻有"黔阳县教谕杨基善墓"字样。并规定，基善公去世后，不得改题，所有山场永禁进葬。还葬有基善公侧室陈氏墓。有庄屋一栋，并有"保墓劝学田记"勒石两方，嵌在庄屋正栋西壁。本庄保墓劝学田共二十一丘，计十亩三分八厘三毫三丝八忽。

墓田,却没有兆棻公那一支派的。兆棻公及其子积熙公均葬在黔阳黄家庄祖茔,为什么没有他们的墓葬、墓田图,原因不明。

另外,上述对田亩面积的计算,细到了"亩、分、厘、毫、丝、忽"。可见,当时的人们对田产是多么的看重,用"斤斤计较"来形容毫不为过。

义庄

长沙县圫尾杨氏义庄

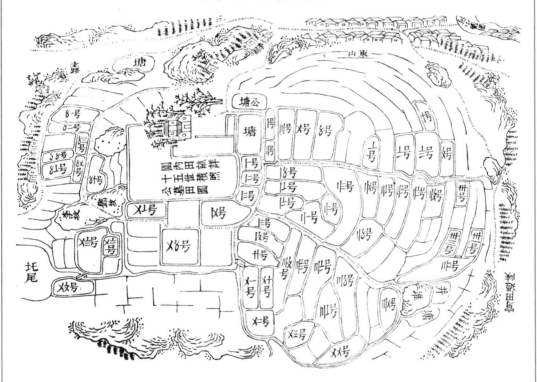

▲长沙县圫尾杨氏义庄图

长沙县圫尾杨氏义庄在长沙县城(即省城)东二十五里明道都官圫尾虾子坪、林塘墩等处,义庄共有田五十六丘,计一百一十二亩三分八厘六毫零八忽……

说明:原谱中关于义庄田块的编号及田亩面积的记述,都是用的一种较古老的符号,它既不是阿拉伯数字,也不是小写的一、二、三、四,更不是大写的壹、贰、叁、肆，而是一种现代人很难看懂的符号。其具体写法为："1"是一竖；"2"是两竖；"3"是三竖；"4"类似于"×"；"5"类似于阿拉伯数字"8"，但上面不封口；"6"是一竖下面一斜横；"7"是一竖下面两斜横；"8"是一竖下面三斜横；"9"类似于"文"字，但最后一笔不是一"捺"，而是"丶"；"10"是"十"。只有"1、2、3"有时夹杂使用"一、二、三"。数字的书写方法，也是从左到右。面积单位："亩"仍写"亩"；"分"则写成类似于"卜"；"厘"仍写"厘"。有以上这样解释，就可以看懂原谱上的田块编号及田亩面积了。这种符号，如今基本上无人能识。新正小时候看父亲写数，就是用的这和符号，一直用到20世纪60年代，所以还记得。

浏阳县小源冲杨氏续增义庄

此义庄在浏阳县西乡契载二十都（今隶二十七都三甲），距省城百二十里小源冲、柽木峡等处。义庄生屋一栋，不计间，门楼石额镌"益清堂杨氏义庄"……共有田四十七丘，计一十八亩零零二毫八丝三忽。

附 汝州房保墓劝学庄记

尝思墓不保祖宗孤，学不劝子孙愚，恒言也……

使少有田焉，上关茔墓得时保之，下资来学用奖劝之。数虽微而未妨经始，且冀幸苟完垂久焉……

吾杨氏家世业儒，高曾以来（高祖、曾祖以来），薄有墓田。吾父单传，生吾与两弟，吾实为继祖之宗。今垂垂老矣……（述说遗留"田庐三区，计合租八十八石）立户曰保墓劝学庄……半作保墓……半作劝学……

夫世有不待劝而知保者矣。我不敢以劝，犹不保薄待后人。是举也，两相维系，立法俾中人可行。庶族众继我而别增，族英从兹而辈出……

光绪丁亥（1887）仲春 乐庭老人记 时年六十有六

永图冲保墓劝学庄享室神版铭

依然司室，不碍宗祠。华屋泡影，山邱瘗（yì 掩埋）痴（老人镌小章曰寄痴）。守而弗失，存没胥宜。造耶化耶，人事天时。创耶因耶，逝将焉知。耇耶引耶，贤者思之。

汝州房浏阳县杨柳冲杨氏勣侄世守学好庄

▲ 汝州房浏阳县杨柳冲杨氏勣侄世守学好庄图

汝州房浏阳县杨柳冲杨氏勣侄世守学好庄在浏阳县西乡契载二十二都距省城百二十里杨柳冲、东冲等处，基善捐备。共有田一百零五丘，计七十四亩一分一厘八毫。

附　勣侄世守学好庄记

我先人谆谆训诲、砥砺后人者，读书学好而已。夫学者，所以学为人也……族不皆读书人，要不可无学好人。无学好人承家，其谁属乎？

……

然则读书不读书，途虽殊，不当同归学好哉？

……

吾昔随长、季两房从父创立义庄……在浏阳下西乡杨柳冲，额租百二十八石，愿汇入祠规义庄条列，预立户名，曰勣侄学好庄……永禁典卖、持契押银、私割坵段等弊……先完国课，并储岁修，方许俵散（散发）。

批契勒石，禀宪存案。违者许族众呈究。除游泮有效学庄，与凡为逆，为匪，为僧、道、尼、巫勿滥给外，每岁量租匀派，不计贫富。有辞多让寡者，听。果能弗坠，家声必也。

聪训而观摩，餐和而薰德，侄辈其世守之。

……

学好者景行焉，不学好者愧奋焉。学好与不学好者，休相妒而交相警焉。

业儒肇劝学之基，杂流识学好为本，不甘暴弃，以贻先人羞。此无论读书不读书也，吾皆得借手学好二字，以仰报先人云。

光绪丁亥（1887）仲冬　乐庭老人记　时年六十有六

杨氏义庄记

昔钱谏院撰范文正公《义田记》，引晏子轶事而爱其仁有等级，而言有次序也。三族有等级，固尔族何独不宜？然子舆氏有曰："于所厚者薄，无所不薄也。"诚哉是言乎，则改籍吾邑（善化县）、黔阳拔萃杨君乐庭创立义庄事有可纪焉。

拔萃禀承祖母金太宜人遗命，捐己产公诸族内；以夫妇墓田三处岁租共八十八石，立保墓劝学庄，析半为子孙游泮，以迄甲科未仕之膏火，则与两弟之子孙共之。又以田山一处，岁租百二十八石，立勖侄世守学好庄，则给两弟之子匀受之。事详自撰记中。

别捐长邑明道都圲尾田业一处，岁租百四十八石，立杨氏义庄，其炳之、曙初两从叔，各捐田租十石，季弟蔚霞（增善公）国簿亦捐田租三十二石，合共义庄岁租二百石，批契勒石，禀宪存案，永禁典卖。计岁入除完课、修庄，为高祖以次子姓中孤、寡、鳏、独、残废之养，及丧葬娶嫁之赠……

夫拔萃之立三庄也，义庄最先。储其租入，为建祠费，故定议而迟举行。宗堂复斥己庄田以成之。并有原捐祠基，余屋、租息为祭修。

更罄暮年砚入，袤《杨氏先媺录存》，踵刊支谱。今祠谱俱成，念劝学、勖好两庄，虽与犹子有身后之约，而义庄万不能不及身而定章程。因与余婚姻契好，属为文，以示来兹。

余惟宋代范庄计口授食，国朝湘潭郭庄，仿而行之，充类至尽然，古今辉映，皆贵显后，力所优为，故合亲疏而一视之。拔萃世守先畴，疆理无几，罄其所有，以为教养，教于其所亲同吾父者，则书租百七十石；独输之养及其所疏，则赡租二百石，输十之七。其于圣贤厚薄之论，最为符合。拔萃之用心，可谓至公至平，而虑事可谓至深至远矣。愿杨氏后昆食书租者，悚然于学之，待劝好之，待勖力求实践，悉屏浮华，毋读无益之书，毋作无益之文，毋习无益之行，毋交无益之友，则后必有以道德文章昌大门闾者。若仅侥幸科名，戕丧元气，岂拔萃劝勖用意之所在哉？

赡租专恤穷困，数复减于范庄、郭庄，拔萃之力竭而无余，而其心歉而未足。则尤愿主之者如用己财，毋滥予而图见好受之者。如获意外，毋求足而生觖望（jué wàng 奢望），齐心保护，传之无穷，以待后贤之扩充。斯不负拔萃创立之苦衷乎？

余记义庄而牵缀诸事者，以杨氏义举祠墓通筹支应，而三庄列其中，金太宜人命名曰通记，非为拔萃表襮（喻炫耀）也。

光绪甲午（1894）季春　善化徐彝撰

义庄条规

杨氏义庄，长东虾子坪岁租二百石，浏西小源冲岁租三十七石，及城内备展祠基、浏阳门赵家坪房屋，并祠前铺屋各租钱，通山房善南（善化县南边）顾家冲、善东易家塘，汝州房浏西探坡、实竹塘，长东虾子坪，浏西丝横冲，善南沿冈桥，善东永图冲三处保墓劝学庄，浏西杨柳冲，凡乡城银钱租谷出入，均归通记总领经管，司簿人等公同按款收支，其契据要件，每逢更替新旧，均须一一查点，交卸清楚，毋稍疏失。

孤贫每年各给谷三石，有母食寡赡者半给。从师加给二石，满十八岁停给。如仍诵读，展给三年。

贫苦寡妇守节在三十岁内，每年各给谷五石，无子者终其身，有子者子年满十八岁停给。守节在三十岁外给三石，至六十岁给五石，无子者终其身，有子者年满十八岁停给。其已嫁之女守节，无靠归母家者，年例同。

贫而无子六十岁起每年各给谷二石，七十岁给三石，未娶而茕独者，年例同。

残废无子五十岁起每年各给谷二石，六十岁给三石，七十岁给四石，有子者半给。瘫废痼疾初给无年限，至六十岁加给，年例同。

丧不能殓助钱四千，及葬，再助二千。外归之丧不能葬者，助钱四千。

贫不能娶，助钱四千，续娶半给。

贫不能嫁，助钱四千，次女半给。

发给钱谷俟公债全清后照给，定于冬至次日支领。

日久弊生，寡妇有恃寡多求之弊，老者有增年冒领之弊，丧葬有远年复请，及给领他用，久停不葬之弊，或本房具保而保者，扶同蒙混，并预支、借支、过期轇轕（jiāo gé 交错，纠缠不清）等弊，均即停给。又公业田山屋宇，有占居强佃，诈名巧赁等弊，违者概逐。凡此皆因修睦起见，要当预杜请托纷争。

总领、经管、司簿等人，每岁定于冬至次日，将去岁冬至后出入钱谷细数，当祖核算，张贴晓单，以昭慎重。

承佃公业，各户其规租两项，可审时酌减。永不许轻议增加，并各房役使杂事，需索供应，以示优恤。

各族大率奖优于恤，基不谓然。现捐义庄数微，只可哀此茕独。谚有云："与其锦上添花，曷若雪中送炭。"故暂不议及奖费，即奖亦不得过丰。

祠、墓、义庄、谱事核定续章

筹保通记公款 公据已装轴钤戳，公债亦递年减轻。承充经管者务当熟体祠壁义庄各条规，及预嘱善后事宜，实力遵行……

有余，永禁放债牟利 公债全清，每年约入租谷二三百石，佃钱二三百千，支应无几，岁计有余。经管……因公取利，无论有无盈亏，于心安乎……理应积有成数于广义庄中……

不足，永禁借债累公 ……今……合银钱而计之，尚欠外债千余串。前辙累逾三十年，继踵安忍矢脚？

上三条皆保公要道，不得不申严族禁者也。

共保先茔 清查滇墓，尚待他年。至黔阳……永绥……三五年内，通记专足省视一周……长善浏各墓年久愈增……无论有无墓产，概归通记于清明前轮派正副二人祭扫……

不联祠谱 湘省巨族每联郡县立一总祠。人事不齐，有为婚者，有帮讼者，丛弊潜滋……吾谱断自洪武，阙所不知，先世良规，谨当法守。

续谱不溯姓源 三代以前姓与氏分，三代以后姓与氏合。汉姓刘氏至向歆父子，始创祁姓尧裔之说，唐祖西凉复惑譬言，封老子元元皇帝。吾杨系出姬姓，为晋宗伯，侨封杨侯，因氏。一云周宣王后，又云周景王后，疑以传疑，迄无定论。遥遥华胄，慎勿自夸博雅，或借重他谱，任意攀援。

谱内不赘小序 ……吾谱仅通记事属经始，引言、发凡，诚求式廓。余皆随文起例，续辑者慎之。

不侈大帙 世谱多作大帙（大规模的书籍）……宁都魏氏云："身经播迁，始知易失。"桐城姚氏谱序云："文册轻简易挟而藏，盖行者便携持，

一个家族的六百年——讲故事的云津杨氏支谱

益清堂

188

居者便检阅。"故吾谱酌小大之中，永以为式。

立正副册 ……（内容为重修谱时，应逐户登记，并立正副册，以便核对，以免弄错）

限年续谱 ……兹限祭期携二式到祠，互观备录，阙者补之，伪者更正，汇交经管，分别誊入存祠，总谱之后，三年一比，丁重名议改，十五年成草录，三十年续刊以递。嬗（shàn 更替）于无穷，慎勿玩忽。

总领经管暨新立祠正、祠副、庄正、庄副名字

十五世曙初 咸丰丁巳（1857）经管，光绪己丑（1889）秋故。

十六世基善 咸丰丁巳（1857）充总领兼副经管，光绪己丑（1889）秋接充经管。

十七世之权 光绪丙申（1896）接充总领兼副经管，阳年祠正兼庄副，阴年祠副兼庄正。

十七世之德 光绪丙申（1896）充副经管，阳年祠副兼庄正，阴年祠正兼庄副。

禀牍　示谕　国课

禀牍：旧时个人或下级向长辈或上级报告的文书。示谕：告知、晓示，指上级对下级的批示类文书。国课：指国家税收，老谱里记录的是当时的交税情况。

禀牍

善化县尊刘批准入籍呈

　　具呈童生杨达善为遵例呈请入籍事。窃生原籍沅州府黔阳县，自道光十四年（1834）寄居善化县十二铺及六都地方，扣至同治三年（1864），已历三十年。置有田庐，系十五年纳粮税契，并葬有坟墓，及历年纳粮有册串可凭。原籍祖遗田庐均捐作祀田。公屋归堂叔从九衔杨积熻（积熙）经理。生原籍并无田业，黔阳县有案可稽。生胞弟童生坊善、堂弟童生垣善、墉善，堂侄童生之采，同居善化，未回原籍。查例载，乾隆五十九年（1794），部议寄籍地方查明产业如室庐，以税契之日为始，田亩以纳粮之日为始，扣足二十年，始准移会原籍地方官，据文立案，永不许再回原籍，跨考具文，移覆寄籍地方官，具详督抚，咨明学政，入籍考试不必以原籍之有产无产为断，各等语。兹寄籍善化已历三十年之久，与逾二十年呈请入籍之例相符，理合抄粘契纸，出具亲供，并邀取里邻甘结，呈请父师大人，据情移会黔阳县原籍地方官，照例移覆，并恳详咨实，为公便，谨呈。

　　计抄粘房契、田契各一纸，亲供一纸，里邻甘结一纸。

　　善化县正堂刘批：据禀转详供结，抄粘附，仍将印契呈验。

同治三年（1864）十二月十七日具

黔阳县尊姚　印发代葬寄厝副呈

　　具呈监生杨洪为呈请批示祇遵以安殡存事。窃生籍隶云南昆明县，随父官楚，无力归滇，寄籍黔阳。有堂兄潢，历仕浙江按察使，其嫡婶母李氏，胞侄妇吕氏，随任病故，乾隆四十年（1775），来县浮厝黄家庄；四十二年（1777），潢之胞四弟监生清，因元配管氏病故，携妾及幼子女并椟来县，意图相依，不意是年七月病故。惟时歉收，生既竭办后事，又贷供一门食指。四十三年（1778）四月，兄潢始着人送银百两，清还衾椁之外，余作盘费，伴送赴浙，应偿贷欠，留署襄政。甫及半载，兄瑾又故，只得沿途告助回黔，一累至今。四十五年（1780），瑾之胞五弟浩故于福建闽安司任，五弟妇陈氏，先后亦来厝。黔现共六枢，俱生捐资砖封外，起土库屋覆原，期安固以冀各门来迁，迄今将二十年。

查四房（清公一门）有子四人，惟长、三次第狼狈，至黔累资回籍。四五两子，浮游无向。五房一门（浩公一门），流寓闽省，久梗音耗，不悉现有几子。从堂叔监生畴赐，闻故于江南，李氏之枢，是其元配，仅有一子监生浚，今随堂侄马头司任。侄妇吕氏，系四房长子从九品兆桂之妻。实均无力来迁。虽俟之异日，度亦不能。

伏念各棺质俱薄劣，年久难保腐朽。且多枢淹滞，于理法均有不合。兹拟卜地择吉分昭穆深葬，立碑志远。俟后各房子侄力能迁者，听其起迁归籍；其无力起迁之坟，仍归生子孙祭扫。

此理顺心安之事，本不当上费清心，缘各房贤愚不等，不得不请示祗遵，理合缕晰具正副呈词，绘图贴说，陈乞父师大人台前，俯赐鉴夺，批示立案，副呈批发给生祗存。戴德者，不仅一门殁存已也。为此具呈，须至呈者。

计粘图一纸。

黔阳县正堂姚批：六棺浮厝已及廿载，地气薰蒸，势必朽坏。该生敦笃庭谊，情愿出资买地安葬，实属情理备至。在各房卑幼，自必感激，断无复有后言之理，应即照禀妥办，毋庸过虑迁延。此禀与图存案，副呈发给执照。

乾隆五十八年（1793）二月十五日呈

黔阳县尊钟　印发祀田并公屋副呈

副呈眉上有邑尊手章：批发吏科。

具呈监生杨积煐，从九杨积熺（积熙），布理问衔、试用训导杨基善抱呈：家丁黄贵为公业、公存，恳批给据事：窃家主煐等，籍隶本邑，有乾隆年间祖遗价买向鸣岐等土，名黄家庄等处之田，不计丘塍，原丈三十三亩七分三厘五毫四丝，并随田两岸山冈，分水岭脊为界，山内葬有祖茔，庄屋一所，中间并无异姓间插，坟田水路，亦无服族共置之处。原分派在城里六甲完粮当差。又价买危霱等城内土街住屋……所有田房，印册契据可凭，历系三房公管。前于嘉庆二十二年（1817），主煐父兆杏在湖北建始县任，主基祖父兆李在河南泌阳县任，主熺父候选从九兆菜向幕豫楚，兄弟三人均宦游在外，亲房远隔云南祖籍，将祭田公屋，托戚谢仁宗、谢光篪父子代管，纳粮。族戚人等不得乘隙欺侵，擅买擅卖等情。专差家丁，续差建役，抱呈存案，叠奉前县宪批示，印发副呈在案，距今将四十载，除道光年间

（1821—1850）主爔父兆菜回籍自管六年外。现在老主俱故，原托主戚已殁，主煐、三基两房寄守长沙墓庐，主爔在籍，亦时他出幕游，刻难自行照料，叔侄公酌，将此祭田公屋，概托主戚生员谢宗沇、监生谢宗钊兄弟纳粮经管。诚恐族邻戚友贤愚不等，难保无借端参越，私行典售等弊，谢戚以非己业，不便与之争论，兹特遣贵，备具正副呈词，抄粘契据，叩恳仁宪大老爷台前批示、立案，副呈盖印批发。家主杨积煐等执据再前祗呈明：祭田，今将城内上街住屋及田，概议永为公业，交戚照管缘由，合并声明。为此具呈，伏乞鉴存，赏准存案，实为恩便。须至呈者。

特授黔阳县正堂钟批：如禀立案，抄粘存。

咸丰五年（1855）四月二十七日

示谕

长沙府尊赵印示

钦加二品衔，三品顶戴，在任遇缺提奏道，特授湖南长沙府正堂随带加二级赵为出示严禁事：案据黔阳县拔贡生、候选教谕杨基善禀称：窃职原籍黔阳，于道光十四年（1834）随祖父侨寓长沙省城，置有田房产业。同治三年（1864），寄居历三一年，命长子之采，随同堂叔达善、坊善，胞叔垣善、墉善，遵例呈请入善化县籍。光绪二年（1876），之采夫妇病殁，从孙辈无丁，尚未立嗣，职遵祖母五品命妇金氏遗命，捐出已分坐落长沙、善化、浏阳三县田房各产，建立杨氏宗祠、杨氏义庄，并分立杨氏保墓劝学庄、杨氏勉侄学好庄支放章程，详载谱内各记，刷具刊本呈电，诚恐将来子姓日繁，贤愚不等，前项义庄产业难保不肖子弟侵欺典卖，不足以承先志而垂久远，所有杨氏祠庄田房各产，应无论族人及捐产人本支子孙，均不准擅行典卖，违者虽律有请官究治追还，明条非宪示，煌煌不足先昭警策。合将所捐各产、接受契据粘连一束，及完纳漕饷串票，并总抄契册一本，分沙契册三本，呈恳府赐察核批准，总抄契册钤印，发房存案，粘连各契，乃求给谕钤印，发还祗领遵守，分抄契册三本，恳赐钤印，分别札发，饬县立案，并求颁发祠屋严禁典卖告示一道，义庄二道，保墓劝学庄三道，勉侄学好庄一道，以凭勒石永遵。世世子孙感戴不朽，深为恩便，上呈，等情。

据此，查例载子孙盗卖祖遗祀产五十亩者，发边远充军，不及前数，及盗卖义田，应照盗卖官田律治罪，其盗卖历久宗祠一间以下，杖七十，每三间加一等罪，止杖一百，徒三年。知情谋买者，各与犯人同罪，房产收回，给族长收管，卖价入官，等语。

煌煌例禁，载有专条，兹据禀前情，除批示据禀阅悉，该职仰承先志，捐产建祠，并设立义庄及保墓劝学、勖侄各庄，赡族敬宗，深堪嘉尚。准如禀立案，并候发给告示，严禁典卖，暨分行长沙、善化、浏阳等县知照，以垂久远。册记分别存发，各契钤印发还。此批。除批示并行长沙、善化、浏阳等县知照外，合行出示严禁。

为此，示仰杨氏宗族及各色人等知悉，杨基善所捐宗祠、义庄、保墓劝学、勖侄各庄田房，均已报官立案，各产契据亦经粘连呈府盖印，子侄、族人永远不准典卖。他姓亦不得谋买。倘敢故违，一经查知，或被告发，定即按律治罪，并收回房产，追价入官，其各凛遵，切切特示。

右仰通知。

光绪二十年（1894）九月十八日

宗祠、义庄：合族立石

保墓劝学庄、勖侄学好庄：汝州房立石

浏阳县尊赵印示

特授湖南长沙府浏阳县正堂，卓异即升，加十级，纪录十次赵。为示禁事，本年五月十三日，据冯升禀称：家主原任河南汝州直隶州知州，诰授奉政大夫杨公梦莲之墓，葬在西乡鹅公坡山，距城窎远，碍难照顾，诚恐偷放牲畜，践踏坟地，抑或在禁步内刨挖树兜，恐滋惊扰，禀请示禁等情前来，查五品坟茔，例有禁步。据禀前情，除批示外，合行出示严禁。为此，示仰该处附近居民人等知悉，自示之后，毋许在坟地禁步内偷放牲畜，刨挖树兜。该保正随时稽巡，倘敢故违不遵，许即指名扭禀赴县，以凭尽法究惩，决不宽宥。凛之，慎之，毋违。特示。

右仰通知。

咸丰元年（1851）五月二十日示

汝州房立石

国课

黔阳县，计二户，黄家庄祀田原册名杨文赐一户，以祖讳（避讳），析更益清堂、杨德馨二户。据光绪十八年（1892）单开载：

在城里六甲益清堂地丁银五钱六分三厘，兵谷五斗六升（历年兵谷四斗至五斗八九升不等）。

又：同甲杨德馨地丁银五钱六分二厘，兵谷五斗六升（同前户，历年兵谷不等）。

永绥直隶厅一户，西门秦家园官山墓田，原顶拨安庆屯屯田，散丁，册名陈国乡。

安庆屯屯田，丁杨馨远奉厅尊丁谕，饬江西会馆首事经理。

长沙县，计四户，俱明道都内。义庄民田二户，屯田一户，汝州房禹州公墓田一户。据光绪十九年（1893）单开载：长邑米单无闰之年二九八科，有闰之年三一二科，又有闰在秋前后之别。

明道都四甲七区杨义庄上下忙银一两五钱四分六厘（坉尾），南米二斗二升三合，漕米四斗七升正。

又五甲二区杨义庄上下忙银二两三钱六分（坉尾），南米三斗一升九合，漕米六斗七升二合。

屯都一甲十区杨义庄上下忙银二钱五分二厘（坉尾），津贴银一钱三分八厘。

明道都五甲二区杨恒塍上下忙银四钱八分八厘（墓田），南米七升，漕米一斗四升七合。

善化县，计五户，内屯一都通山房一户，一都汝州房一户，八都通山房、汝州房各一户，屯八都汝州房一户。据光绪十九年（1893）单开载：

屯一都邹字二十四区杨炳之墓田上下忙银四分［通山房易家塘（湾）］，津费银三分。

一都曰字二十六区（现隶九都五美团）杨保墓劝学庄上下忙银六钱（汝州房永图冲），南米：一斗五升三合；漕米：一斗八升一合。

……

浏阳县，计四户，俱二十七都内。义庄一户，汝州房墓田一户，汝州房附列义庄二户。据光绪十九年（1893）单开载：

二十七都三甲杨留荫（现更名杨义庄）上下忙银二分五厘（杨氏义庄小源冲），漕米一升，南折银五厘。

又同都甲杨恒塍上下忙银八钱三分九厘（汝州房实竹塘），漕米三斗二升五合，南折银一钱七分一厘。

……

诗文记略

十世寓乾公诗文

间眺

松间新雨过，清览出林皋。
云逐青骢马，风生白苎袍。
幽怀随地远，诗兴与秋高。
囊锦归来重，何辞从者劳。

附　寄内

三千秋水路茫茫，欲剖双鱼细忖量。
岁晚仗谁谋菽粟，家贫未免怨糟糠。
同归白首知何日，孤负青山又十霜。
侥幸元方犹有弟，加餐代我慰高堂。

劝归苦学子规声，丁（叮）嘱明年买棹行。
负郭不须田二顷，藏书要有屋三楹。
门栽篛竹堪栖凤，帘卷春山好听莺。
我本倦飞思戢翼，为卿弥动故园情。

年来色相悟空虚，略有闲愁未扫除。
弱弟四旬常苦饿，娇儿十五不知书。
但看尘鬓应怜我，若问风情转笑余。
茆店一灯人一个，临邛早已薄相如。

梅花门外木兰舟，记得童时打桨游。
万事都随云过眼，几人忍见雪盈头。
宦情冷淡如秋叶，归计逍遥问白鸥。
相约来春三月莫，与卿双倚夕阳楼。

195

基善谨按：此纸似草稿，而诗字特工。藏先人遗墨中，历数世矣。幸尚完好。道光戊申（1848）冬，先大父衰病日甚，汇授基善，时未问何世何公遗迹，并自作、他人作，举真能辨，不敢录附卷末，谨次大生公诗，用存手泽。

十一世永斌公诗文

书乡贤录后

古所谓乡先生没（去世）而可祭于社者，必有不世之德与功，否则，泽被于乡而教传于后……吾乡远在西南，地僻风庞，士敦古谊，其祭于社者，地不乏贤，而冰如刘公，其一也。公故世族，为楚雄名宿。岁己卯，同受知于江都蕉饮夫子。余始与公为石交（交谊坚固的朋友）。公曰："余每读宋史，见范希文（范仲淹）之为人，未尝不慨慕思效法焉。余与君行且登仕版矣。自兹以往，洁己爱民，赡戚里，引后进，此直分中事耳，敢自居古人后哉？"余曰：君甫与计，偕而心存利济，他日必不愧为小范，南中有人矣。嗣与公暌者（不通音信）二十余年。余德不加进，而公出宰江上，有神君之称，归而泽被于乡。比余旋里，而公已作古人矣。

夫迹人之生平者，必合言行而核其实方公。论希文时志存千古若是，其挚且深也。然业不著于生民，誉未传于口碑，论者或难焉。故世亦有高谈千古，而行实悖者。乃公宰怀（任安徽怀远县知县）仅二稔耳，而振饥筑堤，不人尸祝（崇拜）焉，视希文之出守何如也？归于家，而义田以置，族里通惠泽；社田之立，贫士攸赖此。又希文族田麦舟之遗意也。会课于黉序，而讲绝学以翊吾道，则又骎骎乎，拣大学、中庸以授人者矣，故吾谓公之贤，必合其言行而核之也。

今圣天子崇德尚功，特允中丞之奏，俾祀于乡。而彼都人士，得舒其情于爵罍笾豆之下，后之人入庙而目之曰："此学希文而无愧者也，而公且不朽矣。"

今年（1740）夏，公嗣君方平持是册谒余，余披览间，见夫称公者，皆得其实，可以示后嗣，为桑梓法。而又喜嗣君之克肖其先，而不失为纯仁也，故乐道之。

题画竹

虚中而静，节外有筠，绿烟深处，个个风生。对此君之潇洒，不觉净涤我尘襟。

题画仙

寄形于幻，炼性以真；匪形之完，而完其神。不跨鹤而飞游三岛，不策蹇而踏遍红尘。仙乎，仙乎！洞天而外，其谁与为缘乎？

十二世文锡公诗文

复聿修弟书

五弟如面。六月十四日，刘升来粤，接吾弟书。知弟政声甚好，弟妇侄女辈清吉，少慰悬念。但远隔数千里外，不惟聚首为难，即音问亦难频通。反不若愚夫愚妇一庭聚顺之为乐也。父亲身体安康，饭食如旧。惟宦海风波，时有意外之虞。客岁小人陷害数次，几遭不测，虽蒙圣明洞鉴，得以消释，而后来之事大为可惧。父亲惟有益自谦和勤慎，听之而已。愚选期已逾，拟于六月内赴部就选，俟有地方到任后，即便告归，侍奉膝下。因制军进京陛见，父亲署理印务，又值文武科场，署中无人料理，是以迟迟。

平安儿（文锡公长子潮）游庠后学，业虽稍有明机，尚非中材。去年令其归葬，就便观场，不意行至常德，时值黔省逆苗猖獗，因由陕西、四川绕道归里。至七月二十九日抵滇，是以未得入场。今岁适逢恩科，诚难遇之旷典，故仍令彼在家候试。倘祖宗福庇得中，此为万幸。如不获隽，父亲恩荫与他，业已具题给照。场后即可赴部学习，引见后或即放官，亦未可定。

至吾弟一官，鸡肋，清苦万状，惟勉力做去，不畏难，不偷安，自有出头日子。目前劳瘁非所宜计也。

姚令托买物件两单，约费二十余金，父亲云："此系你堂官托买之物，千万不可收银。"兹将原银付回，可同买来物件一并缴还，方为得体。

吾弟虽系微职，封典实属特恩，今请貤封，足征孝思。父亲不胜喜悦，已将同乡官印结取齐寄来，可即呈请转送。

前岁冬底，差人赴闽，搬接熊姑太太来署，去岁二月，又着傅贵往接熊姑太爷，一同在署调理。原拟冬间送归故里，不意两老俱患大病，姑太爷背生大毒，参术无功，竟至不起，于去岁十月内去世。姑太太又复将脚跌折，费尽心力，始获全愈。今岁二月，已同四太爷扶榇回滇矣。

四太爷在广，父亲已与娶妾，去岁腊月，生一姑娘，现俱携带回滇。

至父亲，于去岁六月初八添一弟，颇觉颖异。今已学走，将来大有臂膊之助。弟妇既将次临盆，倘生侄儿，即觅便寄字，以慰闺室远念。寄来物件一单，可照数验入。尔嫂及侄子辈均嘱笔问安。心绪缕缕，不罄述询，来人自能面悉。

乾隆丙辰（1736）七月十九日，兄字

十二世文赐公诗文

请免祭鹿详文

查得出山镇，汛分八总，每年例解祭鹿二只，以供文庙祀事，此春秋二祭之巨典也。职微员何敢妄议？第野物实万难寻觅，总民真苦累难堪，目击伤怀，不得不据情上请。查宪属四镇地方，派供鹿只惟出、合二汛，而唐、梅不与焉。良以出、合二地，多崇山峻岭，为鹿所从出故也。然此在当年山荒菁密之时，固所时有。近数十年来，昇平日久，生齿日繁，各宪惠泽旁敷，能迩柔远，凡外籍群黎，靡不欣欣向化。地虽僻，而人乐聚，鸡犬相闻，较当年奚啻十倍？兼以附山居民与往来商贾砍伐树株，捡收木耳，搭盖槎棚，畸零守望，巉岩之中，亦等平地，野兽无所容身，山鹿从而罕觏。况祭鹿非生不用，总民久经轮派，迩年购觅，无异登天之难。或隔年预谋，或越省探采，祗求大典之无误，遑计价值之太昂哉。更苦累者，既买就矣，又必慎为饲养。饲养矣，又必谨其护送。甚至护送中途野性难驯，又恐变生不测。如去岁保正王孔壁等解鹿至王子城地方，鹿忽倒毙，该保正呼天抢地之声，各总震骇。种种情形，真有圣人在天之灵所不忍闻者。

伏读孟子云：孔子先簿正祭器，不以四方之物供簿。正是圣人变物定礼，原未尝以区区难继之物，强人以所难也。

职莅任之初，首革验鹿陋规，旋以此情禀请前宪，已蒙俯允转详议代，适缘运务公出，回署即报调升，此案未奉详免。恭逢宪台福星照临，义问仁声，首苏民困，士庶共戴深恩。惟此鹿派仰冀主持。今据八总各保甲烟民人等，以事由职署起办，纷纷吁恳上请前来，理合备述缘由，详请宪台俯察舆情，赏详各宪。倪谓大典攸关，未敢议去，可否代以少牢（祭祀用的猪、羊）之类，实于典礼不致缺误，而民累既除，即明德惟馨矣。

附录州批：仰候据详，转请缴。

十三世瑾公诗文

先大父寿廷太府君行述

呜乎，先太府（祖父）君竟弃不孝瑾等而长逝也耶。不孝瑾等少遭闵凶，先君子（父亲）即世（去世），恃先太府君鞠养、训迪，入则有所顾复，出则有所禀承，虽孤而忘其孤也。

方期先太府君由耋而耄而期颐，抚育不孝瑾等成立，奈何昊天降割，一旦长辞。不孝瑾等罪深矣。呼天何极，计惟有相从黄壤而已。然窃自维上之不能为先太府君绍诗书、继勋猷，次又不能为先太府君表彰生前，列于当代。巨公之后，徒以一死塞责，罪且愈深，是以饮泣苟活，和血濡墨。

　　虽年齿冲弱（接近弱冠之岁，即十多岁不到二十岁），百事得之见闻，恐不足以尽先太府君之实，而洒泪沥辞，略陈梗概，亦足以纪鸿休于万一，载遗泽于未湮。用敢不揣荒迷，聊书行述，惟大人先生采择焉。

　　……

　　方太府君生之夕，外氏祖姚公国治（其曾祖寓乾公的外公），年百岁，晚礼佛，忽忽若有人抚其背曰："送此子与杨氏。"公亟起，见手托双髻婴儿踪迹之甫入门内宅，已报太府君生矣。

　　甫四岁，陈夫人卒。先高祖母姚（姚国治之女）鞠之。尝曰："吾孙非凡儿，可善择师，俾之就外傅。"

　　始事明经施公讳润字雨公，继事邑庠庠杨公讳芝字仙根公，一见目以国器。太府君年最少，与诸同辈杂坐，端凝而质直，雅不好弄，语无妄发。公曰："而家积德将二百年矣，而家必昌，昌其在此子乎？吾阅童子多矣，未有能如此子者也。"乃授以经史百氏，见无不彻。

　　……又尝肄业五华书院。课必高等，院中人传诵其文甚伙……

　　岁己卯（1699），太府君年三十矣。时江都申义史公、金坛钦式李公典滇南试。二公负海内盛名，抡才天末兢兢然，以得人才为快。适获太府君卷，烛将跋矣，易烛而读之，光炯炯然，拍案曰："是非异才乎？"榜发第三十一。进太府君而见之曰："子真眉山流也。游吾门者，他日终让子一头地。"于时，王太史以宿学屡困场屋者，亦同榜焉。继乃连辔入都。

　　庚辰（1700），战礼闱（考进士），不第，驱车南归。

　　及丙戌（1706），年三十七，再赴不第。迥念先曾祖老矣，而功名未就，不足以显亲，又不得升斗之禄以养亲，非子道也。因就四省效力，例得粤西，遂以夏五月奉命诣粤。粤抚军梁公曰："子非中简才。"乃题授临桂令……

　　宰临桂一年，丁亥（1707）九月，丁李夫人艰。桂之士民联词乞留之。台使将会制府题稿，请越格留任守制。太府君泣而恳请，乃允其行。士民牵衣堕泪挽舟送百里外。

　　比归未二稔，己丑（1709）二月，复丁先曾祖父艰。哀毁骨立，几不欲生。亲旧屡慰之，而后进饘粥，丧葬之事，无不尽礼。

　　辛卯（1711）服阕，赴都。甲午（1714）九月，太府君年四十五矣，补正定属之阜平令……

其署平山，辄为民兴利除弊，犹治阜平然。

庚子（1720），制使特荐调大城。引见。上谛视久之。随命至澹宁居，考履历，置第一。遂之大城。阜人建鹿山书院以志思焉。去阜日，民云集。各携钱数缗，进曰："此使君平日爱民，力恤民财之所留余也。"太府君效古人各选一钱受之。

大城境有王庄。庄头挟势欲取辛张民田。太府君启某王毋夺，弗听。未几，上以水围幸大城境，辛张民集警跸所，将环而呼，某王惧。令太府君慰民，卒归民田。

旋因内监陈进忠案诖误（受他人连累而被查处），时壬寅（1722）之冬月也。

宪宗皇帝龙飞。元年（1723），邑父老欲叩阍（到朝廷诉冤），台使赵公疏入，上命大司空励公议，应革职留任。奉旨，杨永斌赏给官职，钦此。

当太府君之落职也，上顾内监之大城人曰："汝大城知县好否？"回奏不甚好。上问怎样不甚好。回奏闻得家间人说若有事犯在他手，便要处治，所以人都怕他。上曰："既是你们怕他，如今还教他去治你们。"

癸卯（1723）正月，遂得复官之旨。值圣祖仁皇帝山陵大事，董舁夫于都之东直门外。制府复委于丫髻山查奸宄。时王公大人骆驿于道。目太府君为能舁以属员二，战兵百，巡畿南路。

谒陵事竣，督修永定河，颁赐帑金二百两，志旌也。

时制台以迁知涿州请。召见养心殿。奉旨着照该督所请。遂赴涿……

乙巳（1725）春，上谒景陵，驻跸蓟州，谓督臣李维均曰："涿州牧何如？"回奏过于迂执。上问如何见之。回奏向例盐典两行有规礼，杨永斌并却之；三获盗，不及申而立毙之杖下。上曰："规礼弗取，清廉也；获盗立毙，足以惩一警百。如此良吏，何不荐？"回奏，未满三载。上曰："涿州繁剧，如必三载而后荐，永无可荐之官矣。"

居数日，命下：以贵州威宁府系极边要地。杨永斌才守兼优，可胜兹任。

遂召见于养心殿。上温语移时，谓杨永斌为可信，赐貂皮四张，御书二幅，紫金锭、火镰包、武彝茶等物，明日具折谢恩，即登车就道。

威宁为滇、黔、蜀之门户，与乌蒙、镇雄邻比，两郡土官、夷人皆不靖，太府君至，值两处用兵，定乌蒙，平镇雄，太府君俱赞襄其事。

丁未（1727）正月，即解乌、镇之俘赴滇会质，归滇。五月而赴黔，值黔有米贩之变，兼程至毕节，调军实，征土兵，及兵事竣。

戊申（1728）夏，授贵东道。旋改粮驿副使，权贵西道事。遂署臬篆。时军书旁午，太府君措置先事，不致缺乏。

有为亩税军田议者，部檄下。太府君以军田科重，有司鞭扑之急，逾于正供。书其状以上，制府疏闻，乃免。而滇省军田亦援例获免焉。

岁庚戌（1730），移授湖南藩使。甫至楚……太府君请之台使，欲渐加化诲。时台使赵公得太府君所画策，深然之。果不用兵而定。

洞庭之西有洲曰舵杆，没巨浸矣。太府君议修之，请帑而成其事，舟楫倚焉。

辛亥（1731），奉旨调粤东藩使。

壬子（1732），奉命署巡抚篆。上赐以御书福字一。秋八月，补授巡抚。充文乡试监临官。十月，充武乡试主考官。

太府君以一郡守不五年而位列开府，建牙树纛（古时军队或仪仗队的大旗），且恩礼有加，赏赉无算，君臣相得之盛，求之于古，亦未易数数觏也。

粤为山海奥区，幅员辽阔，其外则有西洋诸番，其内则有瑶峒诸峒。向者，粤中大吏文武不相协习俗，移人虽贤者不免。太府君未至粤，上谕已谆谆及此，比其至也，协恭以尽职，和衷以共济，民获安焉。

粤多山，山虽瘠仍可耕。而民俗好逐末……

是岁，大有年，粤产瑞禾，一茎自双穗以至七，一本自十余穗以至一百二十余，其长，丈有尺咫。奏闻，上以示廷臣，为粤民称庆。

癸丑（1733）之三月，赐御书福字一。随摄广韶学使篆。

甲寅（1734），复摄肇高学使篆，课士井然有法。谓粤中山川秀甲东南，人才之薮也，宜大振斯文，以发其秘。乃封题糊名进，全粤士键关而试之，得若干人，选其文之尤者，裒为一集，颜曰："粤东黎献。"稍暇则自诣粤秀书院，执经而谭，观听环堂庑（shì 阶旁斜石，指堂前）。故论者以为粤东近产才，实太府君作育之功居多焉。

时上雅意重边疆，以太府君有政声，温纶叠沛，复赐御书福字一，鹿狍、野羊、野鸡等物。尚方之珍不时颁下。

乙卯（1735）春，上赐貂帽一，御书福字一，再充文乡试监临官，武乡试主考官。丙辰（1736）复然。是年，上命太府君兼粤海关榷政。上榷政疏，有条而不紊。凡夷商来，吏胥无侵蚀之弊，故番船视曩昔为增加。洋番有失风入境者，给以费遣，吏送之国，洋人德之。

西洋人之在粤也，开天主堂，习为奸，败民俗。太府君尽驱而置之澳门。澳门者，海道之冲也。使番艘尽泊其所，不得至羊城下。天主之教，稍稍熄灭。

粤地多丛杂，易藏奸宄。太府君计前后获渠魁凡数十案，若余猊、陈美伦之类是也。曲江、乳源山箐深密，向有瑶人劫窃为患，太府君使监司亲入，宣皇仁，令自新，莫不蒸蒸向化。番禺、英德诸瑶峒皆然。

乙卯（1735）之九月，闻世宗宪皇帝升遐，太府君悲哀不胜，请入都送梓宫，上不许。

适上御极之初,布覃恩,封太府君两世考妣如其官。命兼摄两粤制军篆。太府君上粤东事宜疏,硃批其后曰:"封疆大吏以察吏安民为要,必端本澄源,抚绥化导，使休养生息，如登衽席。斯不负倚任之重。"太府君奉命维谨。

粤民多业渔。渔有赋,以舟课之。值上加意民隐,除落地之征。太府君疏曰:"粤之弊有不仅于落地者,如渔船、埠税二事,宜并汰除。"上然之,竟获免。

海关旧有赢余,已渐议汰矣。而耗规分担诸名目不除,犹岁以数万计,商病（责备）之。乃疏请汰焉。商益便。

当斯时,太府君抚粤六年,恩泽及于民甚厚,粤士商及外洋番夷靡不愿太府君久莅者,而太府君以圣主龙飞未觐天颜,屡请入朝。至是,上曰可。

于是,太府君以丁巳（1737）之春三月入都陛见,上召入南书房,赐坐,赐茶,赐克食,继复赐宴。翌日诣宫门谢恩。上复召入,赐御纂书三十卷。爰命太府君谒陵。比归,而抚湖北之命已下矣。陛辞日,跪请圣训,指示周详。赐御马、鞍辔各一乘,自午门前而出。荣宠之贲极于无既。复谕之曰:"人臣事君,惟不欺最难,若能勉力不欺二字,是则朕所厚望也。"太府君服膺圣言,跬步不少忘。

以夏五月莅湖北,抵楚一月即上奏云:"欲民之治,责在有司,训饬宜详,厥道惟十,国帑无侵蚀,一也;案牍无稽延,二也;严保甲,清盗源,三也;缮城堡,固堤防,四也;设义塾,课农桑,五也;除巨猾,杜莠民,六也;势豪不令得恣纵,七也;增社粟,修育婴之法,八也;除积弊,不苛民财,九也;约束胥役,不使肆,十也。"又谓牧令之贤否,责在太守;士风之不振,责在司铎;邮政之不肃,亦责在太守。所言咸中事理。

上是其议。越四月,特赐乐善堂集。

太府君自念国恩浩荡,恐下有惭于民生,即上有负于知遇,故奋精竭力,务一心营职,以求无愧。爰冬议楚民利赖之宜:一堤塍宜坚,二塘堰宜浚,三豫社粟,四督桑蚕,五植乔木。上皆纳之。

又一月,命下往抚江苏。秋九月具奏谢恩。请训,有"竭尽无欺之血诚,不萌因循之私念"二语。上硃批云:"朕复何训?训尽此二语矣!"

时湖督史公贻直奉命入都,上命暂摄两湖制府篆。俟新抚臣至将应行事宜与之商榷,乃赴苏。

冬十月,扁舟过吴时,三吴有瑞雪之祥,麦有秋矣。惟淮阳一路修筑河堤,渔民苦乏食。太府君即令属吏于山阳、江都、甘泉、宝应诸县之沿河者,设立厂所煮粥，听民食，民恃以无菜色。

吴中钱价昂甚，太府君请截留滇钱以实之。漕有费，向以钱给，钱愈匮，乃悉令民纳白锾，钱源始通。

江宁所辖之高淳，有田曰马场，地洼下，派其赋于民，民不堪命。太府君廉得之，奏闻邀豁除，高淳民稍苏。

上赐以御书福字一，鹿狍等肉。

抚苏未一年，复值覃恩，貤赠至先八世祖崇德公。荫一子，以先大兄。闻时，先大兄入都谒选，以疾夭于都。先君子亦谒选，赴阙，悯先大兄之丧，哽咽成疾，疾转剧，急返苏，归未久而先君子见背。太府君目击子与孙之丧也，髭发尽白，血气始衰。

继有旨，命陛见。天语询及衰老状。太府君沥陈其情，上亦改颜加悯，乃署礼部右侍郎。任事未数月，更授吏部右侍郎。太府君年虽老，而精力尚健，待漏而起，日旰而食，日侍上侧，邀顾问，奏对无不称上意。

忽一日，上宣入，面书福字赐之。

岁己未（1739）夏，命充殿试读卷官。

太府君年古稀矣。念先君子、先安人及先大兄丧，咸未谋窀穸（zhūnxī 墓穴），而不孝瑾等少罹祸凶，又侨寓无锡，百端交集，遂遘风痰疾，疾时作。又思历事三朝，受恩深重逾他臣，不敢爱精力，奔走愈谨。久之，疾转甚，不获已。

迨五月，具疏请休致。有曰："臣子年方四岁，臣孙年方十余，三丧未葬，迟暮伤心。"上览至是，乃允。

陛辞日，上面敕云："云南久无尚书，汝不必去，一载之内，尚书可得。"乃给假一年，回籍调养。

八月，自都下乘舟过吴，携不孝瑾等而归。仲冬，乃抵滇。至之日，同乡士庶争出郊远迎，太府君与乡人相见，貌愈恭，情弥笃，乃悉召诸故旧，置酒于庭，相与寻往时，杯酒言欢之乐，陶陶如也。

今年（1740）春，拟向华山昆水间静养太和，而旧疾时发，卒不果。

太府君之归也，一饭未尝忘君父，每朔望、令节，设香案向阙九叩，间一语及恩遇，辄泣数行下。常以病废不得宣力为憾。自念限期将满，缮折奏请，硃批缓缓调理可也……营甓（pì 砖）园置亭其上，教不孝瑾等为学，每灯火荧荧犹督诵，曰而慎勿忘衣食之所，自凡一饮一啄皆君赐也。吾自揣不能图报，称而等其奋勉以竟余志。不孝瑾等听唯唯。

太府君稍暇，则进能文者，时或谭（通"谈"）理学，论易太极图，及诗、古文，辞穷源，竟委不孝瑾等侍而聆之，莫测其津涯。或与论历代名臣及当世奏义，吁谟（远大宏伟的谋划）皆独出机杼，不赘昔人牙后。盖毕生亲尝阅历之所得，雅非经生家言。与族党亲友会，必审察其疾苦而周之。间一出游，穷乡蔀屋之人，俱愿得一见，以为荣幸。议者称为滇中百余年盛事云。

七十，为太府君弧辰（指太府君七十周岁生日），远近人各持一筹以进，冀太府君开昼锦、奉霞觞为乐。无何，疾忽作。

迁延至深秋，疾少瘥（chài 病愈），出入必乘篮舆，招雅客出郭外，相与坐日间，或憩茂林修竹，远眺近瞩，竟日无所倦。不孝瑾等以为疾至是可以清平也。

岁之十一月，将葬先君子于龙泉山之阳，远近吊者至，太府君必躬拜谢之。舁榇之日，大风雪，戚友咸议不可往。太府君瞿然曰："嗟乎，吾与若父子也，吾得至窆所（埋葬之地），携一抔土覆之，死且瞑目矣。"卒往。

风雪愈甚，遂感寒邪。不孝瑾等以为感外邪，可渐次除也。旋命舆人疾趋至宅。岂期疾遂革(jí 危急)。归之明日，竟弃不孝瑾等而易箦(人将死，这里指已去世)也耶。

呜于痛哉！先太府君之为人也，朴茂而精敏，至性所至，人不能企。少事先曾祖父母，先意承志，得其欢心。宰临桂日，先曾祖手谕云："尔今日出身加民，须念朝廷特拔之恩，祖宗积累之德，不可妄取一钱，屈罪一人。"太府君闻训，终身佩服，无敢失。以是享大名，建伟绩……

先高祖逝世，叔曾祖寓坤、寓泰幼，先曾祖抚弟如子，为之订姻。及先曾祖卒，太府君自桂归，乃悉为之完室，以先世所遗产，尽畀之，仍益以资。

与先叔祖昶斌，荆谊最笃。教养无所斁（yì 厌倦）。先叔祖早卒，痛惨实甚，鞠其二子，长现任湖南澧州津市巡检文赐，次贵州抚标右营千总文河。为之筹婚娶事，俾各成名。元配夏夫人逝，伉俪之情终其身，未尝忘。与朋友交，贵贱无间。尝与阁学部堂建常陈公为登堂世好，生死以之。其待桑梓也，自筮仕以至少宰，乡人公车入都，及远托者，靡不贻以照情意恩。到致政之日，谓云南会馆倾颓，捐金数百，交侍御凤彩罗公，共为义举，置会馆一所，俾同乡北上者便安处焉。

太府君立身醇正，谨厚不失绳尺，珍奇玩好一无所嗜。衣常朴素，食不兼味。曰："吾家世清白，安可以汰侈蹈覆辙乎？"语言讷讷，若不出诸口。及辨是非，争得失，则又剀切详明，无所隐。居平自持，严威俨恪。接人则和气蔼然，喜怒不形于色。年弥高而德弥劭。历官三十余年，三为台使，两摄督篆，而少宗伯而少宰，不以富贵气加人，每公余，焚香扫地，检阅书籍，寒暑靡间。尝自吴越购奇书万余卷而归。其教先君子也，纷华靡丽不令接于目，一以朴厚谦恭为教。教不孝瑾等亦然。盖昔所受于先曾祖者如此。

……

元配夏……继配袁……侧室马。夏夫人生先君子文锡，次不孝畴锡，侧室马孺人出。女一，适热河道正中陶公子源，袁夫人出。

孙男四，长，潮……夏安人出，早卒；次，不孝瑾……次，清……次，浩……俱韩安人出。孙女二，长，夏安人出……次，韩安人出……未适卒。

不孝瑾等苫块荒迷，书不尽言，言不尽意，谨以笔舌之末虔申哀鸣之愫。惟冀当代名公巨卿大人先生，锡以碑志铭表，或为诗歌，或成诔传，一字之褒荣于华衮，俾先太府君生前事业得不湮没，亦可含笑于九原，而不孝瑾等哀感之私，将镂肝铭腑于无已也。

新正谨补白：永斌公于乾隆五年（1740）十一月去世。此时，瑾公仅仅年满十五岁，能写出这样的文章，实属难得。

题警斋大弟行照

一麾蒲坂昔出守，阿弟郡斋同聚首。
研朱滴露课儿曹，数载情怀深且久。
叔兮琴缦操绥阳，长揖辞予省高堂。
哦松轩外洁兰膳，是父是子传三湘。
迄今吾叔有余泽，小住龙标卜安宅。
瓯疆风暖弟来游，尚恐相逢似萍迹。
仲春又复赋骊驹，倩写精神托幅图。
桃花流水杳然去，太白诗心画不如。
棣棠情谊芝兰味，况复高曾本一气。
依依临别志片言，来岁披图我心慰。

十三世洪公诗文

楚苗图序

永绥古崇山卫地，为红苗种落，向不入版图。经汉马伏波奠定五溪，继则唐马希范平蛮，立铜柱定界，亦未尝通声教。至我朝雍正八年（1730），始开辟永绥，属辰州府。建官设学，教养兼施，穷荒绝徼，悉属盛世。编氓不啻出水火而衽席之矣。

惟苗人赋性犷野……衣冠服饰、寝食居处，以及昏丧祭赛，大有不侔者焉……皆焚山而耕，今则统谓之苗，红苗。虽散居峒寨，种姓各别，大抵皆槃瓠后裔也。刘禹锡诗"蛮语钩辀音，蛮衣斑斓布"，至今尚然。

其生永属苗村共三百八十三寨，苗烟五千六百六十四户。男妇九千八百八十六名口。仅五姓。而吴、石最多，大寨烟户不满百，小寨烟户只二三十，合子姓聚居，间杂以他姓，则此疆彼界区别甚严。

苗人别无艺术，惟知刀耕火种，纺织牧樵，终岁胼胝。饭脱粟充以杂粮。服无异色，涅布令青黑为半，体短衣，女无裈，着裙。自别无裘葛绸绵毡罽。盛冬仅衣单，肌不寒粟。男女不剃发，挽椎髻。两耳垂三五大环。裹骭如行縢，赤足。耘耔杂作，男妇同工，不积银钱，以牛马牲畜成群为富。织篾为笼，负以入市交易，不担囊筐。房舍茆茨不剪。一室三楹不奉神祖，中畜牛马，傍屋四围，联木板为台，高约三尺许。中筑方土台，与板台平，名曰火床，中以三脚铁铛架釜为灶而炊，坐卧饮食于斯，婚娶见宾客亦于斯。习与性成，恬不为怪。

余传家君子宦游斯土既久，爰于诵读之暇，采访舆情，得其梗概，因就所见闻绘图附说，并各缀一绝句以志。亦略仿昔人风俗图，岁时记之遗意云尔。

崇山晓耕

苗人开垦荒山，先刈草斫木，烧山挖土，种以杂粮。一年收获不下数万。今习内地农人，相度水利。营曰所用之犁，柄短而锋狭锐，名独角犁，用于陡坡硗确之处，颇易转运。男妇躬耕力穑，终岁不少休。

题崇山晓耕图

土鼓村杪水满陂，杏花菖叶未愆时。
一犁直破山头绿，齐祝康年及我私。

改装受业

苗人子弟初畏读书，近年稍解，隆重斯文，有负笈从师者。童子剃发而冠，执卷请业，以求变化气质，其短衣环带之风亦少变矣。近有习时艺数人，曾丞队观光与试。

题改装受业图

一从服教里廷师，廪饩都由国帑支。
闻说老苗争自诩，谁家不有读书儿。

丰和晚织

苗俗妇女日裹农工，薄暮稍暇则比户纺织，以供衣服。纺车形制无异。织机前轩后轾，经络自下而上，名地机。成布自皂（黑色）涅（以黑色染物）。裁衣长不过膝，裙绣五色花绒，男妇首插银簪，掠环珥项圈缨络，以为观美。

题丰和晚织图

分得桑田学种麻，深山开遍木棉花。

机中缣素浑忘却，只觉灯前锦似霞。

阖寨公祀

苗俗畏鬼，每值丰年冬月，阖寨择吉日，延（延请）苗巫先期宰牲，燃黄蜡炬，焚素纸钱，击竹筒，以祀先，谓之报家先。次请别寨亲朋男妇齐集，鸣锣击鼓，声歌沸腾，门首竖木桩一具，丹彩涂之桩，系白水牛一，男妇四面重围，金鼓大作，三人各持长杆枪，频刺牛左肋，且刺且走，以牛倒之向背定吉凶，首向内吉，向外凶。亲朋席地剧饮，大啖尽之而散，名曰跳鼓脏。

题阖寨公祀图

刑牲鼓脏舞婆娑，逐疫由来仿大傩。

最是一般堪入目，芦笙声裹太平歌。

花园行嫁

苗人嫁娶不行彩币，惟以牛若干头、马若干匹，倩（请）牙郎传说。约期送亲，先日男姓浼（měi 恳托）牙郎迎亲女家，设盛馔侑觞（劝酒），俟牙郎极醉，刮斧煤涂面，遣归。次后，新妇华饰张雨盖步行，母弟相送至夫家，男女姻娅（泛指姻亲）杂坐火床，款以酒食。完婚毕，晨兴新妇之母索银三两而去，谓之乳钱。弥月，新妇归宁。不似从前唱歌野合矣。

题花园行嫁图

野无七实伤梅摽，户有三星照李秾。

一自歌声初歇后，居然张盖步雍容。

端午避鬼

苗俗每年端节前后，专祀祖先，择子寅午日，阖寨举家避鬼。牛马牲畜纵牧深林岩穴，不令在家，惊散鬼物。有犯，举家殃及。禁忌甚严。一寨推一巫师为首，谓之总鬼，凡有幼稚恐其唬号，即寄送总鬼之家，引匿山峒。是日，从未牌时，男女俱默坐无语，有急事，无敢哗者。夜卧无转侧声。各寨皆然，即穿窬（偷窃）小偷亦知避鬼，不敢往犯。

题端午避鬼图

重阳弭祲传桓景，五日怀沙吊屈平。
敬鬼不殊龙忌节，始知阴教盛蛮荆。

饮血盟心

苗人词讼，辄系数十年前传记未清之事。未改土之前，挟隙相仇，各纠约多苗彼此劫杀，谓之打冤家，怨毒深矣。今事无巨细，皆赴官质成。其有远年仇杀、争控田土，并无证据卷约可凭，则牙郎从公排解，请杀猫取血，延巫祝，听原告指被犯亲识一人代饮猫血一二滴，两造曲直立辨。事涉虚诬，无有敢代饮者，盖惧罹阴谴也。

题饮血盟心图

鼠斗蜗争不自休，质成无地动戈矛。
覆盆讵久埋冤抑，试取丹心对上头。

茶洞市场

苗人交易，负荷杂粮入市，兑换应用器物，权度斗斛，悉遵定制。惟货牛马异是，无分美恶，定拳数多寡，价值低昂，称是其法。用竹篾裹牛前胁，即其围径，印以拳，水牛以十六拳，黄牛以十三拳者为最；丈马用木棍，从地至脊，高十三拳者为良。其价或银或钱，悉凭牙郎互市。茶洞当川黔接壤，向鲜人烟，兹开立市场，商贾云集，昔为险绝，今成通衢矣。

题茶洞市场图

黔蜀烟云三楚接，驮盐裹饭趁墟人。
通工自有齐民术，不作搔瓜恼比邻。
原注：贾谊新书，梁楚边亭皆种瓜，梁灌勤而瓜美，楚稀灌而瓜恶，楚令忌之，夜使人窃搔梁瓜。梁人欲往报搔，其令宋就曰："是构怨之道也。"乃使人夜往窃灌楚瓜，楚王闻之，谢以重币，故梁楚欢固。

问卦占梳

苗人不信医药,以鸡卜、吊梳二术有验。凡疾病及失物诸事,吉凶休咎,一听卦梳。疑有未决,即倩善卜鸡卦之苗,用鸡子(鸡蛋)一枚,半涂锅墨,其半白者,号为用,神喃喃祝祷毕,熟之去壳,相卵黑白之中,线拆为二,观卵黄偏拆处,判指休咎。名曰占鸡卦。又吊梳之法,专问疾病。线系木梳,中纽右手提定,祷祝久之,以微火从下熏燎,察其动静,云系何方之鬼上梳,当往何方禳祟,始愈。惟苗巫之黠者习知之。

题问卦占梳图

休咎祥殃着圣经,由来蓍蔡可通灵;
何期响镜油花意,幻出悬梳破卵形。

嬉乐大年

苗人不奉正朔年节,除夕、元旦不换桃符。改土以还,渐知献岁为乐。每届冬底,蓄杂粮酿酒,预置蔬肴之类,元旦阖家欢聚,新正燕暇,缚鸡毛一束,实竹筒内,大如拇指,为鞬(毽子),男妇大小各持小木版于平旷地拍踔作戏,或架搭秋千,以乐大年。

题嬉乐大年图

履端令旦共车书,一饮屠苏化日舒。
超距翘关无限乐,土风皞皞卅年余。

洞溪捕鱼

苗地溪涧水浅土虚,浮岸善崩溃,塘水易涸,游鱼绝少。夏秋之间,常撑驾独木小船,往来溪涧深处,撒网捕鱼。所获鲨鲤鲔鲦之属,仅数寸。苗妇集女伴于浅处施小罾罟捞取,男妇混杂嬉笑,声振岩谷。过客每驻足聚观,以为其乐不减濠梁云。

题洞溪捕鱼图

溅溅石濑绕溪东,击榜施罛众妇若翁。
歌罢沧浪齐濯足,轻舠不怕石尤风。

蜡耳归樵

苗人腰斧镰析薪,刈获俱盛以篼笼,不用筐筥。笼形哆口细身,外以尺一木版宽半之，缺其一面，形如半枷，旁为两耳，穿贯笼绳，置项后以负于背，穿中联熟韦条，横绊额颅间，全体着力，伛偻踽步行，名背扛负笼。

题蜡耳归樵图

空谷丁丁野鸟呼，蒙茸归路问樵夫。

牧童笛歇渔歌起，迸入斜阳一画图。

游月沛园记

龙标烟溪之月沛园，邱氏所营也。距城十余里，水陆咸通。为黔邑名胜。载县志甚详。

余来黔之次年八月十三日，恭逢皇上万寿，家君子宦游三十余载，皆坐朝。于此日，兹以解组归沐，犹深北阙之思焉。友人曰："曷为月沛园之游？"

爰买扁舟，逆流上溯。及舍舟登岸，迤逗（迤逦）而东，登山四顾，万顷膏腴，庄后则茂林修竹，横塘陂池，清风荐至，已觉有旷怡之趣。环山而左下，数武巍然。一室额曰：雕虎堂。有石记镌创造始末。文甚佳，乃有明百黔解元孙南光先生所撰，始知园开于崇祯十六年癸未（1643）也。去今凡百余载矣。雕虎堂左更筑小室一楹，额曰"少陵斋"，颇有别致，堂下一泉，泉可方丈，上环盖方亭，曲栏朱槛，雅韵天然，俯临泉水，其清澈底，相传泉有宝鸭二，时或浮沉，隐见不常，故亭额曰"宝鸭泉"。泉畔多金桂，大连抱，灿烂芬芳清袭鼻。观道旁古柏乔松、奇花怪石，殆别有洞天。由宝鸭泉至浪雪轩，轩本一室，而开三面，面水者曰"浪雪轩"；面石者曰"醉石轩"；面古梅而揖客来者曰"戛玉轩"。惟浪雪轩一面延接凉亭，环亭皆水，方圆数丈，亭开八面，额曰"仙月"。石桥曲折，凭槛徐步，池鱼惊客，跃浪生波，其亦庚氏、辛氏之遗意与？轩后古木数株，阴翳鳞列，其下有石几、石凳，可供手谈。更有合欢桥、毓岚庵、醒岩楼，久圮。传为明末兵毁，惟遗址在焉。设庵楼犹存，更不知添几许佳境，以快游人之目？

今趁饱而意饥，过别业，主人饮，客辍醉。乃侍家君子暨友人登舟顺流而下，水光与山月交映。揆以赤壁之游不是过也。

九日高村登高记

麻阳之高村，滕氏聚族地。□□不法，遂遭残毁。余才愧郝隆，谬应芳洲滕君召，顺流来止，极目荒凉。吊死扶伤，筹防策要，飞书驰檄，联络行营，卒卒鲜暇。

一日，偶步郊坰（泛指郊外），童子指余：茂林深处隐见亭阁，曰是为岩角古庵，乃村之水口。踞东山，实则回环而西，若不知水之所自出，每欲登临，以严扃（紧闭）而止。

重九日，邓君国楠，偕客来咨登高处，余谓莫岩角庵若，爰谋之。滕君命棹挈壶，忻即启钥。忽传□□出没，兴为之阻。发卒侦之，则曰乌有。

于是，携童结侣，拾级而登。桂则饶有余馨，蓉则含吐芳艳，最后阁中窗虚四面，清风袭襟。见山拱揖，见水萦纡。俯仰之间，其乐曷极。遂乃探奇选胜，屐折忘归。

西南欻（xū 忽然）尘起，童子愕眙（惊视），二客皇皇。少焉，征骑杂沓而过。我者、滕君暨二三同志随参戎。出要隘，为剿捕计，亦虞贼之来扰也。

噫，胜地难逢，今昔同慨，一日之间，三致异焉！童子促行，草木离披，晚飙振响，余亦凛乎。有戒心矣。返而登舟，二客便去，放乎中流，不知其处，宿傍渔舠（刀形的小渔船），钟声惊寤。

自赞

余素不质言，命以理微也。庚申（1800）春，江右金星士设肆雄溪，争传谈命多曲中，余亦未之奇。越数月，检笥得初度帖，询为儿辈私出推验者，论已往辄有符合。惟中数语刻画生平，叹其洞见，云满盘火土以炎燥之木何能发旺？因此成一个清闲中忙士，安乐中劳人。噫，谅哉斯言。

余弱冠废学，随先君子习理簿书，历今数十年矣，中间或幕或医，足迹遍天下，所未历者两粤、七闽耳。年华既迈，妻子谓我老且病，敦劝息尘，乃专业医于家，而亦劳劳无宁晷。或曰君两丈夫子（指其子兆杏、兆李），已次第举于乡，登仕具迩，清福安享，惟君可坐，致非忙士、劳人所及也。

余笑颔之，退念儿辈努力或可梯荣，但余年已六十有五，造物之所以置余者，何若命不吾告也？顾影徘徊间，适友人持行照子（铜镜）赠，展玩之余，不禁哑然。

夫踏雪寻梅，高人逸致，仿此清标，敢曰神似。转以形似求之，殆又合于清闲、忙士、安乐、劳人之评。试问果寻梅耶？抑应聘耶？诊证耶？谓非忙耶？劳耶？吾亦不自知矣。哈哈。

陶情偶吟弁言

余侍家君子自永绥解组，别无长物，仅书数篚（竹箱），翩然一舸，羁旅黔阳，构庐栖止。只以滇南籍远，满拟他日二三同气三径归来，再作故乡之计，非欲长作寓公也。而流光箭驶，忽忽逾二十稔矣。

余赋性恬淡，且落落寡合，燕坐小斋，萧然泊然。幸有茅檐之日可曝，竹簟之风可凉，不特小住为佳，即终焉，天亦奚负于我。第溯洄往事，不禁时异世殊之感，因得于所记忆，并偶经振触（修改），辄援笔著于篇，无伦次，无别裁，无鸿章丽制，一为展对，亦可概见。如曰僭附吟坛，则吾岂敢。

奇闻趣事

（一）樟树中举

明崇祯间，福建乡榜揭晓，有漳州士人章澍者中式。

报录驰捷遍访无其人，怏悒而返。行次地名公子店，暂憩一大樟树下，思报条无用，戏贴于树。贴甫毕，上坠一红封，内银四十两，盖报资也。始悟所中，即此树之神。

树大连抱，婆娑荫亩。傍一枯枝，持摇则全树枝叶皆动，至今犹然。余居停陈司马，经其地，闻其详，尝为余述之。

（二）女男

澄海某氏子，幼聘同里某氏女为室。结褵（成婚）后，其子移寓书斋，不同妇寝处。父母怪，诘端末，始以石女对。父母亦为怏怏。

亲知女流欲觇其异，捋裈（裤）验之隐处，仅一小孔，可通溺，嫂戏用簪于孔际挑拨，不意膜皮应手划然而开，阳道乘势挺出，伟然男也。群惭哄散。

事闻翁姑，翁往贺女父，而女父方以女嫁隐忧。见翁登室，苍黄（仓皇）无措。翁以情告女父，犹狐疑。须臾，女舆至，复验果然。

喜为剃发，议婚世族，连举三子，享年九十。惜足缠难放，纤步稍蹒跚耳。盖女父尝为德于乡，故今犹艳。称天报不爽云。

（三）麻风

大麻风各处皆有，惟粤东为甚。传染尤奇，凡及笄（旧时称女子年达十五岁为及笄，亦指女子已到可以出嫁的年龄）之女，见其将发此疾者，父母纵之使为桑间，约轻佻之子悦其色而私之。则女毒遂卖。受其害者惨矣。女私二三人后，疾不复作。受疯之轻重，视私者之次第。俗所谓卖疯，有由来也。

昔有洪生，广州人，自塾归，途遘（遇）小艾，彼此相悦，偕入芦地，生解衣欲覆其上。女诘其故，生曰："行此秽事，岂可使天日见耶？"女叹息而去。生急牵袂请之，女曰："我实告子，我卖疯者。子畏天日，我独何心而欲嫁祸于人？"生闻感泣，志其姓氏、里居。

而别后，生举于乡，女疾已发。及生司训琼郡，遍求疗疯之济，有道人授黑蛇，令浸酒饮之，可愈。

生假录科便，踵门以进，疾遂瘳。

生时失偶，聘偕老焉。

一念之善，感应有如是夫？

郎岱官舍病中寄谕

儿辈，祖父母坟茔宜请高明鉴证，只要干爽可再加土培高，若砻石及砌拜台，并围前面地势，则在儿辈日后之力量能否也。

云南根本要地，儿辈将来如有赢余，必遣一人回滇置买产业一处，呈明县尊立案，复在置产地方立碑，公举族中妥人掌管，作为杨氏墓产，将租息储备春秋祭扫修培，并酬管事人辛资。族中启元三叔祖，与我系四服叔侄，曾为我祖父母查坟有劳，如可托，即将所置业交付。否则，量资薪水，亦于所置业内按年拨助。此我之素志也。

儿辈叔祖母、庶祖母年臻耆耋，惟劝老人彼此和气，挨过穷日。今非昔比，诸要耐烦，儿辈俱当顺时孝养，曲体我心。切切。

基善谨按：谕内叔祖母即公（洪公）幕贵阳时，访得苦节历四十年之胞姊母韩宜人，与从弟颍川公讳渶暨配武孺人，奉迎来黔同居。

新正补按：庶祖母应为洪公父亲文赐公的侧室黄氏，她活了八十四岁。

儿辈之母，与我夫妇三十余年，备尝辛苦，我得以囊笔（指文士的笔墨耕耘）糊口，浪迹天涯，皆赖其力。事我先人曲尽妇道，为我教育诸儿成立，我之感激与日俱深。惟嘱诸儿仰体我意，菽水承欢，各尽其诚，则我快慰多多矣。

儿辈二叔、婶已来依数年，惟有大家守此贫日，以待儿辈增气。此际别无家业可靠，总期耐烦和睦，长幼尊卑各尽其道，自相安矣。勤慎照应门户，小心火烛为要。

诸子颇俱醇厚，亦知遵教，致将来穷达，则有命存难逆度也。杏（兆杏公）既成微名，学识亦老，上科叨荐，安知不可连捷？李、棻（兆李公、兆棻公）俱不可废学。嗷嗷十余口，薄田不敷，是在兆杏一身支撑，仰靠汝大、三姑丈维持。寻一馆教读，棻与四儿槿亦可附学。此外别无生计，各宜奋勉，与祖父母、父母增光。且期无负大、三姑丈至亲关爱之盛心。

杏、李、棻同胞兄弟内有一人发迹，不得漠视其二，总要勿分彼此。谚云：朋柴火焰高。若各怀私见，各图私畜（蓄），是为不孝。四儿槿，虽属从侄，然系我抚育，亦当视为同体。况他年小，总要三子教养、培植，安顿得所。

切勿外视。

诸媳相处以孝顺为先，妯娌之间一团和气，万勿听人唆拨，以致参商。妯娌参商，弟兄即芥蒂，家之不祥莫大于是。朱文公家训，父之所贵者慈也，子之所贵者孝也云云，最宜体会，将来发子添孙，世世俱当遵守，则世世子孙皆有和气致祥之应。张公艺以忍，郑义门以公，累世同居，谓非盛德所感欤？

诸子总要学做好人，行好事，笔难殚述。只遵文公家训、太上感应篇行之，其要不外安贫读书，守礼尽分而已。

祖遗之业无多，务当保守。将来儿辈发迹，即以此田为祭田，永远勿失，况有先茔在也。

基善谨按：此业地名黄家庄，乾隆二十七年（1762），高祖（文赐公）置……

子孙苟能成名出仕，当视民如子，第一莫要冤枉钱。遵汝祖父遗训云，子孙切莫做杂职。盖杂职官非词讼得钱，便做不去。我冰兢自矢，差堪自问。然已受尽折磨，幸而糊口养家，此中属有天幸。子孙志愿，岂尽如我之坚，安得轻试？并云，甚且不可以对妻子报俱历历不爽，殆有所鉴而云然欤。

子孙如有发达，必于城内建一祠堂，将我前作杨氏世系略，镌碑树立，此我素志。

基善谨按：咸丰丁巳（1857）新正八日，禀陈祖母捐备祠基，并立义庄……越岁新正八日，炳之从父录寄应附谱诸遗稿……灯下循览，始获恭读公此谕……祠成未卜何年……悲从中来，泪痕渍纸。兹又三十余年……小就宗祠……虔冀弟侄辈勿存私见，臻此大公。庶仰承公之素志勿替云。

庄上族中浅厝各棺，再迟几年于县中递呈立案，分昭穆，卜吉葬之，另有图附记。

小姑一门虽百甥已长成，而食指浩繁，不知作何生计，此我一大心事，为之奈何？惟有望儿辈成立，竭力扶助于将来。

大姑丈与我数十年至亲弎足，我频年橐笔，老父赖其扶掖，照料家务，俾我借纾内顾，情谊倍笃，第今年近古稀，尚无嗣息，而家道亦渐中落，我力不能相伙（帮助），寸心抱愧，惟望儿辈发达，极力资助。

三姑丈乃我知心郎舅，此我托孤之重靠，一切统望鼎力扶持，非笔墨所能罄嘱也。

危府各亲相近，几门俱承厚爱，不能逐次声叙，惟祝各宅日进亨途而已。

邓姨侍我数年有如一日，性情和平，人亦谨伤，情愿随大娘苦守，我亦甚适念。大娘相待素宽厚，儿辈及媳当以庶母庶姑事之（单内随用衣饰均为检交）。

各借项另列，请商大、三姑丈密为维持。若田一动，则举室嗷嗷矣。

二位师傅启迪之德与相交之谊，惟儿辈图报于将来耳。

基善谨按：两师俱溆浦向氏，一讳文光，三公之蒙师。一讳达理，字畿周，岁贡生，三公之经师，而亦人师也……《湖南通志》有传。

医学一道最为有益于世，卤莽则杀人亦易。诸子其细心讨论药性、脉理，各家论证熟玩而详记之，然后从容施治。开一药店，医精道行，可以利己济人，况我家乃世业也。然必须慎重为要。

基善谨按：家世业医，而大生公与公最著。大生公设肆于昆明之云津铺，公设肆于会同之洪江，皆曰葆真堂。后惟叔祖传医业，而曙初从父复设葆真堂于长沙之理问街，今属他姓矣。

文具内抄本药书一册，内各方俱曾经验，当珍之。其各抄本俱当什袭收贮。景岳全书所采古方和阵门祛痛散，大妙。惟木鳖子有毒，不能不加入合炒，以助药力，但须细心拣去为要。

乾隆五十五年庚戌（1790），余馆黔省郎岱署四年矣。夏，五患肝气，几殆（危险）。小闲，不能多作字，虑复剧而旅愁，乡思都上心来，真有如李煜词剪不断、理还乱者。旋自责曰："是速疾非养疴者也。"既而思之，悲则泪淋，骇则汗渍（汗出的样子），不寒而栗，不火而炎，肌粟面赪（chēng 红色），动失常度，人心焉得无所系？视所系当否耳？槁木死灰亦非中道。因悟天君泰然则百体从令，自不期然而然。养疴莫善于养心，养心尤莫要于养德。遂日掇家庭一二要务，无卮言（大话、套话），无章法，平心酌事理之宜，为儿辈开谕，若课程然。书毕即调摄寡言，自适其适，积二十二条，季夏邮达里门，而体渐平复。昔贤云，静中养出端倪，信不诬也。居停林司马爱，等同体坚留在。视维谨郎岱新设，控制夷壮，为黔省西南冲剧，戒勿过劳。自理案牍者月余，见此稿，笑曰："君心良苦而回甘，省弥留纷错几许矣。"警斋自识。

谕建祠堂一事，迩年缓债急祠，宿债（旧债）盈千，点金乏术。光绪辛卯（1891）……是岁季冬，湘阴李黼堂中丞桓捐馆前三日辛卯，朔念基善参校《国朝耆献类征》《国朝贤媛类征》微劳，赠八百金，基善尽偿公债，余仍惟力是视，俟诸异日。基善补记。

遗令

儿兆杏、兆李跪记

我视死如归，若在家病故，不过如此。今汴梁官民多有知我为人，与幕学医学者，必来吊唁，风光多矣。

安葬坟地在印堆左首，有松一株为记。

命杏：虽以知县用，乃需会试，此刻回去，即在家授徒事母。三姑丈现掌教龙标书院，不可僭易。若县尊聘你此席，务力辞之。

你两兄弟已渐成名，我颇心慰，我虽辛勤奔波一世，也不算苦，做人那（哪）有快活的。所憾者，不过老年夫妻不能见面，并窐（guī 深）念孙儿。再呼长子以手挽杏颈曰：拜上你娘！

义男荣生受我抚育，你日后稍裕，为娶妻帮助数百金，随力厚薄，俾其成立。以上杏记。

基善谨按：荣生翁本武陵王氏，流寓贵阳，幼孤，公游黔，留抚有年，命名兆槐，与诸子齿而仍其姓。乾嘉间苗叛，以荐随军，拔补把总，性恬退，不乐仕进，不欲娶室，依伯祖、先祖官舍，年五十余终。

命李：已不能会试，好生认真做官，清、慎、勤缺一不可，万勿视为迂谈。兆棻总要他勤学，为人俱要厚道。

基善谨按：时叔祖（兆棻公）在籍奉母。

顾杏谓：孙儿你也要好生照料，他出痘要小心调理。

又以手握李掌曰：我恨不见孙儿。复连呼孙儿数声。

基善谨按：先祖以伯祖嗣息久虚，有以先赠公嗣世父之约，故公行述中刊先赠公为伯祖后，且系单名。阅（越）十六年，癸酉（1813），炳之从父生，始增派名，罢前约。

命作丁忧报呈，历叙杏、李出身、履历，及李署事出差各节。又嘱：起复日，仍在河南照原班候补，此句要紧应叙入。

丧中勿作佛事，须早收检回去，不可久延。

顾杏妇曰：你回去好生服侍婆婆，你婆婆人善静，第一要和谐，家中和，百事都好。

环顾众家人曰：此皆旧人，不可轻弃，谢忠明白勤谨，办事已有明征，依他本意，送至湖南岳州，距黔阳尚远，可不必。到你服阕来豫，署中门上，命谢忠专管词讼，周俊传帖，粟升在内学习，萧元在签押上。

就枕而瞑。以上李记。

基善谨按：各仆不能尽悉。粟升系旧雇工……以不谙公务，故嘱学习……咸丰丁巳（1857），基善捐备祠基，随两从父议，凡从先世患难中而乏嗣者，设义仆（有子者不轻加以仆名）之祀。祠既建，前厅东廊立义仆祠，以升居首。

写意

曲巷深深别有春，绕庭花草自精神。
等闲悟到怡颜处，得句推敲懒赠人。

与张履敬八兄话旧

拟绘荒园抱瓮图，平生志趣子知吾。
何时管领春消息，遍种桃花八百株。

偶吟

满城风雨乍惊心，扰乱诗情酒罢斟。
直待云开新月上，挑灯酌酒复长吟。

重游金鳌山

再上金鳌听佛经，树林阴翳芷兰馨。
鹤飞不逐云来去，间向松根啄茯苓。

滩中石

江心何事水淙淙，怪石嵯岈碍远风。
若是波涛推得去，也随江水尽归东。

秀山道中口号

重整行装叠彩衣，浪游川北久忘机。
关山难越人将倦，风雨无情客未归。
雁阵惊寒怜影瘦，梅花斗雪爱枝肥。
声声爆竹催残腊，旅邸乡思入梦稀。

春日偕友游石楼洞

娱目神山玩洞天，崎岖石路上危巅。
洒空瀑布晴飞雨，挂壁藤萝瞑带烟。
新月窥林猿弄笛，淡云出岫鹤参禅。
若逢渔父间相引，试问秦时几许年。

浙粮道署与澄斋三兄夜坐叠韵

如酥小雨细如丝，银烛光摇竟夜期。
洗尽尘氛消俗障，姮娥妆镜故开迟。
无限风霜绕鬓丝，频年车马负良期。
今宵贪看团栾月，香烬金炉夜漏迟。

十四世兆荣公诗文

月沛园竹枝词

载酒西湖已数秋，武林烟景尽遨游。

那知更有龙标胜，半亩名园又小留。

频岁姑苏水上沤，画船萧鼓百花洲。

而今放眼清凉境，何必回头羡虎邱。

试茶最爱惠山泉，曾买扁舟泛碧涟。

策杖龙标寻胜迹，烟溪万斛亦堪煎。

路入扬州廿四桥，平山堂下水迢迢。

任他脂粉多妆点，月沛蛾眉只淡描。

基善谨按：月沛园在黔阳城北十五里之烟溪。邱氏先朝称极盛，士崇节义，家敦诗书。有玙玱隐君名士琳，以贡生需次县令，养素林泉，是园即其手辟……子式耒、式籽、式耘、式耜俱贤，而能诗。式籽邑诸生，明桂藩称帝，授翰林待诏。持节招抚，至辰州，说国朝总镇明旧将徐勇降，勇械送武昌……所撰自祭文，一时传诵。道光二十年（1840）秋，龙见旺明府光甸重修是园，落成编诗，曰邱园集咏。司教黄虎痴丈本骥，又选存留，题及邱氏子孙咏园诸作，各立小传，成《月沛园诗文钞》。谨合两书节略附识于此。亦足征人以品重，园以人传也。

十四世兆杏公诗文

先考警斋府君行述

呜乎，府君竟弃不孝等而长逝耶！府君精神素健，不孝等窃幸爱日方长，得以稍竭乌私（借用为孝养父母），乃比年来屡赴公车，留滞都门，未获承欢膝下。辛酉岁（1801），不孝兆李挑发河南试用知县，迎养甫及一载。不孝兆杏于壬戌（1802）春教习报满，夏杪引见，后即俶装赴豫定省，讵奉侍尚未逾月，风木之憾生于不测。不孝兆菜在籍，更不及亲奉含敛。不孝兆杏、兆李侍疾无状，子职缺如，呼抢莫及，肝肺寸裂，尚何颜偷息人世耶。

顾念府君生平好善，敦行不倦，誉播于乡里，名重于公卿，倘遂淹没无闻，则不孝等之负罪滋重，用敢含哀茹血，敬陈崖略。冀当代大人先生采择焉。

府君杨氏，讳洪，字映川，晚号警斋……先大父讳文赐，幼孤失芘（同"庇"，庇护），随曾伯祖自宰阜平至湘藩任，襄理家政，治事敬慎，曾伯祖最钟爱之。仕湖北随州出山镇巡检，调应城县平靖关，乾隆丙辰岁（1736），生府君于官署。

府君赋性仁厚，笃于孝友待物，诚切恳至。初无缘饰而乐易谦恭，见者无不亲悦。

幼颖异，目数行下，随先大父调任澧州津市，继调永绥花园苗疆。先大父年渐高，簿书筐箧之事，府君尝赞襄焉。以故，未克专经笥业，而干敏练达实过老成。事先大父先意承志，务得欢心。晨昏共职，毫无倦色忤容。

先大父生子三，府君居长，仲、季皆早逝。府君既孑然无㑊（cì 帮助），而先大母高太儒人以嗣息夭折，情常郁郁，府君视听未然，多方以安之。未几，先大母见背，府君哀毁骨立，含敛尽礼，又复饮血茹痛，求无伤先大父意。

先大父居官廉介，数十年布被脱粟，瓮缶无储，尝曰："吾岂能有余及子孙哉？或庶几以清白贻之。"继以俸满升安徽安庆府照磨，虽精力尚健，而淡于宦情，遂引疾，无力归滇，乃托戚友于黔邑而家焉。

时先大父年六十有三矣，解组后，府君以甘旨不备，不得已出游资养。从父潢公出守蒲州，重府君才，致简相招，府君因往焉。二年余，以音问旷隔，心神恋恋庭闱，急治任归。既，永绥司马陈公走书币以聘。永绥距黔故近，得常寄音书、时物，以代定省。府君乃勉从之。每出，必嘱先慈云太君曰：吾知汝贤，克尽孝敬，然堂上善病而衰，汝宜谨事之无怠。府君出外有年，而先大父颐养和平，含饴欢然，恃我母体府君意，有以慰之也。

仲叔父润，弱冠即世，无嗣，府君念切同胞，特命不孝兆李为之后。嘱以岁时奉祀，必诚必敬。

庶祖母黄太君年逾耄耋，府君事如生母，孝养备至。庶祖母所出仅一姑，适芷邑罗氏，年三十余而寡，家无儋石储遗，外弟妹六人，孤弱失芘，府君抚如己子，以教以养至于成立，长者为之婚娶，历十余年始析居，仍为备器具物用薪水之资，岁时馈遗不绝。

府君以食指日繁，自甲辰岁（1784）后，尝游幕黔中，安顺林丹亭司马与府君相得甚欢，以刑名（官署中管刑事的人）相托。府君力辞不就。谕不孝等曰："予于此事虽能为之，然保无有失于不察者乎？托业不可不慎，吾其归耳。"

叔祖文河公任贵州抚标守备，年未四十而逝，继娶叔祖母韩宜人，十九孀守，音问隔绝。府君游黔，廉得其居址，见堂叔父颖川公子特无助，贫不自给，兼无嗣息，府君因迎其一门同居就养。奉叔祖母饮食必先，寒暖必视。垂二十年如一日。为叔父置篱举嗣，已渐成人。乡里皆啧啧称孝义云。

府君志在读书，见人子弟敏异者，辄谆谆奖劝，望其有成。

课不孝等最严，自束发受书，无问岁节，必考察其功课，尝诫不孝等曰：

"读书岂必在得功名，但能奋勉卒学，即是汝等孝道，吾心亦于斯慰耳。"

己酉岁（1789），不孝兆杏受知于钱南园师，选贡成均。府君曰："汝弱冠眇尔拔萃之名，亦岂易称学使者？意在造就汝，毋自满也。"不孝兆杏资甚顽劣，而聆严训，切切不敢不自奋。

既而不孝兆李，以甲寅（1794）举于乡，不孝兆杏中式戊午（1798）顺天举人。府君喜祖宗余泽沾被后嗣，而戒勉不孝等益力。

呜乎，不孝等幸获科名，非庭训严切又安能如是耶？

不孝兆李分发豫省，旋摄太康篆，奉迎府君至署，朝夕承训，得闻抚字之方、厘剔之要，而又常勖以悉心体察，勿为民病。

不孝兆李初登仕版，兢兢惧不克称职，赖府君提撕警觉，得发蒙振惰焉。

卸事后返寓夷门（开封），府君勤于咨访，于中州人情风土，辄周谘以求其实。凡我同寅，见府君待人恳挚，且洞达政务，莫不乐与相亲。大宪（上司）闻之，诸加敬重。

而府君尤精岐黄，凡城内外士民家有疾病，辄延视之。遇贫苦家更赠以药饵，虽盛暑中徒步往返，无宁晷，而府君顾为之不倦。

中秋后，不孝兆杏来自都门，府君时染寒疾，不孝等初以为调摄就瘥。不意日转加剧，竟至不起。

呜乎痛哉！弥留之际，命不孝等仍宜读书卒业，不孝兆李当居官廉慎，勿堕先世清白。不孝等仰聆遗训，痛心刻骨，敢不惕厉终身，期无负生成之至意耶？

遗命中以先茔远隔，晚年来不获一亲拜扫为憾。

呜乎。府君追报之意如此其诚，不孝等其敢忘水源木本，而不思所以体府君之志耶？

府君生于乾隆元年丙辰（1736）六月十一日寅时，卒于嘉庆七年壬戌（1802）九月初四日巳时，享寿六十有七……

不孝等苫凷（shān kuài 指居父母之丧，孝子以草荐为席，土块为枕）余生，语无伦次，伏冀大人先生俯垂悯恤，锡以诔铭，不孝等世世子孙感且不朽。

重修龙标书院碑记

危次书姑丈[1]命作

邑之有学，盖古州序遗制。吾州据湘南上游，山水时发奇秀，仰沐圣

---

[1] 危次书姑丈：即兆杏公的三姑丈，兆杏公有两个姑妈嫁给了危家，危次书姑丈是其中较小的一个，名成校，岁贡生，嘉庆制科孝廉方正。

天子作人雅化，文运之兴与国运同盛，士风方蒸蒸日上。则所以作育之地，非崇闳其规，精详其制，斤斤因陋就简，气象薾（ěr 疲惫）然，其何以鼓舞多士，壮一邑之瞻仰？此书院之建所系乎一邑者匪轻也。

溯吾邑有书院，始创于宋饶公敏学，倡学之功允矣，俎豆千秋。然世远代更，迄今访宝山遗址，已在荒烟蔓草间。

国朝以来，初建于邑城北，嗣改迁，迄无定所。先是学宫于康熙时迁立西城外，至乾隆十二年（1747），复移建旧龙标山，众议并学署迁之，即留正斋官衙，改为义学负郭。

临江形胜，斯得面峙金斗诸峰之雄秀，襟带沄沄双流之壮阔。数十年来，多士舒翘科目，盛倍于昔。岁久渐即颓圮，邑侯姚公文起，捐俸修葺，门堂更新，视旧制加恢，而基址已定，其地无由加拓也。

嘉庆六年（1801）春，余忝受邑侯王公聘，主讲于斯。鼓箧而来者济济莘莘，余乐得与之切劘（切磋）其间。第斋舍逼隘，至有藩席为室，莫蔽风雨者。及秋，候补丞黄公锡龄来摄邑尉事。公雅好读书，政暇恒过斯讲学，喟然曰："书院赞学官教士，固一邑人才聚薮地，而湫隘（jiǎo ài 低湿狭小）若斯，非所以作士气也，盍更诸爽垲（地势高、干燥的地方）？"余曰："诚赖公力，得廓而新之，则多士幸甚！"

于是，请于邑侯王公，公欣然捐廉俸以为之倡，商诸邑中绅佩耆庶，无不踊跃捐输，廉得院之北偏旧学宫地一区，方广延袤皆倍，不烦相度而规方已定，乃筑基址，正方位，采良材，运瓴甋（砖），无虑计功命日程。事经始于某年月，以某年月工竣。宋廇（máng liù 房屋的大梁，这里指整个建筑）一新，翼然，焕然。墙不雕而完，宇不饰而整。洞其牖闼（牖：窗户；闼：小门），泽其碱（础石）墁（用砖石等铺地面），门观高敞，额曰龙标，仍其旧也。植碑亭二，示可久也。

重门既设，内为讲堂，堂广几筵，修几筵唐陈内外，皆有过亭，如连籈之形，又后为庭，祀先圣贤于其中，为入学释菜（古代入学时祭祀先圣先师的一种典礼）地。两旁斋舍鳞次翼比，计若干间。屋皆有筊（yào 铺在椽上瓦下的苇席或竹席），以重其蔽；室皆有楼，以御其湿。至于肃客有轩，游息有所，以及庖湢（bì 浴室）井厕床几槃杆之需，罔不具备。负笈者至此如归。

环堵植嘉木群卉，柏森于阶，桂馨于室，门外岸芷汀兰，四时生机郁郁勃勃。夫地不远卜，功不日成，昔之弃地，鞠为茂草，今之新构，蠹为大观。岂地之显晦有时哉？抑吾邑气运方新,造物故出此以为养士地。自兹，名材辈出，科第鼎盛，可不烦龟告而知已。

余于讲习之暇，怡然旷观，挹飞岚于远岫，瞰翻紫于长澜，霞绮散为丹膔（hù 红色或青色可作颜料的矿物，泛指佳色），月彩静夫高深。明窗净几，嚣尘尽涤。余于学其有悟乎？

夫虑人之学，必外有以极其规模之大，而内有以尽其节目之详，磨砻欲其精，韬养欲其邃，扶名理之奥突（奥妙精微之处），履前贤之贞规。如作斯室，其象日新，其规可久，然后为学之成。然则学于斯者，当广己造大，勿以卑陋自安。庶几养成德器，处为有守之士，出为有用之才。斯无负盛时作育之至意。

是役也，倡于摄尉黄公，而邑人士廖子恭略、高子勇、易子良本，为之劝募，向子仁霖、某子某，庀材鸠工，而余亦偕观厥成。

抑闻欧阳子云："事不患于不成，而患于易坏。"自古贤智之士为民兴利捍患，其遗迹往往而在，使其继者为皆知始作之心，则民到于今受其赐，是又待夫后有作者。

补录　姻长谢仁寀先生传

石之有璞也，玉韫焉而山辉；水之圆折也，珠怀焉而川媚；人之敦善也，德日积而行芳。吾于姻长慎翁，窃有慕矣！

公，名仁寀，字盛瞻，慎斋其专也。

公生积善家，闻本初诞讦，早为太父所器望，预命之以名。及纵观芳型，生平为人谨慎，虽细行不敢失。自游庠以来，迄今五十载，兢兢法守，未尝干公庭，妄与他人事。正直自秉，忠厚待人。存心公恕，不欲与世争忤。即人有陵（凌）之者，每含忍，不与校（计较），终留有余地以相处。谓："逞为智，不若安于愚；矜为巧，不若甘于拙。"吾尝读周子（周敦颐）《拙赋》，及柳子厚《愚溪诗序》，知公之含忍，其视拙与愚之用，为何如也。

性纯孝。先老太公（谢天相）病时，侍药，伴寝，逾月不脱冠带。厥后，辞馆理家，常恐贻父母不令名，惟课读劝耕，崇本务实，不蹈浮华。及家传析产，尝仿范文正公遗意，除学田数亩，以奖励后人。此则谆谆致切者也。

今其子嗣、孙、曾，森森玉立，绕膝联班。太姻母邱宜人，已七旬庆余，齐眉举案，岂非其德之甚厚，而天之所为偿善者？不将使之提躬集福，而与日俱新也哉？

清道光四年甲申（1824）孟冬月之吉　姻愚侄杨兆杏拜撰

说明：此传转录自黔阳《谢氏家谱》，谢仁寀后裔谢永仲提供。谢仁寀乃兆杏公弟兆菜公之岳父。

施南二生传跋

《施南二生传》者，司马徐广轩先生旌功作也。旌之之意，出于谭兰楣太守，先生成之寮属和之。二生幸矣哉！

传中叙二生功特详，奚再事馆缕（详细叙述）？独念二生者轰然于建功之时，而寂然于功成之后，二生纵能释然，不作不平鸣，有志之士得毋怆然沮丧乎哉？

然而建树者人也，知遇者天也。人不能以建树争知遇之天，天终必以知遇报建树之人……太守嘉其行，而悯其几于湮没，亟欲叙其事而登诸石，以垂不朽。司马因为之传奖二生，即以劝有功，用意盖深远矣。

夫传者传也，征其实而书之，美则爱，爱则传焉。传诸竹帛，与传诸贞珉等。传也，二生传矣哉……始信天之报善不爽，人之建树可凭。其敢不自勉乎哉？

上湖北栗朴园臬宪札询地方事宜禀

敬禀者，窃卑职于本年八月二十三日接奉钧札，咨询地方情形。伏惟大人莅政中州二十八载，其于牧令之职分，所当振励地方之利弊，所当兴革，皆已躬亲其事，精心体察，无微不至……

兹欣宪节升莅鄂垣，仰蒙指示，真切缕析开谕，兼以虚怀下问，不弃刍荛（多用以指草野鄙陋之人，常作向人陈述意见的谦辞），拜读之余，莫名钦佩。

卑职樗栎（chū lì 比喻无用之材，亦用作自谦之辞）庸才……谨将现在办理事宜管见所及缮具清折呈阅，伏候钧鉴采择。

计开：

楚省士习素称淳谨……卑县介在山陬，向有罗峰书院一所。卑职到任后复经修理，以资生童肄业。每月三八考课，前列者捐给奖励。书院中设有捐存田谷，由儒学收支，作修葺膏火之用，可期经久。山中地狭民贫，不能捐设义学，而各里有庙宇之处，亦常有经师蒙馆……卑职因公赴乡，所过之处，必亲至学馆中，见其师及子弟谆切训告，查其功课，加之劝勉。向来县试童生名数甚少，近颇加增累百。是亦文学兴起之渐也。至于青衿（秀才）佻达（轻浮），或恃符而干预公事，或借端而扛帮词讼，间亦有之。均经随事惩创，轻则会学训责，重则详革究办。现在学校安堵。卑职仍会同学官时加教督，举优报劣，俾敦士品。

通邑地处环山，民间田地半在山溪之侧，农家力作，栽种二麦，近水之区播种早中晚稻，而外尚有山薯、芦荞等粮，年岁丰稔，足资本地口食。

向不集运出境。其有山地，兴植茶麻二项，以通负贩。地瘠民贫，各勤其业。境内实无孤贫，旧有养济院一所，额准收养孤贫六名……经卑职扩其旧址，建造宽厂……俾无告穷民不致失所……至育婴堂，向未创设。缘城乡育女之家，无论贫富，类皆襁褓结姻，或生仅三四月，或年只二三岁，早即许聘，其夫家亦乐于接养，姑媳之爱有如母女，以此民间并无溺弃之事，习尚成风。现在虐媳之案尚不经见，似暂可不设。

催科一事，现值功令森严，各州县自当加意整顿完解……如卑县一邑，应征钱粮及南折漕折等项，每年例应征银七千八百六十五两零，历系开征时，在大堂之右设柜征收，或银或钱听民自便，所有盒点柜书，止令稽核完欠，随时禀官……至于催粮差役，毋许需索滋扰……不准经手银钱，代人投柜。设该书差等一有挽越代完等事，无论有无情弊，均即立予惩革。总之，责成粮书者有一户之完，始裁一户之券；责成粮差者有一人之欠，始拘一人之名。其钱银二项不经书役之手，则书欠役欠之积习似可力为挽除。卑职忝任通邑九载有余，历年钱粮，尚均年清年款，现仍实力求治，以尽乃职。

旱涝灾祲，事关民瘼（人民的疾苦）……卑县不通湖河，仅有一线溪流，及田间塘堰灌溉，田禾全赖甘雨时行，方期潴蓄。卑职曾教民以凿石取泉掘地为井，偶值亢旸（旱灾），稍滋润泽。年来晴雨得宜，颇称岁稔。惟本年五月间连遭大雨，因界连江西之九宫山，涧水陡发，冲淹居民田庐。以舟楫不到之区，忽遭水溢之患，实属意想不到。虽经卑职勘查禀办，现已补种杂粮，各安其业，民情极为静谧，而职司民牧治术无闻，致见百姓罹此穷厄　正不胜其反躬自责之思也。

卑县盗案之源，外来之匪居多。盖以本地之人为盗，则踪迹易破，法网难逃，外来者则此拿彼窜，无迹可寻……而欲弭外来之盗，必须弭于盗未入境之先，申严窝囤之禁，遵奉十家牌章程，实力稽查，使贼匪无窝藏之所。且卑县地方，多系一姓之人自为一村，兼可责令父兄人等，约束子弟……（卑县）近年尚无抢劫之案，闾阎安枕。

地方之有凶徒扰害，由于小过不惩，所以渐成积恶巨憝（大恶人），为害闾阎，卒之本犯陷身重典。患宜防于未然，全在牧民之官随时惩劝。诬告者严以反坐，则讹诈之风渐息，奸诱者严以惩治，则强占妻女之习渐除，严禁窝窃则抢夺之案自少，严饬书役则诈索之案自无……似此遇事整饬，或亦为匪可恧（似通"恧"）之义。若有桀骜性成、怙恶不悛之辈，自当密访速拿，不敢稍懈。

赌博为窃盗之源，例禁本属森严……查小赌即大赌之渐，因思拿赌以禁赌为先。惟有随时严切示谕，并告知乡耆保甲人等，多方劝化，务期各安本分，不犯刑章……

审办命盗等项重案，欲求事无枉纵，必须慎用刑法……

审办词讼之要有三：一曰慎滥准……惟有于收呈之时，凡遇控告事件，皆取实在凭据始为准理。若情词虽切，而确据毫无者，立时当堂诘问，在无情者，自不得尽其词，即予斥逐，不为受理。该原告一经明晰驳饬之后，亦无从再构蜃楼而耸听，则……良民免无辜之拖累……所以滥准之宜慎也。二曰求速结案……三曰严反坐。州县听断词讼，如原告控属实情，自无不将被告之人照例拟办。其有控属虚诬者，例应加等反坐。而近来民情多伪，每一呈词之入，无论全属虚诬，即所告属实，亦必半由附会，如按例拟办，则案案原告皆可反坐以徒流之罪……若廉察情实诬诳，即当严究主唆，照例反坐，惩奸宄而安良善……以上三端，似为州县审办词讼之大要，谨以管见所及，缕悉陈之。

上控词讼间有叠奉清厘积牍，而未能完结者，推原其故，其中如实系原断失平，负冤求伸者，则尚不难于完结……乃有其事未经州县讯结，辄即架捏重情，越次上控，其意非希图讹诈，即延案拖累。迨奉提审、批发之后，所有原被人证仍应由县饬集，该原告情虚畏审类多，潜匿省城，连次渎催，并不赴州县衙门具词投到，巧为规避之计，虽经州县官以原告避匿，讯取被证供词，照例详请销案，而上宪衙门又因原告现在上控，亦难批准，致令无从完结。卑职愚见，查京控之案，从无延搁不结者，以原告系递解回籍，无可规避，而行提人证，州县例有定限，所以不致迟滞。伏思此等未经结案，上控原告本有越诉之罪，并非不应递解之人，可否于原告上控之时，察其案情，未经州县审结者，如系批发州县讯详，即将该原告押交江夏县，递解州县收审。如系批府提讯，亦将该原告递解原审州县，提集被告证佐，依限解审。俾免刁徒避审延讼，州县衙门亦不致以原告不到借词支展。倘有押发之时，该原告中途脱逃等事，则无论所控情节轻重，概行注销，似于清厘上控之案，稍有裨益。

以上各条，谨就现在办理情形管见所及，缕悉登明。

道光庚寅（1830）

通山申谕正俗示

照得风俗之美恶，系乎闾阎之兴衰，风醇即熙皞之征，俗敝乃凋落之象。故择邻必处仁里，难言每鄙互乡。未有风俗败坏而乡里不受其害者。

通山居首郡偏僻之地，土瘠民贫，俗尚简朴……第生齿日繁，习尚日非，渐染浇漓刻薄之风，遂多诟谇嚣陵（凌）之习……本县承乏斯邑已几十稔，愧以凉德之躬，不克立教化之本，然型方训俗，责有难辞。茌任既久，情形俱悉，兹摘通邑中习俗之敝者，开示数条，逐一剀切劝谕……冀我民革薄从忠，还淳反朴，庶共登和亲康乐之书，同享盛世昇平之福，实余之所欣望也。夫所谕各条开列于后。

求实学……通邑属在首郡，分山川灵秀之气，子弟不少聪明俊异之资……第僻处山陬，人自为学，绝少师传。屡阅考试之文，访查乡塾之地，见其所以为学者，皆肤末浅陋，不求实际……今之塾师，不讲蒙以养正之道，蒙馆中于小学规矩并不遵守，每日点读数行，仅完功课了事。小儿知识未开，诵读易记于此时，不令其多读经书，熟诵在心，及长大，方悔幼年不读，卖之易忘……至成童开讲以后，只求苟且成篇，不求经书根柢……案头但有熟烂考墨卷几本，及坊间时刻摘录典故小本，沿袭抄写，所见如是，所闻如是，虽有聪明俊异之子，而习气锢蔽已深，囿于师说，何从开悟？无怪夫文气薾然不振……本县每求所以振作之方，惟有将生平所知所闻明切示谕，书院每月考课，认真校阅，以觇进益，于接见诸生，亦时加指点，而未能遍及。人家谁无子弟，本县父母斯民，尔子弟即我子弟，苟不讲蒙养，他日放佚成性，虽教亦不改。谚云：桑条从小郁，长大郁不直。是所望为父兄者，勿溺爱而任其骄纵；为塾师者，勿姑息而听其愚顽。教之之法，恪遵朱子小学规矩，令其熟习，授书照古人分年读经之法，量其姿质敏钝，每日读字若干，不可间断旷功，则于十三经，不过十年，内外俱可读遍。已读者俱必温习熟诵。质钝者多加遍数，常川温理，是幼学根柢已具，德性已备，可为将来培养地步。及至成童以后，为经师者先与讲明经学，次之博览史案，多读古文、时文，以先辈大家为式。一切庸烂考卷俱宜焚弃……尤需讲求经济实学，盖读书明理原期有用，非仅拘拘于章句之末。如此讲究用力，目可卓然越俗，名材辈出，何患科名不立，文风不盛……

儆游惰。四民之中各有执业，朝夕于斯，其心安焉，不见异物而迁焉，是以能世守其业。其无常职者，转移执事，雇工佣保，莫不自食其力，虽无常而实可常也。自幼即知艰难，长大自能勤俭。语云：人劳则思，思则善心生，人之思善忘劳，风俗之所以醇厚也。若不务生业，习惯闲游，其始不过懒于操作，馋于饮食，继焉群相征逐，走狎邪之路，贪恋奸淫，入赌博之场，不顾身命。弱者安于无赖，强者成为恶棍……是皆始于游惰。其究流为莠民，皆法所不贷者也……兹复严加训谕，望尔游惰之辈，急早回头，各误生理……但须勤劳耐苦，不可贪懒好吃……语云：小富由人，岂不信而有征乎？第一最要实心做事……至于有子弟者，全在父兄约束教训……有惰必警……是以痛切言之，尔百姓果能体会斯言，毋好逸而恶劳，毋闲游而失业，庶几野无旷土，邑无游民，自此安居乐业，不致失所。民生在勤，勤则不匮，岂虚语哉？

别男女。从来风俗之恶，莫甚于奸淫……谚云：奸近杀，吁可畏也。然奸之所由生，由于男女之无别……是男之与女出入行路、言语往来皆各有礼，相防而不相通……即亲族中可以见面、可通言语，而相见之地，相语之时，皆须以礼相接……如一概嘻嘻无节，岂成家教……询访邑中风俗，男女多不避忌……岂非素不避嫌以致丑行不顾乎……凡女家父母，男家翁姑、丈夫，俱先宜讲究礼法，凡男女有宜见面与否，宜躲避与否，可通言辞音问与否，有可通行走往来与否，俱须明白指示，使知礼法可遵，断然难逾……庶日养其廉耻，而能知以礼自防。使见者皆知其凛然难犯。虽佻达之子亦不能肆其轻薄……而有子弟者，又严加以教训，使不至荡检逾闲。庶男女正而家道成，风俗美，非守土者之所厚望乎……

以上各种恶习，俱为地方之害，愿尔等及早回头，改过向善，知讼则终凶之戒，存和则不争之心。庶几讼风少息，民气和乐，此一条全在守一忍字，能忍之又忍，事事反己自思，惩忿戒争，敦崇廉让，于以祛陋习而挽颓风，岂非司牧者之所深望而深幸者哉？

蒙馆学生互讼殴伤判

查某等十年就傅假馆庙堂联塾启蒙，各标门户，课程粗就。下学已近，晡时（申时），童冠偕游，背师漫作儿戏。孰意剥床及足（跌伤了脚），忽生切近之灾，投颡（额头）于阶。

不顾头颅之破，时则惊啼相告。众弟子鼓舌纷争，急走鸣冤；两先生刀笔竞利，哀情迫切。命似危于悬丝，面血模糊伤难验。

夫破骨雀角，方穿我书屋，总角并跻。彼公堂告期三八日，多捏饰以陈词；童子六七人，俱匍匐而就质。鼠牙争噬，几若定谳之难；金矢既陈，何虑诗张为幻。

尔等天良未丧，自有曲直在心。由来孺稚莫欺，无庸高下其手。此谓弱不好弄，何敢自即于顽；彼曰寡不敌众，无奈伊恶作剧。两造纵逞其狡辩，五听只秉此公心。肤受之诉非虚，爰书之词可定。假令命终不救，难宽戏杀之条，幸而隙获复苏，只科斗伤之罪。

姑念童蒙求我，告何靳于再筮，且怜童子何知，典可邀夫三宥。但需严矩规之守，庶可禁佻达之风，扑作教刑。

命尔师自加戒饬，金作罚赎，偿医士，可作药资。继自今培桃李之芬芳，庶几成实醌芝兰之臭味，勿折其芽。倘先生之教不先，则弟子之率不谨，责并难贷，咎有同归。

凛之，慎之。此判。

驻发辞

《记》云："五十曰艾。"艾者，华发如艾色也。余年未三十，已见二毛（斑白的头发）。明镜朝看，惊心怵魄。德不修而名不立，乃驹景之催人，觉盛颜之难再，何嗟及矣，敢不勉乎？

闻善养生者能驻颜，颜可驻发不可驻乎？用是悚然，肃惕然，奋于余发殷殷然，劝且慰发，岂无知当励吾志，爰为辞以驻之，其辞曰：

戴真子晓起新沐，未及弹冠，对秦铜而览鬓，顾形影而长叹，叹吾年之方富，胡余发之早鬓（半白）？尔其自髫龄（童年）而总角（青少年），倏频弁（kuǐ biàn 头戴帽子）而鬞鬚（mán 头发长），与年华而俱长，傅头角而壮观。胡为乎髫（tiáo 头发多）者日以疏，鬒（zhěn 须发又黑又浓密）者日以髻（鬓发稀疏），如木叶之青青，当春夏而凋颜，斯何故哉？

盍为余言，绳（有纠正之意）真子曰：噫嘻！子顽然七尺之躯，而吾处其最尊（头发处于人的最上部位），非尊吾之能为子饰，而尊吾之能见子真，子果克守其真，吾何敢变其形？子亦思翦（同"剪"）髻（duǒ 婴儿留而不剪的一部分头发）而后肫然者，赤子泰然者。天君曾日月之几何，每扰攘于尘氛，垢不为我剔，浊不为我清，日迫我以耗损，安能为子葆厥初根？

余闻之，瞿然而思，憬然而悟，乃劝且慰之曰：尔其受之父母，为血之余，壮盛则美，衰颓则枯。余受生而禀弱，已血气之多虚，况知识之渐长，日相煎以忧虞，岂不闻昌黎（韩愈）云：天公忌汝钩物，情使汝未老华发生。又不闻欧阳子谓：百忧感其心，万事劳其形，黟然黑者为星星，既自以心为形役，又爰怪乎消髻（头发稀疏）？嗟嗟，未到潘岳（西晋文学家）骑省之岁，才及眉山（苏洵）发愤之时，倘竟如此种种，而又爰能为余既悔矣！尔其鉴之。

谅余心之弥苦，幸余志之未衰，往者不可谏，来者犹可追。当澄心而守静，反本始以为期。余为髦士，尔其美且鬈（quán 头发好）兮，余为黎献（贤者），尔勿髟（biāo 白黑发杂）以承弁。余有时而稽首廷陛兮，尔其宜称此簪缨；余有时而脱帽露顶兮，尔当勿羞见王公大人。即时或角巾归里兮，尔其勿愧对长老后生。纵不为黑头公，毋遽为皓首巾。

嗟嗟，流光过隙，逝者如波，去日苦多，为之奈何，犹有存者，慎勿蹉跎，劝尔且驻，听吾高歌。

署中元日试笔

圣王在上，于变时雍。
敬教劝学，贵粟重农。
彝伦攸叙，孝慈友恭。
里仁为美，比户可风。

民之父母，训俗型方。
士崇廉让，民务耕桑。
俭朴是尚，礼义自防。
讼狱衰息，风俗醇良。

仲燮二弟南归　别后相念　词生乎情　因录以见寄

古人重别离，赠送情难已。
况在手足间，更非友谊比。
迩隔思尚悬，况乃数千里。
行行惜分手，载骤车何驶。
伫立望行尘，盈盈泪不止。
在昔苏子瞻，常与子由别。
殷勤赠诗歌，语语皆挚切。
古人德相爱，岂但情如结。
我宁薄友爱，无言赠别时。
兄既为游子，弟归理亦宜。
但当定省余，业勿荒于嬉。
功名莫隳志，学问贵深思。
功至累丸后，名恒当相随。
转盼到礼闱，雁塔久相期。
我非恋京华，祖鞭不可坠。
急仕只为贫，岂淡科名思。
如幸得一官，应慰高堂意。
不如博一第，尤足承先志。
秋桂倘许攀，喜同春官试。
来岁早傯装，盼望冬前至。
勉哉在此行，期为远到器。

题岳生竹轩行照

南纪钟人英，高骧青云路。
时为六月息，养和适天趣。
坐挹松下风，清心多妙悟。
惟静可致远，有定庶成务。
三山不可即，望瀛每却步。
应许慧业人，早兆蓉镜赋。
谁与妙写生，精英托豪素。
清神漾秋月，炯炯灵光露。
譬彼凤集梧，苞彩照琪树。
一朝鸣高冈，寰宇瞻仪度。

附竹轩自题　调寄临江仙

滚滚大江东去也，英雄千古同愁，阿谁万里独行舟。柳阴双打桨，自在出中流。

十幅布帆无恙在，此心去住（往）悠悠，争如不系任浮游。莫言波浪阔，咫尺是瀛洲。

风穴山修禊

驱车出东门，春风导我前。
言登风穴山，修禊大慈泉。
相携两稚子，峥嵘舞勺年。
芳菲趁春服，相与畅厥天。
攀磴肯来游，得朋胜群贤。
我友既鸿轩，吾季亦惠连。
临深涤尘襟，顿觉俗虑捐。
方池清如镜，静象涵深渊。
时出曾不竭，泽润万顷田。
峰高接嵩秀，帘挂讶珠泉。
揽胜舒远瞩，飞岚散风烟。
逸兴欲何托，吟咏当管弦。
山僧款留客，稚子执归鞭。
三日多游骑，乐趣讵同然。
独我赋归来，守默聊自全。

呈芷江邑侯黄师

乾隆壬寅（1782），余年十五，游郡庠，癸卯（1783）秋闱，蒙师呈荐。

考亭风徽千载仰，勉斋先生称独往。

自兹濂洛关归闽，建安道学东南放。

叔度汪洋千顷波，简命南来播惠养。

所莅必滋兰蕙芳，下车人深召杜想。

著作林传甘露零，高持风裁龙门敞。

玉尺量遍楚天才，沄沄长邀冰鉴朗。

芬芬秋桂手中栽，树树珊瑚入铁纲。

国工应弃樗栎材，臃肿拳曲寄僻壤。

年来晦迹无何乡，匠石遍旌格外赏。

士独知遇感难忘，亲承不遂心怏怏。

忽披云日绛帐中，春草长向春风长。

泌阳杨贞女

王雎冠国风，鸷鸟知有别。

坤贞利牝马，从一昭其节。

嘉耦曰妃幕牵丝，彝教由此张四维。

男女以正婚以时，一邑风化宰司之。

日坐堂皇判民事，角牙诪张情可异。

委禽既定胡悔盟，乃父突欲夺女志。

飞蝇附热顿忘耻，爱非所爱舐犊耳。

倘嫌寒毡非玉润，试问冰清岂若是。

鸳鸯比翼不乱群，奚容再教随野雉。

宰官下车惩浇风，亟思判断秉至公。

卓哉此女志不夺，贞义一时传播同。

羞质公庭显父恶，愿赴婿家践前诺。

银汉迢迢隔双星，邻媪倩作填河鹊。

尊嫜乍见眼生花，几疑仙尊降羊家。

邻媪代通蹇修语，家人愕顾喜且嗟。

赵璧睨柱几欲碎，完来归国智可夸。

皎如明珠还合浦，胜彼衮拥七香车。

宰官旌奖结彩绚，命舆重送光辉炫。

两行鼓乐杂欢阗，观者堵墙闻者羡。
常道翻作奇情观，此事何止风一县？
人生至性界自天，善端触发如原泉。
滚滚智勇自流出，沛然若决达百川。
可奈俗肠多牵引，瞻恋不果志难全。
不若纤弱一媚妩，见义独明中有主。
动协权宜转合经，毅然正气谁能阻。
一惭不忍终身惭，翻讶钗裙能干蛊。
二姓婚媾几为寇，解释新怨欢仍旧。
此行一举数善备，稍辽缓焉恐迁就。
处子犹能葆厥初，丈夫志气当何如？
人生富贵安足论，士行女德贵相如。
凤凰于飞鱍叶吉，黾勉庶几永终誉。
我亦职司牧民者，室家速讼怨反马。
闻此胜读女史箴，我欲劝谕遍业下。
贞义非同儿女情，一时歌咏追风雅。

都门除夜友人对酌
旅馆愁生暮岁寒，况当除夜影怜单。
还家千里空留梦，对酒同人且尽欢。
君亦客中翻作主，我虽醉后勉加餐。
他年风翼搏羊角，回顾无教上附难。

辛酉（1801）春闱下第
燕台市骏在今朝，独愧凡驽未见招。
相骨有人称伯乐，混珠无命作颜标。
难教白眼翻回顾，可奈青闱叹寂寥。
若遇中郎勤拂拭，桐材入爨未全焦。

教习馆中夏月夜读书　有怀仲弟河南
雨夜新凉夏似秋，阴阴槐荫宿斋头。
此生难了惟书债，清夜长吟与月谋。
飞鸟君随王令去，下惟我作董生留。
灯檠两地生惆怅，魂梦连宵作汴游。

对酒遣兴

小饮何防叛酒篯，一杯亦醉本无心。

经尝世味何嫌浅，累汲文泉不厌深。

茶罢生风帘外立，梦回得句枕边吟。

闲中真趣谁能识，漫诩琴书乐可寻。

汤阴谒岳忠武庙

撼山容易撼军难，报国精忠失寸丹。

痛饮黄龙期可待，伤心黑狱起无端。

庙堂凛凛今风烈，松柏森森古月寒。

垢面蓬头阶下跪，当年宰相者般看。

建始重九前三日登石门有怀　兼寄泌阳仲弟

云岩对峙耸嵯峨，独上丹梯且放歌。

梁亘峰腰横玉蝀，涧环石穴泻银河。

枫林红叶秋风老，兰谷清香晓露多。

三载尘容重到此，堂堂岁月任蹉跎。

侵晓登临曙色开，翠微坐憩扫苍苔。

斜穿石广携云出，高挹琴泉带露来。

面寺荒凉留古佛，回峰缭曲胜天台。

重阳风雨遥相忆，菊酒何时对酌杯?

自宽

问余何事起长叹，未赋归田强自宽。

官到穷时甘淡泊，政从拙处得平安。

出山劳碌居山易，顺水优游逆水难。

孟子书更师一字，人之患在好为官。

重经汤阴岳庙思旧作复成长句

小朝廷已属偏安，叠受兵戈势更残。

纵有长城甘自坏，犹将半壁售吾奸。

两宫愁对秋风老，一木求支大厦难。

三字狱成千载痛，庙堂瞻拜泪汍澜。

庚辰（1820）夏杪应城卸篆留别邑人士

环水神山秀若斯，古蒲城俯楚江湄。

衣冠鼎盛尚书里，俎豆馨香上蔡祠。

月朗三台澄似镜，风清五岭柳如丝。

景行徒仰前徽在，鞅掌终惭负所司。

淳良犹见古风存，女织男耕本俗敦。

碣记万金标义侠，亭高五节妥贞魂。

鸿儒待应金门诏，耆寿重开洛社尊。

若是宰官惭暮夜，问心何以对黎元。

曾闻鸿雪旧登堂，踏雪飞鸿又一方。

赠句好同兰作佩，离情不觉泪沾裳。

鹏搏常近三霄日，鸠守空添两鬓霜。

握手驿亭无限思，崎山烟雨色苍苍。

因公宿九宫山未获登谒志怀

有道真人与道忘，满腔济世热心肠。

名山自构藏仙骨，象教同归奉瓣香。

龙蛰虎蹲森守护，松风萝月剧苍凉。

祷求更有灵泉应，时沛甘霖报岁康。

晋代仙人辟九宫，至今佳气郁葱茏。

清光最满平台月，异彩常萦过涧虹。

山面矗来多秀削，尘襟到此尽消融。

何当筇杖凌高顶，坐憩松间受好风。

因公赴乡道中即景

行行村外路弯环，雨细烟霏杳霭间。

绿涨秧畦湄港水，青连云树石航山。

哺雏鸟雀穿林出，斗草儿童唤犊还。

好课桑麻勤力作，不遑十亩咏闲闲。

九日登九宫山

云关高耸出尘寰，仙蜕真形镇此间。

两界中分三楚境，一年再上九宫山。

壶台松荫苍鳞老，剑石霜凝碧藓斑。
况对重阳风景好，可将菊酒对衰颜。
九宫山上谒真仙，仙宅原称八洞天。
妙应封曾加累代，端严像不减生前。
风来香散林梢雾，雨后龙归座下泉。
回向雪岩观瀑布，飞流万古挂长川。

庚寅（1830）仲弟六旬初度书寄便面

紫筒朱缨浥露香，清和天气日初长。
生申岳应钟灵日，周甲筵开益寿觞。
矍铄精神羡龙马，偕宜福禄咏鸳鸯。
花龄莫漫嗟迟暮，少宰家风赖克扬。
忆送星轺雨雪天，依依驿馆对床眠。
冈头望处心千里，鸿爪留来瞬四年。
下雉仍还尘吏拙，中州遍颂使君贤。
何当会叙芳园乐，既翕长歌棣萼联。

壬辰（1832）俸满入都途次感怀

频偕吏计到京华，淹蹇空怜岁月赊。
客里雪霜多上鬓，愁中心绪乱如麻。
刚随梁苑征鸿度，又逐芦沟晓月斜。
仆仆道途成底事，不如归去卧田家。

裕州扳倒井谒光武庙题壁

问字亭前剧美新，谁知白水起龙鳞。
五年成业符高祖，两汉中兴属贵人。
出地甘泉曾效顺，参天古柏几经春。
壁间像列云台将，星斗光芒拱北辰。

蒲圻公旋重阳道中遇雨　夜宿咸宁县署

风风雨雨送重阳，佳节依然理客装。
几处有花开老圃，何人落帽醉飞觞。
枫生林霁霞千片，雁破江烟字一行。
冰署主人敦梓谊，宵深剪烛话衷肠。

乙未（1835）夏沔阳公旋舟中偶成

二十年来一宰官，官斋不改腐儒餐。

折腰羞令家人见，乞米求工帖子难。

空羡才高多遇合，差因守拙得平安。

何当脱却乌纱帽，竹杖棕鞋乐地宽。

汝州游风穴山

长风送我上崔嵬，噫气频嘘橐籥开。

古洞书疑探宛委，仙桥境似入蓬莱。

白云团絮苍松偃，丹桂飘香好月来。

闻说汝南称化国，望州亭上独徘徊。

闻蝉

雨后萧疏暑气清，柳阴低映夕阳明。

感时渐觉看花尽，又听新蝉第一声。

都门冬夜感怀

朔风飒飒动窗棂，寒月盈盈照户庭。

坐到更深人静后，乡思愁对一灯青。

下乡催赋道中偶成

不事蓬莱去学仙，日亲翰墨即仙缘。

无端误被罡风引，堕落尘中二十年。

十四世兆棻公诗文

和龙见田邑侯重修芙蓉楼落成

廿年随宦滞中州，每到登临忆旧游。

记得儿时风浴处，城东江上有高楼。

谁将胜迹徙城西，树映阑干柳拂堤。

听说南丰归去后，池塘依旧草萋萋。

幸有风流令尹贤，斯楼成向菊花天。

力劳抚字心偏暇，再种芙蓉沃水边。

水北遗踪几度秋，连江寒雨至今留。

青山绕郭花争艳，此地风光胜润州。

陪龙见田邑侯九日登芙蓉楼次韵

少伯风流远，芙蓉入望深。

离亭长短别，过客后先临。

胜迹怀仙尉，名区近古黔。

玉壶同朗洁，政喜洽民心。

卅年游汉渚，骑鹤上危楼。

韵事留唐代，怡情胜鄂州。

近因先得月，高不碍吟秋。

记得梅花曲，寒江一派流。

雅望阁公重，仙凫喜共攀。

樽罍倾北海，丝竹集东山。

韵事推元白，歌声识素蛮。

一枝堪托隐，野鹤幸知还。

尺五城楼近，茅庐适爱吾。

联吟随杖履，排闷拟蓬壶。

化喜珠还浦，威看泽刈荠。

坐中余老矣，胜会愧频呼。

纪烈

嵘山甜雪汇录，代作诸诗未分列各公名氏，兹诗与卷四兆李公诗，俱从纪烈诗征原刻录出。

湖上君山万古青，天留烈迹配湘灵。

故将一勺沅江水，直送香魂到洞庭。

附录：黄虎痴学博本骥，嵘山甜雪。道光二十年（1840），山阴谢明府为璜，挈妇朱赴权芷江任，道过黔阳鸬鹚滩，缆断舟危，谢惶急出望，失足落水，朱奔救无及，自投以殉。时七月二日事也。经宿始得尸，朱目瞑而面色如生，既无子女又无同行亲属，以二婢引舆，权殡萧寺。行路伤之。余曰："舍身殉夫是可旌也。"有司以其状上之大府，大府悯谢死之惨，将援长江大湖遭风被溺例，为请赠荫。余闻而骇然曰："其地既非江湖，其事又非差遣，是必被驳。且遭风身死，朱不能旌，生无子息，荫将谁属？"此情大府不得知也。余又不便越职代陈，因思表扬烈操，司教者之责也，遂竭一夕之力，成小诗四十首，分列合邑官绅名氏，题曰"纪烈诗征"。即于翌日驰达大府，大府得余诗，见众议确凿，不得援前例入告，遂以恤旌双请，及奉到部，覆果曰："谢之失足落水究属轻生，无庸议恤，其妇从死，予旌可也。"朱遂得旌如例。

继而其兄少府世桢在大梁官次，亦征诗。当道及遣使扶梓以刻本寄余。

是举也，使非余诗早达，则朱不能旌，而其亲属或诉于部，一奉咨查，南省大吏且无辞以覆。是则诗征之刻，所系良不为小。今汇录代作诸诗，而友生谬许之作，亦附及焉。

十四世兆李公诗文

重修陕州召公祠碑记

壬午（1822）

召公者，周之同姓。文王时，食采于召，武王时，始受上公，九命为伯。乐记曰："武王伐纣，五成而分陕，周公左，召公右。"陕即今之陕郡……则陕郡之祀召公无可议者……

今天子龙飞改元之岁，适奉简命，来典陕郡，既下车而展谒召公祠，祠仅三楹，前为飨殿，后为丙舍……而历有年，所半就倾颓，古瓦残磴（同"砌"），坏道哀湍，其何以肃威仪，而钦妥侑仰瞻？俯察乃谋所以新之者，爰请于观察(道员的尊称)厚村积公，获报可遂。属郡人共醵金钱，鸠工庀材，除其荆砾，缮其墙垣，堂构相承，栋宇偕作，实实枚枚，凡载阅月而顿还旧观。

是役也，岂仅修举废坠，资延览，供吟眺而已哉？抑承平之盛事，政教之修明，胥于是乎在。试观东峙崤陵，西控函关，乾山屏于前，大河绕其背，山川之壮丽甲于中州，民生于其间，类多愿朴，而野处不匮之秀，敦诗说礼，蔚为国华。数千年来，风土未变，繄（yī 是）何人之赐欤？惟召公分陕莅治者久，以渐以摩，沦肌浃髓，而服教畏神以至于是。是公大有造于是邦也。然则崇德报功，义至隆典至重也。

……余以桑梓密迩，获留昔贤之胜迹，与有幸焉。今为吏于斯，又得抚公之遗黎，修公之旧政，洵（实在是）千古不易得之遭也。因治公祠，稽公事实，并举地志，为邦人广异闻，且志余景行之有素云。

创建陕州文昌宫暨召南书院碑记

癸未（1823）

我国家重熙累洽（接连几代太平安乐），久道化成文治之隆，溥于四海。郡县既各设学校以育人材，更建文昌宫与书院，用襄风教，盖无一之可缺也。

陕郡州序如制，独无文昌宫，春秋有事，借明伦堂为祼（guàn 古代

一个家族的六百年——讲故事的云津杨氏支谱

益清堂

酌酒灌地以祭）。将地陋已，书院湫隘嚣尘，至不足以受生徒，则亦与无有等。谓非守土之责欤？

方议创建，上其事于观察厚村积公，而公先得我心，首捐清俸为之倡。旋有邦人来告，前牧朱公曾议建祠，择地城东隅，所筑墙垣基址犹存。议移书院于东郊，甫成一二室，未讫工而公已迁去。越今三十余年矣。若借其旧基，并书院于一所，撤其材而用之，二役可共举也。遂诺其请，以因为创，量事程能，虑功约费，翼翼新庙于是作焉。庙左为帝君三代祠，书院附之，中为讲堂，其前后两廊皆书斋也。户牖闬闳以及廇苏（廇苏，平屋、茅庵）庌舍（馆舍）毖饬有加。经始于壬午（1822）三月，迄癸未（1823）二月而落成。凡糜白金二千两有奇。

……

夫天地之文，天地之心也。河洛为天地中，中即心也。陕之为郡，河洛近在封内，天苞地符，图书应焉。圣人则之，阐为文字之祖，后之人宜何如师承而发明之也……多士讲肄其间，彬彬郁郁，所谓取法云汉之章，上副作人之化，用以增学校之光者，将不徒以文而文，乃莫大乎……在学者身体而力行之，无待余更衍其义也。惟是举补前人所未备，望后人之嗣修，不可使传久而无考也，聊志数语，粗陈梗概，谨勒诸石，以谂（shěn 规谏）来者。

倡设陕州义学详文
甲申（1824）

为设立义学详请备案事。窃思州县司民，重在教养。养以遂其生，教以复其性……第（但是）书院止可作养成材，非远乡蒙童所能与。叠蒙宪札，饬令广设义学，以专化导等因，卑职遂集州中绅士，酌议于城内及各乡适中之处，设立义学，延师教读。凡军民人等子弟无力者，俱准入学，所有脩脯之资，即劝谕该绅士等量力捐输，成此义举。

现据在籍知县兀西成、贡生于铎、监生张乃居……暨各绅士等踊跃捐银自三四十两以至百两不等，共计捐银二千一百五十两整。发存当铺生息，以便随时支发，借垂永久。一概收支悉由捐银绅士轮派稽察，并不经官吏之手，以免流弊。其绅士有捐银至百两者，先行酌给匾额，以示奖励。合将办理章程分析条款，造具清册，呈请宪鉴，是否允协，仰恳俯赐批示立案，实为公便。

条议积贮义仓禀

敬禀者，本月初一日，接奉钧札，以趁年岁丰收，筹备积贮。并将义仓一切利弊，条议禀核各等因，仰见大人轸念民依，曷胜钦佩……

今值二麦丰收，秋稼将同之候，正可急裕仓储，以期康阜。窃思积贮为口州之要务，而乘时积贮，尤为现在之机宜……故责成州县者切。职一面重明动用仓谷，即照依市价，乘时详请采办足额，以实仓储，以备旱涝之虞。

伏考三仓之建，其来已久，常平之法昉于李悝，而汉有常平而无义仓。义仓之法始于长孙平，而唐有义仓而无常平。宋人修而兼用之。而朱子又有社仓之设，所以为民者备矣。

意美法良，本无遗议。而事久弊生，遂多有名无实。是惟全在各州县师其法而不泥于成法，相时而举事，因地以制宜……谨就愚昧之见胪列四条，另折登覆，是否可行，伏祈鉴核批示，祗遵。

劝民多种麦，以便积贮也。谨按中州……春以麦为主，秋以粟为主。麦种颇广，同时间种豌豆，更无别种，以耗地力。至秋种粟，不过十分之二，余则杂植棉花、脂麻、烟叶及各色豆，是以一年所获，麦或有余，粟每形其不足……一遇荒歉，杂粮糜费无余，麦粟均不敷用矣……杂粮不耐久屯，新旧交接，旧者即腐败不可用也。小麦可经三二年……是可以耐久屯积无有过于粟者，应请劝令民间种麦，一仍旧贯。种粟则十分居其六，杂粮则十分居其四，洎乎告成，太仓可实，百室亦盈，公私俱利，旱涝无忧矣。

乘年岁丰稔，劝谕捐输也……似应惟着落绅民之殷实者，量其所入几何，不拘升斗数目，听其乐输，然亦宜区分其户口之上下，善谕以适可之多寡，则黠者不至以涓滴搪塞，懦者不至以拮据被累矣……而此举原为百姓身家计，未便即绳之以法，似宜微示劝惩之意……彼啬吝观望之民，亦宜摘识其名，使之相形见绌……但不得听信书役之言，勒派滋扰，致利民之举，反为病民之具尔。

社长宜慎选妥人，以资经理也……诚实之人安分自守，视为畏途，不肯承充；其愿充者，多系好亨渔利之人，百计图维。侥幸准充，便其侵蚀，弊窦之开，实在于此。应请饬令绅士公议，遴选端方殷实之乡民充当。不得任听地保混报滥准，至滋弊端。又查该社长如果监守认真，出入无私，设有奸猾掣其肘，地保诬以私，地方官必当辨其欺罔，立予重惩，则该社长不遭嫌怨，而良法可经久矣。

出借宜严稽核，以归确实也。按朱子社仓夏贷于民，冬收其息，每石止加毛米三升，随年敛散。遇荒蠲其息之半，大饥则尽蠲之……而出借之时，则恪遵定例，不务农业及游手好闲之人，概不许借，旧欠未清，亦不准借，则冒滥可杜矣。惟告借之户，正副社长未必尽皆认识，应令殷实之户，互相作保……如系社长自行侵蚀，即将该社长革退严追，另换妥人承充，以实仓额……

是否有当，伏乞钧鉴，采择施行。

陕州戒轻生示

本州承乏兹土……每阅案牍，自尽之狱居多……良由愚夫愚妇心忍气傲，往往逞一朝之忿，因而遂轻其生。或以钱财细故，或以口角微嫌，或与人有所忿争。自揆理曲，甘于拚命，以为吓诈之计，非真有万不可解之怨怨也。

其轻生之人，半系老者，半系妇女。老者倚老凌人，不能如意，则以残年待尽，非跳崖即投环，不惜一死为人祸。苟其亲属当彼气愤之时，从容劝解，待其气平，自可涣然冰释。乃竟有听其寻死，以为如此可以挟制，可以经官抵罪，不知轻生自尽，例无抵偿；尸亲借端图赖，律应反坐。是死者之徒死无益也。而生者之坐视莫救，为天理所不容，即为法律所不贷。

至妇女愚无见识，或夫妻口角，或婆媳不和，或妯娌嫂叔之间有争执。反唇之衅，全在其母家、亲属劝谕开导，令其心平气和，自可安于无事。奈其母家不但不行劝阻，反从中怂恿，以激其怒，因而忿激莫遏，拚死方休。迨至禀官相验，讯得真实，则夫家并无余罪可科，徒令死者裸体露尸，贻羞两姓，为母家者，于心何忍？

又有无赖之子，讹诈未遂，假寻死以吓人，登崖呼号，无人拦阻，以致弄假成真。如此死者，尤为不值。要之好生恶死，人情之常。顺人情而导之，想应乐听。

本州不惜苦口谆谆劝戒，凡我读书明理之人，推广此心于乡愚无知之辈，剀切而讲明之，庶几保全者众，而案牍以清，是则本州之所厚望也夫。

重修羊角山石室记

陕之为郡，表里皆山。境之西北，即山为城，据城之西北，即山巅为治……按形家言，郡城之山，龙沙自离山来，蜿蟺（shàn）数十里，迄河滨始作回龙，顾陂陀（倾斜不平）而南，更越六七号，突起高阜，前扼奔流，后连署披，实为一郡之右臂，名曰羊角……山之小曾不敌部娄（小山丘），疑是封函泥丸弃置于此，于名殊不称。

然是山特出雉堞（矮墙）之端，外与天际略无障翳，群山之胜概悉括于此。李渤云："芥子可以纳须弥。"借为是山解嘲，即以为是山壮气也。可山不在高，于是为信山之椒（山顶），旧曾构亭以供游赏，年久倾圮，别置三数椽，漂摇不蔽风雨，殆将与山之朽壤并堕。

吾恐河不如带，而此山浸有如砺之忧，爰命邦人以人工补天造，增高培厚，傅以坚土，隐以金锤。山体固，并山之为庭、为寮（小屋）者，轮奂一新。

既浚成，辄登临以快挂笏之思。河镜方翕，山屏四开，东南一带浮岚涌翠，皆坐玩于几席之上。其在隔岸者，亦且如拱如揖，相向如笑，不作生愁状，则不复能外之矣。诗情画意无时无之，模山范水者当勿令客儿独有千古。而人乃有举搏风之说，为州将祝者。余谢曰，我年逾五十，得一州斗大，提封无多，井疆易窦，岂容更有奢望？搏风九万，直宜为此邦人士道耳。爰文诸石，以著（著）其胜，并颜山室之额，曰小筑大观，志实也。或以方之武昌庾楼（"方"字在这里似可理解为"仿"），宾阳导月，时伫参佐啸咏其间，庸希元规之流风，则吾岂敢。

重修汝州仁普堂碑记
戊戌（1838）

国家仿古保息之制，自京师以逮，直省设养济院以居穷民无告者。岁给钱米，冬给棉衣，各有差法，至良恩至渥也。然经费有常，而所以推广。皇仁俾茕独者靡不有养，则尤在有司之善于奉行。有父母斯民之责者，敢弗兢兢加意乎？

汝旁旧有仁普堂一所，向在州城杏坛街，岁久倾圮。毗陵董君大醇牧此邦，以道光八年（1828），改建于西门之阳，视旧制加扩，南向正房十一间，中一间为官厅，左右各五间，为收养贫妇之所；东西厢各十间，分贫民之男丁栖止。其中用示区别。堂置租地四顷，折粮地九十二亩零，岁入租钱九十九千有奇。又发典生息银六百一十二两零，收息钱一百四十八千，计养男妇贫民七十一名口。外拨育婴堂发典生息银二百一十两，共息钱五十千，为隆冬散给棉衣与物故者椽椁(huì 棺椁)之资。所以规画之者甚备。

余于壬辰（1832）年冬绾州符时，连年秋霖过甚，墙屋渐及颓塌，重葺之以复旧观。又念贫民饮水艰难，并凿井一口，以供取汲。复捐俸银一百五十千，发典生息，岁收息钱三十六千。统计入租息钱三百三十千有奇。添养贫民九人，通共为数八十名口。其堂内收支一切，遴近城国子监生李士洁董其事，不假胥役之手，贫民咸称便。

夫自古创始难，守成亦不易。余踵成（继续完成某事）董君善举，以

一个家族的六百年——讲故事的云津杨氏支谱

益清堂

仰副圣天子惠鲜怀保之至意，亦既立有成规，特恐日久废弛，有初者鲜克有终。爰将堂内岁入租息各款，及收养名数勒诸贞珉，庶后之人得所稽考，永永遵循勿坠。至若衣被（加惠于人）一方，庇以广厦，则尤望于贤司牧之恫瘝（tōng guān 比喻把人民的疾苦放在心上）斯民者矣！斯为记。

示曙初侄帖
癸卯（1843）

每日无事，临帖三四百字，按日学习，不可间断。并将所书记明日期，遇便寄我查看。再于每日细看二论、引端数章，并遇字检查字典，将字义解透，有未晰者，就近请教于人，字义既明，则翻阅各书，俱可了然。尤宜屈志老成，如谢仲书、危移山诸公，皆为齿德并尊，有事均可请教。

街邻中有人品醇正者，亦宜亲近，若或气味不投，惟应敬而远之，不可拒绝，致招嫌怨。铺户中有为人正直而生意兴隆者，不防与来往，借知物价贵贱，兼可阅历经纪。

每日早睡早起，二更以后，即宜熄灯。将门户关好，小心火烛，兼防偷窃。

日食小菜每餐不过两样，家中菜园尚宽，留心照理，小菜不致外买。每月肉食不过六七次，蛋鱼之类或间日一食亦可。油盐薪米随时检点，切勿任意。吾邑食用不似省城昂贵，每日用钱不过五十文，每月用钱不得过三千二三百文。由此计算，租入虽少，自觉宽绰有余，不形拮据也。

律身行己，居家处事之道，言所难尽。总之持家以勤俭为要，存心以忠厚为主。吕新吾先生小儿语等四种合刻一本，最益身心，果能时时佩诵，自可学为善人，家声不致失坠。因汝临别，特书数行，以代面谕。归家宜置座右，触目警心，庶不负我所望，勉之，勉之。

治命
戊申（1848）

居家之道，不外勤俭二字，勤则不匮。凡事必宜预计，清晨即思一日至夜所应为，夜间又思来朝尽日所应为。黾勉终日，不惟事无堆积，亦足觇人福泽。

俭尤美德，自身谨饬。食取充腹无兼味，衣取御寒无华饰。常留有余，以惜毕生之福，以备仓猝之虞。此之谓俭。至于设祭、款宾、待下，及诸义举，概从刻减，是为悭吝。敛怨招灾，非俭也。

勤俭二字诚相济而不容偏废。

若守身之道，圣人云："言忠信，行笃敬。"此当终身服膺者也。吕新吾先生小儿语等四种，粗言之可以保身持家，精言之可以希贤希圣，宜常翻阅自省。每日早，将太上感应篇庄诵一过。朔望拜家堂毕，尤当潜心玩味。自汝高祖、曾祖以来，俱尝如是，切勿间断。

我及百岁，一切丧仪恪遵大清通礼，及酌朱子家礼，僧道家言毋惑。

汝系长孙，将来即居现在正宅。东西两宅，令汝两弟长成居住。所有庄田，命汝父为汝等辟阄（抓阄）公拈。

我与汝伯叔祖分产后，方能相帮逾万，若迟疑不决，今已同归于尽。可见无百年不分之家，无一日当分之心。总须产分心合，是为至嘱。不可争言分，亦不必讳言分也。

凡我所言，汝须详记于楮（纸），候我添改即为治命。汝父归时，可与阅看。

长孙基善遵谕敬述

道光二十八年（1848）十一月二十七日冬至

纪杨贞女事

嘉庆十九年（1814），余宰河南泌阳县，有村民杨某，与诸生陶正心以悔婚讼。方传质，而两造俱遣归，盖贞女幼即字陶，陶不事生产，家中落。杨以爱女故，欲更择配，因致讼。贞女誓不改嫁，知讼已成，惧不能遂其志，乘间自经。母惊觉，呼邻媪救免。乃从邻媪计，挈贞女奔投其姑翁。与父皆莫之所措。余闻之，深嘉贞女之能知大义，足为一邑风。爰命陶生别馆女。择吉，传夫妇入署，饰以锦衣，助奁具，备彩舆，扬旌鼓吹，骑导而归，成合卺礼。命妇翁岁致膏火，以勖其夫。且为长句以纪焉。

（一）

泌水源头树女贞，事缘创见一乡惊。

权宜可识奔无禁，矢志终教讼不成。

彤管他年传邑乘，彩舆此日耀山城。

观风本自人伦始，愿借竿流劝尔氓。

（二）

一安弦诵一鸣梭，两美从今属望多。

挽鹿甘贫应若此，聆鸡警旦待如何。

飞腾要副千人誉，诚孝还通二姓和。

记取宰官珍重意，不徒儿女缔丝萝。

调任鹿邑　留别泌阳寅好及阖邑士民
庚辰（1820）

　　余素不能诗，兼之一行作吏，簿书鞅掌垂二十年，铅椠之荒久矣，然诗以言志，情之所不能已，则长言以咏叹之。居泌六载，与同城诸公暨阖邑士民习而相安，骤尔歌骊，心摇摇者，累日途次，率意口占，聊宣怀抱，未敢计格律也。

甫学操刀治谱生，舞阴簪盍叶嘤鸣。
筵铏稍饰春秋色，庠序欣传诵读声。
柳幄霜严鸣镝静，松厅花落抚弦清。
无端话别留鸿爪，惆怅离亭未忍行。

淳朴山川系远思，六年拙宦此栖迟。
南阳抱膝多高隐，泌水盟心幸共知。
月吉琴轩同读法，风清竹阁细敲诗。
能教公事如家事，绪衍延陵重一时。

几度宏开校士场，敢矜桃李半门墙。
春深沕水芹争秀，秋到铜峰桂吐香。
先哲传心留典籍，儒生报国本文章。
乘时努力丰毛羽，看取鹏程九万翔。

课晴问雨久相亲，临别称觥酒数巡。
尘甑空留惭政拙，巴笺却寄写情真。
嗷鸿何处余怀切，征马难前尔意醇。
极目黄云连四境，为书大有望频频。

十五世积煦公诗文

癸未（1823）秋仲，偕苍崖鲁大观三门砥柱，晚宿大禹祠，题壁

又逢急水灌河秋，览胜招邀快壮游。
竹箭激时风力劲，星槎动处日华浮。
涛翻未许容鱼鳖，岸阔还能辨马牛。
河伯漫惊天下美，让他砥柱峙中流。
滔滔气势压中州，禹辟三门控上游。

县水应凭忠信涉，通舟尚骇鬼人谋。

长源事业何从问，左相铭词不易求。

登眺惟怀明德远，馨香俎豆自千秋。

陈幼彭、樊希品观三门砥柱未获陪从，因忆前年偕鲁苍崖旧游，即简苍崖

三门天下奇，曾阅风涛壮。

有客约重游，未去神先王。

兴高陈元龙，湖海气豪放。

才多樊宗师，祠坛称宿将。

并马出东郊，道途互酬唱。

走也繁冗羁，退缩甘相让。

想见登临时，神怡心益旷。

一览非无余，夹岸罗青嶂。

聒耳走雷霆，眩目卷雪浪。

喧豗人鬼惊，东之谁能障。

中流一砥柱，屹立势与抗。

亭亭古柏青，独秀孤峰上。

漫道不可即，铭辞终在望。

勿谓波涛险，忠信自可仗。

明晨盼归来，归来情逾畅。

逆料述所见，奇诡巧为状。

都入奚囊中，应有佳句贶。

展读我欣然，如睹前年况。

因之思旧游，虫吟不自量。

敢呈公输子，斧削资心匠。

昔昔盐

王孙归未得，砌下又虫鸣。

骨立秋山瘦，眉弯澹月明。

重帷宵寂寂，冷露晓盈盈。

落雁平沙阔，栖鸦古树惊。

关山人已隔，风雨梦难成。

有恨拈长带，无聊对短檠。

衾寒抛角枕，棋尽剩楸枰。

离绪驰千里，愁怀到五更。

云鬟香雾湿，宝镜暗尘生。

双泪潸然落，依依感别情。

龙翰臣殿撰寄题龙瑞堂即次其韵

领袖群英事业新，诗情仍念旧游人。

由来雁塔题名好，自此龙洲谚语真。

珊网已探珠海月，冰壶应贮玉堂春。

星轺遥指燕云转，定有询谋献帝宸。

追陪笑我太无缘，最后惟思谷里烟。

数载柑糕留雅韵，千秋笔墨有余妍。

抡元姓字挥毫志，应运文章脱手传。

伫看龙头常崛起，探花夺锦又谁先?

附录　龙翰臣殿撰寄题小序

　　龙瑞堂者，黔邑前明府叶公梦麟所题额也。邑有洲曰龙阳，常隐水中。谚云:"龙阳洲出状元来。"乾隆丁酉（1777）六月，洲忽见，叶明府修邑署，适成题此额，用待将来。道光丁酉（1837）八月，随侍至黔，邑中人士金谓姓名符合，将应于余。戊戌（1838）、庚子（1840），两次北上不第。今年辛丑（1841），始冠南宫。廷对后，卓海帆阁师曾以此事入奏，遐陬（zōu 角落、山脚）俚语，直达天听，异数也。追念此额良非偶然，时归省家大夫于武陵邑署，因作诗寄题，盖借以厚自勖励，且与邑中后来诸彦共相勉副云尔。

十六世基善公诗文

通记善后事宜

　　说明:这是基善公在老谱编修完整以后，追述其一路走来的种种艰辛，并对家族事务管理及本人后事作出的预嘱。

　　基善行年七十矣，再娶失偶二十八年，嫡子之采夫妇双逝十有七年。我族五百余年未立之宗祠、义庄，自创议以迄小就，三十五年一弹指间，忽忽老矣。古七十曰老，而传最难堪者，目瞢（méng 目不明）神苶（nié 疲倦）。值可传之年，丛应传之事，独乏待传之子，然后知志大才疏之轻于谋始也……

自顾衰庸，桑榆景迫，委心任运，夫复何言？然而上关祖宗，下廑族姓者，敢云陈迹，深抱杞忧，非弟侄辈之嘱而谁嘱？有怀耿耿，勿念絮聒（声音嘈杂，使人厌烦），愿披沥以陈。

昔在少壮，名场驰逐，翘跂（翘头踮足，形容盼望急切的样子）云程，大庇欢颜，游心广厦。怙恃继失，寇警频仍，祖母八旬，两弟幼稚，报刘日短，戬影泉阿。男儿无补于时，还期有裨于族。

祖母闻基善宗祠义庄愿捐己产之请，欣然曰："孺子可教，汝惟研习。待时吾令季房汝从父曙初总司其事，并商长房炳之从父（积煐公）。黔邑中宪公故宅、墓田，全畀（bì 给予）曙叔。"曙叔力辞，恳遵旧为三房公业。祖母嘉之，命经理黔茔，不许迁湘子孙赴黔索稞，自是祠墓通筹支应，统命名通记。复拨给浏阳门正宅东栋一契以旌让，炳叔无异词。

咸以为祠成祭膟指顾也。孰意人事迁移，祖母弃养，曙叔谓宜先所急。如长房通山公（兆杏公）未置保墓田庐，黔茔黔屋日就倾圮，诸事次第兴举。加以呈请入籍，谢稟，修善邑志，印卷公车，拓贡院号舍，振豫东灾荒，悉惟通记是问。嗣曙叔负累，以祖母原给一契，作价七百金，售展祠基。公款积渐不敷，又以五百六十金出典章姓，几为所得，揭债至二千余金，骎骎（迅疾）乎借本填息。余丞迁城襄理，历年撙节（节约），偿逾千金。

而叔侄荏苒，年俱望七，私心常虑祠成画饼，是真当急先务矣。爰赎章典，经费不充，则重押轻租，以次递减。

光绪戊子（1888），别斥己田八百六十余金，捐建宗堂，设神座三龛，时章尚据前栋也。己丑（1839）夏，押租银退，楚章迁，而资又罄。仲冬，措垫钱八百七十千，堂后增宝室……堂前构厅。宝室东廊立后土仓、井神祠，厅东廊立义仆祠。垣外临街作合面铺屋。规模虽甚浅狭，窃幸一律告成。然而，债仍逾千，勉酬子金，无术归赵也。

是岁中元，曙叔见背。叔疏财好义，尚有疑侵公肥己者，身后无余，诬乃大白……是曙叔愿宏而计左，基善识暗而力绵。足为前鉴。

综计基善公诸合族在善邑东城新建宗祠，又原捐汝州公遗授故宅，用备祠基，前后抵浏阳门赵家坪官街，中亘横墙，墙南，屋四十二间，墙北，屋三十八间自住。与曙婶无赁租外，并新铺屋月租钱三十二千，基善月支十五千，以养余年，及身而止。

祠既成，自可收回此业。

惟捐备如此阔绰，今艰于物力，新祠蕞尔，志愧即以示罚，概归通记。

……

余生圹与原配唐、继配徐墓庄在浏西丝横冲、善南沿冈桥、善东永图冲三处。田山总立户，名保墓劝学庄。岁租八十八石。又浏西杨柳冲田山立户，名勖侄学好庄，岁租百二十八石。此二庄缘两弟均有恒产，余留养老。身终，概归通记。

夫不捐通记公于何有？不立通记债于何有？不清宿逋（久欠的税赋或债务）通记终于何有？寒急公之胆，灰赡族之心，反不若无捐之成败毁誉。胥（全）捐通也，甚矣。债之为累，难捐也。

庚寅（1890）冬，基善又竭捐纹二百余两，偿还母金数尚盈千。冬烘头脑，措大家资，静言思之，难安寝食。切望后之人念余管公并未派累一人相与。力矫前习，屏绝他营，余一息尚存，责无旁贷。一朝不讳，债有攸归。债奚归，仍归通记。其奚辞抑事机之乘间，不容发误于当时，即延及后世，稍一蹉跌，连类而倾。岂耸听故作危言？信由衷垂涕而道。

世有无人提撕而蹉跌者矣，未有提撕罔闻而不蹉跌者也。

余熟筹通记善后之要厥有三端：继嗣勿遽议立也；大公勿遽支放也；祠墓义租典卖假借重申禁令也。

……

有谓无禄丧将谁主者？曰弟主之。俗每仓猝，滥俾一人充继，或伪署一名欺人，大失郑重……

曰止此二事，别无经画乎？曰宜简宜俭（原注：要替他热闹一场，俗不可耐。我无私蓄，一切破除）……禁佛事，不遍讣（原注：六旬外疏于酬应，惊动戚友，亡人不安。知而吊者无多，回谢补讣数十封足矣）。发引前夕，朝祖于祠之次房寄龛，出殡彻（似同"撤"）灵，不设几筵。山向不开，浅存庄屋（原注：丝横冲庄太隘，永图冲庄东西两堂浅存。西堂向多白蚁，务细春炭末附棺，厚瘗，底更宜厚，上下四旁隔以薄板，再加沙掩墼封，庶可无虞。乡多窃贼，嘱佃谨防盗挖）。山向如利，窀穸及时〔原注：余生圹光绪丁丑（1877）夏即备具，罗围、墓门、碑石，无庸改题。届时嘱佃依式坚筑便可藏事，李亮明、李在林熟手也〕，礼载主成墓上（大清通礼，有形归窀穸，神返堂室告词）。

……

大公玉碎，蒂欠犹存。通记尚可问耶，消觊觎而绝祸变，尤要者有在也。通记大公原为支放，设竟云勿遽，得毋拂性逆情乎？无如负欠，非处常可同年语也。久道化成，庶其共济，急功近利，鲜克有终。今为预约族众，祈津贴作十年全无，通记想祠董算子母，作十年全资。通记想毋欲速，

丙 集锦 拾趣

益清堂

249

毋漠视，毋私尔忘公，自不及十年。独力赖群力，善后守者与创者同功。通记之遗患，泯根本固戋戋（很少）者。垂为世业，非汝画也。踵而行之，变而通之，恢而扩之，于此发轫尔。

咸三丁巳（1857）春，祖母命公业永禁典卖，将契押银……遗言在耳，凡为祠董者，凛之，慎之。

通记澄清，继嗣似可立矣。然犹未可也。衰朽已不逮生存，孩童亦安识心性，必待家字派成立，其良欤、不夺人所好。其不肖欤，覆辙有余恫。即例许择爱，身后知谁爱？应听户族公议。无论亲疏，择谨愿者为之采立后，命名家贞。贞也者，正而固也。得其正求无悔焉……要须宁缺毋滥……谨愿不可必，何劳多此一嗣为？

光绪庚辰（1880），余女四贞，赘徐甥应山，壬午（1882），外孙小山生，甥早失怙恃，甲申（1884），贫殁于伊胞兄舜卿浙湖差次。余痛念孤嫠，批给善东杉湾田山一契，更户名徐小山，岁租三十石。视勷佘学好庄只四分之一，视义庄已分捐租只五分之一。于未批契时即给岁租三十石，除零用，代为居积。己丑（1889），得四百二。置浏阳门北墙湾房屋一契，书徐小山母子，月赁三千。

嗟乎，克女而顾族，约己以丰公，时势使然，尽其在我而已。通记善后继嗣有无，苦口婆心，自问至诚悱恻。苟违吾言，是弟不恭，侄不孝，是中年轻率（原注：轻于谋始），晚节狂悖（原注：缓债急祠），余（剩余）此未了事以益弟侄过百喙莫辞乜，则余之不友、不慈也，为尤甚，弟侄辈戒之哉。尚其共勉之。

光绪辛卯（1891）中和节　杨氏伯子基善嘱

丁　世系　生息

杨氏宗支第一世至第十五世系图

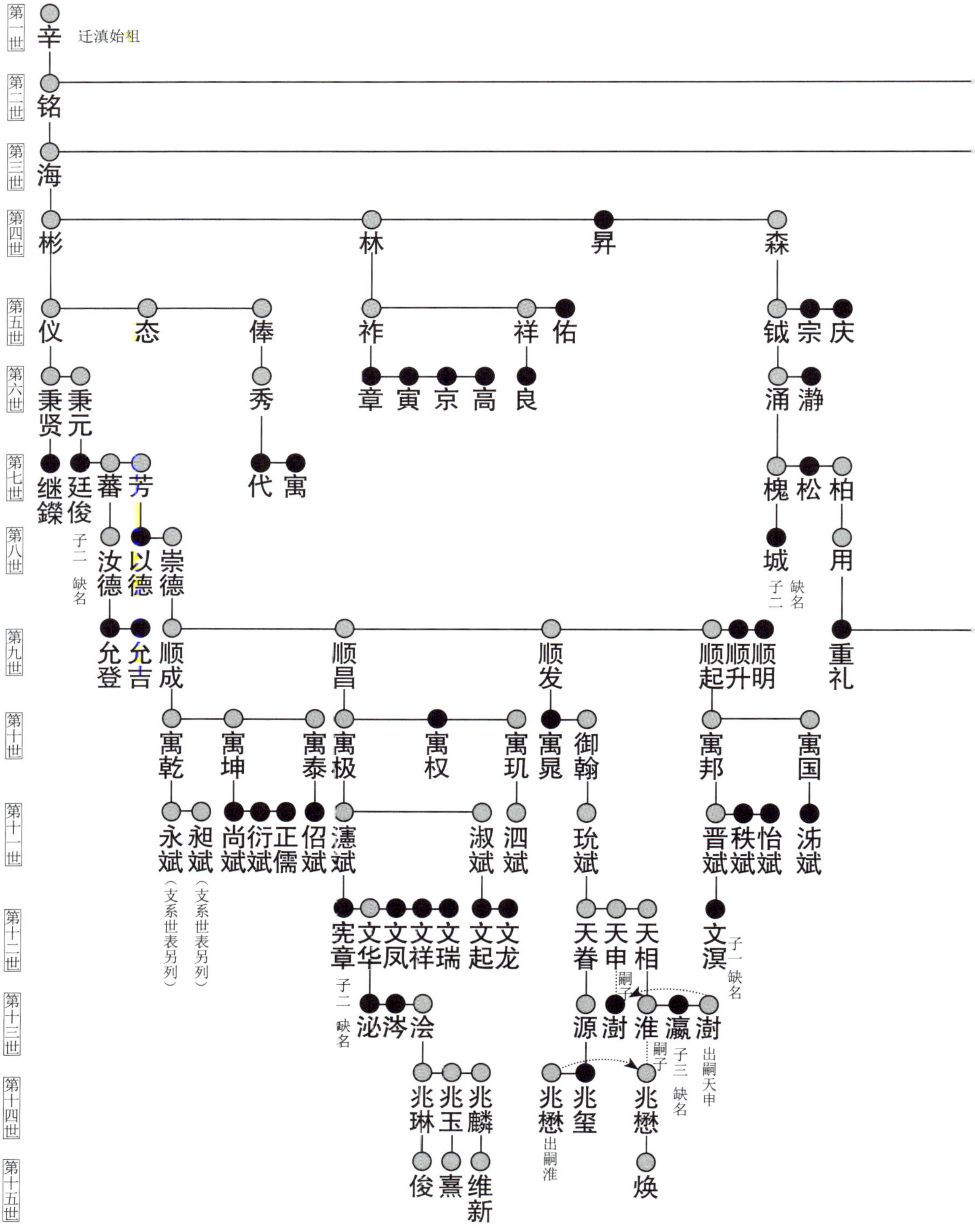

第一世 辛 迁滇始祖

第二世 铭

第三世 海

第四世 彬 林 昇 森

第五世 仪 态 俸 祚 祥 佑 钺 宗庆

第六世 秉贤 秉元 秀 章 寅 京 高 良 涌 瀞

第七世 继� 廷俊 蕃 芳 代 寓 槐 松 柏
子二缺名

第八世 汝德 以德 崇德 城 用
子二缺名

第九世 允登 允吉 顺成 顺昌 顺发 顺起 顺升 顺明 重礼

第十世 寓乾 寓坤 寓泰 寓极 寓权 寓玑 寓晃 御翰 寓邦 寓国

第十一世 永斌 昶斌 尚斌 衍斌 正儒 佋斌 瀍斌 淑斌 泗斌 玧斌 晋斌 秩斌 怡斌 沛斌
（支系世表另列）（支系世表另列）

第十二世 宪章 文华 文凤 文祥 文瑞 文起 文龙 天眷 天申 天相 文溟
子二缺名 嗣子 子一缺名

第十三世 泌淎 浍 源 澍 淮 瀛 澍
出嗣天申 嗣子 子三缺名

第十四世 兆琳 兆玉 兆麟 兆懋 兆玺 兆懋 焕
出嗣淮 嗣子

第十五世 俊 熹 维新

一个家族的六百年——讲故事的云津杨氏支谱

益清堂

252

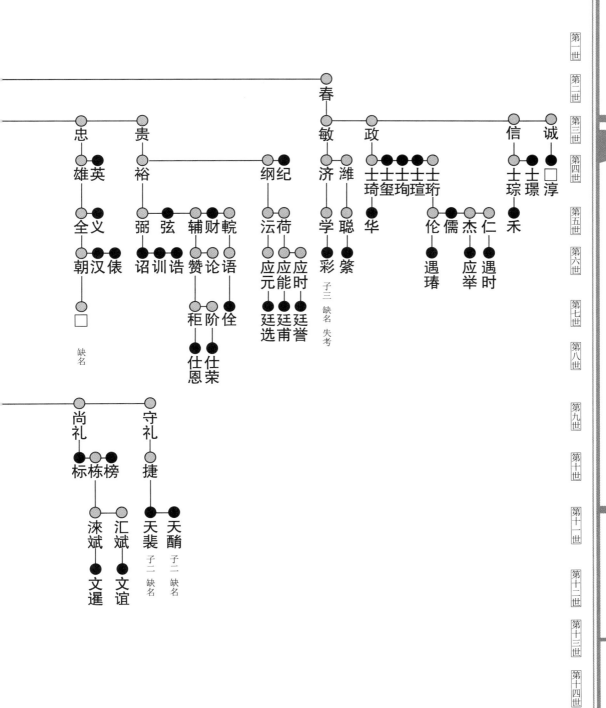

第一世　第二世　第三世　第四世　第五世　第六世　第七世　第八世　第九世　第十世　第十一世　第十二世　第十三世　第十四世　第十五世

春

忠　貴　　　　　纲纪　敏　政　　　　　　　信　诚

雄英　裕　　　　　济　潍　士琦　士玺　士珣　士瑄　士珩　士琮　士璟　□淳

全义　弥　弦　辅　财　軏　沄　荷　学　聪　华　　　伦　儒　杰　仁　禾

朝汉俵　诏　训　诰　赞　论　语　应元　应能　应时　彩　繁　　　遇珣　应举　遇时

□　　　　　　　耜　阶　佺　廷选　廷甫　廷誉

缺名　　　　　赞　论

尚礼　守礼

标栋榜　捷

涞斌　汇斌　天裴　天醋

文暹　文谊

子三　缺名　失考

子二　缺名

子二　缺名

杨氏宗支第一世至第十五世世表

● 第一世

辛 迁滇始祖，字克勤。原籍江西赣州府宁都县。明洪武十四年（1381）官百户，从黔宁王沐英开滇积功，诰授武略将军飞骑尉，世袭云南左卫左所千户。入官籍。葬昆明县呼马山（今名贝子营）昙华庵后山，有碑图。子二：铭（支祖）、春。

● 第二世

铭 辛公长子，字奇勋。承袭千户。子三：海（支祖）、忠、贵。

春 辛公次子，字履端。以子敏官诰封武略将军。子四：敏、政、信、诚。

● 第三世

海 铭公长子，字星源。承袭千户。子四：彬（支祖）、林、昇、森。

忠 铭公次子，字良弼。永乐（1403—1424）中从黔国公沐晟征安南积功，诰授武略将军飞骑尉，世袭云南左卫左所千户（明制恩荫寄禄无专员，故卫所千户多寡不等）。子二：雄、英。

贵 铭公三子。子三：裕、纲、纪。

敏 春公长子，字有功。正统（1436—1449）中，屡从黔国公沐昂、沐斌征麓川积功，诰授武略将军飞骑尉，世袭云南左卫左所千户。子二：济、潍。

政 春公次子。子五：士琦、士玺、士珣、士瑄、士珩。

信 春公三子。子二：士琮、士璟。

诚 春公四子。子一：□淳。（新正注：据原谱凡例，在原有的名字中，遇有应避讳的字，一律作"□"，下旁注本字。因此，"淳"公本名就是"淳"。另，原谱的"淳"字，用的是异体字，其右边下面不是"子"，而是"日"）

● 第四世

彬 海公长子，字雅璘。承袭千户。葬凉亭山。子三：仪（支祖）、态、俸。

林 海公次子。子三：祚、祥、祐。

昇 海公三子。

森 海公四子。葬凉亭山。子三：铖、宗、庆。

雄 忠公长子，字昭发。承袭千户。子二：全、义。

英 忠公次子。

一个家族的六百年——讲故事的云津杨氏支谱

益清堂

裕　贵公长子。子五：弼、弦、辅、财、輓。

纲　贵公次子。子二：沄、荷。

纪　贵公三子。

济　敏公长子，字康民。承袭千户。子一：学。

潍　敏公次子。子一：聪。

士琦　政公长子。子一：华。

士玺　政公次子。

士珣　政公三子。

士瑄　政公四子。

士珩　政公五子。子四：伦、儒、杰、仁。

士琮　信公长子。子一：禾。

士璟　信公次子。

□淳　诚公子。

● 第五世

仪　彬公长子，字渐逵。承袭千户，致仕三为乡饮大宾。寿七十有七。始授至公凡五世，例停袭。家省城外云津铺，与配刘宜人合葬呼马山第一冢。子孙入昆明县民籍。

　　配刘氏　诰封宜人。子二：秉贤、秉元（支祖）。

态　彬公次子。

俸　彬公三子。葬凉亭山祖茔。子一：秀。

祚　林公长子。子四：章、寅、京、高。

祥　林公次子。子一：良。

祐　林公三子。

钺　森公长子。子二：涌、瀚。

宗　森公次子。

庆　森公三子。

全　雄公长子，字玉峰。承袭千户。子三：朝、汉、俵。

义　雄公次子。

弼　裕公长子。子三：诏、训、诰。

弦　裕公次子。

辅　裕公三子。子二：赞、论。

财　裕公四子。

輓 裕公五子。子一：语。

沄 纲公长子。子一：应元

荷 纲公次子。子二：应能、应时。

学 济公子，字缉熙。承袭千户。子一：彩。

聪 濰公子。子一：縈。

华 士琦公子。

伦 士珩公长子。子一：遇琦。

儒 士珩公次子。

杰 士珩公三子。子一：应举。

仁 士珩公四子。子一：遇时。

禾 士琮公子。

● **第六世**

秉贤 仪公长子，号双池。由通吏历仕至福建汀州府经历，敕授迪功郎，致仕为乡饮介宾。寿七十有七，与配马、毛两孺人合葬呼马山祖茔左。

  元配**马氏** 敕赠孺人。

  继配**毛氏** 敕封孺人。子一：继�。

秉元 仪公次子，字性宇，号双塘。年十六为郡庠生，二十食廪饩，由岁贡生廷试钦取第一名。授南直隶歙县（今属安徽东南部）知县。寿七十有七。以长子廷俊官敕封承德郎，蓟镇断事官。与配张安人合葬呼马山祖茔右。是为吾族始开文学祖。

  配**张氏** 敕赠安人。子三：廷俊、蕃、芳（支祖）。

秀 俸公子。子二：代、寓。

章 祚公长子。

寅 祚公次子。

京 祚公三子。

高 祚公四子。

良 祥公子。

涌 钺公长子。子三：槐、松、柏。

瀞 钺公次子。

朝 全公长子，字鹄立。承袭千户。子口，缺名。长子承袭千户，后停袭。

汉 全公次子。

俵 全公三子。

诏 弼公长子。

训 弼公次子。

诰 弼公三子。

赞 辅公长子。子二：秬、阶。

论 辅公次子。

语 鞔公子。子一：佺。

应元 沄公子。子一：廷选。

应能 荷公长子。子一：廷甫。

应时 荷公次子。子一：廷誉

彩 学公子，字汝明，承袭千户。改驻蒙化卫，后失考。子三，缺名。

縈 聪公子。

遇瑭 伦公子。

应举 杰公子。

遇时 仁公子。

● 第七世

继鑠 秉贤公子，号心田。寿七十有七，与配李孺人合葬呼马山祖茔下。配**李氏**。

廷俊 秉元公长子，字简拔，拨补晋宁州庠生。旋食廪饩，中明万历壬子科（1612）四十二名举人，历仕至蓟镇断事官，敕授承德郎。子二，缺名。

蕃 秉元公次子，号东田，昆邑武庠生。寿七十有七，与配朱孺人合葬呼马山祖茔右。

    配**朱氏** 子一：汝德。女二：长，适周；次，适赵。

芳 秉元公三子，昆明邑增生。三为乡饮大宾，以次子崇德官貤封将仕郎，云南楚雄府定远县教谕。寿七十有七，与继配阳、牛两孺人合葬呼马山祖茔右。

    元配**丁氏** 貤赠孺人，单葬呼马山祖茔下。

    继配**阳氏** 奉直封职达道女，貤赠孺人。子一：以德。

    再继配**牛氏** 貤赠孺人。子一：崇德（支祖）。

代 秀公长子。

寓 秀公次子。

槐 涌公长子。子一：城。

松 涌公次子。

柏 涌公三子。子一：用。

秬 赞公长子。子一：仕恩。

阶 赞公次子。子一：仕荣。

佺 语公子。

廷选	应元公子。
廷甫	应能公子。
廷誉	应时公子。

● 第八世

汝德 蕃公子，号见余，昆明邑庠生。寿七十有七，与配白、李两孺人合葬呼马山祖茔左。

    元配**白氏**　子一：允登。

    继配**李氏**　子一：允吉。女二：长，适昆邑任士远；次，适云南卫窦千户□□，子加光。

以德 芳公长子，号立余。年四十殁，单葬呼马山祖茔下。配**施氏**。

崇德 芳公次子，明万历三十五年（1607）十二月初七酉时生。云南郡廪生，崇祯戊辰科（1628）选拔贡生，仕楚雄府定远县教谕。清顺治七年（1650）十二月初二寅时卒，年四十四，与配卢夫人合葬五老山郭家坳。雍正十三年（1735），曾孙永斌任广东巡抚，恭遇覃恩，例不克赠；乾隆二年（1737），调任江苏巡抚，疏请封典，特此给予诰命，貤赠资政大夫、兵部侍郎兼都察院右副都御使、江苏巡抚。

    配**卢氏**　云南卫千户应蕃女，明万历三十八年（1610）五月十八寅时生。清康熙二十年（1681）六月十三申时卒，寿七十有二，貤赠夫人。子六：顺成（支祖）、顺昌、顺发、顺起、顺升、顺明。女二：长，适昆明施濯；次，避乱随母舅卢启芳住白崖，适未详。

城 槐公子。入临安府（在今杭州一带）籍。

    配**吴氏**　子二：缺名。

用 柏公子。寿七十有三，与配雷孺人合葬黑土坳。

    配**雷氏**　子三：重礼、尚礼、守礼。

仕恩 秬公子。

仕荣 阶公子，字生甫。从征安南阵亡，榇未归。

附录：

南谷 某公子。存疑：草录未详父讳。南谷，亦未悉是名？是号？旧图列第八世铭公支后、春公支前。自是铭公支裔。惟无从确定所生耳。

    配**宋氏**。子二：乳名发春、乳名小回。后失考，表不复列。

● 第九世

允登 汝德公长子，字岱宇。有孝行，殁年四十五，与配周孺人合葬呼马山祖茔左侧。配**周氏**。

允吉 汝德公次子，号和宇。有孝行，避兵石羊，殁葬其地。

配**全氏** 女二：嫁石羊，姓未详。

顺成 崇德公长子，字应侯，号素公，明天启六年（1626）十二月十九寅时生。避兵呈贡，入呈贡邑庠，补增生。清康熙四十三年（1704）十二月廿四午时卒，寿七十有九，葬五老山郭家坳，有碑图。以孙永斌官，覃恩诰赠资政大夫、兵部侍郎兼都察院右副都御使、广东巡抚。后为云津祖派。

元配**舒氏** 云南卫千户继胜女，明天启七年（1627）五月十八辰时生。流寇躏滇，被执不屈。清顺治十六年（1659）二月廿四殉节，年三十三，葬萧家山。旌表节烈，崇祀三纲祠，事载《云南通志·云南府志·三纲志》。《大清一统志》附见施氏十烈下。诰赠夫人。子一：寓乾（支祖）。

继配**姚氏** 昆邑百岁翁国治女，明天启三年（1623）七月廿一酉时生。清康熙二十年（1681）六月廿六酉时卒，年五十九，与舒夫人并葬萧家山。异冢居左，略下。诰赠夫人。

再继配**李氏** 昆邑□□女，顺治八年（1651）八月十一丑时生。康熙四十三年（1704）二月廿六未时卒，年五十四，祔葬顺成公墓右，异冢。诰赠夫人。子二：寓坤、寓泰。女二：长，适昆邑熊，明礼部主事、国朝高隐才子、康熙乙酉举人、福建长乐县知县良；次，适昆邑朱应侯子。

顺昌 崇德公次子，号建侯，明崇祯元年（1628）十二月二十戊时生。避兵富民县，滇平归里。清康熙四十三年（1704）正月初一寅时殁，寿七十有七，与配王孺人均至孝，合葬呼马山祖茔下左。是为小桥祖派。

配**王氏** 明崇祯二年（1629）八月十一丑时生。清康熙四十一年（1702）闰六月十四寅时殁，寿七十有四。子三：寓极、寓权、寓玑。女二。

顺发 崇德公三子，号晋侯，明崇祯六年（1633）正月十九亥时生。避兵澄江府新兴州。清康熙十四年（1675）十二月卒，年四十三，与配全宜人合葬古庭庵右。是为新街祖派。以子御翰官，例赠武德佐骑尉。

元配**全氏** 明崇祯九年（1636）五月初十生。清顺治十五年（1658）七月廿九殁，年二十三。例赠宜人。女一：适昆邑蔡遇朝。

□□□**氏** 子二：寓晁、御翰。女一：适昆邑裘，康熙戊辰（1688）进士爵。

顺起 崇德公四子，号真侯，明崇祯九年（1636）十一月十二亥时生。避兵新兴州，后偕顺发公归里，居东关外。清康熙三十七年（1698）十二月廿八亥时殁，寿六十有三，与配张孺人合葬呼马山祖茔右侧。是为东门祖派。

配**张氏** 明崇祯九年（1636）三月廿五生。清康熙二十三年（1684）十一月廿七殁，年四十九。子二：寓邦、寓国。女二：长，适昆邑施濯子逢泰。

顺升 崇德公五子，号卓侯，明崇祯十一年（1638）十二月廿四生。清顺治

益清堂

十六年（1659）二月十九御寇殉节于昆邑之灰湾，年二十二。

顺明 崇德公六子，号慎侯。随兄殉节。

重礼 用公长子，字靖宇。明季避地，不知所终。

尚礼 用公次子，字定宇。明季仲子远去无耗。伯季皆戕于寇。晚岁艰辛，笔难殚述。寿六十有八，葬郭家冲后山。

　　配**陈氏** 子三：标、栋、榜。

守礼 用公三子，号新宇，昆邑庠生。明季隐遁，不知所终。

　　配**祝氏** 子一：捷。

以上三公，滇人称"杨氏三隐士"。

● 第十世

寓乾 顺成公长子，字子一，号大生，清顺治九年（1652）七月初五丑时生。云南郡庠生。值藩变，隐于医。康熙四十八年（1709）二月廿五午时卒，年五十八，与继配李夫人合葬五老山郭家坳祖茔下。邑人举孝行崇祀三纲祠。行实载《云南通志·云南府志·三纲志》。公派名谱作寓，志作御。以子永斌官，覃恩敕赠文林郎，顺天府大城县知县。诰赠奉直大夫，顺天府涿州知州。晋赠资政大夫、兵部侍郎兼都察院右副都御史、广东巡抚。

　　元配**陈氏** 昆邑自宏女，顺治十年（1653）十二月十五亥时生。康熙十二年（1673）四月十八丑时卒，年二十一，祔葬萧家山姑（新正注：古时的"姑"，是丈夫的母亲）姚舒二夫人茔左侧。敕赠孺人，诰赠宜人，晋赠夫人。子一：永斌（长房支祖世表另列）。

　　继配**李氏** 昆邑岁贡生子龙女，顺治十年（1653）三月廿三亥时生。康熙四十六年（1707）六月初一申时卒，年五十五。敕赠孺人，诰赠宜人，晋赠夫人。子一：昶斌（二房支祖世表另列）。

寓坤 顺成公次子，字宏一，号广生，康熙二十四年（1685）十二月十五子时生。国子监生。卒年失考。

　　配**朱氏** 昆邑应侯女，康熙二十五年（1686）五月初十亥时生。卒年失考。子三：尚斌、衍斌、正儒。女二。

寓泰 顺成公三子，字清一，号辅生，康熙二十七年（1688）二月初二辰时生。国子监生，业医。

　　配**朱氏** 昆邑应侯次女，康熙二十八年（1689）正月十八午时生。雍正三年（1725）七月十七未时卒，年三十七。子一：侣斌。女二：长，适昆邑李思；次，适昆邑张，康熙庚戌（1670）进士、山西介休县知县起子。

　　侧室**施氏** 女一。

寓极 顺昌公长子，字自一，号和生，顺治八年（1651）二月十六子时生。康

一个家族的六百年——讲故事的云津杨氏支谱

益清堂

熙五十一年（1712）正月十一未时殁，寿六十有二，葬呈贡县南门外白龙潭。

元配**秦氏**　女一：适任溪营。

继配**向氏**　顺治□□年十一月初五日生。子二：灋斌、淑斌。女一：适昆邑熊。

寓权　顺昌公次子，字平一，号衡生，康熙元年（1662）十二月廿四辰时生。二十年（1681）殁，年二十，葬呼马山祖茔左。配**施氏**。

寓玑　顺昌公三子，字统一，号康生，康熙八年（1669）十月初七子时生。配**何氏**　康熙十二年（1673）六月廿六生。子一：泗斌。女四：长，适昆邑温斌；次，适昆邑朱（行二）；三，适昆邑吴；四，适昆邑朱（行三）。

寓晃　顺发公长子。甫娶殁，葬东门外大校场。配**谭氏**。

御翰　顺发公次子，派名寓翰，字苑一，号雯生，康熙八年（1669）十二月初三酉时生。取入昆邑武庠生。四十一年中式壬午科（1702）云南乡试武举。候选守御所千总，例授武德佐骑尉。雍正元年（1723）八月初九酉时卒，年五十五，与配刘、梁两宜人合葬十里铺。

元配**刘氏**　昆明子美女。康熙十二年（1673）二月初一寅时生。公随世父顺成公避兵款庄时订娶。六十一年（1722）三月初九巳时卒。年五十。例赠宜人。子一：玧斌。

继配**梁氏**　昆邑□□女，康熙二十八年（1689）五月初十亥时生。例封宜人。乾隆二十年（1755）□月初五寅时卒，寿六十有七。

寓邦　顺起公长子，字兴一，号勃生，康熙二年（1663）三月初六申时生。雍正八年（1730）八月廿一亥时殁，寿六十有八。

元配**施氏**　昆邑濯女。

继配**严氏**　康熙二年（1663）五月初五子时生。雍正五年（1727）十二月十五寅时殁，寿六十有五。子三：晋斌、秩斌、怡斌。女一：适昆邑吴士玉。

寓国　顺起公次子，字定一，号景生，康熙十五年丙辰（1676）六月廿一生。入夷未返。

配**王氏**　康熙二十六年（1687）九月初四生。子一：沛斌。

标　尚礼公长子。字我述。云南府庠生。流寇入滇，与配关孺人同日殉节。待旌。合葬郭家冲后山。

配**关氏**　女二。

栋　尚礼公次子，寇乱远去无耗。

配**陶氏**　子二：淶斌、汇斌。

榜　尚礼公三子。流寇入滇殉节。

捷　守礼公子，字云连。避兵富民县，康熙二十年（1681）归里。以子天醅官，例赠武略骑尉。

元配**祝氏**　例赠安人。子一：乳名小二。寇乱失考，表不复列。

□□□**氏**　子二：天裴、天酳。

● 第十一世

尚斌　寅坤公长子，康熙四十九年（1710）十一月十五辰时生。

衍斌　寅坤公次子，康熙五十八年（1719）正月十二巳时生。

正儒　寅坤公三子。雍正九年（1731）二月廿四巳时生。

以上三公俱随父迁大理府，后失考。

诏斌　寅泰公子。

澧斌　寅极公长子，字得中，生年失考。昆邑庠生。乾隆二十六年（1761）卒，与配侯安人合葬呼马山祖茔侧。以子宪章官，例赠武略骑尉。

　　配侯氏　例赠安人。子五：宪章、文华、文凤、文祥、文瑞。

淑斌　寅极公次子。葬迎恩寺留云峰下。

　　配朱氏　子二：文起、文龙。

泗斌　寅玑公子。配**何氏**。

玩斌　寅翰公子，字献廷，康熙四十六年（1707）八月三十酉时生。国子监生。卒年失考，葬五老山郭家坳祖茔下左侧。

　　配罗氏　昆邑质生女，康熙四十九年（1710）六月初二辰时生。乾隆三十九年（1774）十一月初六卒，寿六十有五，葬五老山郭家坳祖茔下右侧。子三：天眷、天申、天相。女五：长，适昆邑彭千总文焕子琯；次，适昆邑许庠生应；三，适昆邑魏庠生钊；四，适昆邑何佩；五，适昆邑谢，康熙戊子（1708）举人宁侯子岳。

　　侧室梁氏　女一：适昆邑罗廪贡生林松。

晋斌　寅邦公长子。康熙三十五年（1696）十二月初七生。

　　配李氏　康熙三十七年（1698）三月十六生。子一：文溟。

秩斌　寅邦公次子。康熙三十八年（1699）二月廿一申时生。

　　配邹氏　康熙四十三年（1704）九月初四生。

怡斌　寅邦公三子，康熙四十三年（1704）十二月十二生。

　　配张氏　康熙四十五年（1706）八月廿一生。

沛斌　寅国公子，康熙五十七年（1718）九月初一生。

涞斌　栋公长子，避兵四川，归葬呼马山祖茔。子一：文暹。

汇斌　栋公次子，随兄避兵四川，归葬呼马山祖茔。子一：文谊。

天裴　捷公次子。子二：缺名。女一。

天酩 捷公三子,字祚延。入云南抚标行伍,军功拔补千总。康熙三十二年(1693)从征夷方,阵亡。例授武略骑尉。

　　配**李氏** 例封安人。子二:缺名。

●第十二世

谨按:十二世复十一世天字派。以服尽久,行未能追避。今定辈次,慎勿蹈此。

宪章 灜斌公长子,派名文征,字若稽。取入昆邑武庠生,雍正十三年(1735)中式乙卯科云南乡试武举,效力两广督标左营千总,例授武略骑尉。卒葬广东省城外。

　　配**阳氏** 子二:阙名。占籍广东广州府□□县。

文华 灜斌公次子,字光国。昆邑庠生。寿九十有七,与配侯孺人合葬萧家山祖茔下。

　　配**侯氏** 子三:泌、涔、浍。女一:适昆邑靳,拔贡生世彩。

文凤 灜斌公三子。殁年十九,与配甄孺人合葬萧家山祖茔。配**甄氏**。

文祥 灜斌公四子,字麟趾。昆邑廪生。年二十未娶卒,葬萧家山祖茔。

文瑞 灜斌公五子。甫娶殁,与配褚孺人合葬白虎关。配**褚氏**。

文起 淑斌公长子。

文龙 淑斌公次子,字宾卿。云贵督标材官,征夷阵亡。配**马氏**。

天眷 玩斌公长子,字顾西,乾隆元年(1736)正月初十生。三十六年(1771)五月十四戌时殁,年三十六,葬五老山郭家坳祖茔母墓下右。

　　配**李氏** 寿七十有三。子一:源。

天申 玩斌公次子。殁于从侄灜浙江温处道署,葬温州府城外。

　　配**李氏** 子一:立天相子澍为嗣。

天相 玩斌公三子,字启元。乾隆十六年(1751)三月廿八□时生。住云南昆明南门外后新街路南。昶斌公子孙宦游黔楚,未归,嘱公祭扫修培祖茔,历年无缺。道光八年(1828)十二月廿一亥时殁,寿七十有八,葬呼马山祖茔。配**林氏** 昆邑阿迷州学正明女,乾隆十九年(1754)二月十一亥时生。子三:淮、瀛、澍(出嗣天申)。

文溟 晋斌公子,字浩然,乾隆五十一年(1786)十二月初七未时生。住云南省城东门大街。道光二十一年(1841)殁,年五十六,与配李孺人合葬鹦鹉山。

　　配**李氏** 子一:缺名。女一:适曲靖府赵庠生栻子。

文湜 涞斌公子。

文谊 汇斌公子。

● 第十三世

泌　文华公长子，字衡门。云南抚标材官。配**周氏**。

浒　文华公次子。配**刘氏**。

浍　文华公三子，字联陞。云贵督标材官。子三：兆琳、兆玉、兆麟。

源　天眷公子，字济川，乾隆三十二年（1767）七月十三卯时生。昆邑庠生。嘉庆八年（1803）七月初十午时殁，年三十七，葬呼马山祖茔。

　　元配**段氏**　乾隆四十四年（1779）十月廿七酉时生。子一：兆懋（出嗣淮）。

　　继配**濮氏**　子一：兆玺。

澍　天申公子，乾隆六十年（1795）十一月廿七生。配**张氏**。

淮　天相公长子，号雨春，乾隆三十九年（1774）六月初一生。业医。代宦游离滇之子孙经理祖茔。公殁,遂鲜替人矣。道光三年（1823）正月廿五丑时殁，年五十，葬五老山郭家坳祖茔。

　　配**羊氏**　乾隆四十二年（1777）十二月十一生。子一：立源子兆懋为嗣。女三：长，适昆邑谢凤冈；次，适昆邑罗嘉会；三，适昆邑陈训。

瀛　天相公次子，字其渥，号雨亭。乾隆五十二年（1787）十一月十八丑时生。

　　配**刘氏**　昆邑举人轼女，乾隆五十九年（1794）正月廿六巳时生。道光四年（1824）八月廿七殁，年三十一。子三：缺名。女二。

● 第十四世

兆琳　浍公长子。子一：俊。

兆玉　浍公次子。子一：熹。

兆麟　浍公三子。子一：维新。

兆玺　源公子。

兆懋　淮公子。子一：焕。

● 第十五世

俊　兆琳公子。

熹　兆玉公子。

维新　兆麟公子。道光庚戌（1850）荫奎旋滇访补。

焕　兆懋公子。道光庚戌（1850）荫奎旋滇访补。

寓乾公下长房系图

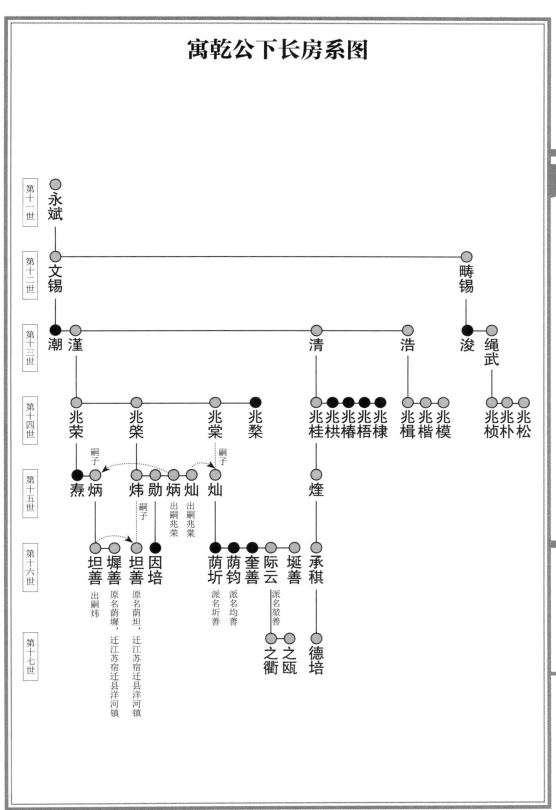

丁 世系 生息

益 清 堂

寓乾公下长房世表

● 第十一世

永斌　寓乾公长子。字寿廷，号陆山。康熙九年（1670）七月初七子时生。二十六年（1687）取入昆明县学生。三十八年（1699）云南乡试第三十一名举人。四十五年（1706）会试后就四省效力。例以知县拣发广西。题补临桂县知县。四十六年（1707）丁继母艰接丁父艰。五十年（1711）服阕。补授直隶阜平县知县。五十八年（1719）兼署平山县知县。五十九年（1720）调补大城县知县。六十一年（1722）因缉匪不力革职。

雍正元年（1723）特旨复任。七月，升补涿州知州。二年（1724），简放贵州威宁府知府。六年（1728），简放贵州贵东道副使，改粮驿道。历署贵州贵西道，贵州按察使。七年（1729），简放湖南布政使。九年（1731），调广东布政使。十年（1732）三月，署广东巡抚。九月，简授。十一年（1733），兼署广韶学正。十二年（1734）兼署肇高学正。十三年兼粤海关监督。

乾隆元年（1736）兼署两广总督。二年（1737）三月，入觐。调授湖北巡抚。五月莅任。兼署湖广总督。九月，调授江苏巡抚。三年（1738）五月，召署礼部右侍郎。十月，补授吏部右侍郎。四年（1739），因病乞休。命以原品休致。

历充雍正壬子（1732）、乙卯（1735）两科，乾隆元年丙辰（1736）恩科，广东文乡试监临官、武乡试主考官。乾隆己未科（1739）殿试读卷大臣。诰授资政大夫。

乾隆五年（1740）十一月十八亥时薨，寿七十有一，葬昆邑黑龙潭，有碑图。《国史》有传。《云南通志·云南府志》并有传。

元配**夏氏**　昆邑候选府经历天宠女，康熙十二年（1673）五月初六巳时生。三十三年（1694）九月初十子时卒，年二十二，葬昆邑萧家山祖茔右侧，有碑图。诰赠夫人。子一：文锡。

继配**袁氏**　昆邑瑞征女，康熙十六年（1677）正月十八子时生。五十八年（1719）正月廿八卒，年四十三，葬昆邑五老山郭家坳继姑李夫人墓下右侧。诰赠夫人。女一：适江苏无锡陶，山西布政使正中子源。

侧室**马氏**　生殁失考，葬江苏无锡县三官庙垣外。子一：畴锡。

一个家族的六百年——讲故事的云津杨氏支谱

益清堂

● 第十二世

文锡 永斌公长子,字念修,号云岩,康熙二十八年（1689）六月廿三辰时生。四十四年（1705）取入云南府学生,旋以廪膳举优行。雍正十年（1732）充岁贡生。就职训导,援例候选府通判,例授承德郎。乾隆三年（1738）正月十三日戌时卒,年五十,葬昆邑黑龙潭祖茔。以子瑾官,覃恩诰赠朝议大夫,山西蒲州府知府,赠中宪大夫,浙江温处兵备道,例晋通议大夫。

元配**夏氏** 昆邑郡庠生云女,康熙三十年（1691）二月廿三寅时生。雍正元年（1723）二月初二戌时卒,年三十三,葬昆邑黑龙潭祖茔。例赠安人,诰赠恭人,例晋淑人。淑人割臂疗姑,旌表孝行,事载《云南通志·云南府志》。子一:潮。女一:字（许配）王,未嫁殁。

继配**韩氏** 汉军镶黄旗候选知县丕基女。康熙四十三年（1704）五月十九酉时生,例封安人。乾隆二十三年（1758）八月初六卯时卒,年五十五,葬昆邑黑龙潭祖茔。诰赠恭人,例晋淑人。子三:瑾、清、浩。女一:字管,未嫁殁。

畴锡 永斌公次子,字用五,号戴元,雍正十三年（1735）六月初八丑时生。国子监生。侨居江苏无锡县。乾隆五十五年（1790）十月初一卒,年五十六,葬无锡县三官庙垣外。

元配**李氏** 澄江府河阳籍候补知县镳女,雍正九年（1731）十月初四巳时生。乾隆三十八年（1773）七月廿三亥时卒,年四十三,葬湖南黔阳县黄家庄祖茔正垅出冲对岸,酉山卯向兼辛乙。子一:浚。女一:年二十,未字殁。

继配**秦氏** 江苏无锡籍□□女,生卒失考。葬无锡三官庙垣外。子一:绳武。女一:适无锡蔡,嘉庆己巳（1809）进士、翰林院庶吉士,改直隶宁晋县知县,调山东平原县知县培。

● 第十三世

潮 文锡公长子,字禹门,康熙五十六年（1717）七月十一辰时生。昆明县学生。乾隆元年（1736）正二品荫生。赴部引见,奉旨以主事用。例授承德郎。乾隆二年（1737）七月十一卒,年二十一,葬昆邑黑龙潭祖茔。止。

瑾 文锡公次子,字映源,号澄斋,雍正三年（1725）十月十八日亥时生。乾隆二年（1737）补给二品荫生。十一年（1746）赴部引见,奉旨以主事用。补授户部福建司主事。京察一等（"京察",清代考察京官的制度,每三年考察一次）。升授江南司员外郎,京察一等。保胜繁缺（很难治理的地方）知府。简放福建邵武府知府。二十三年（1758）丁母艰,服阕。二十六年（1761）简放山西蒲州府知府。三十七年（1772）,简放浙江温处兵备道。四十三年（1778）,调督粮道。

充己亥恩科（1779）浙江乡试提调官。大计（清代考核外官的制度，三年一次）卓异。例取赴部。

圣驾幸浙，奏留承办差务工程。召见行在。简放浙江按察使。诰授中宪大夫。例晋通议大夫。

乾隆四十五年（1780）五月十一卯时卒于官署，年五十六，与配刘淑人合葬昆邑黑龙潭祖茔。《云南通志·云南府志》并有传。

元配**刘氏**　□□籍广东高廉兵备道庶女，雍正二年（1724）八月廿一生。乾隆十八年（1753）八月廿四卒，年三十。诰赠恭人，例晋淑人。子一：兆荣。女一：适昆邑魏，国子监生汝惺子，邑庠生昭。

继配**王氏**　顺天大兴籍举人，候选知县国栋女，乾隆元年（1736）九月廿九巳时生。诰封恭人，例晋淑人。嘉庆十年（1805）八月十二亥时卒，寿七十，葬昆邑黑龙潭祖茔。子二：兆棨、兆棠。女二：长，适汉军镶黄旗福建盐法道噶尔弼善子陆泰；次，字张，未嫁殁。

侧室**郭氏**　生殁葬失考。子一：兆桼。女一：适直隶易州陈，山西介休县知县曾子，嘉庆戊辰科（1808）举人元宜。

清　文锡公三子，字又襄，号毅斋，雍正五年（1727）三月初二寅时生。国子监生，历随兄蓬任。晚年携眷口就从弟洪侨居湖南黔阳县。乾隆四十三年（1778）七月廿一卒，年五十二，与配管孺人合葬黔邑黄家庄祖茔正垅出冲对岸，辛山乙向。

配**管氏**　□□籍广西平乐府知府子传女，雍正四年（1726）二月廿九巳时生。乾隆四十三年（1778）二月初六寅时卒，年五十三。子三：兆桂、兆栱、兆椿。女二：长，适昆邑郎，廪生官；次，适江苏常熟徐福建海澄县县丞英次子。

侧室**许氏**　生殁葬失考。子二：兆梧、兆棣。

浩　文锡公四子，字其天，号养吾，雍正六年（1728）十二月十四巳时生。国子监生，遵江赈例以从九品拣发河南，借补卫辉府新乡县典史。丁母艰，服阕，选授福建泉州府司狱。调台湾府嘉义县斗六门巡检。俸满，调福州府闽县闽安司巡检。敕授登仕佐郎。乾隆四十五年（1780）七月十三戌时卒，年五十三，与配陈孺人合葬黔邑黄家庄祖茔正垅出冲对岸，酉山卯向兼辛乙。

配**陈氏**　昆邑候选同知千钟女，雍正七年（1729）正月初四生。乾隆四十四年（1779）九月初二戌时卒，年五十一。女二：长适昆邑萧，庠生德泰；次适汇苏常熟徐福建海澄县县丞英长子大陛。

侧室**申氏**　生年失考，乾隆六十年（1795）殁，葬福建省城南门外。子三：兆楫、兆楷、兆模。女一：适寿，候选从九品鹏。

侧室**侯氏**　生殁葬失考。子一：缺名。

浚　畴锡公长子，字巨川，乾隆二十年（1755）十月十八申时生。国子监生，历随从兄瀍任。嗣就从侄兆棠、兆李各任。道光五年（1825）七月初六卒，寿七十有一，葬黔邑黄家庄祖茔正垅出冲对岸，王公兆槐墓右，辛山乙向。

配**王氏** 顺天大兴籍候选知县国栋女，生卒葬失考。止。

绳武 畴锡公次子，字宝珊，乾隆五十五年（1790）五月十七生。国子监生，侨居江苏无锡县，游幕直隶、河南等省。道光三十年庚戌（1850），至长沙省垣。咸丰四年（1854），粤寇陷江苏后无耗。

配**丁氏** 生卒葬失考。子三：兆桢、兆朴、兆松。女一。

● 第十四世

兆荣 瀍公长子，字厚吾，号春野，乾隆十四年（1749）三月十四未时生。国子监生，遵川运例以州吏目分发浙江，署太平县县丞。乾隆三十四年（1769），父瀍公调任浙江督粮道，遵例回避。捐升县丞，改发福建。丁父艰，服阕，到省，补授南平县、峡阳县县丞。因公革职。随继母王淑人侨寓顺天府涿州，敕授修职郎。五十四年（1789）七月初四卒，年四十一，浮厝涿地。道光十一年（1831），胞侄炜、从侄积煦，赴京兆试，迁葬涿州南门外官地。有碑。

配**魏氏** 昆邑国子监生汝惺女，生年失考。乾隆六十年（1795）八月，卒于弟昭浙江嘉兴府旅寓，因葬嘉兴县。子二：焘，立兆棠子炳为嗣。

兆棠 瀍公次子，字戟幢，号退庵，乾隆二十四年（1759）十二月廿八巳时生。国子监生，考职州同知。改捐县丞，分发东河效力。补授河南浚县县丞，敕授修职郎。嘉庆十年（1805）丁母艰。十二年（1807）四月廿四午时卒于袁江旅舍，年四十九。诸子无力归滇，置地江南徐州府宿迁县洋河镇南乡孝一图何家洼，迁公柩与原配史孺人、继配朱孺人合葬。

元配**史氏** 江苏溧阳籍，山西河东盐法兵备道奕璆女，乾隆二十六年（1761）生。嘉庆二年（1797）十二月初九卒，年三十七。子四：炜、勋、炳（出嗣兆荣）、灿（出嗣兆棠）。女二：长，适溧阳史爱山子智；次，适山阳谢廷检子超然。

继配**朱氏** 江苏山阳籍国子监生景濂女，乾隆四十六年（1781）生。道光十二年（1832）卒，年五十二。节孝，待旌。

兆棠 瀍公三子，字企召，号树思，一号小禅，乾隆二十九年（1764）正月廿九寅时生。国子监生，乾隆五十一年（1786）考职二等，以州吏目用，拣发南河。五十四年（1789）署桃源县南岸主簿。借补宿迁县刘马司巡检。五十五年（1790）调清河县马头司巡检。五十九年（1794）升补山阳县高良涧主簿。嘉庆十年（1805）丁母艰，服阕到工。十四年（1809）补授宿迁县洋河主簿。二十四年（1819）调皂河主簿。敕授登仕郎。道光九年（1829）十二月十六巳时卒于官署，寿六十有六，浮厝其地。以子灿官浙，迁厝杭州西湖。三十年（1850），孙荫奎扶柩归葬昆邑黑龙潭祖茔。

配**舒氏**　顺天大兴籍，江西督粮道希忠女，乾隆三十年（1765）九月十九生。嘉庆九年（1804）正月十六巳时卒，年四十，葬宿迁县洋河镇何家洼。子一：立兆棻子灿为嗣。

　　侧室**李氏**　生殁葬失考。女二：长，适江南溧阳史；次，适云南蒙化厅张举人，浙江归安县知县，补用同知铣。

兆棻　瑾公四子，字章五，号笏堂，乾隆三十六年（1771）九月廿五辰时生。幼患痰疾，右手挛曲，废读，习医。终身不娶。道光十五年（1835）殁于兄兆棠洋河主簿署，寿六十有五，葬洋河镇何家洼。止。

兆桂　清公长子，字月槎，号友仙，乾隆九年（1744）九月廿九申时生。候选从九品，例授登仕佐郎。嘉庆二年（1797）闰六月初三子时卒，年五十四，葬昆邑黑龙潭祖茔下。

　　配**吕氏**　昆邑□□女，乾隆六年（1741）四月十四未时生。三十八年（1773）卒，年三十三，葬黔邑黄家庄祖茔正垅出冲对岸，酉山卯向。子一：煋。女一。

兆棋　清公次子，字廷臣，乾隆十八年（1753）三月十三午时生。三十七年（1772）殁于外舅广西兴安县典史署，年二十，即葬兴安县。

　　配**陈氏**　浙江绍兴府人，广西兴安县典史许女。生殁葬失考。女二。止。

兆椿　清公三子，字体元，乾隆二十一年（1756）五月十三辰时生。六十年（1795）殁，年四十，葬昆邑南门外荔枝园。止。

兆梧　清公四子，字凤栖，乾隆三十九年（1774）十二月廿八生。侨居福建。道光元年（1821）殁于从兄兆李河南鹿邑县署，年四十八，葬鹿邑县城外官地。止。

兆棣　清公五子，侨居福建。生殁葬失考。止。

兆楫　浩公长子，字利帆，号通浦，乾隆三十二年（1767）三月廿六寅时生。嘉庆二年（1797）冬殁，年三十一，葬福建省城外。配**邱氏**　生殁葬失考。

兆楷　浩公次子，侨居福建。生殁葬失考。

兆模　浩公三子，乾隆三十四年（1769）九月十三生。侨居福建，殁葬失考。

兆桢　绳武公长子，字干臣，嘉庆二十二年（1817）七月廿二辰时生。初随从兄兆李汝州任，旋就从侄积煦郑州任。复游幕陈州府淮宁县。解馆，仍归无锡，后遭发逆之乱，公与配秦及两弟均无耗。

　　配**秦氏**　江苏无锡籍廷枫女。道光十一年（1831）八月十四申时生。

兆朴　绳武公次子，嘉庆二十四年（1819）十月十七生。

兆松　绳武公三子，道光二年（1822）七月十二生。

● 第十五世

煮 兆荣公长子,积字派,号畴甫,乾隆四十一年(1776)正月廿四生。国子监生,肄业国学。嘉庆二年(1797)因病告归。卒于山东汶上县旅舍,年二十二,即葬其地。止。

炳 兆荣公次子,积字派,字星臣,号芸樵,乾隆五十年(1785)七月廿五辰时生。道光八年(1828)二月廿六巳时殁于季父(即漼公三子兆棠公)皂河主簿署,年四十四,葬宿迁县洋河镇何家洼。

配**陈氏** 江苏宿迁籍开泰女。生殁失考。葬洋河镇何家洼。子二:坦善(出嗣炜)、墀善。女一。

炜 兆棠公长子,积字派,号赤臣,乾隆四十五年(1780)十月初十午时生。国子监生,道光乙酉科(1825)京闱挑取誊录。道光二十一年(1841)十一月廿一卒于弟灿浙江宣平县典史署,寿六十有二,浮厝其地。咸丰三年(1853),侄荫钧奉柩归葬杭州府西湖翁家山。

元配**陈氏** □□籍国子监生铣女,乾隆四十六年(1781)生。嘉庆十三年(1808)六月初十戌时卒,年二十八,葬淮安府清江浦崇实书院前。

继配**杜氏** □□籍,乾隆五十八年(1793)生。嘉庆二十年(1815)十月廿二午时卒,年二十三,葬宿迁县洋河镇何家洼。子一:立炳子坦善为嗣。

勋 兆棠公次子,积字派,原名炘,号墨卿,乾隆四十六年辛丑(1781)十一月三十申时生。遵土方例分发南河试用,未入流,例授登仕佐郎。嘉庆二十一年丙子(1816)八月三十日巳时卒,年三十六,葬宿迁县洋河镇何家洼。

配**王氏** 江苏溧阳廪贡生行端女。青年守节,携子女依从兄栻于怀庆郡署,嗣依适刘女于河南省寓,道光庚戌(1850)以后无耗。子一:因培。女一:适绍兴刘舒然子,青年守节。

灿 兆棠公子,积字派,字辉涵,号秋山,嘉庆二年(1797)二月十六未时生。国子监生,遵豫东例分发浙江试用,未入流,补宣平县典史。历署处州府经历、丽水县县丞,敕授登仕佐郎。道光二十五年(1845)正月十一子时卒于丽水县县丞官署,年四十九,浮厝西湖。道光三十年(1850),三子荫奎(奎善)扶柩归葬昆邑黑龙潭祖茔。

配**陈氏** 浙江海宁籍候选典史敬修女,嘉庆二年(1797)二月廿五生。同治元年(1862)七月初一卒,殉粤寇难于诸暨县之包村,寿六十有六,即葬其地忠义女冢。节烈待旌,例赠孺人。子三:荫圻、荫钧、埏善。女二:长,适福建寄籍大兴龚,浙江候补同知振麟子柱;次,适浙江诸暨斯,通判衔聘三子,青年守节。随母殉难包村,葬忠义女冢。节烈待旌。

侧室**许氏** 嘉庆□□年四月二十日生。道光十八年(1838)五月二十日卒,浮厝宣平县。咸丰三年(1853),嫡次子均善(荫钧)奉柩葬杭州府西湖翁家山,癸山丁向。例赠孺人。子二：奎善、际云。

煃 兆桂公子，积字派，号拱辰，乾隆三十九年（1774）十一月初七申时生。昆
邑廪膳生。嘉庆十五年（1810）三月廿八未时卒，年三十七，与配周孺人
合葬昆邑黑龙潭祖茔侧。

　　配**周氏** 昆邑云南□□营参将□□女，生年失考。道光二年壬午（1822）
七月卒。子一：承祺。

● 第十六世

墀善 炳公子，原名荫墀，字子丹，道光三年（1823）三月十四申时生。侨寓
宿迁县洋河镇，发逆乱后无耗。

坦善 炜公子，原名荫坦，字书宝，号平轩，道光元年（1821）八月十六申时生。
侨寓宿迁县洋河镇，发逆乱后无耗。

　　配**洪氏** 江苏宿迁籍□□女，道光十年（1830）生。

因培 勋公子，善字派，号小泉，嘉庆十六年（1811）九月初三丑时生。考取
兵部供事，道光二十七年（1847）殁于淮安府清江浦，年三十七，即葬其地。

　　配**徐氏** 顺天大兴籍□□女，生殁葬失考。

荫圻 灿公长子，派名圻善，字子达，道光二年（1822）十一月十二辰时生。
遵例分发浙江试用，未入流，例授登仕佐郎。三十年（1850）六月十七卒，
年二十九，葬杭州府西湖翁家山，癸山丁向。

　　配**朱氏** 江苏常州府作人女，道光四年（1824）四月初十生。同治元年（1862）
七月初一夜，随姑陈孺人殉难包村，年三十九，葬忠义女冢。节烈待旌。

荫钧 灿公次子，派名均善，字子安，道光六年（1826）六月十三午时生。国子监生，
遵筹防例，以县丞分发浙江。咸丰八年（1858）代理庆元县知县。九年，署
处州府经历，例授修职郎。咸丰十年（1860）五月廿五午时卒，年三十五，
厝诸暨县横阔村。

　　配**王氏** 顺天宛平籍，浙江处州府青田县典史世森女，道光三年（1823）
六月廿六生。同治元年（1862）七月初一夜，随姑陈孺人殉难包村，年
四十，葬忠义女冢。节烈待旌。女一：抚娅善女，同殉。

奎善 灿公三子，原名荫奎，字子聚，道光十年（1830）四月初十辰时生。年
二十一奉祖父、父柩归葬昆邑黑龙潭祖茔，旋浙。后积劳成瘵，咸丰三年
（1853）四月初一亥时殁，年二十四，葬杭州府西湖翁家山。癸山丁向。

际云 灿公四子，派名堃善，字蔚青，号梓山，道光十七年（1837）六月十五丑时生。
同治十一年（1872）中湖南善化籍国子监生，遵筹饷例，以府知事指发浙
江试用。例授登仕郎。

　　元配**斯氏** 浙江诸暨籍德泰女，道光二十二年（1842）十二月廿四辰时生。

同治九年（1870）九月十八申时卒，年二十九，厝杭州府西湖之西泠。女一：适广东南海冯，浙江玉環巡检正焜子骥良。

继娶**汪氏**（新正注：凡是修谱时仍活着的配偶，原谱都用"娶"，所以这里用"继娶"而不用"继配"）安徽绩溪籍国子监生斌麟女。子二：之衢、之瓯。女一。

埏善　灿公五子，原名荫瑾，字子蓉，道光十九年（1839）四月初三生。同治元年（1862）七月初一夜，随母陈孺人殉难包村，年二十四，葬忠义冢。待旌。

　　配**袁氏**　浙江富阳籍江南荡山县知县，改绍兴府教授应城女，道光十八年（1838）二月生。同治元年（1862）七月初一夜，随姑陈孺人殉难包村，年二十五，葬忠义女冢。节烈待旌。子一：缺名，同殉。女二：长，同殉；次，为均善抚女。

承祺　煊公子，善字派，嘉庆九年（1804）三月初六生。

　　配**陈氏**　昆邑□□女，嘉庆十六年辛未（1811）正月二十生。子一：德培。

● **第十七世**

之衢　际云长子，字溥元，光绪二年（1876）正月十六辰时生。（新正注：因原谱为第十六世基善撰修，故他从第十六世起不称"公"，而是直呼其名，故之衢为际云长子，而不是"际云公长子"）

之瓯　际云次子，字晴江，光绪十六年（1890）二月廿五丑时生。

德培　承祺子，之字派。

丁　世系　生息

益清堂

寓乾公下二房系图

第十一世	昶斌
第十二世	文赐
第十三世	洪　润（嗣子）
第十四世	兆杏　兆李（出嗣润）　兆菜　兆李（嗣子）
第十五世	积煐　积熙　积煦
第十六世	达善　坊善　逵善　宝善　基善　至善
第十七世	之绅　之缙（嗣子）　之锟　之植　之采　之权　之衡　之焯　之勉　之鉴
第十八世	仲簏　庆云（出嗣之绅）　仲簇　家矩　立生　家櫺　家骅　家楠（出嗣之骥）　家棣　金海　金云
第十九世	新正　再兴　再明　其本　炳炎　海清　孟奇　子雄　再兴　菊元　岳衡
第二十世	文勇　志勇　梅红　东元　尚仁　艳辉（女）　群（女）　友云　友良　云宗　小波　卫明（女）　新民（女）　仕群　小满（女）　意红（女）
第二十一世	杲煦　嘉会　嘉祥　紫东（女）　于嘉（随母姓茅）（女）　婕（女）　丹（女）　菀怡（随母姓杨）（女）　菀宁（随母姓杨）（女）　浩　培鑫　洋　禧（女）　宇　进（女）　涛
第二十二世	芯怡（女）　雅涵（女）　沐澄（女）

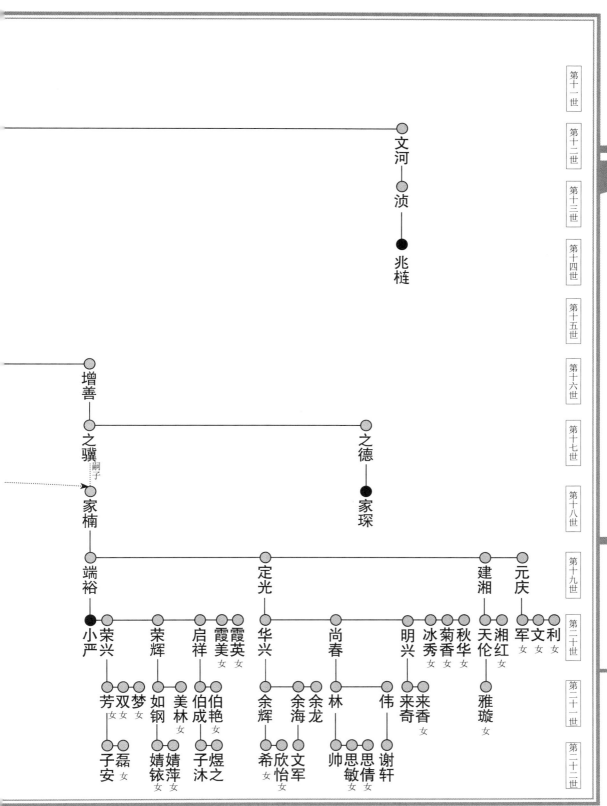

益 清 堂

第十一世
第十二世
第十三世
第十四世
第十五世
第十六世
第十七世
第十八世
第十九世
第二十世
第二十一世
第二十二世

文河
浈
兆桢

增善
之骥
嗣子
家楠

之德
家琛

端裕
定光
建湘
元庆

小严
荣兴
荣辉
启祥
霞美
霞英 女
华兴
尚春
明兴
冰秀 女
菊香 女
秋华 女
天伦
湘红 女
军 女
文 女
利 女

芳 女
双 女
梦 女
如钢
美林
伯成
伯艳 女
余辉
余海
余龙
林
伟
来奇
来香 女
雅璇 女

子安
磊 女
婧铱 女
婧萍 女
子沐
煜之
希
欣怡 女
文军
帅
思敏 女
思倩 女
谢轩

寓乾公下二房世表

● 第十一世

昶斌 寓乾公次子,字敬廷,康熙十九年(1680)四月廿七亥时生。三十八年(1699)取入云南府学生,旋举优廪生。五十七年(1718)十一月初四寅时卒,年三十九,与配李孺人合葬昆邑凉亭山,壬山丙向,有碑图。以子文赐官覃恩貤赠登仕佐郎,湖北应山县平靖关巡检。嗣加一级,晋赠登仕郎。以子文河官,例赠武德骑尉。

谨按:公讳日在永旁与永上,浙锡各草录互歧。考明永乐时,中书夏昶,帝爱其书法,尝以其名日当在永上,遂更作日在永上,见《归震川集》。

元配**李氏** 昆邑国子监生英女,康熙十九年(1680)六月廿六巳时生。五十二年(1713)七月廿四未时卒,年三十四。貤赠孺人,例赠宜人。子二:文赐、文河。女二:长适昆邑董廪生之威子,庠生孝绪;次字夏,未嫁殁。

继配**张氏** 昆邑□□女,康熙三十四年(1695)六月初六寅时生。五十六年(1717)八月廿八戌时卒,年二十三,葬公墓右,间陈姓茔,与公同向。貤赠孺人,例赠宜人。

● 第十二世

文赐 昶斌公长子,号聿修,康熙四十三年(1704)九月初五巳时生。雍正九年(1731)遵贵州开垦例,选授湖北随州出山镇巡检。十一年(1733)调补应山县平靖关巡检。乾隆二年(1737),胞伯永斌公调任湖北巡抚,回避,改补湖南澧州嘉山镇,移驻津市巡检。三年(1738),署石门县典史。四年(1739),署澧州直隶州州判。八年(1743),大计卓异。十二年(1747)调补辰州府永绥厅花园汛巡检。五年俸满,保升。十八年(1753)署永绥厅经历。三十年(1765)升授安徽安庆府照磨。因疾告归。卜居黔阳县西门内土街。敕授登仕佐郎。乾隆四十一年(1776)正月廿一辰时卒。寿七十有三,与配高恭人并葬黔邑城西十里黄家庄,申山寅向。有碑图。

以孙兆李官貤赠奉直大夫,晋赠中宪大夫。是为始迁湖南祖。

《黔阳县志·流寓》有传。子孙入黔阳县籍。茔域墓田并土街故宅,呈县存案,永禁典卖及将契押银。领有盖印副禀,存祠。

配**高氏** 昆邑武解元、江苏抚标中军参将岱女,康熙四十六年(1707)十二月初六巳时生。乾隆二十六年(1761)八月初二子时卒,年五十五,并葬公右,异冢。同治元年(1862),曾孙积煐、积熙重修,与公合作圆堆,同向。貤赠宜人，晋赠恭人。子二：洪、润。女三：长适黔邑危，取入永绥厅庠生开成，原名成楫；次，年二十三未字殁，葬永绥厅城西月城外左侧登高坡，坤山艮向，光绪六年（1880），侄曾孙基善等重修；三，年二十未字殁。

側室**黄氏** 云南人，康熙五十五年（1716）七月十六寅时生。嘉庆四年（1799）二月十二卯时殁，寿八十有四，葬黄家庄祖茔，申山寅向，有碑。子一：溥，生殁失考，葬永绥厅登高坡，坤山艮向。表不复列。女三：长适黔邑危，岁贡生，嘉庆丙辰（1796）制科，孝廉方正成校；次适黔邑周廪生湖；三适江西高安罗、永绥厅花园汛巡检文芳子，入籍芷江廪生、登仕封职泰，卒母家，葬黄家庄祖茔右岸，巳山亥向，有碑。

文河 昶斌公次子，字银秋，康熙四十八年（1709）七月初八亥时生。入贵州抚标行伍，以征苗功拨补右营千总，署都匀营守备，升补抚标右营守备，例授武德骑尉。乾隆十年（1745）卒，年三十七，与配徐宜人葬贵筑城外。

元配**徐氏** □□籍都匀营参将□□女，生年失考。乾隆八年（1743）卒。例赠宜人。子一：溃。女一：适贵筑任。

继配**韩氏** 贵州贵筑籍国子监生邦达女，雍正五年（1727）生。乾隆九年（1744）归于公，逾年公卒。侨居贵筑，矢志守节。抚前子女成立婚嫁。四十九年（1784），侄洪游幕贵阳府署，访迎来黔邑。例封宜人。嘉庆十二年（1807）卒，寿八十有一，归葬贵筑。旌表节孝。

● 第十三世

洪 文赐公长子，字映川，号警斋，乾隆元年（1736）六月十一寅时生。国子监生。嘉庆元年（1796），征辟（征召）孝廉方正，辞不就。七年（1802）九月初四巳时卒，寿六十有七，葬黄家庄祖茔，庚山甲向兼酉卯，有碑。以出嗣子兆李官覃恩貤赠文林郎，河南泌阳县知县。晋赠奉政大夫，河南陕州直隶州知州。《黔阳县志·孝友》有传。

配**云氏** 保靖籍原广东乐昌国子监生，以外孙官貤赠文林郎，湖北通山县知县彤女。乾隆七年（1742）七月十四丑时生。嘉庆八年（1803）闰二月二十未时卒。寿六十有二。与公并葬，异家同向，共围。貤赠孺人，晋赠宜人。《黔阳县志·列女·贤淑》有传。子三：兆杏、兆李（出嗣润）、兆菜。女二：长，字黔邑危廪生元吉，年二十未嫁殁；次，字黔邑危，嘉庆辛酉（1801）拔贡生元善。年二十一未嫁殁，祔葬祖母高恭人墓右，相距八尺。坤山艮向兼申寅，有碑。

側室**邓氏** 贵州人，乾隆十二年（1747）正月初十子时生。道光九年（1829）二月初九亥时殁，寿八十有三，葬黄家庄祖茔。同治元年壬戌（1862），季房嫡孙积曦，以坟圮，迁葬祖山正垅出冲对岸映川公养子王兆槐墓左，俱辛山乙向，碑刻长房嫡孙积焕立石。

润 文赐公次子，字映涟，乾隆七年（1742）六月初七生。二十六年（1761）正月廿八卒，年二十。葬永绥厅花园汛登高楼后，有碑。以子兆李官，诰赠奉直大夫。覃恩累赠奉政大夫，河南陕州、汝州直隶州知州，晋赠中宪大夫。

谨按：吾祖（新正注：这是原谱主修者基善公，称自己的祖父兆李公，因兆李公出嗣润公为子）生距公卒已逾十年。游庠后遵本生父命，置主奉祀。两世远宦，展省久疏。咸丰同治间（1851—1874），基善迭恳厅人中书张君叔平、茶洞千总湘潭胡君海槎，访寻无着。考：雍正九年（1731）始置永绥厅，隶辰州府。时厅治驻吉多坪。距花园汛南八十里。嘉庆元年（1796），升直隶厅。七年（1802），厅治移驻花园，而巡检缺。复移三十里，改设厅知事。建置变迁，致湮旧迹。登高楼废，并佚其名。洎（jì到）光绪己卯年（1879），戚友萧山丁次谷司马兰征权厅，篆遣其嗣君森榕、其婿徐瑞清，披榛剔薛数日，乃得乾隆中四碣（墓碑），则公墓在治西月城外左侧，今名秦家园旁。祔公仲姊、公弟溥，暨基善祖母之妹罗大姑。略可辨识，询之老民，犹有知其地旧呼登高坡者。庚辰年（1880）夏，蒙丁公封树题碑并刻坤山艮向各碑额。垒石作围，置墓田数亩，坐落安庆屯。以我祖籍宁都，谕江西会馆董事经理，立案，发给印照图片，复撰纪事一通，并中宪墓锓入厅志古迹门，以垂久远。盖上溯公卒越百二十年矣。丁、徐阐幽之德，凡公裔感当不朽。

配洪氏 永绥厅花园汛巡检熙女，年二十卒，母家葬，失考。诰赠宜人，晋赠恭人。子一：立洪子兆李为嗣。

溴 文河公子，字颍川，乾隆二年（1737）六月十二巳时生。入贵州行伍，拔补抚标右营外委，例授修武校尉。嘉庆十四年（1809）卒于沅州府城，寿七十有三，葬府城外。

配武氏 贵州贵筑籍□□女，生年失考，卒于黔邑，葬贵筑，祔姑韩宜人墓。

侧室夏氏 生殁葬失考。子一：兆梽。

● 第十四世

兆杏 洪公长子，字春晖，号晴园，一号牧村，乾隆三十三年（1768）八月初二子时生。四十七年（1782）取入沅州府学生。五十三年（1788）由优廪生考取己酉科选拔贡生。嘉庆二年（1797）考取八旗官学教习。三年（1798）中式戊午科顺天乡试第八名举人。四年（1799），充镶白旗教习。七年（1802）报满，引见，奉旨以知县用。旋里，主讲黔邑龙标书院，沅郡明山书院。十七年（1812）部选湖北武昌县知县。引见，改授建始县知县。十八年（1813）兼署宣恩县知县。二十二年（1817）署利川县知县，兼署恩施县知县。二十三年（1818）因监犯自戕解任。事白免议。二十五年（1820）署应城县知县。道光元年（1821）署江陵县知县。补通山县知县。六年（1826）委解甘肃军饷。七年（1827）回任。十二年（1832）俸满，引见，奉旨回任。十三年（1833）署汉阳府通判。历充道光壬午（1822）、乙酉科（1825）、壬辰恩科（1832）湖北乡试同考试官。十五年（1835）乞休，侨居长沙省城，主讲宁乡玉潭书院。敕授文林郎。道光十九年（1839）正月十四子时卒，寿七十有二，与继配文孺人合葬省城南三十五里善邑八都游家冲科婆山文明坡，壬山丙向兼子午，茔域、墓庐、墓田有碑图。

《湖南通志•人物》《黔阳县志•治行》，并有传。《善化县志•流寓》与弟兆李合传。

元配**危氏** 黔邑岁贡生嘉庆丙辰（1796）制科孝廉方正成校女，乾隆三十三年（1768）十一月廿八辰时生。六十年（1795）六月廿四午时卒，年二十八，葬黄家庄祖茔，申山寅向，有碑。敕赠孺人。女一：适黔邑危庠生元燮子，朝议封职有垣。

继配**文氏** 湘潭籍直隶沧州李村巡检之蔚女，乾隆四十二年（1777）五月三十辰时生。敕封孺人。道光二十一年（1841）十二月初五酉时卒，寿六十有五，并葬公右，内系乾山巽向兼亥巳，外向与公同。子一：积焕。女一：抚兆棻女，适长沙周附贡生、武功封职瑞琪子，国子监生，武功封职灏。

兆棻 洪公三子，字予芳，号馥园，乾隆四十一年（1776）七月十一子时生。候选从九品，例授登仕佐郎。道光二十二年（1842）七月十七午时卒，寿六十有七，与继配谢孺人合葬黄家庄祖茔，申山寅向兼庚甲，有碑。

元配**梁氏** 会同籍福建泉州府厦门同知运煌女，乾隆三十七年（1772）四月廿六未时生。六十年（1795）八月初六寅时卒，年二十四，葬黄家庄祖茔，申山寅向，有碑。

继配**谢氏** 黔邑岁贡生，候选训导仁寀女，乾隆四十五年（1780）十一月廿三子时生。道光十六年（1836）五月三十子时卒，年五十七。子一：积熙。女三：长为兆李抚女；次适黔邑谢、国子监生光藩子宗滨；三为兆杏抚女。

侧室**蓝氏** 乾隆五十五年（1790）十二月十五子时生。道光十八年（1838）八月十八丑时殁，年四十九，葬黄家庄祖茔右岸，巽山乾向兼巳亥，有碑。女一：为兆李抚女。

侧室**杜氏** 嘉庆四年（1799）十二月二十辰时生。咸丰元年（1851）九月初七卯时殁，年五十三，葬黄家庄祖茔右岸，丙山壬向兼巳亥，有碑。女一：适黔邑谢、兴宁县训导光楚子，附贡生、五品衔、升用知县、湖北候补县丞宗沆。

兆李 润公子，字仲燮，号梦莲，一号又白，乾隆三十六年（1771）四月十七午时生。五十六年（1791）取入沅州府学生。五十九年（1794），由优廪生中式甲寅恩科湖南乡试第二十七名举人。嘉庆六年（1801）辛酉科会试后，大挑一等，引见，奉旨以知县用，签掣河南。是年，署太康县知县。七年（1802）丁本生父艰。接丁本生母艰。服阕到省，十年（1805）署临漳县知县。十三年（1808）署延津县知县。十四年（1809）署浚县知县。十七年（1812）署考城县知县。十八年（1813）署获嘉县知县。委办滑县军务、粮台，代理滑县知县。十九年（1814）补授泌阳县知县。二十五年（1820）调补鹿邑县知县。大计卓异。道光元年（1821）升补陕州直隶州知州。六年（1826），以运米霉变，部议降调。八年（1828），巡抚杨公国桢以官声素好、民情爱戴，奏请捐复。先行送部，引见，奉旨准其捐复原官。留于河南补用。九年（1829），署光州直隶州知州。十年（1830）署信阳州知州。十二年（1832）补授汝州直隶州知州。十三年（1833）署汝宁府知府。十六年（1836）署归德府知府。十七年（1837）议叙加二级。

历充嘉庆戊寅恩科（1818）河南乡试同考试官，道光甲午科（1834）、乙未恩科（1835）河南乡试内监试官。十八年（1838）因疾告归。卜居长沙省城。湘中十八耆英会绘图勒石，齿列第二。诰授奉政大夫，例晋中宪大夫。

道光二十九年（1849）正月廿九子时卒，寿七十有九，与继配金宜人合葬省城东南七十里浏阳县下西乡二十七都探坡鹅公坡，巽山乾向兼巳亥。茔域、墓庐与金宜人置二十五都实竹塘墓田、庄屋有碑图。又善化十二铺浏阳门正街故宅，基善捐备祠基，与今建宗祠，并长邑明道都官圮尾合族公捐聿修公以下子孙义庄，均公遗业，永禁典卖，将契押银。碑图附谱。《河南泌阳县志·宦迹》《湖南通志·人物》《黔阳县志·治行》并有传，《善化县志·流寓》与兄兆杏合传。

元配**罗氏**　芷江邑廪生，登仕封职泰女，乾隆三十九年（1774）五月初二亥时生。五十八年（1793）九月十七巳时卒，年二十，葬黄家庄祖茔，伴十三世洪公次女之右，异冢，坤山艮向兼申寅，有碑。诰赠宜人，例晋恭人。

继配**金氏**　浙江诸暨籍福建永定县太平司巡检、前黔阳县典史相女，乾隆四十年（1775）九月初四戌时生。诰封宜人，例晋恭人。咸丰七年（1857）八月廿三未时卒，寿八十有三。黔邑公屋、墓庄，善邑祠基及善长浏墓庄，暨长邑义庄等处，均奉宜人定议，统名通记遵行（详通记要览）。《黔阳县志·列女传》有传。子一：积煦。女二：长，抚兆菜女，未字殁；次，抚兆菜庶出女，适江西新建夏、通奉封职修常子，浙江江山县典史，补用府经历廷梧。

兆梿　浈公子，字席珍，乾隆五十一年（1786）生。入沅州协标行伍。嘉庆十年（1805）殁于沅州府城，年二十，袝葬父墓侧。

附：养子谱

王兆槐　十三世洪公养子，字荣生，号友四。乾隆四十二年（1777）生。原武陵族，流寓贵州，孤稚无依。洪公幕游收养。仍其姓，命名及字，与诸子齿（相当）。令侧室邓孺人母之。乾隆、嘉庆间，苗乱投营，积功，赏戴蓝翎，千总衔，拔补把总。事平不乐仕进，不娶室，侫佛长斋。往来鄂豫两兄任。道光九年（1829）十月卒，年五十三，葬黔邑黄家庄正垅出冲对岸伴杨氏十三氏浚公墓左，辛山乙向，有碑。

（新正注：原谱在"杨氏世表"中专门有"养子谱"一页，内容如上。可见我族先人与人为善、尊重他人的传统美德）

● 第十五世

积煐 兆杏公子，字哲士，号炳之，嘉庆十八年（1813）四月廿二卯时生。国子监生，议叙国子监典籍职衔，军功六品顶戴，例授承德郎。同治七年（1868）七月初一戌时卒，年五十六，葬省城东五十里善邑一都仙人市彭家湾对岸鸭婆山，艮山坤向兼寅申，有碑。丈尺载王裕堂收契字据，附谱本墓图后。同治三年（1864）捐修善邑学宫，碑勒公名。子达善、坊善，遵例呈请入善化县籍。

配**李氏** 长邑湖北武昌府经历象愚女，嘉庆十五年（1810）九月廿六丑时生。例封安人。同治十三年（1874）正月初四辰时卒，寿六十有五，葬近公墓易家塘油榨岭，卯山酉向，有碑。丈尺载高仁山收契字据，附谱本墓图后。子三：达善、坊善、逵善。女二：长适湘阴熊、国子监生羣子，湖北候补典史大夑，卒，母家葬父墓侧，与弟坊善、弟妇黄并列，异冢丑山未向，有碑；次适浏阳谢，振威封职国总子，军功五品顶戴，从九品职衔永祥。

积熙 兆棻公子，原名积曦，道光三年（1823）三月初九酉时生。黔阳县学佾生（乐舞生）。遵城工例，议叙从九品职衔。例授登仕佐郎。公经管通记祠墓、义庄三十余载，犹及创建宗堂，赍志以终。光绪十五年（1889）七月十五卯时卒，寿六十有七，葬黄家庄祖茔庄屋后，庚山甲向，有碑。

元配**周氏** 会同籍国子监生世琅女，嘉庆二十四年（1819）八月廿二丑时生。道光三十年（1850）三月初二辰时卒，年三十二，葬黄家庄祖茔右岸，丙山壬向兼巳亥，有碑。

继娶**罗氏** 浏阳籍慈徽女，道光十六年（1836）十二月十一子时生。子一：宝善。女二：长适长邑李，候补通判敬学子永年；次不详。

侧室**张氏** 晃州厅人，同治五年（1866）七月廿一亥时生。

积煦 兆李公子，字育庵，号和甫，嘉庆二年（1797）九月二十辰时生。例贡生，道光乙酉科（1825）京闱挑取誊录。报满，道光十五年（1835）遵筹备例，以通判分发河南。十七年（1837）署汝宁府，分防新息通判。二十一年（1841）署郑州知州。祥汛大工合龙案内承办秸料出力，奉旨遇有通判缺出，尽先补用。二十八年（1848）署禹州知州。议叙加三级。例授朝议大夫。道光二十九年（1849）六月初六未时卒，年五十三，与配金宜人合葬省城东二十五里长沙县明道都上五甲三区东山官圫尾庄，亥山巳向兼壬丙。咸丰三年（1853），十四世金太宜人关嘱：截提本庄茔域墓田。有碑图。以子基善官，覃恩诰赠奉直大夫。《黔阳县志·治行》有传。同治三年（1864），捐修善邑学宫，碑勒公名。子至善、增善（原名垣善、墉善），孙之采，遵例呈请入善化县籍。

配金氏　浙江诸暨籍、广东普宁县典史祖兆女，乾隆六十年（1795）四月初一卯时生。例封恭人。咸丰元年辛亥（1851）八月廿七亥时卒，年五十七。诰赠宜人。子一：基善。

侧室郑氏　善邑人，嘉庆二十五年（1820）三月廿四子时生。以嫡子基善官，虺封安人。以子至善职衔，例封宜人。光绪二十年（1894）十一月廿二巳时卒，寿七十有五，葬公墓右稍下，壬山丙向，有碑。子二：至善、增善。

□□氏　女一：适邓尔昌之子邓嘉榖。（邓尔昌是安徽桐城人，湖南补用直隶州知州，在担任会同县知县时殉城，被赠太仆寺卿封号）

● 第十六世

达善　积煐公长子，字锡霖，道光十五年（1835）八月初十午时生。光绪十八年（1892）正月十五辰时殁，年五十八，葬省城东五十里善邑一都邹团区谭家冲屋右侧，辛山乙向，有碑。上抵崎仑周姓山界，齐茔心直下三丈五尺左右，共穿心五丈。

娶倪氏　善邑武显封职开慧女，道光十五年（1835）九月二十巳时生。[基善公编修、刊印原谱时，倪氏年六十岁，仍健在，并在此前一年，即光绪甲午（1894）冬，将时年已五十，"幼患痰厥，右手左足筋挛，不娶"的小叔子逵善迎归照顾]

子三：之绅、之缙、之锟。女四：长适善邑李邦芳子士复，咸丰三年（1853）七月十九午时生；次适善邑王笃祜子象官，同治元年（1862）十月十七子时生；三适浏邑谢，军功五品顶戴，从九品职衔，永祥子桢霆，同治五年（1866）九月廿五巳时生；四适福建闽县陈，湖南醴陵县渌口司巡检森培子，国子监生寅，同治八年（1869）三月初十巳时生。[新正注：以上四位的出生年、月、日、时及本人伯父庆云公、姑妈等几人的出生时间，都是根据我父亲于民国十年辛酉（1921）正月用毛笔写的"各人生日明目"补充的]

坊善　积煐公次子，字子言，道光二十三年（1843）二月初五亥时生。光绪十年（1884）五月廿四午时殁，年四十二，葬善邑一都鸭婆山父墓侧，艮山坤向，有碑。

配黄氏　善邑武庠生鹍女，道光二十四年（1844）九月廿七未时生。同治十一年（1872）三月廿八丑时殁，年二十九，葬夫墓右，异冢，丑山未向，有碑。子一：之植。女一：适善邑毛宗有子支识。

遂善 积煐公三子，字子羽，道光二十六年（1846）九月初三辰时生。幼患痰厥，右手左足筋挛，不娶，依适谢姊以居。光绪甲午（1894）冬，长嫂倪迎归。乙未（1895），五十岁，生圹在善邑八都白田铺上五里，小地名它背塘通山公墓庐后西角上，壬山丙向，丈尺详图说。

宝善 积熙公子，字冬笙，号琯生，光绪元年（1875）十一月廿六丑时生。

　　娶**陈氏** 黔邑五品衔、升用知县即选县丞仪女。

基善 积熙公长子，字黼沅，号乐庭，晚号寄癖。道光二年（1822）七月廿七未时生。二十二年（1842）取入沅州府学生。二十八年（1848）由优廪生考取己酉科（1849）选拔贡生。咸丰六年（1856）遵筹饷例，以复设训导，分发试用。加布政司理问，升衔。十一年（1861），以复设教谕选用。同治十年（1871），改国子监典簿，升衔。咸丰庚申（1860），以原衔议叙加二级，诰授奉直大夫。前于乙亥（1875）长子、冢妇（大儿媳）相继殁，时从孙无人承继。丁丑（1877），自作生圹于省城东南七十里浏阳县下西乡二十五都，距汝州公墓四里，大石岭下，丝横冲庄屋后。乾山巽向，并置墓门罗围，有碑图。丁亥（1887），以此庄与元配唐（善邑沿冈桥）、继配徐（永图冲墓庄），计田庐三区立户，名保墓劝学庄，又以浏西二十都杨柳冲田山立户，名勖侄世守学好庄。批契附谱，永归通记管理。别无私产。辛卯（1891）春，预嘱弟侄：将来凭族芟除应继、爱继浮议，公同为之采（基善公唯一的儿子）择继。但依昭穆，无论亲疏，宁迟毋遽，宁缺毋滥。基善身后，遵礼丧大记及杂记，以弟主丧。此缘上关宗祀，下瞻族姓，不得不为固公产而杜觊觎起见，扪心清夜，出于肺诚。手自撰述，详载通记要览。

元配唐氏 善邑五品衔、候选训导、资政封职澍林女，嘉庆二十四年（1819）三月初九申时生。道光二十三年（1843）六月廿四午时卒，年二十五，葬省城东南十九里善邑八都洞井湾落凤坡，卯山酉向兼乙辛。以附近之沿冈桥田作为保墓劝学庄，有碑图。诰赠宜人。

继配徐氏 善邑江西候补知县、署吉安府莲花厅抚民同知棨女，道光六年（1826）七月十九辰时生。诰封宜人。同治三年（1864）六月初十申时卒，年三十九，葬省城东南七十里善邑一都团字区纳粮，现隶九都洞字区五福团大石岭下永图冲享室后，壬山丙向兼亥巳。其田山作为保墓劝学庄，有碑图。子一：之采。女二：长未字殇，葬实竹塘庄山，壬山丙向兼亥巳，有碑；次适善邑徐、国子监典簿元熙子瑞征。

侧室陈氏 长邑人，道光元年（1821）十月十五子时生。光绪十四年（1888）二月廿九丑时殁，寿六十有八，葬乐庭保墓劝学庄浏西丝横冲对岸，丙山壬向，有碑。

至善 积煦公次子，原名垣善，字汝生，号淡如，道光十八年（1838）十一月十二辰时生。国子监生，同知职衔，例授奉政大夫。

配**陈氏** 衡阳籍同知衔、候选布政司理问作梅女。道光十四年（1834）六月初四申时生。光绪十七年（1891）十二月初六未时卒，年五十八，葬省城西四十五里善邑六都洋字区大屋塘庄屋侧，俗名周家湾，艮山坤向，有碑。例赠宜人。子三：之权、之衡、之焯。女一：适善邑罗、同知衔、江西补用通判斌子，五品衔、分省补用县丞维邦。

侧室**吕氏** 江苏江宁人，道光二十八年（1848）六月十八子时生。子三：之勉、之连（殇，葬实竹塘庄山）、之鉴。女一：适湘潭胡、邑庠生、候选通判光杰子，邑庠生元甲。

侧室**黄氏** 四川成都人，咸丰十一年（1861）十月十一巳时生。

侧室**舒氏** 四川人，光绪二年（1876）正月十六丑时生。

增善 积煦公三子，原名墉善，字子浚，号蔚霞，道光二十一年（1841）正月十四申时生。国子监生，国子监典簿职衔，例授修职佐郎。光绪二十年（1894）四月十八酉时卒，年五十四，葬省城东九十里善邑四都红旗冲提存公山内塘坡崎仑上，乙山辛向，有碑。

元配**陈氏** 善邑山东布政司经历、通奉封职鹏女。道光二十年（1840）正月二十辰时生。同治二年（1863）六月十四寅时卒，年二十四，葬省城东北二十五里长邑明道都七甲四区西薮冲墓庄，乾山巽向兼亥巳，有碑图。

继配**盛氏** 善邑奉政封职永定女，道光十八年（1838）九月三十卯时生。同治十一年壬申（1872）六月十四辰时卒，年三十五。葬西薮冲庄，距陈孺人茔半里，墓庐右，庚山甲向兼酉卯，有碑。子一：之骥。女一：适善邑张、浙江台州府海防同知毓麟子、国子监生联奎。

再继配**夏氏** 湘潭籍国子监生毓凤女，咸丰四年（1854）十月廿七卯时生。光绪十七年（1891）二月廿一寅时卒，年三十八，葬西薮冲墓庐后，数武庚山甲向，有碑。子二：之德、之祜（殇）。女三。

● 第十七世

之绅 达善长子（新正注：这里没有称"达善公"，而是直称"达善"。因基善为第十六世，故从他这一辈起，不称"公"），字级孙，咸丰六年（1856）六月十一酉时生。1917年逝世，寿六十有二。

配**高氏** 善邑篁昌女，咸丰二年（1852）五月廿六午时生。同治五年（1866）四月殁，年十五，葬祖姑茔右，卯山酉向，有碑。子一：立之锟次子仲簏为嗣。

之缙 达善次子，字桂孙，咸丰八年（1858）十月十一午时生。1902年左右去世，约四十五岁。

配**王氏** 善邑麓生女,同治十二年(1873)二月十一卯时生。后改嫁唐家。女一:乳名闰,光绪壬辰(1892)闰六月初六戌时生,嫁长沙县车马桥螺头冲易家(新正补充)。

之锟 达善三子,字秋孙,同治十三年(1874)七月初一未时生。约1923年去世,年四十八九,葬长沙县早禾冲附近。

配**王氏** 善邑笃祜女,光绪六年(1880)二月初九亥时生。1917年去世,年三十八。子二:庆云、仲篪(出嗣之绅)。女一:梅,1913年农历十二月十六子时生,嫁长沙县石桥孙厚斋子秋华。

之植 坊善子,字绶孙,号松乔,同治三年(1864)正月二十卯时生。

之采 基善子,字璞先,号受斯,咸丰四年(1854)三月十二戌时生。同治十一年(1872),学宪廖,科试录取善邑西张伍坐号佾生,注院册。光绪元年(1875)五月廿二卯时殁,年二十二,与妻徐合葬长邑明道都官圫尾祖茔围外右侧,癸山丁向,有碑。

配**徐氏** 善邑五品衔、广东候补县丞元焖女,咸丰二年(1852)五月廿二卯时生。光绪元年(1875)八月十一寅时殁,年二十四。

之权 至善长子,号式穀,同治三年(1864)七月十三未时生。

配**胡氏** 湘潭籍国子监生嗣昌女。同治二年(1863)三月初六未时生。子二:家矩、立生。女三。

之衡 至善次子,字树人,号式雍,同治六年(1867)正月廿九辰时生。1933年殁,与配郑氏合葬长沙县江背楠木杨家老屋后山,有碑。

配**郑氏** 浏阳籍五品衔、候选布政司经历盛筠女。同治四年(1865)闰五月廿八申时生。与夫合葬。子四:家櫵、家骅、家楠(芹生,出嗣之骥)、家棣(威生)。女四:长,嫁长沙县五美倪家塘张竹林;次,嫁长沙县五美好布村骆登凯;三,嫁长沙县五美藕塘冲熊乔松;四,嫁长沙县五美藕塘冲江诚意。

之焯 至善三子,号式玉,同治七年(1868)七月十六亥时生。

配**毛氏** 善邑国子监生承仁女,同治七年(1868)三月二十戌时生。光绪十六年(1890)九月十八子时殁,年二十三,葬省城东九十里善邑四都上字十区藕塘冲庄尾团山嘴,巳山亥向,有碑。子二:金海、金云。女一。

之勉 至善四子,号式常。同治十二年(1873)十一月廿一酉时生。

之鉴 至善五子,号式卿。光绪五年(1879)九月二十辰时生。

之骥 增善长子,原名之禧,字滁缁、惕兹,号幼霞。同治八年(1869)八月十五巳时生。据说在江西当过县长。1923年去世,年五十五,葬长沙县江背铁炉坡后山,有碑。

元配**高氏** 善邑国子监生丰昌女,同治五年(1866)九月二十巳时生,光绪十三年（1887）闰四月十四戌时殁，年二十二，借葬夫伯母徐宜人保墓劝学庄善邑永图冲尾对岸，乾山巽向，有碑，批给横直穿心四丈，丈尺内听其挂扫、修培，丈尺外不得借坟越占。

继配**马氏**　长邑候选同知绥芝女，同治十年（1871）十月初三卯时生。1939年去世，寿六十有九，与夫合葬。子一：立之衡三子家楠为嗣。

之德　增善次子，字励吾，号倬夫，同治十三年（1874）九月十二子时生，1933年左右去世。

配**夏氏**　长邑武庠生光瓚女，同治十三年（1874）正月初四丑时生。子：家琛，又名仲黎。女一。

● 第十八世

仲篪　之绅嗣子，之锟次子。原名庆华，光绪三十二年（1906）五月廿七巳时生。1986年五月二十亥时逝世，寿八十，葬长沙县车马桥芋头坡后山，有碑。

配**邓氏**　浏阳柏嘉山人，光绪三十四年（1908）六月初三辰时生。1979年农历七月初二申时逝世，寿七十有二，葬车马桥山字墙黄板冲尾，有碑。子一：新正。女二：长，淑纯，1931年农历十月廿六日生，嫁浏阳柏嘉山（后迁浏阳坪）万中兴子连生；次，利民，1947年农历二月十五生，嫁长沙县车马桥王名和。

庆云　之锟长子，光绪二十三年（1897）十一月廿八戌时生。约1938年去世，年四十岁左右。

家矩　之权长子，光绪十四年〔1888〕五月初九卯时生。

立生　之权次子，约生于光绪二十七年（1901）七月初七。1949年去世，年四十八九。葬失考（据其四子炳炎称，其父立生可能是承继给基善公为孙，亦即为之采的嗣子。此说似可信。因为基善公当年筑生圹于丝横冲庄屋后，而立生的儿子都是在丝横冲长大。让嗣孙、嗣子住进墓庐庄屋，在当时可能是个通例。同时，立生为基善公大弟至善的长子之权的第二子，这也符合选择嗣子、嗣孙的惯例）。

配**陈氏**　名迪，光绪二十六年（1900）十二月十四生。1967年农历三月逝世，寿六十有八，葬株洲田心九牛山公墓，后迁清水塘一公墓。子四：再兴、再明、其本、炳炎。

家榴　之衡长子，光绪十六年（1890）闰二月初七申时生。配**陈氏**。

继配**丑氏**　子一：海清，又名大才，派名必才。

家骅　之衡次子，光绪十九年（1893）十月初二申时生。卒年不详，葬浏阳小源冲。

配**王氏**　子一：孟奇。女二：长女祥珍，嫁浏阳葛家乡大塘坳陈正升；次女玉珍，嫁浏阳余干棠。

威生 之衡四子，派名家棣、家梓，又名建国。光绪二十八年（1902）五月十二子时生。1987 年农历二月廿九巳时逝世，寿八十有六，葬长沙县江背楠木杨家老屋后山。

　　配张氏 浏阳镇头塘虾里人，光绪二十六年（1900）生。1961 年逝世，寿六十有二，葬长沙县江背楠木杨家老屋后山。子三：子雄、再兴、菊元。女二：长女杏华，首嫁熊锡仲，继嫁浏阳潘介仁；次女春华，嫁浏阳镇头王仁杰。

金海 之焯长子。子二：岳衡，或为金云子

金云 之焯次子。子二：细伢子（乳名）、明生（另：名"怀"者或为金云子）。

芹生 之骥嗣子，之衡三子，派名家楠。光绪二十四年（1898）四月初三子时生。1960 年农历七月初一逝世，寿六十有三，葬长沙县江背铁炉坡后山。

　　配李淑泉 长沙县河田五福桥李家塅人，光绪二十四年（1898）六月二十辰时生，1961 年农历二月十八逝世，寿六十有四，葬长沙县江背楠木红旗冲大屋后山。子四：端裕、定光、建湘、元庆。女一：秀英，约生于 1920 年农历十一月，嫁长沙市汤正人。

家琛 之德子，又名仲黎，光绪二十一年（1895）闰五月二十六寅时生。

● 第十九世

新正 仲簏公子。必字派，派名必中。1939 年农历正月生。1958 年 3 月毕业于宁乡师范学校后，教小学、初中。1960 年调中共宁乡县委宣传部任干事。1965 年调任中共坝塘区委委员。1966 年调宁乡县委办公室任秘书。1969 年任宁乡县革委会宣传组副组长。1971 年调益阳地区革命委员会宣传组任副组长，同年底，调湖南日报社任编辑、记者。1986 年任报社记者部副主任。1991 年调湖南经济报社任社长。1993 年调回湖南日报社，先后任新闻研究所副所长、所长，兼任湖南省新闻工作者协会副秘书长。主任编辑职称。1999 年退休后，在《新闻天地》杂志社任编辑。主编并出版《湖南省志·报业志》，著述《中国新闻通讯员简史》。2014 年起专心编写杨氏本分支家谱。从 2002 年起，一直被聘请为湖南省新闻出版局报刊审读员及湖南日报报业集团新闻阅评员。二十世纪八九十年代，以晴川、辛征等笔名在《湖南日报》发表一些短评，用必中、雨松等笔名为省新闻出版局写报刊审读文章。

　　娶黄懿群 长沙县仙人市金鸡冲雄球公女，1941 年农历十一月生。早先在家务农，1983 年"农转非"到工厂做工。子二：文勇、志勇。女一：梅红，1964 年农历十二月生，嫁长沙县新桥常丙文子龙益。先在工厂当工人，后从事保险业务工作。2004 年 10 月，被评为第二届全国保险之星。

再兴 立生公长子，1920 年农历十二月十二生，株洲电力机车厂工人。2000 年农历五月逝世，寿八十，葬株洲田心九牛山公墓，后迁清水塘一公墓。

配**康满贞**　1916年农历十月初四子时生。2000年12月逝世，寿八十有五，葬株洲田心九牛山公墓，后迁清水塘一公墓。子二：东元、尚仁。

再明　立生公次子。1925年农历正月廿四午时生。株洲第二汽车运输公司调度员。1995年农历二月逝世，寿七十有一，葬株洲县乡下。

娶**张秀英**　1935年农历四月生，曾在长沙、株洲饮食行业当工人。女一：艳辉，1963年农历三月生，嫁株洲冯炳志，已退休。

其本　立生公三子，1930年生，未娶。1949年去世，年二十。

炳炎　立生公四子，1939年农历七月生，株洲冶炼厂工人。

娶**言战奇**　1938年农历九月生，株洲塑料厂工人。女一：群，后改名若沄。

海清　家橚公长子，派名必才，又名大才，光绪三十年（1904）生。1985年逝世，寿八十二。配不详。女二。

孟奇　家骅公子，必字派。1926年生，2005年在江西逝世，寿八十，葬江西。

配**王氏**　1928年农历一二月初四生，卒年不详。女一：小玲，嫁江西宜丰彭赛冬。

子雄　威生公长子，派名必雄，1928年农历十一月初五亥时生。2011年农历二月初七逝世，寿八十有三，葬长沙县江背楠木杨家老屋后山。

配**陈秀兰**　长沙县河田福冲人，1933年农历十一月廿七巳时生。1995年农历五月十六巳时逝世，寿六十有二，葬长沙县江背楠木杨家老屋后山。子四：友云、友良、云宗、小波。女二：长女卫明，1965年农历六月出生，嫁长沙县五美小埠港胡平辉；次女新民，1974年农历四月出生，嫁长沙县江背楠木张祥光子权宽。

再兴　威生公次子，派名必兴，1930年农历十二月初四生。1986年农历一月二十去世，年五十六，葬长沙县江背楠木兴国寺。

配**章运芳**　长沙县河田赤霞人，1944年农历四月十五生。2007年农历十二月廿九逝世，寿六十有四，葬长沙县江背楠木寒婆坳。子二：仕群、小满。女一：意红，1970年农历九月出生，嫁长沙县江背楠木卢建刚子来文。

菊元　威生公三子，派名必元，1933年农历九月生。1962年去世，年二十九，未娶，葬长沙县江背楠木藕塘冲。

岳衡　金海公子，必字派，约1941年生，住株洲云田石山村大塘尾谭山坡。2011年农历四月左右逝世，寿七十有一，无后裔。

怀　金海或金云公子，必字派，据说住河南郑州，后失去联系。

细伢子（乳名）　金云公长子，必字派，据说在湖北咸宁县种田，后失去联系。

明生　金云公次子，必字派。据说于1988年左右死于车祸，情况不详。

端裕　芹生公长子，派名必端。1923年农历五月初六生。2007年农历五月十七逝世，寿八十有五，葬长沙县江背铁炉坡江家坡后山。

元配**王玉英**　长沙县五美湘阴港顺卿公女。约于1946年去世，年二十左右。子一：小严，殇。

继配**粟淑兰**　长沙县河田五福桥树生公女，1926年农历八月十二亥时生。2016年农历九月初一午时逝世，寿九十有一，葬长沙县江背水口蒋家大屋陶官冲后山。子三：荣兴、荣辉、启祥。女二：长女霞美，1952年农历十一月生，嫁长沙县江背楠木水口熊冬汉子利民；次女霞英，1967年农历九月生，嫁长沙县江背楠木水口熊柏松子建新。

定光　芹生公次子，派名必定，1926年农历十月十五生。1977年农历九月十七去世，年五十一，葬长沙县江背铁炉坡后山。

配**陈淑贵**　长沙县五美陈家冲富庭公女，1927年农历五月初十子时生。2007年农历十月十五戌时逝世，寿八十有一，葬长沙县江背铁炉坡江家坡后山。子三：华兴、尚春、明兴。女三：长女冰秀，1950年农历九月生，嫁浏阳跃龙马井李普平子福德；次女菊香，1958年农历五月生，嫁长沙县江背楠木郭顺义；三女秋华，1964年农历七月生，嫁浏阳跃龙高峰罗冬生子普林。

建湘　芹生公三子，派名必健。1929年农历十月初九生。1949年9月加入中国人民解放军，参加了湘西剿匪，授中尉军衔。1957年转业到长沙市统计局。1959年调望城县，先后在县计划委员会、县一中、县四中工作。1993年离职休养，2001年农历五月初二逝世，寿七十有二，葬长沙市潇湘陵园。

配**张天福**　长沙市岳麓山左家垅履谦（又名伟）公女，1932年农历十一月生，1949年9月加入中国人民解放军，在益阳军官疗养院工作。1957年转业到望城县人民医院工作，先任护士，后任主治医师。1991年离职休养。2023年农历一月十四逝世，寿九十有二，葬长沙市潇湘陵园。子一：天伦。女一：湘红，1959年农历三月生，嫁长沙市刘炳煌，先在长沙县杨开慧纪念馆工作，后调到雷锋纪念馆工作，再后来调长沙市财政局工作直至退休。

元庆　芹生公四子，派名必缘。1932年农历九月生。1955年进入长沙县五美区供销社工作。1982年调长沙市卫生防疫站（后改名疾病预防控制中心）工作，1993年退休。

配**罗顺英**　长沙县五美湘阴港海泉公女。1937年农历八月廿八生。1963年1月黔阳卫校毕业，分配在长沙市药品检验所工作。1993年退休。2019年农历十一月初五逝世，寿八十有三，葬长沙市潇湘陵园。女三：军，1960年农历十月生，嫁祁阳七碗乡赵守衡子润生，在长沙九芝堂股份有限公司工作直到退休；文，1966年农历一月生，嫁浏阳永安王培根子安民，在长沙市妇幼保健院担任护士直到退休；利，1968年农历八月生，嫁宁乡停钟周树生子景华，在湖南省药检研究院从事标本管理工作。

文勇　新正长子，1967年农历七月生。1988年在长沙汽车制造厂参加工作，1993年调入中国银行〔湖南〕工作。

　　娶**任波涌**　湖南汨罗籍、长沙市公安局干警任辉之女，1970年农历五月生。1992年进入湖南省司法厅戒毒管理局工作，一级警督。子一：昊煦。

志勇　新正次子，1969年农历十一月生。1992年参加工作，先后在中国人民保险公司湖南分公司国外处、太平洋保险公司长沙办事处、平安保险公司湖南分公司、华安保险公司湖南分公司从事保险业务工作，曾任华安保险公司湖南分公司副总经理。2005年初，任华泰保险公司湖南分公司总经理。2015年后，自主创业，成立湖南葆真堂健康养老运营管理有限公司，任董事长。

　　元娶**裴新宇**　湖北襄樊得富女。1971年农历十一月生。2004年离异。女一：紫东，1999年8月生，2017年考入香港岭南大学中文系。2022年8月，入职香港中华书局，从事编辑工作。

　　继娶**茅丹婷**　上海崇明县建设镇公务员大新女。1979年农历八月生。1998年参加工作即进入保险行业，先是入职华泰财产保险股份有限公司上海分公司，2004年调到华泰总公司，2007年任财产险、责任险核保经理。2008年到中国人寿保险湖南分公司工作，担任部门副总经理。2011年到吉祥人寿保险股份有限公司工作，任总公司内控合规部总经理。2021年6月，调任财信吉祥人寿保险公司湖南分公司兼长沙中心支公司总经理。子二（双胞胎，嘉祥随母姓茅）：嘉会、嘉祥。女一：于嘉，2008年农历十月生。

东元　再兴（立生公长子）长子，1951年农历六月生，株洲电力机车厂工人。2011年退休。

　　娶**王喜云**　1954年农历十一月生。先后在衡山陶瓷厂、株洲市石峰区灯具厂当工人。曾被评为株洲市劳动模范。2004年退休。女一：婕，1980年农历二月生，嫁毛里求斯华裔史多芬（原姓黄）。

尚仁　再兴次子，1957年农历六月生，株洲电力机车厂工人。2017年退休。

　　娶**姜美香**　1960年农历一月生，株洲电力机车厂工人。2010年退休。女一：丹，1988年农历六月生，在株洲百货大楼工作，嫁株洲李里。

群　炳炎女,后改名若沄,1976年农历三月生。株洲市小学教师。离异。女二（双胞胎，均随母姓杨）：菀恬、菀宁。

友云　子雄长子，又名友赋。1957年农历正月生。

　　娶**熊菊纯**　长沙县江背印山锡文女。1968年农历九月生。子一：浩。

友良　子雄次子，1962年农历九月廿一已时生。2018年农历八月十五亥时去世，年五十六，葬长沙县江背楠木寒婆坳。

娶**胡玲芝**　长沙县江背印山海涛女，1962 年农历九月生。子一：培鑫。

云宗　子雄三子，1968 年农历□月十三生。1987 年农历五月十六去世，年二十，葬长沙县江背楠木窑坳岭。

小波　子雄四子，1970 年农历十二月出生。

娶**彭水芝**　长沙县江背印山海双女，1976 年农历闰八月生。子一：洋。女一：禧，2000 年农历九月生，2018 年考入湖南农业大学。

仕群　再兴（威生公子）长子，1965 年农历十月生。

娶**章再先**　长沙县江背乌川湖村富彬女，1968 年农历二月生。子一：宇。女一：进，1988 年农历六月出生，嫁湘潭罗桑。

小满　再兴次子，1973 年农历二月生。

娶**徐福芝**　长沙县河田福冲明祥女，1965 年农历六月生。子一：涛。

荣兴　端裕长子，1948 年农历七月生。

娶**王燕飞**　长沙县五美湘阴港中友女，1950 年农历九月生。女三：芳，1975 年农历九月生，招入赘男彭接班为夫；双，1977 年农历八月生，嫁长沙县江背印山熊楚兴子伟冰；梦，1984 年农历一月生，嫁长沙县江背楠木刘运松子新树。

荣辉　端裕次子，1957 年农历一月生。

娶**胡银秀**　长沙县江背楠木兴国寺仁德女，1962 年农历十一月初一出生。子一：如钢。女一：美林，1983 年农历四月出生，嫁长沙县五美福田夏大兴子攀。

启祥　端裕三子，1963 年农历十二月生。

娶**陈细友**　长沙县江背福冲树华女，1970 年农历六月生。子一：伯成。女一：伯艳，1988 年农历九月生。先从湖南农业大学毕业，后又从中南大学应用心理学研究生毕业。嫁福建闽西曾运普子文杰。

华兴　定光长子，1948 年农历三月十八未时生，2023 年农历十二月廿九早晨逝世，寿七十六。

配**罗购粮**　浏阳镇头马井树林女，1953 年农历十一月十一子时生。2021 年农历三月十一子时逝世，寿六十八，葬长沙县江背楠木铁炉坡后山。子三：余辉、余海、余龙。

尚春　定光次子，1953 年农历一月生。

配**李坤元**　浏阳镇头焕田女，1959 年农历四月十六子时生。2002 年农历十一月初六辰时去世，年四十四，葬长沙县江背楠木铁炉坡对面山上。子二：林、伟。女一：玉，1986 年农历十二月生，嫁浏阳镇头金田冲刘利辉子锋。

明兴　定光三子，1955 年农历十一月生。

娶**章细美**　长沙县江背印山佐成女，1964年农历四月生。子一：来奇。女一：来香，1990年农历一月生，嫁岳阳荣家湾胡证。

天伦　建湘子，1957年农历一月生。1977年考入湖南医学院（后改名中南大学湘雅医学院）。1981年毕业后留在湘雅医院工作，先后任湘雅医院大内科教学主任、心内科主任、心血管学研究室主任、中南大学高血压病研究所所长、卫生部心血管介入培训湘雅基地主任、国家药品临床（心血管）研究湘雅基地主任。为湘雅医学院教授、一级主任医师、博士生导师。中华医学会专家会员、中华医学会心血管病专业委员会常务委员兼代谢性心血管病学组组长、亚洲心脏病学会理事、中国医师协会高血压专业委员会副主任委员、卫生部海峡两岸心血管专业委员会副主任委员等。同时担任中共湖南省委特聘保健专家。2013年获得中南大学湘雅医院"湘雅名医"称号。

娶**罗百灵**　湘潭圣吉女，1956年生。1977年冬考入湖南医学院（现名中南大学湘雅医学院），1981年毕业留湘雅附属二医院工作。1985年调入湘雅医院呼吸内科，从事医疗、科研、教学工作。先后获得硕士、博士学位。2001年留学美国犹他大学医学院，获博士后学位。为湘雅医院呼吸科主任医师、教授，硕士、博士研究生导师。中华医学会结核病分会常务委员，中华医学会呼吸病学分会慢阻肺学组委员，中国医师协会呼吸学组委员，湖南省医学会结核病专业委员会主任委员、荣誉主委，湖南省防痨协会副理事长，湖南省肺部感染联盟主席等。女一：雅璇，1991年5月生。长沙市一中毕业，2009年考入香港浸会大学珠海分校。2011年留学美国印第安纳大学商学院，2014年6月毕业后进入美国旧金山普华永道会计事务所工作一年多，然后回国进入上海欧莱雅（中国）有限公司工作三年。2018年6月考入美国哈佛大学商学院MBA攻读研究生，并担任哈佛大学中国同学会会长，2020年5月毕业。

● 第二十一世

呆煦　文勇子，2002年农历六月生。2019年11月，被美国约翰斯·霍普金斯大学皮博迪音乐学院录取，其专业为圆号演奏。

嘉会　志勇长子，2015年农历三月生。

嘉祥　志勇次子，随母姓茅，2015年农历三月生。（与兄嘉会为异卵双胞胎兄弟）

菀恬　群女，随母姓杨，2002年农历十一月生。2020年考入陕西服装工程学院。

菀宁　群女，随母姓杨，2002年农历十一月生（与菀怡为双胞胎）。2020年考入山东艺术学院。

浩　友云子，1988年农历十一月出生。

娶**刘珍秀**　湖北监利月明女，1994年出生。女一：芯怡，2020年农历六月生。

培鑫 友良子，1983 年农历一月生。2005 年毕业于湖南文理学院数学系，任湖南澧县职业中专学校数学教师。

　　娶陈戴芳 湖南澧县闸口克谷女，1985 年农历九月生。长沙医学院毕业，任澧县妇幼保健院医生。女二：雅涵，2010 年农历四月生；沐澄，2017 年农历八月生。

洋 小波子，2004 年农历二月生。

宇 仕群子，1997 年农历七月生。

涛 小满子，1989 年农历五月生。

芳 荣兴女，1975 年农历九月生。

　　入赘男彭接班 1971 年农历三月生，已离异。子一：子安。女一：磊，1999 年农历八月生，2017 年考入湖南师范大学音乐系，2021 年毕业。

如钢 荣辉子，1985 年农历一月生。

　　娶彭辉 长沙县五美窑坡检文女，1989 年农历十一月生。女二：婧铱，2011 年农历五月生；婧萍，2014 年农历三月生。

伯成 启祥子，1990 年农历闰五月生。

　　娶陈勉 长沙县江背楠木下冲长林女，1990 年农历二月生。子二：子沐、煜之。

余辉 华兴长子，1973 年农历六月生。

　　娶冯金花 湘潭先明女，1980 年农历二月生。女二：希，1999 年农历十二月生，自开一家药店；欣怡，2004 年农历二月生。

余海 华兴次子，1974 年农历九月生。

　　娶张金花 长沙县江背应禄女，1982 年农历九月生，已离异。子一：文军。

余龙 华兴三子，1976 年农历三月生。

林 尚春长子，1980 年农历正月生。

　　娶汪美红 长沙县江背阳雀志祥女，1990 年农历五月生。子一：帅。女二：思敏，2014 年农历八月生；思倩，2018 年农历十月生。

伟 尚春次子，1988 年农历十一月生。

　　娶谢小凤 醴陵市伪山镇若生女，1989 年农历六月生。子一：谢轩。

来奇 明兴子，1998 年农历十月生。

●第二十二世

子安 芳与彭接班子，2005 年农历十二月生。

子沐 伯成子，2017 年农历六月生。

煜之 伯成子，2020 年农历七月生。

文军 余海子，2004 年农历五月生。

帅　林子，2009 年农历十二月生。

谢轩　伟子，2018 年农历九月生。

说明：

一、关于"封典"，老谱载明："封叙生前，赠叙身后。阶次应得而未请轴捐轴者，曰例授、例封、例赠。"

二、老谱对第十六世及以下不称"公"，而是直呼其名。本次续修谱，凡属老谱节录部分，不改动。而对老谱修成以后出生者，则对十九世及以下者不称"公"。

三、老谱对"妻"的书写，"生曰娶，殁曰配，曰继配，曰再继配"。这次续修谱，仍然不变。

四、老谱对于所生子女，只将男性记入"世系图"，女性不记入。这次续修谱，坚持男女平等，故从中华人民共和国成立时起，所生子女不论男女，均记入世系图。

五、对已逝者的记述，原谱分为"卒""殁""薨""殇"等多种。卒：古指大夫死亡及年老寿终。殁：就是一般指的死亡。薨：周代诸侯死亡称"薨"，唐代称二品以上官员死亡曰"薨"。故老谱中只有永斌公死亡曰"薨"。殇：专指未成年而亡。关于逝者的年龄，达到六十岁的称"寿"，不到六十岁而去世的称"年"。本次续修谱，以前的照录不改。对后来死亡的人，凡六十岁以上的，称"逝世"，六十岁以下的，称"去世"。

六、老谱中对每个人的出生年、月、日、时，都写得清清楚楚，仍保持不变。考虑到保护个人隐私，将现在仍活着的人的出生日、时隐去，只保留出生年月。

益清堂

后 记

20世纪80年代末，本人开始注意收集家族史料，2013年底《中国新闻通讯员简史》出版以后，便集中精力编著本书（谱）。整整十年过去，现在终于付梓，了却了晚年的一大心愿。

本书以现在这个样子呈现，凝结了很多人的智慧和心血：

湖南省一位原主要领导早在2015年收到我儿子呈阅的最早的书稿时，就予以较高评价，后来也一直高度关注和支持。这给了我极大鼓舞。

寻霖同志以前和我们并不太熟悉，但仍乐于为本书作序，并在序中叙述了我们此前所不曾知晓的有关我族先辈鲜为人知的史实，这十分难得。

钟镇藩同志不仅为本书写了序言，而且在我两次给他送去书稿后，每次都认认真真审读，不仅对书稿的内容、史料提出了很多中肯的意见，这对我后来的修改提供了很大的帮助，甚至连文中的错别字及标点符号等也都从不放过，一一标出并修改校正，这些都令我十分感动，久久难以忘怀。

宋国清、贺金生、朱永扬、钟利民、谢景良、张锡文、陈武军、陈志明、谢永仲、李昆等同志分别为我们到湖南黔阳（今怀化洪江市）、江西宁都和云南昆明等地寻根问祖、查找相关史料、遗迹等方面提供了重要帮助。族侄天伦，在本书的出版经费方面，给予了大力支持。

本书能以今天这样的面目出版，凝聚了责任编辑周基东先生大量心血，特别是对本书的编排结构调整及部分内容的取舍提出了十分中肯的意见。责任编辑吕超颖女生非常敬业，为编辑此书不辞辛劳，出力多多。

所有这些，我们均衷心感激。当然，为我们提供了帮助的远不只这几位，恕不一一道谢。

本书的出版过程，颇多波折。最终，湖南师范大学出版社欣然承担了本书的出版任务。而且，书的出版质量很高，我们同样十分感激。

本书从资料采集、编辑整理，再到正式出版，实属不易。望能对有关人士了解当时社会的历史细节有所帮助；并望族人和后代子孙能好好保存并不时翻阅，记住来时的路，不忘初心，走好自己的人生之路。

杨新正 2024年4月

后记

益清堂

295